포르투갈 홀리데이

포르투갈 홀리데이

2019년 3월 5일 개정판 2쇄 펴냄
2019년 12월 20일 개정2판 1쇄 펴냄

지은이 맹지나 · 우지경
발행인 김산환
책임편집 성다영
디자인 윤지영
지도 글터
영업 마케팅 정용범
펴낸 곳 꿈의지도
인쇄 두성 P&L
종이 월드페이퍼

주소 경기도 파주시 경의로 1100, 604호
전화 070-7733-9545
팩스 031-947-1530
홈페이지 www.dreammap.co.kr
출판등록 2009년 10월 12일 제82호

ISBN 979-11-89469-70-2
ISBN 979-11-86581-33-9(세트)

지은이와 꿈의지도 허락 없이는 어떠한 형태로도 이 책의 전부, 또는 일부를 이용할 수 없습니다.
※ 잘못된 책은 구입한 곳에서 바꿀 수 있습니다.

PORTUGAL
포르투갈 홀리데이

맹지나 · 우지경 지음

꿈의지도

프롤로그

낯설고 이국적인 이 나라를 봄에 여행했다. 기대와 예상을 뛰어넘지 않은 순간이 없었다. 취재 중 만난 수많은 포르투갈 사람들에게 가장 많이 들었던 말은 '삶의 질'. 포르투갈 사람들이 포르투갈을 설명하는 키워드로 꼽은 것은 수백 년 된 유적도, 그 무엇에도 견줄 수 없이 독특하고 수려한 아줄레주도, 한 방울 한 방울이 달콤하고 맛이 깊었던 포트와인도 아닌 바로 '삶의 질'이었다. 건강하고 맛있는 식사와 좋은 와인, 심금을 울리는 파두 음악은 모두 가치 있는 하루의 일부일 뿐 포르투갈은 세계 최고의 관광지가 되기 위한 경쟁에 뛰어들 생각은 조금도 없어 보였다. '우리가 열심히 가꾸어 온 인생의 퀄리티'를 경험하길 바라는 마음으로 환영해주는 사람들이 있는 소박하고 정겨운 여행지였다. 바쁜 일정이었지만 서두름 없이 작은 구석도 놓치지 않고 돌아볼 수 있었던 것은 이 나라에서만 가질 수 있는 특유의 여유로움 때문이었다. 덕분에 포르투갈은 오래 간직할 추억 말고도 매일을 대하는 평온하고 잔잔한 마음가짐을 배워가는 고마운 곳으로 남는다. 행복하고 탈 없는 하루하루를 위해 최선을 다하는 사람들이 사는, 그리고 그 대가를 고스란히 돌려주는 유럽 최서단의 이 특별한 나라를 소개하게 되어 가슴이 벅차다.

Special Thanks to

점점 긴 여행을 떠나는 딸, 언니를 위해 매번 건강하고 행복한 여행을 빌어주는 엄마, 아빠, 동생 유나에게 가장 먼저 감사의 말을 전합니다. 기분 좋은 놀라움으로 가득했던 포르투갈 여정을 물심양면 도와주신 포르투갈 관광청의 Nuno Madeira, 중부 관광청의 Marli Monteiro, Antóio Belo, 포르투 관광청의 Sandra Lorenz, 마데이라 관광청의 Sandra Gouveia, 알가르브 관광청의 Helga Cruz, Martina Kerk, 꼼꼼하게 책을 함께 만들어주신 꿈의지도 모두 감사합니다. 설렘에 잠 못 드는 수많은 밤, 침대 맡에서 벗이 되어준 페르난두 페소아와 주제 사라마구에게도 고마움을 표합니다.

맹지나

'다음 책은 포르투갈이 어때?' 좋아하는 선배의 말이 아니었다면 귀담아듣지 않을 낯선 이름이었다. 그가 툭 던진 말이 기억에서 흐릿해질 즘 오랜 지인들과 반가운 술자리에서 '포르투갈'이 화두로 별안간 툭 튀어나왔다. 내일모레 브라질로 떠나는 자칭 대한민국 포르투갈어 1% 선배는 꼭 포르투갈에 가보라고 했다. '대체 왜?'라는 물음표가 '그래, 가야겠어!'라는 느낌표로 바뀐 것은 한순간이었다. '포르투갈에서 살고 싶다.'는 선배의 결정적 한 마디! 그날 이후 언젠가 포르투갈을 여행하겠구나 하는 예감을 마음에 품고 지냈다. 그해 가을 나는 거짓말처럼 나는 리스보아행 심야 비행기 안에 앉아 있었다. 포루투 도우루 강변에서는 우연히 지인을 만나 와인을 홀짝이며 포르투갈 예찬론을 펼쳤다. 그렇게 우연이 쌓여 포르투갈은 운명의 여행지가 되었다. 숨어 있는 보석 같은 포르투갈에 대한 제대로 된 정보를 꾹꾹 눌러 담은 책을 만들고 싶다는 마음도 운명처럼 느껴졌으니. 그렇게 또 다른 누군가에게도 포르투갈이 일생일대의 여행지가 되길 바라는 마음으로 리스보아, 포르투, 아베이루, 나자레, 알쿠바사, 바탈랴, 몬산투 등 포르투 구석구석을 여행하고 책에 담았다. 이 책이 탐험가의 마음으로 미지의 세계로 떠나는 여행자가 맘 놓고 기댈 수 있는 내비게이션이 되길 바라며.

Special Thanks to

멋진 책을 만들라고 응원해주신 포르투갈 대사관 Antonio Quinteiro Nobre 대사님, Carlos Reino Antunes 참사님, 박미정 서기관님, 김은혜 님, 알찬 책을 만들기 위해 오랜 시간 함께한 맹지나 작가, 정보영 편집자, 포르투갈의 구석구석을 살펴볼 수 있도록 지원해주신 포르투갈 중부 관광청의 Marli Monteiro, 포르투 관광청의 Sandra Lorenz, 리스보아 관광청의 Victor Carriso, 포르투갈 중부 여행을 풍성하게 해준 Paulo와 Crolina, 포르투갈이란 멋진 나라에 관심을 갖게 해준 성환 선배, 승헌 선배, 떠나는 길 공항에서 안녕한 여행을 빌어준 우석 선배, 포르투갈의 팬으로 포트와인보다 끈끈한 동맹을 맺은 이덕진 편집장님, 첫 포르투갈 여행을 함께해준 친구 민효, 두 번째 포르투갈의 길동무가 되어준 친구 화정, 그리고 멀리 떨어져 있을 때 더욱 그리운 남편 찬과 언제나 긍정적 에너지를 아낌없이 나눠주는 엄마와 가족들에게 갓 구운 나타만큼 뜨겁고 달콤한 감사의 말을 전합니다. Muito Obrigada!

우지경

〈포르투갈 홀리데이〉 100배 활용법

포르투갈 여행 가이드로 〈포르투갈 홀리데이〉를 선택하셨군요. '굿 초이스'입니다.
포르투갈에서 뭘 보고, 뭘 먹고, 뭘 하고, 어디서 자야 할지 더 이상 고민하지 마세요. 친절하고
꼼꼼한 베테랑 〈포르투갈 홀리데이〉와 함께라면 당신의 포르투갈 여행이 완벽해집니다.

1) 포르투갈을 꿈꾸다
❶ STEP 01 » PREVIEW 를 먼저 펼쳐 여행을 위한 워밍업을 해보세요. 포르투갈의 대표 도시와 박물관, 수도원, 전망대, 눈과 입이 호사스러운 음식들까지 빠짐없이 소개합니다. 당신이 포르투갈에 왔다면 꼭 봐야할 것, 해야할 것, 먹어야할 것을 알려줍니다. 놓쳐서는 안 될 핵심 요소들을 사진으로 정리했어요.

2) 여행 스타일 정하기
❷ STEP 02 » PLANNING 을 보면서 나의 여행 스타일을 정해보세요. 포르투갈이 어떤 나라인지, 어떤 도시들을 품고 있고, 어떤 매력이 숨어 있는지 하나하나 알려드립니다.

3) 플래닝 짜기
여행의 스타일을 정했다면 여행의 밑그림을 그릴 차례입니다. ❸ STEP 02 » PLANNING 에서 언제 갈 것인지, 항공권 예매하는 방법, 가기 전 알아두면 좋을 포르투갈 쇼핑과 기념품, 포르투갈 음식 등에 대해 알아봅니다. 머무는 일정과 도시에 따라 여행 계획이 달라집니다.

4) 여행지별 일정 짜기
당신의 여행을 책임질 ❹ 포르투갈 지역편 에서 동선을 짜봅니다. 여행지별로 관광지, 레스토랑, 쇼핑 등을 모두 섭렵할 수 있도록 여행의 동선을 제시해줍니다. 저자들이 추천하는 루트만 따라 가도 힘들이지 않고 여행 일정을 짤 수 있습니다.

5) 교통편 및 여행 정보
포르투갈은 교통편도 다양하고 여행자가 꼭 알아야할 여행 정보도 많습니다. ⑤ **포르투갈 지역편**에서는 지역과 도시별로 여행지를 찾아가거나 여행지에서 이동할 수 있는 다양한 교통편을 제시합니다.

6) 숙소 정하기
어디서 자느냐가 여행의 절반을 좌우할 정도로 중요합니다. ⑥ **포르투갈 » SLEEP**에서는 가격대비 가장 만족스러운 곳으로 엄선해 보여줍니다. 서유럽 국가 중에서도 숙박비가 저렴하기로 유명한 포르투갈에서는 호텔급 인테리어를 자랑하는 호스텔부터 게스트하우스, 중급 호텔, 글로벌 체인 호텔은 물론 옛 성이나 유적을 개조한 유서 깊은 숙소 포우자다 등 다양한 숙소들이 있습니다. 본인의 취향에 맞는 숙소를 정해보세요.

7) D-day 미션 클리어
여행 일정까지 완성했다면 책 마지막의 ⑦ **여행 준비 컨설팅**을 보면서 혹시 빠뜨린 것은 없는지 챙겨보세요. 여행 90일 전부터 출발 당일까지 날짜 별로 챙겨야 할 것들이 리스트 업 되어 있습니다.

8) 홀리데이와 최고의 여행 즐기기
이제 모든 여행 준비가 끝났으니 〈포르투갈 홀리데이〉가 필요 없어진 걸까요? 여행에서 돌아올 때까지 내려놓아서는 안돼요. 여행 일정이 틀어지거나 계획하지 않은 모험을 즐기고 싶다면 언제라도 〈포르투갈 홀리데이〉를 펼쳐야 하니까요. 〈포르투갈 홀리데이〉는 당신의 여행을 끝까지 책임집니다.

CONTENTS

PORTUGAL BY STEP
여행 준비 & 하이라이트

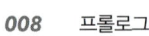

- 008 프롤로그
- 010 〈포르투갈 홀리데이〉 100배 활용법

STEP 01
PREVIEW
포르투갈을 꿈꾸다
018

- 020 01 포르투갈 MUST SEE
- 026 02 포르투갈 MUST DO
- 030 03 포르투갈 MUST EAT

STEP 02
PLANNING
포르투갈을 그리다
032

- 034 01 포르투갈을 말하는 8가지 키워드
- 038 02 포르투갈 지역별 여행 포인트
- 040 03 나만의 포르투갈 여행 코스
- 046 04 알고 가자! 포르투갈의 쇼핑
- 048 05 포르투갈 음식 탐험대를 위한 안내문
- 050 06 알고 가면 좋은 포르투갈 축제&공휴일
- 052 07 포르투갈 여행 체크 리스트

PORTUGAL BY AREA
포르투갈 지역별 가이드

리스보아
056

- 058 PREVIEW
- 059 GET AROUND
- 064 MAP
- 066 ONE FINE DAY

01
알파마&그라사
068

- 070 MAP
- 072 SEE
- 081 EAT

02
바이샤&호시우
084

- 085 MAP
- 086 SEE
- 091 EAT

03
바이루 알투&시아두
094

095	SEE
096	MAP
108	EAT
114	BUY

04
벨렝
120

121	MAP
122	SEE
130	EAT

05
올리베
132

133	MAP
134	SEE
140	EAT
141	BUY
142	리스보아 숙박

리스보아 근교
150

01
신트라
152

153	PREVIEW
154	GET AROUND
156	MAP
157	SEE
165	EAT
167	SLEEP

02
카스카이스&
카보 다 호카
168

169	PREVIEW
170	GET AROUND
171	MAP
172	SEE
178	EAT
180	BUY
181	SLEEP

포르투
182

184	PREVIEW
185	GET AROUND
190	MAP
192	ONE FINE DAY

01
바이샤&히베이라
194

195	SEE
196	MAP
212	EAT
221	BUY

02
빌라 노바 드 가이아
226

227	MAP
228	SEE
235	EAT

03
보아비스타
238

239	MAP
240	SEE
246	EAT
248	포르투 숙박

포르투 근교
256

01
브라가
258

259	PREVIEW
260	GET AROUND
262	MAP
263	SEE
268	EAT
271	BUY
273	SLEEP

02
기마랑이스
276

277	PREVIEW
278	GET AROUND
279	SEE
280	MAP
289	EAT
291	SLEEP

03
아베이루 & 코스타 노바
292

293	PREVIEW
294	GET AROUND
295	MAP
297	SEE
302	EAT

포르투갈 소도시
304

01
오비두스
306

307	PREVIEW
308	GET AROUND
309	MAP
310	SEE

02
나자레
312

- 313 PREVIEW
- 314 GET AROUND
- 316 MAP
- 317 SEE
- 320 EAT
- 323 SLEEP

03
알쿠바사 & 바탈랴
324

- 325 PREVIEW
- 326 GET AROUND
- 328 MAP
- 330 SEE
- 334 EAT
- 335 SLEEP

04
투마르
336

- 337 PREVIEW
- 338 GET AROUND
- 340 MAP
- 341 SEE
- 344 EAT
- 345 SLEEP

05
파티마
346

- 347 PREVIEW
- 348 GET AROUND
- 349 MAP
- 350 SEE
- 356 EAT
- 357 SLEEP

06
에보라
358

- 359 PREVIEW
- 360 MAP
- 361 SEE
- 365 EAT
- 367 SLEEP

07
코임브라
368

- 369 PREVIEW
- 370 GET AROUND
- 372 MAP
- 373 SEE
- 380 EAT
- 381 SLEEP

09
카스텔루 브랑쿠 &몬산투
390

383	PREVIEW
384	GET AROUND
385	MAP
386	SEE
388	EAT
389	SLEEP

포르투갈 해안가 마을&섬
404

391	PREVIEW
392	GET AROUND
394	MAP
396	SEE
402	EAT
403	SLEEP

01
알가르브 라구스
406

408	PREVIEW
409	GET AROUND
410	MAP
411	SEE
416	EAT
420	BUY
423	SLEEP

02
알가르브 파루
424

425	PREVIEW
426	GET AROUND
428	MAP
429	SEE
434	EAT
436	BUY
437	SLEEP

03
마데이라 푼샬
438

439	PREVIEW
440	GET AROUND
441	MAP
444	SEE
452	EAT
455	BUY
457	SLEEP

459	여행 준비 컨설팅
468	인덱스

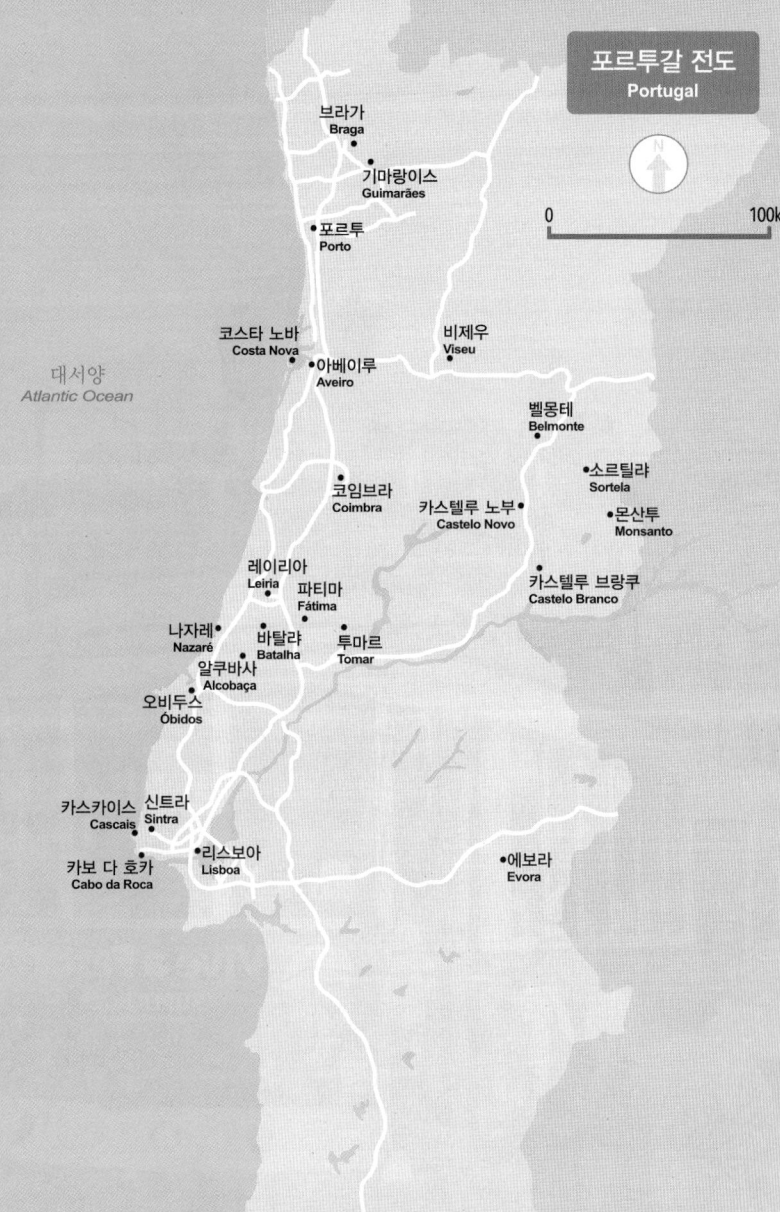

Step 01

PREVIEW

포르투갈을 꿈꾸다

01 포르투갈 MUST SEE
02 포르투갈 MUST DO
03 포르투갈 MUST EAT

STEP 01
PREVIEW

1
대항해 시대의 탐험 정신이 깃든 마누엘 양식의 걸작,
리스보아 제로니무스 수도원(067p)

PREVIEW 01
포르투갈 MUST SEE

3
동화 속에서 툭 튀어나온 듯 알록달록한 신트라의 여름 별궁,
페나 성&정원(158p)

2 포르투갈의 수도 리스보아의 심장,
코메르시우 광장(086p)

이베리아 반도의 서쪽 끝 포르투갈. 바다와 도시가 공존하는 수도 리스보아와 포트와인으로 유명한 항구도시 포르투를 중심으로 역사와 문화를 고스란히 간직하고 있는 소도시들이 점점이 이어진다. 어딜 가나 대서양에서 불어온 바람이 빛바랜 거리를 쓰다듬고, 세월의 더께가 쌓인 골목 위로 햇살이 춤춘다. 포르투갈다운 풍경 속엔 늘 여유가 흐른다.

4 빈티지한 매력에 하루 종일 거닐어도 질리지 않는 풍경,
포르투의 히베이라(194p)

STEP 01
PREVIEW

5 달콤한 포트와인이 익어가는 빌라 노바 드 가이아의 와이너리(226p)

7 오색찬란한 줄무늬 집들이 들어선
코스타 노바 줄무늬 마을(299p)

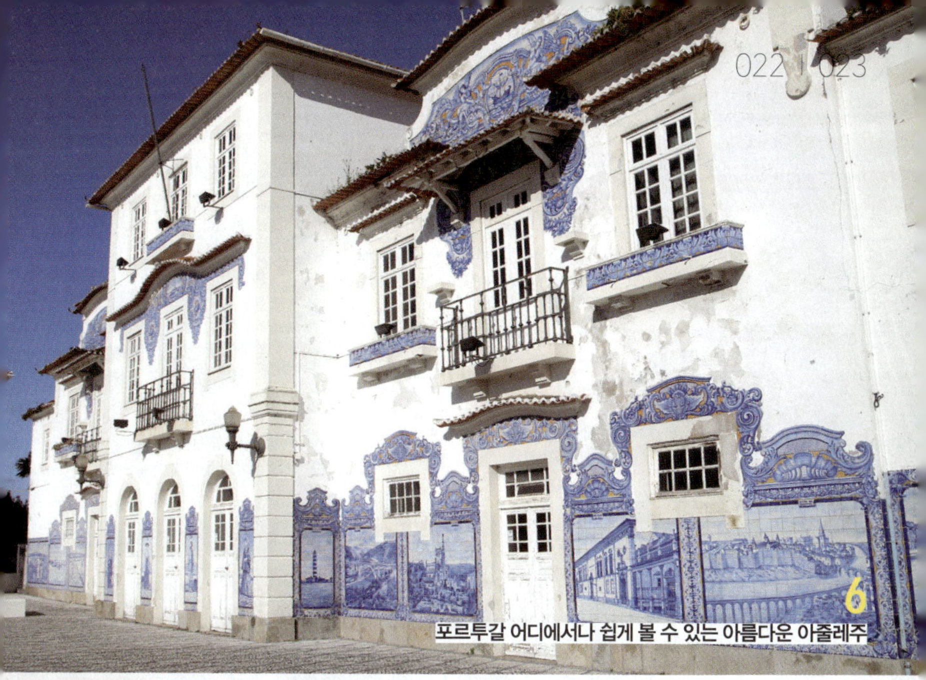

6

포르투갈 어디에서나 쉽게 볼 수 있는 아름다운 아줄레주

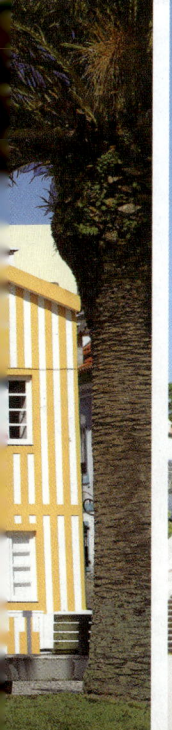

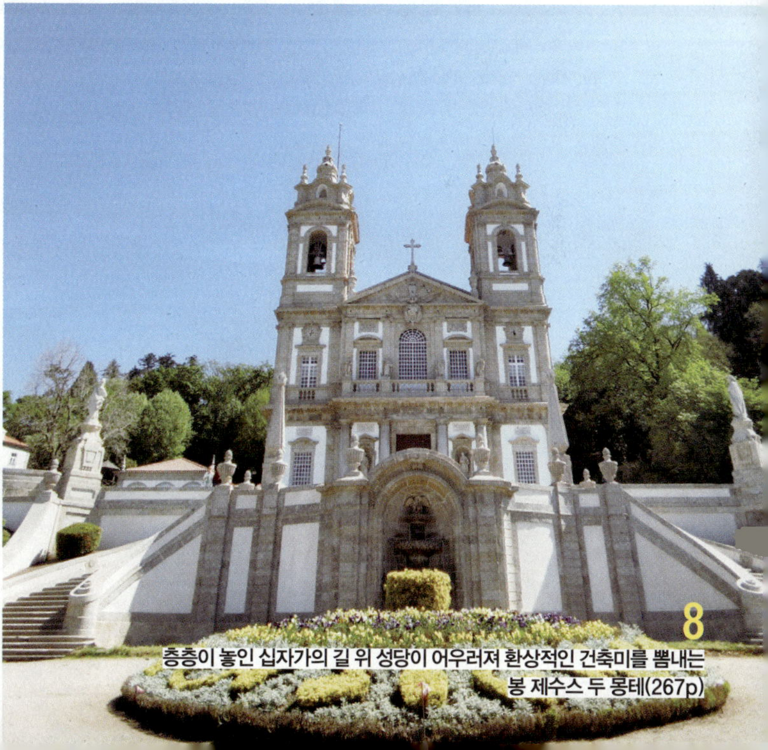

8

층층이 놓인 십자가의 길 위 성당이 어우러져 환상적인 건축미를 뽐내는
봉 제수스 두 몽테(267p)

9
주앙 5세가 남긴 위대한 유산,
코임브라 구 대학&조아니나 도서관(376p)

10
거친 바람과 파도가 세상의 모든 걱정까지 씻어주는 대서양

11 포르투갈의 고유한 역사와 건축 양식 모두를 하나에 담아낸 알쿠바사, 바탈랴, 투마르의 고색창연한 수도원들

12 국경의 서쪽, 포르투갈에서 가장 포르투갈다운 마을 몬산투(398p)

13 현대 건축의 상징, 오리엔테 기차역(135p)

STEP 01
PREVIEW

PREVIEW 02

포르투갈
MUST DO

도시를 거닐어도, 유적지를 찾아가도,
휴양지에 머물러도 아침부터 밤까지
시시각각 즐길거리가 가득하다.
이대로 시간이 멈췄으면 하고 주문을 걸고
싶어지는 포르투갈의 즐거운 순간들을
놓치지 말고 마음껏 즐겨보자.

1 리스보아가 굽어보이는 상 조르제 성에서 황금빛 노을 맞이하기(073p)

3 28번 트램 또는 아센소르(케이블카) 타고 리스보아의 곳곳 누비기

4 포르투갈인 특유의 정서 '사우다데'를 온전히 느낄 수 있는 파두 공연 감상하기

2 구석구석 낭만이 깃든 알파마 골목 탐험(068p)

5 환상적인 전망을 안겨주는 리스보아의 전망대에서
멋진 사진 남기기(074, 106p)

STEP 01
PREVIEW

6 피톤치드로 가득 찬 신비로운 초록 낙원,
신트라 헤갈레이라의 별장 거닐기(162p)

9 알가르브 라구스에서
짜릿한 수상 레저 즐기기(413p)

10 포르투갈의 최서단,
카보 다 호카에서 세상의 끝 보고 오기(177p)

7 오래된 요새, 무어 성의 성벽을 따라 걸으며 시시각각 달라지는 전망 즐기기(157p)

8 여왕이 사랑한 해변, 카스카이스에서 망중한(168p)

11 포르투갈의 베네치아, 아베이루 운하에서 몰리세이루 타기(298p)

포르투갈 MUST EAT

대서양을 곁에 두고 있는 포르투갈은 신선한 해산물로 만든 요리가 다채롭다. 염장한 대구를 이용한 무궁무진한 바칼라우 요리부터 생선과 문어구이는 물론 해물을 듬뿍 넣은 해물밥은 자꾸만 손이 가는 마성의 맛. 게다가 뭘 주문해도 푸짐한 양에 입이 쩍 벌어진다. 어디 메인 요리 뿐이겠는가. 달콤한 디저트, 진한 에스프레소까지 맛볼 메뉴가 가득하다.

포르투갈 사람들의 소울 푸드로 손꼽히는 **바칼라우**

한 솥 가득 바다를 담은 해물밥 **아로즈 드 마리스쿠**

입안에서 사르르 녹는 문어구이 **폴보 그렐라두**

소금을 솔솔 뿌려 그릴에 구워먹는 **정어리(사르디나)**

올리브오일에 볶아 담백하고 개운한 포르투갈식 **바지락볶음**

달걀노른자를 듬뿍 넣어 달콤한 포르투갈 대표 디저트 **나타**

빵을 갈아 만든 퓨레에
해산물은 듬뿍 넣은
아소르다 드 마리스쿠

치즈를 올려먹는 포르투갈식
소고기 스테이크
비페 포르투게사

우리나라보다 훨씬 착한
가격에 맛볼 수 있는 **거북손**

돼지고기에 조개, 채소, 고수와
양념을 넣어 감칠맛이 일품인
카르네 드 포르투 아 알렌테자나

알쿠바사의 명물,
항아리 안에 든 푸짐한 닭요리
프랑구 나 푸카라

작은 프랑스 소녀라는 뜻의
포르투 전통 샌드위치
프란세지냐

해산물을 가득 넣고 매콤하게
끓여내는 **카타플라나**

꿀과 비스킷을 곁들여먹는
최상급 치즈
세하 다 에스트렐라 치즈

모든 식사의 마무리
에스프레소

Step 02
PLANNING

포르투갈을 그리다

01 포르투갈을 말하는 8가지 키워드
02 포르투갈 지역별 여행 포인트
03 나만의 포르투갈 여행 코스
04 알고 가자! 포르투갈의 쇼핑
05 포르투갈 음식 탐험대를 위한 안내문
06 알고 가면 좋은 포르투갈 축제&공휴일
07 포르투갈 여행 체크 리스트

PLANNING 01
포르투갈을 말하는 **8가지 키워드**

서유럽의 숨은 보석 포르투갈에서 마주치는 풍경은 이국적이면서도 정겹다. 대서양을 향해 흘러가는 강물, 신비롭고 동화적인 마누엘 양식의 건축물, 골목 어디선가 흘러나오는 구성진 파두 가락 등 그 끝을 알 수 없는 매력이 여행자의 마음을 파고든다. 알수록 감동과 여운이 오래가는 포르투갈 여행의 키워드를 소개한다.

1. 대항해 시대 Era das Grandes Descobertas

포르투갈의 엔리케 왕자가 대항해 시대를 열었다는 사실을 아는 사람은 손들어보자. 아마 별로 없을 터. 500여 년 전 대서양 너머 또 다른 세상이 있다고 믿은 엔리케 왕자는 능력 있는 항해사, 지도 제작자 등을 원정대를 꾸렸다. 그들은 거친 바다를 향해 거침없이 나아갔고, 오직 나침반 하나에 의존해 새로운 항로를 찾아냈다. 바스쿠 다 가마는 인도를, 페르난두 알바레스 카브랄은 브라질을 발견하며 후추와 금을 가득 싣고 포르투갈로 금의환향했다.

그렇게 대항해 시대의 포문을 연 포르투갈은 15세기에 황금기를 맞았다. 지금도 포르투갈 곳곳에는 대항해 시대가 남긴 유적과 유물들이 여행자의 눈길을 사로잡는다. 한편, 19세기에 이르러 독일 지리학자들은 엔리케 왕자에게 '항해왕 O Navegador'이라는 타이틀을 붙여주었다.

2. 마누엘 양식 Manuelino

마누엘 양식이야말로 대항해 시대가 남긴 위대한 문화유산이다. 포르투갈의 건축사는 마누엘 양식 이전과 이후로 나뉜다. 유럽의 변방이었던 포르투갈은 늘 한 박자 늦게 받아들이는 레이트 어답터Late Adaptor였는데, 마누엘 양식을 꽃피우며 포르투갈 고유의 건축미를 한껏 발산했다. 마누엘 양식이란 밧줄, 닻, 범선 등 대항해 시대의 상징물을 모티브로 하는 후기 고딕 양식의 일종. 마누엘 양식의 걸작으로 리스보아의 제로니무스 수도원과 벨렝탑을 꼽는데, 눈길 닿는 곳마다 정교하고 섬세한 장식에 탄성이 절로 나온다. 마누엘 1세가 제로니무스 수도원을 지으며 완성된 건축 양식이라 그의 이름을 따 마누엘 양식이라 부르게 되었다.

3. 아줄레주 Azulejo

'반질하게 닦인 돌'에서 유래한 아줄레주는 유약으로 그림을 그려 넣은 포르투갈 특유의 타일 장식. 주로 푸른색과 흰색으로 역사적 순간이나 자연 풍경 등의 그림을 그린다. 마누엘 1세가 스페인 그라나다 알함브라 궁의 기하학적 무늬를 세긴 타일에 감명받아 신트라 왕궁을 비슷하게 꾸민 것이 시초다. 아줄레주는 왕궁, 성당 등 유적뿐 아니라 가정집 건물 외벽이나 기차역서도 쉽게 볼 수 있다.
포르투갈에서 가장 아름다운 아줄레주를 보려면 포르투의 상 벤투 기차역, 신트라 왕궁의 아랍방, 리스보아의 아줄레주 국립박물관으로 가면 된다. 아줄레주로 꾸민 집들로 가득한 거리를 거닐고 싶다면 리스보아의 알파마나 포르투의 히베이라 강변을 찾아보자.

4. 트램 Tram

세상에는 두 종류의 도시가 있다. 트램이 있는 도시와 트램이 없는 도시. 땡, 땡, 종소리를 내며 오래된 트램이 다니는 도시에는 대개 과거의 흔적이 오롯이 남아있고, 옛 시간이 켜켜이 쌓여 있기 마련이다. 포르투갈의 수도 리스보아와 제2의 도시 포르투에서는 빛바랜 건물 사이로 빈티지 트램이 오간다. 리스보아의 트램은 봄꽃처럼 주변을 환하게 밝혀주는 노랑색. 무작정 타기만 해도 가파른 언덕을 오르고 좁은 골목을 지나 주요 관광지로 데려다준다.

단, 대책 없이 느린 속도는 여행의 템포도 늦춰버린다. 그저 창밖을 바라보다 마음에 드는 풍경을 만나면 그속으로 풍덩 뛰어드는 것이 트램의 묘미. 포르투의 트램은 강렬한 빨강색과 베이지색 2가지. 빨간 트램은 구도심을 누비고, 베이지색은 덜컹이며 강변을 달린다.

5. 파두 Fado

애절한 가락이 가슴을 파고드는 포르투갈 전통 노래. 숙명을 뜻하는 라틴어 파툼 Fatum에서 유래된 이름처럼 서민들이 삶에서 겪는 애환을 담고 있다. 기쁨을 표현한 가사를 들어도 왠지 모를 서글픔이 느껴지는 이유는 바로 '사우다데 Saudade' 때문이다. 한국의 '한'을 다른 언어로 번역하기 어렵듯이 포르투갈 사람 고유의 정서가 사우다데로 표현된다. 이는 '간절한 바람'이라고도 해석한다.

파두는 크게 리스보아와 코임브라 2가지 스타일로 나뉜다. 리스보아는 여가수들이 우세하며 구슬픈 가락과 가사가 주를 이룬다. 반면 코임브라는 주된 테마가 사랑 고백으로 밝고 로맨틱하며 오직 남자들만 부른다. 파두 문외한이라면 파두의 여왕, 아말리아 로드리게스 Amalia Rodriguez의 노래를 듣거나 여행 중 파두의 집 '카사 두 파두 Casa do fado'를 찾아보자. 객석과 무대가 가까워 가수의 호흡까지 느낄 수 있다. 파두를 부를 때에는 마이크를 사용하지 않으며, 반주는 파두 전용 기타와 베이스 기타 등 소규모 밴드가 담당한다.

6. 포트와인 Vinho do Porto
달콤하거나 더 달콤한 맛 밖에 없는 포트와인은 포르투갈 북부 도우루 강 상류의 알투 도우루 지역에서 재배된 포도로 만드는 디저트 와인이다. 초콜릿이나 치즈, 시가와 환상의 궁합을 자랑한다. 포트와인이란 이름은 영국에 수출하던 항구 이름 '오포르토O'Porto'에서 유래했다. 지금도 포르투의 빌라 노바 드 가이아에는 포트와인을 만들고 저장하는 와이너리들이 즐비하다. 대부분의 와이너리마다 와인 저장고를 둘러보고 2~3종류의 와인을 시음하는 와이너리 투어를 운영하며, 이는 포르투갈 여행의 빼놓을 수 없는 재미다.

7. 축구 Futebol
포르투갈은 크리스티아누 호날두Cristiano Ronaldo, 에우제비우Eusébio, 데쿠Deco, 루이스 피구Luís Figo 등 세계적인 축구선수를 여럿 낳은 축구 강국이다. 1934년 창단된 포르투갈의 1군 축구 리그는 프리메이라 리가Primeira Liga라 불리며, 스폰서 노스NOS의 이름을 따 리가 노스Liga NOS라 칭하기도 한다. 프리메이라 리가에 속하는 포르투갈 전역의 여러 팀 중 시즌마다 랭킹이 높고, 팬들의 수도 많은 대표적인 팀 3곳은 빅 3Big 3라 불리는 S. L. 벤피카S. L. Benfica(리스보아), FC 포르투FC Porto(포르투), 스포르팅 CPSporting CP(리스보아)이다. '선택 받은 자A Selecção' 또는 '항해사Os Navegadores'라는 애칭으로도 불리는 포르투갈의 국가대표팀은 현재 주장 크리스티아누 호날두의 유명세와 실력으로 꾸준히 견제 받는 팀이다.

8. 유네스코 세계문화유산 UNESCO World Heritage Site
포르투갈은 유네스코 지정 세계문화유산의 보고다. 알쿠바사 수도원, 산타 마리아 다 비토리아 수도원 등 중세의 유적부터 포르투 역사지구, 에보라 역사지구, 신트라 문화경관처럼 도시 전체가 유네스코 세계문화유산으로 등재돼 있다. 이 밖에도 제로니무스 수도원, 코임브라 대학, 알투 도우루 와인 산지 등 유네스코의 엄격한 기준에 따라 '세계유산'으로 인정하는 유산이 무려 15곳에 이른다. 때로는 숨 막힐 듯 눈부시게 아름다운 자연 경관을, 때로는 세월의 흔적과 역사가 깃든 유적을 보여주는 세계문화유산을 마주하다 보면 포르투갈 여행이 한층 풍성해진다.

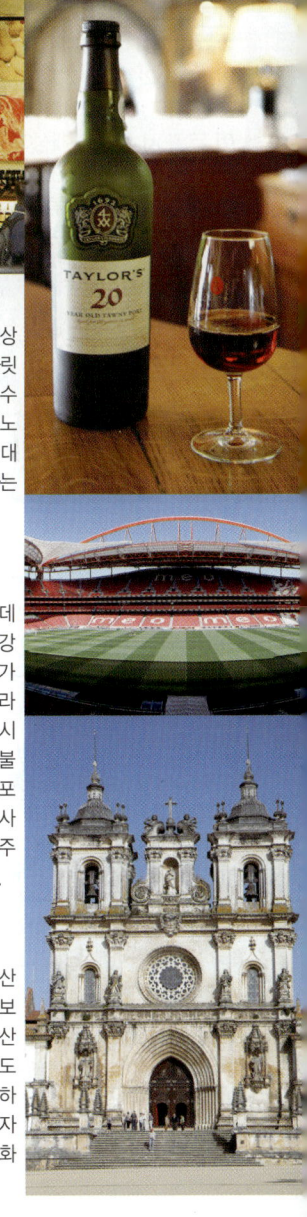

STEP 02
PLANNING

PLANNING 02
포르투갈 지역별 **여행 포인트**

리스보아와 포르투의 차이는 사전 정보가 전혀 없는 여행자라 하더라도 여행지에 도착하는 순간 확연히 느낄 수 있을 정도로 도드라진다. 포르투갈을 대표하는 이 두 도시 외에도 개성이 강한 포르투갈 지역과 그에 속하는 도시들이 수없이 많으니 각 지역의 특색과 대표 여행지를 알고 가는 것이 좋다. 총 7개의 지역으로 구분되는 다양한 매력의 포르투갈을 알아보자.

노르테 Norte

문화유산과 건축뿐 아니라 도우루 강변에서 자라는 포도로 만든 와인에 취하는 포르투갈 북부 지역. 주요 도시들이 서로 가까이 있어 소도시 여행이 수월하다. 대표적인 도시로는 북부의 중심 여행지이자 포트와인으로 유명한 포르투(182p), 아름다운 축구장으로 건축학도들에게 유명한 브라가(258p), 포르투갈 건국의 요람 기마랑이스(276p)가 대표 소도시.

센트루 Centro

해안가의 동화 같은 마을과 내륙의 유서 깊은 명소들이 대조적으로 자리한 포르투갈 중부 지역. 한 지역에서 포르투갈의 바다와 육지를 모두 누리려면 센트루가 제격이다. 대표적인 도시로는 석호와 운하로 유명한 아베이루와 코스타 노바(292p), 파두와 유럽에서 가장 역사가 깊은 대학이 있는 코임브라(368p), 수도원으로 시작해서 수도원으로 끝나는 알쿠바사와 바탈랴(324p), 포르투갈 최고의 성지 순례지 파티마(346p), 마누엘 건축 양식의 정수를 보여주는 크리스투 수도원이 있는 투마르(336), 오랜 세월 국경을 지켜 온 몬산투(398p), 푸근한 어촌마을 나자레(312p), 전통 체리주 진자로 유명한 오비두스(306p), 평온하고 운치 있는 비제우(382p)가 있다.

리스보아 Lisboa

리스보아(056p)는 포르투갈의 수도로 공항과 기차역 등 교통이 원활하다. 유럽의 다른 나라에서 오는 여행객들도 리스보아에서 포르투갈 여행을 시작한다. 대표적인 볼거리로는 대항해 시대의 흔적이 오롯한 벨렝, 빈티지한 골목 안으로 파두 가락이 흐르는 알파마 등이 있다. '에덴의 동산'이란 별명이 잘 어울리는 신트라(152p), 요즘 가장 핫한 여름 휴양지 카스카이스(168p) 등 근교 지역도 놓치면 아쉬운 스폿.

알렌테주 Alentejo

해안가에 집중되던 포르투갈의 관광 산업을 내륙으로 끌어오는 큰 역할을 하고 있는 알렌테주. 중세 건물과 아름다운 소도시들이 수놓아져 있는 알렌테주는 자동차를 렌트하여 여행하면 그 매력을 가장 속속들이 살펴볼 수 있다. 여행자들이 나날이 몰려들어 예쁘고 독특한 호텔들이 집중적으로 생겨나고 있다. 대표적인 도시로는 노란 건물과 여러 건축 명소로 유명한 에보라(358p)와 자연 경관이 뛰어난 빌라 비코사Vila Viçosa, 17~18세기 회화를 바탕으로한 자수공예로 유명한 아하이올루스Arraiolos가 있다.

알가르브 Algarve

포르투갈 사람들의 1등 여름 휴양지로 자리매김한 맑고 깨끗한 남부 해안가. 서핑, 패들보드, 카약 등 다양한 액티비티를 즐기는 것도, 매일 다른 생선구이를 시원한 포르투갈 맥주와 함께 먹어보는 것도 전부 물 좋은 알가르브에서 해야 제 맛이다. 연중 기온이 온화하고 초여름부터 초가을까지 휴양지로 찾기 좋아 여행 시기에 크게 구애받지 않는다. 대표적인 도시로는 볼거리, 먹거리, 놀거리 삼박자를 고루 갖춘 라구스(407p)와 쇼핑과 숙박, 쇼핑이 용이한 파루(424p)가 있다.

아소레스 Açores

아소레스는 연중 기온이 온화하고 화창한 날씨를 자랑한다. 총 9개의 섬으로 이루어져 있으며 자치 구역은 동쪽, 중앙, 서쪽 섬들로 다시 한 번 나뉜다. 공항이 있어 접근이 용이한 산타 마리아Santa Maria 섬이 가장 대표적인 여행지이며, 와인 박물관이 위치한 피쿠Pico 섬과 고기잡이 마을로 유명한 벨라스Velas가 있는 상 조르주Sao Jorge 섬도 추천. 섬 간의 보트 이동도 쉽다.

마데이라 Madeira

특이 기후 덕분에 열대성 과일과 이베리아 반도에서는 볼 수 없는 화려한 꽃과 나무들로 가득한 마데이라. 이미 유럽에서는 잘 알려진 휴양지이다. 마데이라 섬 내에서는 수도인 푼샬(438p)에 관광 명소들이 집약되어 있어 대부분 이곳에만 머문다. 푼샬 옆 섬인 포르투 산투Porto Santo 섬도 가깝다. 마데이라보다 훨씬 덜 개발되어 더욱 자연 친화적이고 섬 특유의 소박함을 물씬 느낄 수 있는 곳이다.

PLANNING 03

나만의 포르투갈 **여행 코스**

일정과 이동 수단의 제약으로 어쩔 수 없이 몇 개의 여행지만 선택해야 하지만 주어진 시간을 최대한 활용하여 멋진 여행 스케줄을 만들어보자. 대표 도시만 돌아보는 짧은 4박 5일의 일정부터 포르투갈을 속속들이 탐방하는 꽉 찬 2주 일정까지 모두 소개한다.

4박 5일 리스보아+포르투

초보자를 위한 입문 코스. 항해왕 엔리케가 바다를 군림하던 뱃사람들의 기상이 느껴지는 리스보아와 달콤한 포트와인 향이 강가의 히베이라 지구에 넘실대는 낭만적인 포르투! 포르투갈을 대표하는 이 두 도시를 여행하고 돌아오면 자신 있게 포르투갈에 다녀왔다 말할 수 있는 자격이 주어진다. 볼 건 다 보고 떠나지만 아쉬움이 짙게 남는, 그래서 포르투갈을 또 꿈꾸게 할 4박 5일 일정을 살펴보자.

리스보아 3일

바이샤, 알파마, 그라사, 바이루 알투, 시아두, 올리베로 나뉘는 리스보아. 특색이 다른 동네들을 하루 두 곳씩 여행하다 보면 3일이 금세 지나간다. 7개의 언덕 곳곳에 자리한 문화유산과 볼거리를 마음껏 즐기는 알찬 72시간.

Tip 아침 또는 저녁에 먼저 도시 간 이동 시간을 결정하고 3일째 밤을 어디서 보낼지를 결정하자. 비행기와 버스 모두 스케줄을 먼저 알아보고 체력과 선호 도시에 따라 포르투로 이동할 시간을 정한다. 본책은 도시 면적이 더 넓은 리스보아에 시간을 더 할애하였다. 가까운 근교 도시들이 여럿이라 당일치기 또는 반나절 여행을 계획하기 수월하다는 것도 리스보아의 장점.

포르투 2일

강가인 히베이라 지구와 시내 바이샤는 바쁘게 돌아다니면 하루 만에 모두 볼 수 있다. 하지만 박물관이나 왕궁에 들어가 전시도 감상하고 산타 카타리나 대로를 둘러보며 쇼핑도 즐기려면 이틀은 머물러야 한다. 환상적인 강가의 야경도 놓칠 수 없는 포르투의 낭만.

Tip 다른 지역으로 이동하기보다는 리스보아와 포르투에서 당일치기로 다녀올 수 있는 근교 도시들을 추가하자. 근교 도시 1곳당 1일로 계산하면 된다. 근교 도시에서 1박을 해도 좋지만 하루 동안 돌아보는 것이 불가능한 곳은 없다. 리스보아, 포르투에서의 일정 중 내키지 않는 곳이 있다면 과감하게 하루를 삭제하고 근교 여행으로 대체해도 좋다.

7박 8일 포르투갈 해안 일주

대도시 관광과 신나는 바캉스 기분까지 내고 싶다면? 활동적인 여름 여행자들을 위한 일주일! 앞서 소개한 리스보아와 포르투 일정에 포르투갈 남부의 알가르브 해안까지 여행하는 일주일 스케줄을 계획해보자. 위에서 아래로 이동하는 편이 이동 경로와 시간이 절약되므로 포르투에서 일정을 시작한다.

포르투 2일
강가와 경사진 시내가 조화롭게 어우러진 포르투의 매력에 퐁당 빠져보자. 볼 것이 많아 쉬엄쉬엄 걷다 보면 가파른 경사길도 힘들지 않다. 문화와 역사, 쇼핑, 달콤한 포트와인의 조합은 어느 여행자라도 두 팔 벌려 환영할 것.

포르투 → 파루 1일
포르투갈 북쪽에서 남쪽으로의 이동이다. 비행기를 타면 금방이지만 공항과 시내의 이동 시간도 고려하여 최대한 버리는 시간이 없도록 하자. 북부와 남부 지역의 날씨가 크게 차이가 나는 날이 많으니 출발지, 도착지의 일기예보도 미리 살피면 좋다.

라구스 1일
바다, 바다, 바다! 아무 준비 없이 도착해도 신나는 하루를 보낼 수 있다. 마음껏 물장구치고 선탠하고 난 뒤 몇 발자국만 걸으면 맛집으로 가득한 번화가가 나타난다. 부지런히 움직여야 하는 리스보아 도시 여행을 떠나기 전 완벽하게 에너지 충전해두자.

라구스 → 리스보아 3일
리스보아의 골목을 누비며 문화유적과 바칼라우, 파두 가락과 아줄레주를 만끽하자. 지역마다 각기 다른 분위기를 풍기는 리스보아에서의 3일은 금방 지나갈 것이다.

9박 10일 리스보아+포르투갈 북부

모험심 가득한 여행자를 위한 열흘간의 일정. 상대적으로 덜 알려진 북부의 소도시들을 여행하는 이점은 서로 가까이 있어 대중교통으로도 자유롭게 돌아보기 용이하다는 것이다. 리스보아, 포르투와 더불어 제각각의 특징과 매력으로 여행자들을 매혹시키는 북부의 여러 도시들을 여행해보자.

리스보아 3일

도시 곳곳에 분포되어 있는 아줄레주, 파두, 마누엘 양식 건축의 흔적을 돌아보는 3일. 색이 진한 포르투갈의 문화유산은 한 번 보면 절대 잊을 수 없을 정도로 강렬하다. 또 도시 어디를 가든 맛볼 수 있는 촉촉한 바칼라우 요리는 3일 내내 분주히 돌아다닐 수 있도록 하는 원동력이 되어준다.

리스보아 → 포르투 2일

리스보아를 보고 포르투갈이 어떤 나라인지 다 알 것 같다고 생각했다면 포르투에서는 그것이 얼마나 큰 착각이었는지 깨닫게 된다. 사랑스럽고 로맨틱한 포르투를 이틀간 돌아보며 포르투갈의 또 다른 면을 발견해보자.

포르투 → 아베이루&코스타노바 1일

운하와 생선 시장, 해변이 있는 포르투 근교의 두 도시를 찾아가자. 버스로 30분 거리에 위치한 두 도시는 포르투와는 완전히 다른 분위기를 풍기는 조용한 쉼터.

포르투 → 브라가 1일

포르투갈에서 세 번째로 큰 도시. 유명세는 리스보아, 포르투에 비해 떨어지지만 막상 도착해서 여행하면 예상했던 것보다 볼 것이 훨씬 많은 여행지이다. 위엄 있는 대성당을 비롯하여 맥주집과 노천카페로 가득한 크고 작은 광장이 많다.

브라가 → 기마랑이스 1일

브라가와 기마랑이스는 매우 가까이 있지만 분위기는 완전히 다르다. 성벽으로 둘러싸인 기마랑이스가 좀 더 오밀조밀하며 보물을 숨겨둔 양 신비로움을 풍긴다. 도시 규모도 좀 더 작아 기마랑이스의 아기자기함을 천천히 감상할 수 있는 곳.

Tip 브라가와 기마랑이스를 오가는 교통편은 자주 있지만 짐이 많다면 이동이 불편할 수 있다. 한 곳에서 머무르며 다른 한 도시는 당일치기로 다녀오는 것이 효율적이다.

042 | 043

↓

브라가 → 비제우 **1일**

평화로운 도시 비제우는 도시 규모가 작아 여유롭게 돌아볼 수 있다. 비제우 여행을 마친 후에는 수고스럽더라도 코임브라로 이동하자. 도시의 규모와 볼거리의 정도, 숙박의 용이성 등을 고려했을 때 코임브라에서 밤을 보내는 것이 낫다.

 Tip 브라가에서 비제우까지 버스로 2시간 45분, 기마랑이스에서는 3시간 10분 소요된다. 브라가에서 출발하는 버스가 하루 10회 남짓으로 기마랑이스보다 2배 정도 더 많다. 기마랑이스에서는 1회 환승을 해야 하는 버스편이 더 많다는 점도 참고하자.

↓

코임브라 **1일**

대학과 파두의 도시, 코임브라. 젊고 활기찬 에너지와 아름다운 파두 선율의 낭만이 한데 어우러져 코임브라만의 분위기를 자아낸다. 대학가 주변의 번화가와 해가 저문 후 파두 공연장에서 듣는 음악으로 열흘 일정을 마무리한다. 리스보아나 포르투로의 교통이 잘 되어 있어 다음 스케줄을 계획하기 부담이 없다.

2주 여행 리스보아+포르투갈 중부

리스보아에서 포르투로 이동하기 전 포르투갈 중부 지역을 요리조리 누빌 수 있는 특별한 시간이 될 것이다. 일정에 따라 리스보아와 포르투 사이에 있는 도시를 줄여도 무방하다.

리스보아 3일
근교 도시들을 위한 일정이 따로 마련되어 있어 온전히 리스보아 시내 여행에 집중할 수 있다. 아침 일찍 여는 박물관으로 시작하여 밤 늦은 시간까지 파두를 노래하는 리스보아를 100% 즐겨보자.

리스보아 → 신트라 1일
19세기 낭만주의 건축의 결정판 페나 성&정원으로 유명한 신트라. 몬세라트의 아름다운 정원과 포르투갈 유일의 중세 왕궁인 신트라 왕궁까지 보고 리스보아로 돌아와도 시간이 충분하다.

리스보아 → 에보라 1일
야외 건축 박물관과도 같은 에보라는 고대 로마 시대의 유적까지 보존되어 있는 유서 깊은 도시다. 도시 규모에 비해 이름난 레스토랑도 많아 눈과 입이 모두 만족스러운 하루가 될 것이다.

에보라 → 나자레 1일

절벽 위 수베르코 전망대, 성모 발현지로 유명한 성지순례지 메모리아 소성당, 높게 솟은 바로크풍 첨탑으로 유명한 노사 세뇨라 성당으로 이름난 어촌 마을. 해변을 거닐며 이전의 여행지와는 완전히 다른 짭짤한 바다내음을 맡아볼 수 있다.

Tip 에보라, 나자레 간 버스편이 주말에는 하루 2, 3회로 제한되어 있다. 또 출발 시간도 오후의 애매한 시간대이니 가급적이면 주말에 이동하는 것은 피하도록 하자.

나자레 → 알쿠바사 1일

비운의 사랑 이야기가 서려있는 산타 마리아 드 알쿠바사 수도원과 뛰어난 건축미를 자랑하는 산타 마리아 드 비토리아 수도원이 알쿠바사 관광의 양대산맥! 알쿠바사의 명물 '프랑구 나 푸카라' 닭요리도 맛보고 가자.

알쿠바사 → 바탈랴 1일

교통, 숙박 등의 편의성을 고려해 알쿠바사에서 당일치기로 바탈랴 여행을 추천한다. 버스를 탄다면 레이라Leira를 경유해야 하며, 버스편이 적어 자동차 렌트가 가장 좋은 이동 방법이다. 차로 20분 거리니 택시를 타도 좋다. 바탈랴 관광거리는 수도원이 거의 유일무이하니 건축에 관심이 지대한 여행자에게 추천한다.

알쿠바사 → 투마르 1일

투마르는 포르투갈 전매특허 마누엘 건축 양식을 대표하는 크리스투 수도원&투마르 성채를 위해 찾는 도시이다. 건축에 관심이 많다면 하루 종일 머물러도 모자르다.

Tip 바탈랴와 투마르를 이동하는 직행 버스편이 없어 알쿠바사, 바탈랴와 마찬가지로 레이라Leira에서 환승하는 버스를 타고 이동한다.

투마르 → 파티마 1일

가톨릭 신자라면 알고 있었을 포르투갈의 도시가 바로 파티마. 세계적인 성지순례지로 유명하다. 파티마 대성당과 성모 마리아 발현 예배당에서 성모 발현의 기록과 흔적을 볼 수 있다.

Tip 종교가 없거나 특별히 성지순례지를 찾을 마음이 없다면 파티마에서의 하루를 리스보나 포르투 일정으로 대체하자.

파티마 → 카스텔루 브랑쿠 1일

포르투갈에서 가장 아름다운 바로크식 정원으로 꼽히는 파수 에피스코팔 정원과 카스텔루 브랑쿠 성이 있는 사랑스러운 소도시. 무엇보다 몬산투를 여행하고자 한다면 반드시 거쳐 가야하니 1박 일정으로 여유롭게 돌아보자.

Tip 파티마에서 이동하는 버스편이 주말에는 하루 2, 3회정도 있다. 출발 시간도 오후의 애매한 시간대이니 가급적이면 주말에 이동하지 않도록 일정을 맞추자.

카스텔로 브랑쿠 → 몬산투 1일

울창한 나무와 큼직한 바위로 이루어진 작은 마을 몬산투. 아담한 이 마을을 천천히 걸어 구석구석 돌아보자. 몬산투 할머니들이 손수 만드는 전통 인형 마라포나도 구경하자. 마라포나는 액운을 물리치는 힘이 있다고 전해진다.

Tip 교통, 숙박을 고려하였을 때 대부분의 여행자들은 카스텔로 브랑쿠를 거점으로 두고 당일치기 여행을 다녀온다. 몬산투의 돌집에서 밤을 보내보고 싶다면 1박도 추천.

카스텔로 브랑쿠 → 포르투 2일

포르투 입성! 늠름한 동 루이스 다리와 그 앞의 히베이라 지구, 가파른 경사길을 따라 촘촘히 늘어선 골목들이 기다리고 있다. 48시간 동안 포르투만의 정취를 느껴보자.

PLANNING 04
알고 가자!
포르투갈의 쇼핑

포르투갈 사람들의 타고난 미적 감각은 각종 공예품, 기념품, 패션으로도 이어진다. 포르투갈 여행자는 예상했던 것보다 훨씬 더 쇼핑을 즐기게 될 것이다. 즉, 신나는 '득템'의 순간들이 자주 찾아올 쇼핑 플레이스들이 많다는 뜻!

포르투갈 대표 특산품

1. 의류
직물, 섬유 산업은 포르투갈 총 수출의 10%를 차지하는 대형 산업이다. 포르투갈 디자이너들은 세계적으로 각광받고 있는 추세. 개성 있는 디자인과 가격 대비 훌륭한 품질의 의류를 약속한다. 한 번도 이름을 들어본 적 없다 하더라도 여행 중 마음에 드는 포르투갈 브랜드 의류가 있다면 네임 벨류에 구애받지 말고 품질만 따져보고 구매하자.
대표 브랜드: 아나 살라자르Ana Salazar, 파티마 로페즈Fátima Lopes, 스토리테일러스Storytailors

2. 가죽
지난 10년간 신발, 가방 등으로 대표되는 포르투갈의 가죽 산업은 200% 이상 성장하였다. 서유럽 국가들에 비해 상대적으로 낮은 임금과 훌륭한 기술, 맵시를 겸비한 포르투갈 공산품들의 품질은 절대 떨어지지 않는다. 한국에는 크게 알려져 있지 않으나 유럽 내 이미 인정받고 있는 포르투갈의 신발 브랜드도 상당수.
대표 브랜드: 플라이 런던Fly London, 캄포트Camport, 하드 하티드 할롯 슈즈Hard Hearted Harlot Shoes, 미구엘 비에이라Miguel Vieira, 카를로스 산토스Carlos Santos

3. 코르크
세계 코르크 생산지 1위 포르투갈. 친환경적이고 개성 있는 코르크. 포르투갈 어느 도시를 여행하더라도 코르크로 만들 수 있는 다양한 상품들을 쉽게 찾아볼 수 있다.
대표 제품: 엽서, 지갑, 와인 마개, 신발, 가방

포르투갈 대표 브랜드

1. 사쿠르 브라더스 Sacoor Brothers
벨기에, 루마니아, 몰도바, 스페인, UAE 등 이미 여러 나라에 진출한 브랜드. 여성복과 아동복 라인도 가지고 있지만 남성복으로 가장 각광 받는다. 리스보아 매장 **Add** Rua Nova do Almada 69, 1200-288 Lisboa **Web** www.sacoorbrothers.com

2. AJ 곤살베스 AJ Gonçalves
1966년부터 수 세대에 걸쳐 운영해오고 있는 유서 깊은 양말 브랜드. 남성, 여성, 아동용 양말을 다양한 디자인으로 생산하며, 방대한 컬렉션을 자랑한다. 포르투갈에만 25개의 매장이 있으며 리스보아 본점 **Add** Avenida da Igreja 27, 1700 Lisboa **Web** www.ajgoncalves.pt, 상점 이름은 브랜드와 다르게 '페데메이아 Pedemeia'라 하니 유의하자.

3. 파포아 Parfois
중저가 여성 잡화 브랜드. 가방, 주얼리, 지갑, 선글라스, 스카프, 시계 등 부담 없는 가격과 트렌디한 디자인으로 승부를 건다. 1994년 포르투(포르투 본점 **Add** Rua Gonçalo Sampaio 350, 4100-146 Porto **Web** www.parfois.com)에 첫 매장을 열고 현재 전 세계 280개 매장을 운영하고 있는 글로벌 브랜드.

포르투갈 대표 기념품

1. 포트와인
포도 품종과 숙성 기간에 따라 가격 차이가 크다. 다양한 품종과 맛을 볼 수 있는 미니어처 상품도 인기. 대표적인 포트와인 브랜드(와이너리)는 5~6개가 있다. 당도나 숙성 기술, 방법 등에서 차이가 나며 개인 취향에 따라 선호도가 갈리니 마셔보고 구입하는 것이 가장 좋다.

> **Tip** 세관 기준을 확인할 것
> 여행하는 나라가 1개국 이상이라면 각 나라별 알코올 관련 세관 기준을 확인하자. 기준보다 많이 구입하면 입국 시 세관에 신고한 후 세금을 내야 한다.

2. 클라우스 포르투 Claus Porto
1887년 처음 만들어져 긴 역사를 자랑하는 비누계의 대모. 오프라 윈프리, 키아 나이틀리 등 여러 셀레브리티가 애용하는 천연비누로 유명하다. 패키징도 화려하고 예뻐 선물하기 제격이다.

3. 비스타 알레그레 Vista Alegre
그릇 좋아하는 사람이라면 이미 알고 있을 법한 포르투갈 유명 브랜드. 세계 50개국에 수출하며, 스페인 왕실, 영국 왕실, 포르투갈 대통령 등 여러 나라의 정상들이 애용한다.

PLANNING 05
포르투갈 음식 탐험대를 위한 안내문

소박해도 깊은 맛이 나는 푸짐한 요리는 포르투갈 여행에 윤기를 더한다. 한 나라의 음식을 맛보는 일은 그곳의 역사와 문화를 느껴보는 일 아니던가. 포르투갈 음식을 제대로 즐겨보리라 단단히 맘먹은 당신을 위해 포르투갈 대표 요리와 레스토랑 이용법을 소개한다.

Tip 요리 관련 포르투갈어

한국어	포르투갈어	영어	한국어	포르투갈어	영어
대구	Bacalhau	Codfish	돼지고기	Porco	Pork
생선	Pieixe	Fish	고기 요리	Carne	Meat
문어	Polvo	Octopus	치즈	Qeijo	Cheese
해산물	Marisco	Seafood	올리브	Azeitona	Olive
밥	Arroz	Rice	샐러드	Salada	Salad
빵	Pão	Bread	와인	Vinho	Wine
소고기	Bife	Beef	맥주	Cerveja	Beer

쿠베르트 Cuvert

레스토랑에 가면 테이블에 앉자마자 빵과, 올리브, 치즈나 버터 등을 내온다. 메인 요리 전에 맛보는 에피타이저인 셈이다. 특히 가가호호 개성 있는 레시피로 절인 올리브는 쿠베르트의 꽃. 가벼운 와인 한잔 시켜 올리브를 손가락으로 쏙쏙 집어먹으면 입맛이 제대로 살아난다. 빵 같은 경우 다 먹지 말고 메인 요리에 곁들여 먹으면 좋다. 단, 무료가 아니라 하나하나 가격을 받는다. 만일 먹고 싶지 않다면 치워달라고 하거나 손대지 않고 그대로 두면 된다.

메인요리 BEST 3

포르투갈의 소울 푸드
바칼라우 Bacalhau

500여 년 전 어부들은 북대서양 바다에서 대구를 잡아왔다. 부패하지 않도록 소금에 절여 반건조 상태에서 보관했으며, 365가지가 넘는 레시피가 발달했다. 포르투갈 레스토랑에서도 빠지지 않는 요리이다. 짭짤한 바칼라우와 달걀, 감자로 만든 '바칼라우 아 브라스'나 바칼라우 살과 감자를 다져 만든 '바칼라우 크로켓'은 누구나 좋아하는 메뉴. 소금에 절이지 않고 통 대구살을 구운 스테이크 맛도 일품!

한국인의 입맛에 딱 맞는 해물밥
아소르다 드 마리스쿠 Arroz de Marisco

토마토 퓨레에 각종 해산물을 넣고 끓인 걸쭉한 국물 맛이 꼭 해물국밥을 닮았다. 주재료를 무얼 넣느냐에 따라 해물밥, 문어밥, 새우밥, 아귀밥까지 그 종류도 다양하다. 좀 더 부드러운 맛을 원한다면 쌀 대신 빵을 넣어 만든 아소르다 드 마리스쿠 Açorda de Marisco, 얼큰한 맛을 원한다면 각종 생선과 해산물, 채소를 넣고 끓여내는 카타플라나 Caraplana를 주문하자.

한 입에 반하는 보드라운 맛
폴보 Polvo

대서양 바다에서 잡은 커다란 자연산 문어의 크기에 한 번, 야들야들해 입안에서 사르르 녹는 식감에 두 번 감동하는 폴보는 반드시 맛봐야 할 메뉴. 문어구이 '폴보 그렐라두 Polvo Grelhado'나 밥과 함께 삶은 '아 로즈 드 폴보'가 대표 메뉴다. 둘 다 폭풍 흡입을 부르는 해산물 천국의 맛이다. 폴보에 차갑게 칠링한 화이트와인 한잔 곁들이면 금상첨화!

디저트

가장 널리 알려진 포르투갈 디저트는 나타(에그 타르트). 레스토랑에서도 케이크나 푸딩 등 다양한 디저트를 착한 가격에 맛볼 수 있다. 잠시 칼로리 걱정은 접어두고 달콤함의 세계에 흠뻑 빠져보자.

마실수록 반하는 포르투갈 와인의 세계

포르투갈에는 포트와인만 있는 게 아니다. 포르투갈은 유럽에서 프랑스, 스페인 다음가는 와인 생산국인데다 가격 대비 품질이 우수해 식사 때마다 와인을 곁들여도 부담이 없다.

〈와인의 종류〉

❶ 비뉴 베르드 Vihno Verde
포트와인으로 유명한 도우루, 미뉴 등에서 만든다. 연두 빛깔이 나 그린 와인이라는 뜻의 비뉴 베르드라 부른다. 어린 포도로 만들어 신맛이 입맛을 돋궈준다. 주로 식사를 시작할 때 마시는 편.

❷ 비뉴 브랑쿠&비뉴 틴투 Vinho branco&Vinho Tinto
비뉴 브랑쿠는 화이트, 비뉴 틴투는 레드와인의 포르투갈어. 화이트와인보다는 고퀄리티의 레드와인을 많이 접할 수 있다. 알렌테주 지역에서 만든 레드와인은 어떤 음식에나 잘 어울리고, 다옹 지역의 레드와인은 벨벳처럼 부드럽고 섬세한 맛을 선사한다.

PLANNING 06
알고 가면 좋은 포르투갈 **축제&공휴일**

지역색이 가장 잘 드러나는 축제 기간에 포르투갈을 찾는다면 여행의 즐거움은 배가 된다! 반대로 박물관이나 상점, 식당 등 공휴일에는 문을 열지 않는 여행 명소들도 많으니 하루만 머무르는 일정이라면 공휴일에 여행지를 찾지 않도록 미리 체크해두자.

A PROCLAMAÇÃO DA REPUBLICA PORTUGUEZA

축제

퀘이마 다스 피타스 Queima das Fitas(5월 초)
'리본 불태우기'라는 뜻의 이 파티는 일주일 동안 열리는 코임브라 축제. 코임브라 대학의 여러 학부가 리본을 불태우는 의식을 치르고 파두를 비롯한 다양한 공연과 행사를 주최한다. 학생들뿐 아니라 온 마을이 함께 즐기는 파티.

브라가의 상 주앙 축제 Festa de São João (6월 23~24일)
상 주앙은 19세기가 되어서야 공식적으로 포르투의 성인이 되었으나 6세기가 넘는 시간 동안 행해온 대형 축제이다. 마늘꽃이나 작은 플라스틱 망치로 마음에 드는 이성을 툭 치며 호감을 표시하는 의식이 이 축제의 꽃.

바다 축제 Festas do Mar(7월)
포르투갈에서 가장 성대한 음악 축제. 축제 이름에 걸맞게 카스카이스 항구에서 음악회를 감상할 수 있다. 막바지에 이르러서는 바다 축제의 하이라이트 '항해사들을 수호하는 여신Nossa Senhora dos Navegantes'을 위한 행진을 볼 수 있다.

파티마 성지 순례
Peregrinos a Pé-Santuário de Fátima(5~10월 매월 13일)
3명의 어린 목동이 파티마에서 성모 마리아의 발현을 보았던 5~10월 간의 기적을 세계 각지에서 찾아 오는 교인들이 재현한다. 6개월 동안 매달 13일 성모를 보았던 것을 기념하여 같은 날짜에 맞추어 파티마에서 집회를 갖는 것.

신트라 페스티벌 Festival de Sintra(6~7월)
한 달 가까이 열리는 대형 음악 축제. 신트라 시내 곳곳에서 낭만주의 음악 공연을 감상할 수 있다. 해마다 음악가 몇 명을 메인 테마로 선정하므로 미리 알아보고 가는 것이 좋다.
Web www.facebook.com/festivaldesintra

마데이라 섬의 몬테 성모 축제
Festas de Nossa Senhora do Monte(8월)

음식과 음악, 꽃이 함께하는 화려한 축제. 마데이라 섬을 건강하게 보살펴준 성모에게 감사함을 표하고, 섬 주민들끼리 화합을 다지는 계기가 되어 마데이라 사람들이 손꼽아 기다리는 연중 최고의 축제.

공휴일

- 새해 첫 날 Dia de Ano Novo(1월 1일) • 카니발 축제일 Carnaval(2~3월, 재의 수요일 하루 전날)
- 부활절 Páscoa(3~4월, 해마다 상이) • 혁명기념일 Dia da Liberdade(4월 25일)
- 노동절 Dia do Trabalhador(5월 1일) • 포르투갈의 날 Dia de Portugal(6월 10일)
- 성모승천일 Assunção de Nossa Senhora(8월 15일) • 공화국 선포일 Implantação da República(10월 5일)
- 만성절 Dia de Todos-os-Santos(11월 1일) • 독립기념일 Restauração da Independência(12월 1일)
- 무구수태일 Imaculada Conceição(12월 8일) • 성탄절 Natal do Senhor(12월 25일)

퀘이마 다스 피타스

몬테 성모 축제

카니발 축제일

PLANNING 07
포르투갈 여행 체크 리스트

설렘을 가득 안고 떠나는 여행, 막상 가려니 걱정이 앞선다고? 그래서 준비했다. 근심 따위 싹 날려줄 알짜배기 정보로 꽉 채운 체크 리스트. 하나하나 차근차근 준비하면 포르투갈 여행이 쉬워진다.

Q1. 포르투갈 여행, 언제가 좋을까?

지중해성 기후로 사계절이 뚜렷하다. 연평균 기온은 13~38℃로 온화하다. 하지만 여름에는 고온 건조해 태양이 작열하고, 겨울에는 고온다습해 비가 자주 내린다. 맑은 날이 많고 오렌지 꽃향기가 진동하는 4~5월과 포도가 영그는 9~10월이 가장 여행하기 좋은 시기.

Q2. 포르투갈의 화폐와 물가는 어느 정도인가?

유로를 쓴다. 서유럽에서도 경제성장률이 낮아 물가도 저렴한 편. 에스프레소 한 잔이 평균 1유로 이하, 맥주 한 잔은 1~2.50유로, 가벼운 식사는 6~9유로에도 해결할 수 있다. 무엇보다 배낭여행자를 위한 호스텔이 발달돼 있고, 1박당 60~90유로면 호텔에서 묵을 수 있어 서유럽에서도 적은 비용으로 풍족하게 여행할 수 있는 나라로 손꼽힌다. 단, 유로 환율에 따라 체감 물가가 달라질 수 있다. 1유로=약 1,295.30원(2019년 12월 기준). 숙박비를 제외하고 1인당 하루 50~70유로(식사, 교통, 입장료 포함) 정도 잡으면 적당하다.

Q3. 포르투갈어를 못해도 여행할 수 있을까?

포르투갈어를 사용하는 단일민족 국가지만 스페인보다 영어가 잘 통하는 편이다. 포르투갈 사람들은 영어, 스페인어, 프랑스어 중 1~2개의 언어를 자유자재로 구사할 정도로 외국어에 능통하다. 리스보아나 포르투의 유명 관광지, 호텔, 레스토랑에서는 영어로 의사소통에 불편함이 없다.

Q4. 비자가 필요한가?

솅겐 조약 가입 국가로 비자 없이 여권만 보여주면 입국 가능하며, 무비자로 최대 90일까지 머물 수 있다. 출입국 카드를 별도로 작성할 필요도 없다. 포르투갈 입국 시 독일, 네덜란드, 프랑스, 스페인 등 솅겐 조약 가입 국가를 경유할 경우 입국 심사 창구에서 여권만 보여주면 된다.

***솅겐 조약** Schengen Agreement**이란?**
유럽 각국이 출입국 관리 정책을 통일해 국가 간의 통행에 제한이 없게 하는 조약. 2015년 현재 EU 28개 회원국 22개국과 비 EU 4개국이 가입하고 있다.

Q5. 한국에서 포르투갈 가는 법은?

아시아나항공이 인천에서 리스본까지 직항을 운항한다. 프랑크푸르트, 암스테르담, 파리, 런던 등 유럽의 주요 도시를 경유해서 포르투갈로 입국할 수도 있다. 포르투갈의 국제공항은 리스보아, 포르투, 파루 3곳. 리스보아, 포르투를 여행할 경우 리스보아로 입국, 포르투로 출국하면 시간을 절약할 수 있다. 포르투갈 남부를 여행할 경우 리스보아 입국, 파루 출국 비행기를 이용하면 효율적이다.

[주요 항공사 운항 스케줄]

항공사	운행 시간	경유지
아시아나항공 Asiana Airline	13시간 30분	없음/직항
대한항공 Korean Airline	17시간 05분	파리, 암스테르담, 프랑크푸르트, 비엔나 등
루프트한자 Lufthansa	16시간 30분	프랑크푸르트 또는 뮌헨
영국항공	20시간	런던
KLM네덜란드	16시간 40분	암스테르담
핀에어 Finn Air	19시간	헬싱키
터키항공 Turkish Airline	17시간 05분	이스탄불

※2019년 12월 기준. 모든 스케줄은 항공사의 사정으로 변경될 수 있습니다.

Q6. 포르투갈 내에서 이동은 어떻게 하나?

기차 포르투갈 하면 리스본행 야간열차를 떠올리지만 여느 서유럽의 국가들과 달리 기차가 덜 발달했다. 주변 국가와도 기차 연결이 안 돼있고, 포르투갈 내 도시 간 기차도 빠르지 않다. 기차 여행은 도시 간 이동보다 리스보아 근교나 포르투 근교를 여행할 때 유용하다. **Web** www.cp.pt
버스 기차보다 요금은 저렴하면서 편안한 시설로 여행자의 발이 돼주는 교통수단. 전국 광역 버스인 레데 익스프레소스Rede Expressos만 이용해도 주요 도시 간 이동이 원활하다. 모바일 앱을 다운받으면 미리 예약할 수 있다. 그 밖에도 북부는 로두노르테Rodonorte, 남부는 에바EVA, 중부의 소도시는 테주Tejo 버스가 각 소도시들을 이어준다.
렌터카 리스보아에서 남부 또는 중부, 리스보아와 포르투를 여행하며 소도시들을 둘러볼 계획이라면 렌터카를 추천한다. 리스보아, 포르투, 파루 공항에서 렌터카 카운터를 쉽게 찾아볼 수 있다. 고속도로가 잘 닦여 있고, 교통 체증이 심하지 않아 큰 어려움 없이 운전을 할 수 있다. 단, 통행료가 다소 비싼 편이다.

Q7. 포르투갈에서 심카드 이용하는 법은?

여행 중 구글맵, 검색, SNS 등 데이터를 맘껏 쓰려면 데이터로밍보다 심Sim카드(유심칩)가 경제적이다. 리스보아나 포르투 국제공항, 시내 보다폰 매장에서 구입할 수 있다. 4GB에 12.75유로선. 현지에서 구매하는 것이 번거롭다면 미리 온라인으로 준비하자. 온라인 사이트를 통해 구입한 후 자택이나 인천 국제공항에서 수령하면 된다.
심카드 판매 Web www.ma1.co.kr

Tip 심카드를 사지 않을 경우 무료 와이파이를 최대한 활용하는 것도 방법이다. 리스보아나 포르투의 경우 호텔, 호스텔은 물론 레스토랑, 카페 등에서 무료 와이파이를 제공하는 경우가 많다.

Q8. 시차는 얼마나 날까?

우리나라보다 9시간 느리다. 3월의 마지막 일요일부터 10월 마지막 일요일까지는 서머타임에 적용돼 8시간 차이가 난다.

포르투갈
PORTUGAL

리스보아
리스보아 근교
포르투
포르투 근교
포르투갈 소도시
포르투갈 해안가 마을&섬

리스보아
LISBOA BY AREA

01 알파마&그라사
02 바이샤&호시우
03 바이루 알투&시아두
04 벨렝
05 올리베

포르투갈의 수도라는 수식어로는 부족하다. 봄꽃처럼 화사한 파스텔 빛 건물 사이로 햇살이 춤춘다. 한때 바다를 향해 펼쳤던 원대한 꿈은 마누엘 양식이라는 낭만 건축으로 남아 도시 곳곳에 깃들어 있다. 소금기를 머금은 대서양의 바람에 마음이 살랑인다. 시간이 켜켜이 쌓인 도시의 골목에는 먹고, 보고, 즐길거리가 가득하다. 언덕에서 언덕을 잇는 미로 같은 길 위로 노란 트램이 오간다. 그리고 그 길 위엔 햇볕보다 따스한 사람들이 있다. 소소한 일상도 소소하지만은 않은 행복으로 승화시켜 주는 마법 같은 도시다.

리스보아

Lisboa
PREVIEW

리스보아는 7개의 언덕으로 이뤄진 도시다. 평지인 벨렝, 바이샤&호시우 지역을 제외하면 발길 닿는 곳이 언덕이요, 눈길 닿는 곳이 그림 같은 풍경이다. 언덕을 오르내리는 트램, 푸니쿨라 등 특유의 교통수단을 잘 활용하면 여행이 한결 쉽고 즐거워진다. 주요 볼거리는 대항해 시대의 흔적이 오롯한 서쪽의 벨렝부터 중심지인 바이샤&호시우, 동쪽 언덕 알파마&그라사에 점점이 흩어져있다.

SEE

리스보아에서 꼭 봐야할 스폿을 꼽자면 제로니무스 수도원, 코메르시우 광장, 상 조르제 성, 리스보아 대성당, 산타 주스타 엘리베이터, 굴벵키안 미술관, 아줄레주 국립박물관이다. 제로니무스 수도원과 더불어 벨렝탑, 발견 기념비까지 둘러보면 대항해 시대에 대한 이해가 한 뼘 더 깊어진다. 골목 탐험 마니아라면 알파마&그라사에 반나절 이상 투자해도 아깝지 않다.

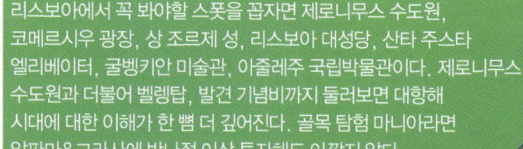

EAT

리스보아에는 제로니무스 수도원 옆 파스테이스 드 벨렝의 나타만 있는 게 아니다. 알파마 골목 안에 숨어있는 보석 같은 카페와 레스토랑, 밤늦도록 불을 밝히는 바이루 알투의 바, 싱싱한 해산물로 입맛을 사로잡는 레스토랑이 바이샤와 시아두 곳곳에서 여행자들을 기다린다. 나홀로 여행자라면 혼자 가도 부담 없는 이색 푸드 코트, 타임 아웃을 기억해두자.

BUY

쇼핑가는 아우구스타 거리와 바이루 알투에 집중돼 있다. 스파SPA 브랜드는 아우구스타 거리, 명품은 리베르다드 거리, 백화점 쇼핑을 원한다면 엘 코르테 잉글레스로 향할 것. 아는 사람들만 아는 개성 넘치는 숍을 찾는다면 타이포그라피아, 바이루 아르테, 리스본 러버스 등을 추천한다. 프린시프 헤알 공원 주변으로 트렌디한 편집 숍과 로컬 디자이너들의 작업실 겸 매장이 계속 늘어나는 추세다. 유행에 민감한 쇼퍼들에게 추천하고 싶은 쇼핑 지역이다.

SLEEP

꼭 한번 묵어보고 싶은 부티크 호텔은 물론 호텔이 부럽지 않은 호스텔이 많기로 유명한 리스보아의 숙소를 고르는 일은 즐겁다. 단, 대부분 오래된 건물을 개조한 숙소라 객실이 적은 편. 미리 예약하는 자만이 좋은 숙소를 차지할 수 있다는 점을 명심할 것. 아늑한 객실만큼이나 숙소의 위치로 여행의 질을 좌우하는데, 호시우 광장 근처로 잡으면 주요 관광지와 공항을 오가기 편리하다.

Lisboa
GET AROUND

 어떻게 갈까?

서울에서 리스보아까지 가는 직항은 없다. 파리, 프랑크푸르트, 암스테르담 등 유럽의 대도시를 경유해 포르텔라 공항Aeroporto da Portela 1터미널로 들어오게 된다. 라이언에어, 부엘링 등 유럽의 저가 항공을 이용하면 2터미널로 도착한다. 스페인에서 버스로 올 경우 오리엔테 기차역 또는 세트 히우스Sete Rios 버스터미널로 들어온다. 포르투를 비롯 포르투갈의 소도시에서 올 경우에도 세트 히우스 버스터미널에 내리는 경우가 대부분이다. 포르투, 브라가 등 북부에서 기차를 타고 올 경우 오리엔테 기차역이나 산타 아폴로니아 기차역에서 내릴 수 있다.

| 리스보아 포르텔라 공항에서 시내 가기 |

공항에서 시내까지 약 8Km. 한마디로 택시를 타도 부담이 없을 만큼 가깝다. 밤이라면 택시, 낮이라면 에어로 버스나 메트로 이용을 추천한다. 숙소가 마르케스 드 폼발, 헤스타우라도레스, 호시우 등과 가깝다면 메트로보다는 에어로 버스가 빠르고 편리하다.

1. 에어로 버스 Aero Bus

1·2번 2개의 노선이 있다. 여행객들은 주로 공항에서 카이스 두 소드레를 오가는 1번 시티 센터 City Center 노선을 이용하게 된다. 운행 시간은 07:30~23:00(20~25분 간격), 주말과 공휴일은 07:00~22:50(25분 간격). 공항에서 호시우까지 약 20분 소요된다.
Cost 편도 현장 구입 4유로, 온라인 구입 3.60유로 **Web** www.aerobus.pt

2. 메트로 Metro

공항에서 시내까지 약 45분 소요된다. 공항이 베르멜랴Vermelha 라인의 종착역 에어로포르투 Aeroporto에 있어 시내 중심으로 들어오려면 1회 이상 환승해야 한다.
Cost 편도 1.5유로, 왕복 6유로, 4~10세 편도 2유로, 왕복 3유로

3. 택시 Taxi

가장 빠른 방법. 공항에서 호시우까지 평균 15분 내외, 요금은 15~20유로 정도다. 단, 트렁크에 짐을 실으면 2.50유로가 추가된다. 간혹 미터기를 켜지 않고 바가지를 씌우는 기사들이 있는데 택시 바우처를 이용하면 바가지 스트레스를 한방에 날릴 수 있다. 이용법도 간단하다. 공항 내 관광안내소에서 '택시 바우처'를 요청하면 택시를 불러준다. 요금은 관광안내소에 내고 택시 기사에게는 바우처만 주면 끝.

리스보아

| 포르투에서 리스보아 가기 |

포르투에서 여행을 시작할 경우 기차나 버스로 리스보아까지 이동하면 된다. 소요 시간 차이가 별로 없어 오히려 기차보다 저렴한 고속버스가 인기 있다.

1. 기차 Train

포르투의 캄파냐Campanhã역에서 기차를 타고 리스보아의 오리엔테Oriente역과 산타 아폴로니아Santa Apolonia역 2곳에서 하차할 수 있다. 두 역 모두 리스보아 시내까지 메트로로 이동 가능하다. 하루 평균 18회 운행되며, 소요 시간은 약 3시간. 홈페이지에서 운행 시간표 확인 및 예매 가능.
Web www.cp.pt

2. 고속버스 Express Bus

레데 익스프레소스Rede Expressos나 에바Eva 버스를 타고 리스보아의 오리엔테Oriente 또는 세트 히우스Sete Rios 버스터미널에 도착한다. 터미널은 메트로 아줄Azul선 자르딩 주로지쿠Jardim Zoológico역과 연결된다. 하루 평균 10~20회 운행하며, 소요 시간은 약 3시간 30분.
Web 레데 익스프레소스 www.rede-expressos.pt,
에바 버스 www.eva-bus.com

어떻게 다닐까?

유럽에서도 대중교통이 저렴하고 안전하기로 손꼽힌다. 웬만한 주요 관광지는 트램으로 오갈 수 있고, 코메르시우 광장에서 호시우, 바이루 알투 일대는 도보로도 충분히 이동 가능하다. 도보 15분 내외의 거리는 지하철을 타기보다는 구경 삼아 걸어서 이동하길 추천한다. 단, 가파른 언덕이 많은 알파마나 바이루 알투를 오를 때는 트램과 푸니쿨라를 적절히 이용하면 효율적이다.

| 리스보아 교통수단 |

1. 트램 Tram

12번, 15번, 18번, 25번, 28번 총 5개 노선이 있다. 이중 딱 두 가지만 기억하자! 알파마에서 시아두까지 주요 시내 관광지는 28번, 벨렝은 15번. 28번은 느리게 달리는 빈티지 트램인 반면 코메르시우 광장에서 벨렝을 오가는 15번은 속도가 빠르다. 두 노선 모두 늘 관광객으로 붐빈다. 만원 트램 안에는 소매치기가 불시에 출몰하니 핸드백과 배낭은 반드시 앞으로 맬 것.
Cost 1회 3유로 **Web** www.carris.pt(트램, 푸니쿨라, 버스 공통 홈페이지)

2. 아센소르 Ascensor

노란 트램인 듯 트램 아닌 탈거리가 보이면 그게 바로 아센소르. 리스보아의 가파른 언덕을 오르내리는 케이블카의 일종이다. 아센소르 다 글로리아Ascensor da Glória, 아센소르 도 라브라Ascensor do Lavra, 아센소르 다 비카Ascensor da Bica 3가지. 모두 19세기에 만들어져 2002년 국가기념물로 지정됐다.
Cost 편도 3.80유로(리스보아 카드 소지자 무료)

3. 메트로 Metro
단 4개의 노선으로 단출하다. 그중 여행자들이 주로 이용하는 역은 파란색 아줄Azul 라인의 산타 아폴로니아(알파마와 연결), 바이샤/시아두(바이샤 또는 시아두 연결), 헤스타우라도레스(호시우역, 헤스타우라도레스 광장 연결), 상 세바스티아웅(굴벵키안 미술관 연결)이다. 매일 06:30~01:00까지 운행된다. Cost 1회 1.50유로 Web www.metrolisboa.pt

4. 버스 Bus
수많은 노선이 있지만 다소 복잡해서 여행자들이 가장 덜 이용하는 교통수단이다. 가장 유용한 버스는 피궤이라 광장에서 상 조르세 성까지 오가는 737번 미니 버스. Cost 1회 2유로

5. 옐로 버스 Yellow Bus
수도답게 가장 많은 옐로 버스 투어 루트가 있다. 시내 투어부터 근교까지 20개 남짓. 그중 벨렝의 명소들을 돌아보는 벨렝 투어, 걸어서 돌아보기 힘든 언덕들을 트램카를 타고 돌아보는 힐스 트램카 투어Hills Tramcar Tour, 근교 신트라를 다녀오는 신트라 왕궁 투어 등이 대표적이다. 옐로 버스 티켓 구매자에 한하여 카리스Carris에서 운영하는 모든 대중교통 수단과 산타 주스타 엘리베이터 무료 이용. 포르투, 푼샬, 코임브라, 브라가, 기마랑이스 옐로  버스 투어 10% 할인과 파두 박물관, 오세아나리우 30% 등 시내 관광 명소를 할인해준다.

> **Tip** 리스보아를 가장 꼼꼼히 돌아보는 올 인 원All in One 티켓!
> 리스보아 시가지를 꼼꼼히 돌아보는 타구스 투어, 올리베 지역을 보는 올리시푸 투어, 벨렝 투어와 트램카 투어, 옐로우 보트 투어까지 리스보아의 산과 물, 시가지를 다양한 교통수단으로 구석구석 돌아볼 수 있는 만능 티켓이다. Carris에서 운영하는 모든 대중교통(트램 포함)을 무료로 탈 수 있으며 산타 주스타 엘리베이터와 푸니쿨라, 시내와 공항을 잇는 에어로버스 이용권도 포함되어 있다.
> **Data** Map 085B
> Access 메트로 베르드Verde선 호시우Rossio역 하차, 도보 1분
> Add 출발지 피궤이라 광장Praça da Figueira, 1100-241 Lisboa
> Tel 966-298-558, 213-478-030
> Open 올 인 원 11~4월 09:00~17:30(20분 간격) /
> 5~10월 09:00~20:00(15분 간격, 19:00부터는 30분 간격)
> Cost 올 인 원 성인 45유로(온라인 구입 40.50유로), 아동 25유로(온라인 구입 22.50유로)

6. 택시 Taxi
유럽의 다른 도시에 비해 저렴한 편. 호시우역 앞, 호시우 등에서 쉽게 탈 수 있다. 짐이 있는 경우 호텔에 미리 불러달라고 하자. 단, 콜택시를 부르거나 짐이 있을 경우 비용이 추가된다.
Cost 기본요금 3.25유로, 할증 시(21:00~06:00) 기본요금 3.90유로

| 리스보아 교통카드 |

1. 비바 비아젬 카드 VIVA Viagem Card

우리말로 번역하면 '야호!'라는 뜻을 가진 여행 카드. 트램, 메트로, 버스, 아센소르를 모두 이용할 수 있는 편리한 충전식 교통카드다. 서울의 교통카드처럼 카드 값은 0.50센트, 여기에 원하는 금액을 충전해서 쓰면 된다. 1회 충전 시 1, 4, 5, 10, 15유로로 단위로 충전할 수 있다.
구입처: 메트로역, 기차역의 자판기 또는 유인 매표소

2. 24시간 패스 24 Hour Pass

6.40유로에 24시간 동안 버스, 트램, 메트로, 아센소르를 무제한 탑승 가능한 교통카드. 개시 시각으로부터 정확히 24시간 이용할 수 있다.
구입처: 메트로역의 자판기 또는 유인 매표소

Tip 비바 비아젬 카드와 24시간 패스 뭐가 더 저렴할까?
하루 종일 벨렝부터 시내 중심가 알파마를 돌아다니며 메트로와 트램을 이용할 계획이라면 24시간 패스가 저렴하다. 단, 2~3일 머물며 여유 있게 돌아다닌다면 비바 비아젬 카드를 사서 충전하는 편이 효율적이다. 충전 후 카드에서 차감되는 금액은 1회 탑승 1.50유로. 비바 비아젬 카드를 구입하여 카드에 24시간 패스 등 다양한 종류의 교통권을 선택하여 충전할 수 있다는 점도 참고하자.

3. 리스보아 카드 Lisboa Card

리스보아와 근교(신트라, 카보 다 호카 등) 80곳 이상의 관광지 입장료를 할인해주는 카드. 메트로, 버스, 트램, 아센소르는 물론 신트라와 카스카이스를 오가는 기차도 탈 수 있어 근교까지 여행할 경우 활용도가 매우 높다. 1~2일 정도 리스보아만 여행할 경우 리스보아 카드보다 비바 비아젬 카드를 사서 원하는 관광지에 입장하는 편이 저렴할 수 있으니 잘 따져보고 구입하자.
Cost 24시간권 16세 이상 20유로, 4~15세 13유로,
48시간권 16세 이상 34유로, 4~15세 19유로, **72시간권** 16세 이상 42유로, 4~15세 22.5유로
Web www.visitlisboa.com/plan/tickets-offers/lisbon-card

관광객들이 많이 이용하는 툭툭인 라고스

INFO

리스보아에는 'Ask Me Lisboa!'라고 쓰인 관광안내소가 7곳 있다. 공항에 도착해서부터 도시 내 관광안내소를 접근성을 기준으로 별점을 매겼다. 어디를 가든 리스보아 카드 구입은 물론 무료 지도와 관광지에 대한 정보를 얻을 수 있다.

★★★리스보아 공항 관광안내소
Ask Me Lisboa Aeroporto de Lisboa
Data Map 064B
Add Arivals Terminal, Lisboa Portela Airport, Alameda das Comunidades Portuguesas, Lisboa
Open 07:00~24:00 **Tel** 218-450-660

★★★헤스타우라도레스 관광안내소
Ask Me Lisboa | Paláio Foz
Data Map 085A **Add** Palacio Foz, Praca dos Restauradores, 1250-187 Lisboa
Open 09:00~20:00 **Tel** 213-463-314

★헤제도르 관광안내소
Ask Me Lisboa Jardim do Regedor
Data Map 085A **Add** Rua Jardim do Regedor 50, 1250-096 Lisboa
Open 5~9월 10:00~20:00(10~4월~19:00)
Tel 213-472-134

★호시우 관광안내소 Ask Me Lisboa Rossio
Data Map 085C **Add** Praça D. Pedro IV Lisboa
Open 10:00~13:00, 14:00~18:00
Tel 910-517-914

★★코메르시우 광장 관광안내소
Ask Me Lisboa Terreiro do Paço
Data Map 085F
Add Rua do Arsenal 15, 1100-148 Lisboa
Open 09:00~20:00 **Tel** 210-312-810

★코메르시우 광장 리스보아 스토리 센터 관광안내소
Ask Me Lisboa Story Centre
Data Map 085F **Add** Praça do Comércio 78-81, 1100-016 Lisboa
Open 10:00~20:00 **Tel** 914-081-366

★벨렝 관광안내소 Ask Me Lisboa Torre de Belém
Data Map 121E
Add Jardim Torre de Belém
Open 09:00~18:00
Tel 910-517-886

포르투갈의 편리한 교통수단인 트램

리스보아

Lisboa
ONE FINE DAY

1일차

10:00
마누엘 양식의 걸작,
제로니무스 수도원 관람하기

도보 2분 →

11:30
파스테이스 드 벨렘에서
달콤한 나타로
에너지 보충하기

도보 10분 →

12:00
발견의 기념비에서
벨렝탑까지 산책하기

도보 5분 +
트램 30분

16:30
바이루 알투의 개성 있는
숍 구경 및 쇼핑 타임 갖기

← 도보 10분

15:00
아센소르 다 비카 타고
산타 카타리나 전망대
누바이 카페에서 쉬어가기

← 도보 5분

13:30
타임 아웃에서
맛있는 점심식사
만끽하기

도보 5분

18:00
카르무 수도원과
산타 주스타
전망대 오르기

산타 주스타
엘리베이터
(하행) +
도보 2분 →

19:00
우마에서 소문난
해물밥 맛보기

도보 3분 →

20:30
호시우 한 바퀴,
소화에 좋은 진자 한 잔!

리스보아의 재발견과 낭만으로 꽉 채운 2일 코스를 추천한다. 하루는 대항해 시대의 찬란한 유적들이 남아있는 리스보아의 서쪽 벨렘에서 시작해 바이루 알투, 바이샤&호시우의 멋스러운 거리를 집중 공략하자. 또 하루는 빈티지한 멋이 흐르는 알파마&그라사와 코메르시우 지역을 누비며 리스보아의 매력을 흠뻑 느껴보자.

2일차

10:30
아줄레주 국립박물관에서
아줄레주의 매력에
흠뻑 빠져보기

210번 버스로 5분

12:00
테주 강 옆
코메르시우 광장
산책 즐기기

도보 10분

12:30
리스보아 대성당 앞에서
멋진 사진 남기기

도보 2분

15:30
상 빈센테 드 포라 수도원
주변 산책 또는 화·토요일은
페이라 다 라드라 구경하기

*트램 2정거장
또는 도보 8분*

14:30
포르타스 두 솔
전망대에서 리스보아의
아름다운 전망 눈에 담기

도보 10분

13:00
크루제스 크레두 카페
또는 포이스 카페에서
점심식사 먹기

*트램 5분 또는
도보 10분*

16:30
그라사 전망대의
나무 그늘 아래서
망중한 즐기기

*트램 5분+
도보 10분*

18:00
해 질 녘
상 조르제 성에서
환상의 노을 맞이하기

도보 10분

20:00
샤피토 아 메사 또는
산투 안토니우 드 알파마에서
로맨틱한 저녁식사 즐기기

Lisboa By Area

01

알파마&그라사
Alfama&Graça

알록달록 색색의 건물들 사이로 빨래가 나부끼고, 어디선가 파두 가락이 흘러나온다. 어쩌다 마주친 골목 안 소소한 풍경에 발길을 멈추기를 여러 번. 언덕으로 오르면 오렌지 빛 지붕 너머로 테주 강이 넘실댄다. 그라사의 언덕 위에서 바라본 알파마는 또 얼마나 근사한지. 황금빛 햇살이 알파마를 어루만질 때 상 조르제 성에 서면 석양에 물든 도시가 한눈에 담긴다. 어쩌면 언덕투성이 알파마와 그라사를 2차원 지도로 설명하기란 무모한 일일지도 모른다. 그저 마음 가는 대로 골목을 헤맬 때 비로소 흥미진진한 여정이 시작된다. 미련 없이 걷고, 아낌없이 즐겨라!

|Theme| 낭만을 싣고 달리는 28번 트램

닿을락 말락 빛바랜 건물 사이를 아슬아슬하게 지나는 노란 트램. 그중에서도 가장 오래된 28번 트램 Tram 28을 타지 않고는 리스보아를 여행했다 말할 수 없다. 무작정 타기만 해도 가파른 길을 오르고 좁은 골목을 지나 주요 관광지로 데려다 준다. 끽 소리를 내며 코너를 돌거나 덜컹이며 언덕을 내려올 때 롤러코스터 못지않은 스릴은 덤. 세월의 때가 묻어 반질반질해진 나무 의자에 앉아 창밖 풍경을 마주하다 보면 투어 버스가 부럽지 않다. 앞쪽에서 요금을 내고 타서 뒤쪽으로 내리면 된다.

Cost 편도 2.85유로(비바 비아젬 카드, 리스보아 카드 사용 가능)

Martim Moniz
- R. Palma
- Igreja Anjos
- R. Maria Andrade
- R. Maria Fonte
- R. Angelina Vidal
- Sapadores
- R. Graça
- **Graça**
- Voz Operário
- **Cç. S. Vicente**
- R. Escolas Gerais
- **Lg. Portas Sol**
- Miradouro Sta. Luzia
- Limoeiro
- **Sé**
- R. Conceição
- Lg. Academia Nacional Belas Artes
- R. Vitor Cordon / R. Serpa Pinto
- Chiado
- **Pç. Luis de Camões**
- Calhariz (Bica)
- Sta. Catarina
- Cç. Combro
- R. Poiais S. Bento
- R. S. Bento / Cç. Estrela
- Cç. Estrela / R. Borges Carneiro
- Cç. Estrela / R. Dr. Teófilo Braga
- Estrela
- Estrela (Basílica)
- Estrela - R. Domingos Sequeira
- R. Domingos Sequeira
- R. Saraiva Carvalho
- Igreja Sto. Condestável

Campo Ourique(Prazeres)

Don't Miss 어머, 여긴 내려야해!
아침 5시 40분부터 밤 9시 15분까지 마르팅 모니즈 Martim Moniz에서 프라제레스 Prazeres까지 총 35개의 정류장을 오간다. 그중 안 내리면 후회하는 정류장만 쏙쏙 뽑았다.

{ 그라사 전망대, 세뇨라 두 몽테 전망대가 있다.
그라사 골목 탐험을 원한다면 일단 내리고 보자.

{ 상 빈센테 드 포라 수도원과 페이라 다 라드라(도둑시장)
구경을 하려면 이곳에서 내릴 것.

{ 리스보아에서 멋진 전망 1, 2위를 다투는
포르타 두 솔 전망대와 상 조르제 성으로 통하는 정류장.

{ 리스보아의 아이콘 리스보아 대성당이 있는 곳.
파두 가락이 흐르는 알파마 골목 탐험도 여기서부터!

{ 리스보아 대표 카페 '아 브라질레이라 A Brasileira(110p)'가 있는 중심가.
시아두&바이후 알투 구경에 나설 때 여기서 내리면 좋다.

BAD 여행자들에겐 놀이터지만 소매치기에겐 일터다. 귀중품은 두 손으로 꽉 움켜질 것! 안내 방송이 따로 없다. 미리미리 내릴 정류장을 확인해 뒤쪽 내리는 곳에 서있자.

Tip *28번 트램 앉아서 타는 법*
프라제레스행 28번 트램의 시발점, 마르팅 모니즈 정류장에서 탈 것! 호시우에서 피케이라 광장을 지나 문디알 호텔 Mundial Hotel 앞으로 가면 마르팅 모니즈 정류장이 보인다.

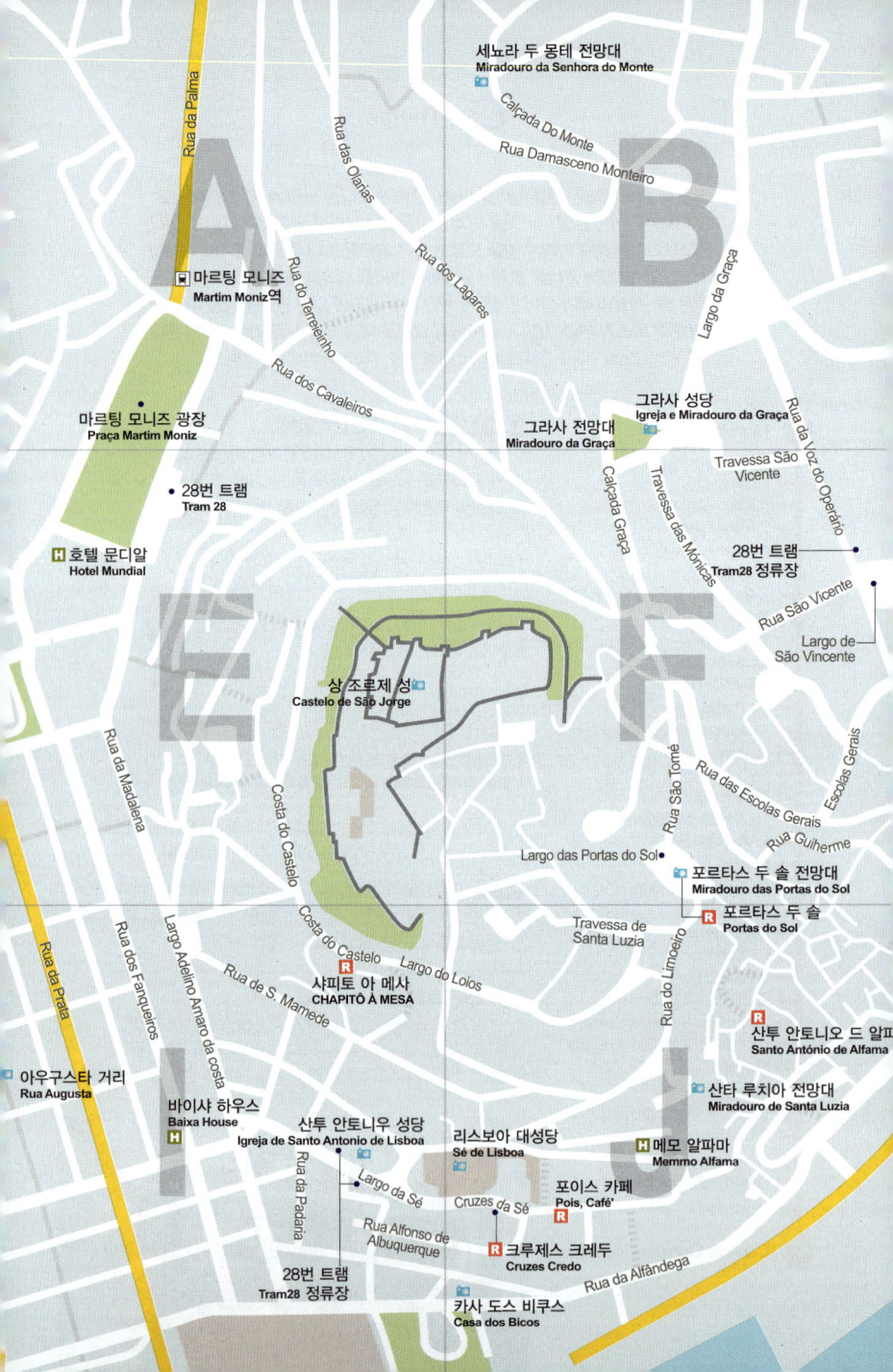

070 | 071

아줄레주 국립박물관 방향
Museu Nacional do Azulejo

Campo de Santa Clara

페이라 다 라드라(도둑 시장)
Feira da Ladra

국립 판테온
Panteão Nacional

Arco Grande de Cima

상 빈센테 드 포라 수도원
Igreja de São Vincente de Fora

Campo de Santa Clara

Rua do Paraíso

Rua de Santa Apolónia

Avenida Infante Dom Henrique

Largo do Outteririnho da Amendorira

Rua de museu de arthilaria

산타 아폴로니아 기차역
Estação de Santa Apolónia

산타 아폴로니아
Santa Apolónia역

델리딜럭스
DeliDelux

Rua do Vigário

Rua dos Remédios

테주 강
Rio Tejo

Rua Jardim do Tabaco

파두 박물관
Museu do Fado

알파마
fama

Avenida Infante Dom Henrique

N

0   100m

알파마&그라사
Alfama&Graça

SEE

Writer's Pick! 리스보아의 아이콘 중 하나
리스보아 대성당 Sé de Lisboa

리스보아 대성당은 포토제닉하다. 요새처럼 견고한 대성당 앞을 지나는 노란색 트램의 풍경은 한 장의 그림엽서로 손색이 없다. 실제로 기념품 숍에 가면 대성당과 28번 트램을 포착한 사진을 엽서로 파는 것을 볼 수 있다. 원래는 무어인들이 모스크 양식으로 지었는데, 그들을 몰아내고 포르투갈을 건국한 엔리케 왕이 로마네스크 양식의 카톨릭 성당으로 재건립했다. 얼마나 탄탄한지 리스보아를 폐허로 만든 1755년 대지진에도 끄떡없이 살아남았다.

내부에는 수호성인 안토니우의 탄생화, 성모 마리아의 어머니 성녀 아나의 성소 등이 안치돼 있어 경건한 기운이 감돈다. 대성당 관람은 무료지만 고딕 회랑과 보물전시관은 각각 입장료를 받는다. 고딕 회랑은 찾는 이가 적어 호젓한 맛이 있고, 보물전시관은 포르투갈어 안내 밖에 없어 다소 난해할 수 있다. 속속들이 둘러볼 시간이 없다면 대성당을 배경으로 근사한 기념사진 한 장 남기고 가자. 한편, 리스보아 대성당은 리스보아 사람들이 결혼식을 올리고픈 장소 1위기도 하다. 과거에는 왕족의 전유물이었지만 지금은 누구나 예약만 하면 대성당에서 웨딩마치를 올릴 수 있다.

Data **Map** 070E **Access** 28번 또는 12번 트램 타고 Sé 정류장 하차, 도보 1분 **Add** Largo da Sé, 1100-585 Lisboa **Tel** 218-866-752 **Open** 대성당 09:00~19:00, 고딕 회랑·보물전시관 10:00~17:00 **Cost** 대성당 무료, 고딕 회랑 2.50유로, 보물전시관 2.50유로, 고딕 회랑+보물전시관 4유로 **Web** www.patriarcado-lisboa.pt

Tip *Sé 옆길로 새면 나오는 낭만 거리*
대성당의 오른쪽 크루제스 다 세Cruzes da Sé 거리로 발걸음을 옮겨보자. 담벼락을 따라 오렌지 나무가 총총히 늘어서 있고, 건너편에는 크루제스 크레두(028p), 포이스 카페(028p) 등 분위기 있는 카페와 레스토랑이 옹기종기 모여있다. 오렌지 꽃이 만개하는 봄날에는 꽃향기에 코끝부터 행복해진다. 화창한 날엔 노천카페에 앉아 시간을 보내기도 그만이다.

Writer's Pick!
고색창연한 성에서 만나는 궁극의 전망
상 조르제 성 Castelo de São Jorge

언덕 위에서 리스보아 시내를 굽어보는 상 조르제 성은 알파마 여행의 하이라이트! 성 자체보다 성에서 바라보는 풍경이 압권이다. 성벽을 따라 한 바퀴 돌면 구불구불한 알파마의 골목길, 테주 강을 가르며 코메르시우 광장으로 다가오는 페리, 네모반듯한 바이샤의 거리와 광장들, 그라사 전망대, 강 건너 알마다Almada까지 시야에 들어온다. 왜 포르투갈을 정복하려했던 침략자들이 이곳을 탐했는지 고개가 절로 끄덕여진다. 기원전 7세기 로마인들이 성 안에 터전을 잡았고, 11세기에는 포르투갈을 정복한 무어인들이 성을 지었다. 1137년 엔리케 왕이 무어인들에게 리스보아를 탈환하며 황금기를 맞이했지만 스페인 점령기 등을 거치며 흥망성쇠를 거듭했다. 상 조르제 성이라는 이름의 유래도 썩 유쾌하지는 않다. 1371년 포르투갈의 캐서린 공주와 영국의 찰스 왕세자의 결혼으로 양국이 우호 협정을 맺을 때, 포르투갈이 영국의 수호성인 세인트 조지에게 성을 헌정하며 그의 이름을 따 상 조르제 성이라 부르게 됐다. 상 조르제는 세인트 조지의 포르투갈식 발음이다.

Don't Miss 해 질 녘에는 눈이 시리게 황홀한 노을을 맞이할 수 있다. 연인과 함께라면 성벽 곳곳에 빌트인 가구처럼 장착된 의자에 앉아 사랑을 속삭여보자. 오래도록 기억에 남을 순간이 될 것이다.

Data **Map** 070J
Access 28번 또는 12번 트램 타고 Largo das Portas do Sol 정류장 하차, 언덕길로 약 도보 8분. 또는 피궤이라 광장에서 737번 미니 버스 타고 성 정문 앞 하차, 도보 3분 **Add** Rua de Santa Cruz do Castelo, 1100-129 Lisboa
Tel 218-800-620
Open 3~10월 09:00~21:00, 11~2월 09:00~18:00, 율리시스의 탑 10:00~17:30, 1/1, 5/1, 12/25 휴관
Cost 성인 8.50유로, 25세 이하 65세 이상 5유로, 10세 이하 무료
Web www.castelodesaojorge.pt

Tip 상 조르제 성 효율적으로 둘러보기
입구에서 티켓을 산 후 무료 지도를 챙기자. 내부가 꽤 넓어서 지도를 보며 돌아보면 효율적이다. 상 조르제 성으로 올라갈 땐 28번 트램에서 내려 주변 구경을 하며 올라가고, 내려올 땐 737번 미니 버스를 타고 피궤이라 광장까지 단번에 이동하면 편리하다.

|Theme|

발품 팔아 꼼꼼 비교! 알파마&그라사 전망대

미라도우루Miradouro라고 쓰고 전망대라 읽는다. 읽다 보면 혀가 돌돌 말릴 것 같은 단어, 미라도우루는 포르투갈어로 전망대! 유독 언덕이 많은 알파마&그라사에는 여행자의 혼을 쏙 빼놓을 만큼 근사한 전망대가 군데군데 포진해있다. 포르타스 두 솔 전망대에 서면 아이맥스 스크린으로 영화를 보듯 스펙터클한 전망이 펼쳐진다. 그라사 전망대에 가면 소나무 그늘 아래 테이블이 쉬어가라고 유혹한다. 어딜 가나 전망은 백만 불짜리, 전망대는 무료!

Writer's Pick! 알파마와 그라사를 품안에
포르타스 두 솔 전망대 Miradouro das Portas do Sol

발품은 덜 팔고 전망은 제대로 즐기려면 포르타스 두 솔 전망대가 진리다. 트램에서 내려 몇 발짝만 걸으면 알파마와 그라사가 한눈에 쏙 들어온다. 파란 하늘, 크루즈 배가 떠 있는 강, 오렌지색 지붕으로 뒤덮인 언덕 위로 우아한 자태를 뽐내는 상 빈센테 드 포라 수도원과 국립 판테온의 백색 돔이 황금 비율로 어우러진다. 저절로 카메라 셔터를 누르게 만드는 황홀한 풍경. 평소 발사진이라 놀림 받던 사람도 작품 사진 한 장 건져가는 베스트 포토존 되시겠다. 상 조르제 성을 오르기 전 들르는 코스로 잡으면 딱 좋다. 전망대를 둘러싼 노천카페에 앉아 여유를 부려보아도 좋다.

Data Map 070F **Access** 28번 또는 12번 트램 타고 Lg Portas do Sol 정류장 하차, 상 빈센테 동상 뒤편 **Add** Largo Portas do Sol, 1100-411 Lisboa **Open** 24시간

같은 방향, 2% 부족한 전망
산타 루치아 전망대 Miradouro de Santa Luzia

리스보아 대성당에서 알파마의 언덕을 오르다 보면 가장 먼저 만나게 되는 전망대. 유심히 보지 않으면 입구를 지나치기 일쑤다. 시간 여유가 있다면 이곳에서 맛보기로 전망을 슬쩍 본 후 포르타스 두 솔 전망대로 향하길 추천한다. 두 전망대는 트램으로 한 정거장 사이. 일정이 빠듯하거나 포르타스 두 솔 전망대에서 내려오는 길이라면 건너뛰어도 무방하다. 마치 아이맥스 스크린으로 영화를 보다 일반 스크린으로 영화를 보는 듯 시야가 답답하게 느껴져 '에계, 이게 뭐야.'라는 핀잔이 툭 튀어나올 수도 있으니 말이다. 그래도 전망대 뒤편 1147년 무어인을 물리친 리스보아 포위작전을 그려놓은 대형 아줄레주는 눈길을 줄만하다.

Data Map 070J **Access** 28번 트램 타고 Miradouro Sta. Luzia 정류장 하차 **Add** Largo Santa Luzia 4, 1100-387 Lisboa **Open** 24시간

Writer's Pick!
상 조르제 성 바라보며 노천카페놀이
그라사 전망대 Miradouro da Graça

본명은 '소피아 드 멜로 브레이네르 안드레센 전망대Miradouro Sophia de Mello Breyner Andresen'. 그라사 성당 앞에 있다고 해서 '그라사 전망대'라는 애칭으로 불린다. 눈앞에 상 조르제 성과 테주 강 전망이 파노라마처럼 펼쳐진다. 소나무 그늘 아래 노천카페에서 맥주나 커피를 홀짝이며 시원한 풍광을 바라보노라면 저절로 기분이 좋아진다. 하늘이 오렌지 빛 노을로 물들면 낭만지수도 무한 업! 화창한 주말에는 맥주 축제라도 열렸나 싶을 정도로 청춘들이 모여든다. 괜히 리스보아의 전망대 중 가장 오래 머물고 싶은 곳으로 꼽히는 게 아니다. 그런데, 소피아 드 멜로 브레이네르 안드레센은 대체 누구냐고? 리스보아를 대표하는 여류 시인으로 그녀의 흉상이 이곳에 있다.

Data Map 070B
Access 28번 트램 타고 그라사Graça 정류장 하차, 자르딩 아우구스투 길Jardim Augusto Gil 공원이 보일 때 까지 언덕길을 오른 후 공원 왼쪽 끝 그라사 성당 앞 광장
Add Largo da Graça, 1100-001 Lisboa
Open 24시간

Tip 그라사 성당 Igreja e Convento da Graça
전망대를 떠나기 전, 겉은 무척 소박해도 속은 엄청나게 화려한 그라사 성당 안에도 들어가보자. 눈부신 반전 매력에 감탄이 절로 나온다. 1271년에 건립했으나 대지진에 파손되었고, 18세기에 이르러 바로크 양식으로 개축했다. 입장료는 무료.

그라사 전망대보다 한 수 위
세뇨라 두 몽테 전망대 Miradouro da Senhora do Monte

'고도'로는 리스보아 상위 1% 전망대. 그라사 전망대보다 높은 '성모의 언덕' 위에 자리하고 있다. 높이에 비해 덜 알려진 까닭은? 저질체력 여행자는 오르기 힘든 가파른 언덕 탓이다. 일단 도착하면 오르막을 오른 수고쯤은 다 용서가 된다. 4월 25일의 다리가 놓인 테주 강부터 그라사 전망대까지 리스보아 언덕들을 내려다보는 맛이 빼어나다. 파노라마 사진 한 장 찍고 싶어지는 웅장한 풍광에 가슴이 탁 트인다. 그라사 전망대처럼 노천카페는 없지만 소나무 그늘 아래 벤치에서 쉬어갈 수 있다.

Data Map 070B **Access** 28번 트램 타고 그라사Graça 정류장 하차, 칼사다 두 몽테Calçada Do Monte 언덕길로 도보 6분(구글맵 사용 추천)
Add Rua da Senhora do Monte 50, 1170-112 Lisboa **Open** 24시간

세월이 깃든 웅장함
상 빈센테 드 포라 수도원
Igreja de São Vincente de Fora

오랜 세월 같은 자리에서 포르투갈의 흥망성쇠를 함께 해온 건축물이다. 1147년 포르투갈 최초의 왕, 엔리케가 무어인과 전쟁에서 목숨을 잃은 군인들의 넋을 기리기 위해 지었다. 16세기 스페인 점령기에는 스페인 왕에 의해 르네상스 양식으로 개조됐으나 1755년 대지진으로 파손됐다.
지금의 모습을 되찾은 것은 18세기. 그리하여 정면은 16세기 이탈리안 건축가 펠리페 테르지의 작품, 내부는 18세기 최고의 포르투갈 조각가 조아킹 마사두 드 카스트로가 만든 바로크식 제단으로 장식돼 있다. 회랑에 리스보아의 역사를 그려놓은 18세기 아줄레주로 장식한 것도 이곳만의 특징. 포르투갈과 브라질을 통치했던 브라간사 왕가의 무덤도 이곳에 있다. 교활한 여우와 욕심 많은 늑대 등 왕가의 무덤 벽에 그려놓은 라퐁텐의 우화도 볼만하다.

Data **Map** 071G
Access 28번 트램 타고 S. Vicente 정류장 하차, 도보 1분
Add Largo de São Vicente, 1100-572 Lisboa
Tel 218-824-400 **Open** 월~토 09:00~20:00,
일 09:00~12:30, 15:00~17:00 **Cost** 무료

빈티지 마니아를 위한
페이라 다 라드라 Feira da Ladra

매주 화요일과 토요일이면 평소에는 한없이 평화로운 상 빈센테 드 포라 수도원 뒤 공터에 페이라 다 라드라가 출몰한다. 포르투갈어로 페이라는 시장이요, 라드라는 도둑이란 뜻. 일명 도둑시장이라 불리는 벼룩시장 되시겠다. 도둑시장은 도둑들이 훔친 장물을 팔던 시장이라는 데서 유래한 이름.
고풍스러운 골동품, 추억의 레코드판, 모서리가 접힌 헌 책, 핸드메이드 액세서리, 감성 돋는 사진, 옛날 동전까지 온갖 아이템을 총망라한다. 프랑스, 이탈리아 등 유럽 여느 도시의 벼룩시장보다 가격이 싼 편이라 작정하고 와서 격렬하게 흥정하는 유러피언들을 심심찮게 볼 수 있다. 득템을 위해 현금은 챙겨가되 지갑은 조심 또 조심! 맘에 드는 물건이 나타나면 일단 흥정부터 하고 보자.

Data **Map** 071G **Access** 28번 트램 타고 S. Vicente 하차, 도보 3분
Add Campo de Santa Clara, 1100-472 Lisboa **Open** 매주 화·토 06:00~17:00

포르투갈을 빛낸 위인들이 묻힌 곳
국립 판테온 Panteão Nacional

리스보아에서도 뛰어난 바로크 양식 건축물로 꼽힌다. 멀리서도 오렌지색 지붕으로 뒤덮인 언덕 위로 고개를 내민 백색 돔이 눈에 띈다. 가까이서 보면 대리석 건물의 화려한 자태에 눈이 부시다. 본래 산타 엥그리시아 성당이었는데, 시간이 흘러 위인들의 묘를 안치하는 판테온이 됐다. 국민 파두 가수 아말리아 로드리게스, 대항해 시대의 항해왕 엔리케, 영웅 바스쿠 다 가마도 이곳에 잠들었다.

후일담에 따르면 17세기에 착공해 세월아, 네월아 하며 짓다보니 자그마치 100년 후에야 완성됐다고. 그래서 포르투갈 사람들이 "으이그, 이 산타 엥그라시아 같으니"라고 하면 '언제 끝날지 모르는 일'이란 말을 대신한다. 4층에는 알파마의 전망이 아찔하게 펼쳐지는 테라스도 있다. 단, 엘리베이터 없이 계단으로 올라야 한다는 게 함정.

Data Map 071G
Access 28번 트램 타고 S.Vicente 정류장 하차, 상 빈센테드 포라 수도원 옆길을 따라 도보 6분
Add Campo de Santa Clara, 1100-471 Lisboa
Tel 218-854-820
Open 10:00~17:00(월요일, 1/1, 부활절, 5/1, 12/25 휴무)
Cost 3유로(리스보아 카드 소지자·일요일 10:00~14:00 입장 시 무료)

Talk 툭툭 타고 알파마 유람!

알파마의 언덕에서 노란 28번 트램만큼이나 눈에 띄는 것은 색색깔의 알록달록한 툭툭TukTuk이다. 시동을 걸 때 툭툭 소리가 난다고 해서 툭툭이라 불리는 삼륜차로 동남아시아의 흔한 교통수단이다. 동남아도 아닌 리스보아에 웬 툭툭? 리스보아의 한 청년 창업가가 단순 교통수단이 아니라 알파마의 가파른 언덕을 누비는 투어 상품으로 도입하며 툭툭 붐이 일었다. 업체가 늘어나며 리스보아의 툭툭만 100대가 넘는다고. 모양이 앙증맞고 귀여운데다 트램도 못 들어가는 골목을 요리조리 잘도 다닌다.
종류는 3인용과 6인용 2가지. 자꾸 보다 보면 나도 타볼까 하는 마음이 생기곤 한다. 이럴 땐 손님을 기다리는 툭툭을 찾아 흥정부터! 시간과 추천 코스가 정해져 있으나 손님 취향에 따라 맞춰준다. 특히, 발병 나기 쉬운 세뇨라 두 몽테 전망대에 갈 때 요긴하다.

Data Access 코메르시우 광장, 리스보아 대성당, 상 조르제 성 입구 등 주요 관광지 주변에서 쉽게 찾을 수 있다
Tel 919-920-0000 **Open** 08:00~02:00 **Cost** 30분 30유로, 1시간 45유로, 4시간 150유로 **Web** www.tukguideportugal.pt

작지만 의미 있는
산투 안토니우 성당 Igreja de Santo Antonio de Lisboa

겉만 보면 무슨 성당이 이렇게 소박할까 싶다. 그라사 성당처럼 안이 화려하다는 반전도 없다. 그러나 많은 이들을 이곳으로 이끄는 이유는 이름 속에 있다! 수호성인 안토니우가 태어난 곳으로 지하에는 그의 성소가 마련돼 있다. 1982년에는 교황 요한 바오로 2세도 다녀갔다. 교황의 방문은 성당 안에 아줄레주로 아로새겨져 있다.
한편, 산투 안토니우는 잃어버린 물건을 되찾아주거나 짝을 찾아주는 성인으로도 유명하다. 리스보아 대성당으로 올라가는 언덕길 왼편에 있어 함께 둘러보기 좋다.

Data **Map** 070I
Access 트램 28번 또는 12번 타고 Sé 정류장 하차, 도보 1분
Add Rua Pedras Negras 1, 1100-401 Lisboa
Tel 218-869-145
Open 성당 08:00~19:30, 성소 10:00~13:00, 14:00~18:00
Cost 성당 무료, 성소 1유로 (리스보아 카드 소지자 무료)
Web santo-antonio.webnode.pt

포르투갈의 얼이 담긴 파두의 모든 것
파두 박물관 Museu do Fado

1998년 문을 연 이래로 포르투갈의 전통 음악인 파두가 리스보아의 상징으로 널리 알려질 수 있도록 힘써온 박물관. 약 200년에 이르는 파두의 역사와 대표적인 파두 가수를 모두 볼 수 있다. 파두가 생소한 여행자들은 공연을 보기 전에 박물관에 들러 볼 것을 추천한다. 영화 속 파두, 20세기에 검열 당했던 파두의 암흑기에 대한 설명, 파두 창법의 기술, 포르투갈 기타의 발전사 등을 알아볼 수 있다. 다양한 주제의 공연과 워크숍도 주최한다. 홈페이지에서 기간별로 운영하는 특별 프로그램을 미리 확인해보자. 많은 파두 앨범과 관련 기념품을 판매하는 상점과 작은 카페, 레스토랑도 박물관 안에 있다.

Don't Miss 전화 또는 홈페이지에서 개별 신청할 수 있는 파두 부르기SING FADO 워크숍을 추천한다. 9살부터 파두를 불러온 전문 파두 싱어 리아나Linana에게 직접 파두를 배울 수 있다. 파두를 부를 수 있다는 박물관의 공식 증명서도 발급해준다. 홈페이지(singfado.com)를 통해 개별 문의하여 신청할 수 있다.

Data **Map** 071K **Access** 메트로 아줄Azul선 산타 아폴로니아Santa Apolonia역 하차, 도보 7분 **Add** Largo do Chafariz de Dentro 1, 1100-139 Lisboa **Tel** 218-823-470 **Open** 화~일 10:00~18:00(마지막 입장 17:30, 1/1, 5/1, 12/25 휴관) **Cost** 성인 5유로, 13~25세 2.50유로, 65세 이상·장애인과 동반 1인 4.30유로, 리스보아 카드 소지자 4유로, 12세 미만 무료 **Web** www.museudofado.pt

주제 사라마구 기념관
카사 도스 비쿠스 Casa dos Bicos

포르투갈 최초로 노벨 문학상을 수상한 주제 사라마구José Saramago의 기념관. 〈눈먼 자들의 도시〉, 〈수도원 비망록〉 등 수많은 작품을 남긴 사라마구 생의 흔적을 연대기별로 전시해놓았다. 한마디로 그의 팬들에겐 성지 같은 곳이다. 단, 전시 설명이 모두 포르투갈어이니 1층 안내 데스크에서 영문 브로슈어를 챙기자. 2010년 87세의 나이로 스페인령 섬에서 생을 마감한 그는 2011년 한 줌의 재가 되어 기념관 앞 올리브 나무에 묻혔다. 올리브 나무 옆 묘비에는 이런 글귀가 쓰여 있다. '지구에 속해 있다면 별로 가지 못한다MAS NAO SUBIU AS ESTRELAS A TERRA PERTENCIA.'

Data Map 070J
Access 코메르시우 광장Praça do 에서 도보 5분
Add Rua dos Bacalhoeiros, 1100-135 Lisboa
Tel 218-802-040
Open 10:00~18:00 **Cost** 3유로
Web www.josesaramago.org

> **Tip** 알뜰 관람 팁
> 카사 도스 비쿠스 입장권을 가지고 포르투갈 대표 시인, 카사 페르난두 페소아(103p)에 가면 단돈 1유로에 관람할 수 있다.

> **Tip** 주제 사라마구는 누구인가?
> 리스보아 근처 아치나가의 가난한 가정에서 태어나 금속 노동자, 문학잡지 기자를 거쳐 소설가로 활동했다. 1947년 최초로 출간된 소설 〈죄의 땅〉에서 도덕적 위기에 처한 농민들을 묘사하며 세상에 이름을 알렸다. 이후 거침없는 사회 비판과 공산주의에 대한 지지로 정부와 갈등을 빚어온 이슈 메이커이기도 하다. 그럼에도 불구하고 1998년 노벨 문학상을 수상하였고, 모국에서 많은 찬사를 받았다.

LISBOA BY AREA 01
알파마&그라사

Writer's Pick! 눈이 시릴 정도로 아름다운 파란색 타일의 향연
아줄레주 국립박물관 Museu Nacional do Azulejo

포르투갈 어디를 가도 눈에 띄는 아줄레주에 매혹된 여행자라면 꼭 가보라고 추천하고 싶은 박물관. 1509년 D. 레오노르D. Leonor 여왕이 세운 아름다운 성모 수도원O Convento da Madre de Deus 건물을 미술관으로 탈바꿈시켰다. 수도원으로 더 이상 사용하지 않게 되며 예술품 보관소로 쓰이다가 1950년대에는 레오노르 여왕 탄생 500 주년을 기념해 국립 고대미술관Nacional de Arte Antiga과 병합하기 위해 굴벤키안재단Fundação Calouste Gulbenkian이 재정을 지원하며 건물을 대대적으로 수리하였다. 결국 1965년 아줄레주만을 위한 박물관으로 탄생하였고, 1980년에 국립박물관이 되었다. 호화로운 내부 장식품으로 꾸며진 박물관의 여러 방에는 아줄레주뿐 아니라 수많은 회화 작품과 도자기가 전시되어 있다. 박물관 전시는 타일을 제작하는데 쓰이는 도구와 재료, 기술의 역사를 살펴보는 것으로 시작해 15세기 후반부터 현재에 이르는 아줄레주의 변천사를 연대별 전시관을 차례로 방문하여 살펴볼 수 있다. 포르투갈 아줄레주뿐 아니라 스페인과 네덜란드의 타일 전시도 구경할 수 있다. 수도원 건물에 포함되어 있는 성가대 건물과 예배당도 전시의 일부이다.

Data **Map** 071D **Access** 메트로 아줄Azul선 Santa Apolonia역 하차, 도보 15분
Add Rua Madre Deus 4, 1900-312 Lisboa **Tel** 218-100-340
Open 화~일 10:00~18:00(부활절, 1/1, 5/1, 6/13, 12/25일 휴관)
Cost 성인 5유로, 학생증 소지자·65세 이상 50% 할인, 12세 미만 무료(영어와 포르투갈어 오디오 가이드 무료 제공)
Web www.museudoazulejo.gov.pt

Tip 리스보아의 박물관 묶음 티켓

리스보아 카드의 혜택을 개별적으로 받더라도 묶음 티켓에 속하는 명소들을 모두 갈 예정이라면 묶음 티켓을 구매하는 편이 더 경제적이다. 각각의 묶음에 해당하는 명소에서 구입 가능.
프렌테 히베이리냐 Frente Ribeirinha : 아줄레주 국립박물관+국립 고대미술관+국립 판테온 **15유로**
리스보아-8개의 박물관 Lisboa-8 Museums :
아줄레주 국립박물관+아나스타시오 곤살베스 박물관+음악 박물관+시아두 박물관+국립 고대 미술관+국립 의상 박물관+국립 극장 박물관+국립 판테온 **25유로**
아줄레주와 판테아오 Azulejo e Panteão : 아줄레주 국립박물관+국립 판테온 **7유로**

EAT

Writer's Pick! 언제가도 편안한 매력
크루제스 크레두 Cruzes Credo

리스보아 대성당 옆 크루제스 크레두는 한 번만 가기는 아까운 곳이다. 창가에 앉아 커피 한 잔의 여유를 누리기도 좋고, 소풍 온 기분 내며 야외에서 식사를 하거나 늦은 밤 술잔을 기울이기에 부족함이 없다. 샛노란 외관도 예쁘지만 볼수록 모퉁이 건물의 특징을 참 잘 살렸다. 실내는 창이 많아 답답하지 않고, 야외에는 4~5개의 테이블을 놓아 노천카페 분위기가 난다. 살가운 미소를 흘날리며 테이블 사이를 오가는 종업원들도 활기를 더한다. 특히 너른 창으로 햇살이 스며드는 오후는 이곳의 매력에 흠뻑 빠져들기 좋은 타이밍. 가벼운 식사 메뉴도 다양하다. 맥주가 꿀깍꿀깍 잘 넘어갈 것 같은 수제 햄버거, 커피에 곁들이기 좋은 토스트는 온종일 인기다. 4~8월 사이 이곳을 찾았다면 계절 특선 메뉴인 아보카도 아이스크림을 꼭 맛보자!

Data Map 070J
Access 트램 28번 또는 12번 타고 Sé 정류장 하차, 리스보아 대성당 오른쪽 길 Cruzes da Sé로 도보 2분
Add Cruzes da Sé 29, 1100-135 Lisboa
Tel 218-822-296 **Open** 10:00~02:00
Cost 아메리카노 2유로, 햄버거 5.80~6유로, 맥주 1.50유로~

아늑하고 빈티지한
포이스 카페 Pois, café

비 오는 날엔 온기로, 활짝 갠 날엔 활기로 사람을 끌어모은다. 야외 테라스도 매력적이지만 동그란 아치형 천장 아래 빈티지한 가구를 배치한 인테리어가 마음을 포근하게 한다. 에스프레소를 마시며 신문을 보거나 소파에 몸을 파묻은 채 여유로운 한때를 누리면 동네 주민이 된 듯 기분 좋은 착각이 들 정도. 브런치를 즐기기에도 커피나 와인 한 잔 홀짝이기에도 그만이다. 9.50유로에 ½ 수프, 매일 달라지는 메인 요리, 음료수가 포함된 '포이스 메뉴'도 인기. 헌 책을 가지고와 카페에 있는 책과 교환할 수도 있다. 북카페와 레스토랑이 공존하는 아티스틱한 분위기가 로컬들에겐 사랑방으로, 여행자들에겐 알파마의 골목을 탐험하다 쉬어가는 베이스캠프로 사랑받는 이유다. 와이파이도 빵빵.

Data Map 070J **Access** 트램 28번 또는 12번 타고 Sé 정류장 하차, 리스보아 대성당 오른쪽 옆 길 Cruzes da Sé로 도보 3분 **Add** Rua de São João da Praça 93-95, 1100-521 Lisboa **Tel** 218-862-497 **Open** 월 12:00~23:00, 화~일 10:00~23:00 **Cost** 포이스 메뉴 9.50유로, 샐러드 9유로~, 맥주 1.90유로~
Web www.poiscafe.com/en

LISBOA BY AREA 01
알파마 & 그라사

Writer's Pick! 골목 안 레스토랑의 낭만
산투 안토니우 드 알파마 Santo António de Alfama

차 한 대도 지나가기 힘든 알파마의 골목 안에 마당이 있는 레스토랑이 있을 줄 상상이나 했을까? ㄷ자형으로 세운 3개 건물 가운데 1층에 레스토랑이 있어 건물로 폭 둘러싸인 아늑한 야외 공간에서 식사를 즐길 수 있다. 전통 포르투갈 요리를 선보인다. 추천 메뉴는 허브 도미구이와 오리다리구이. 허브 도미구이는 한 입 먹을 때 마다 입 안 가득 번지는 허브향이 맛을 극대화해준다. 오리다리구이는 야들야들한 오리고기에 촉촉한 소스와 산뜻한 오렌지를 곁들여 먹는 메뉴로 먹고 나면 입안이 산뜻해진다. 이곳의 낭만은 하늘이 코발트블루 빛으로 짙어질 때 무르익는다. 새소리, 성당 종소리, 도란도란 동네 주민들 이야기 소리도 평화로운 BGM이 돼준다. 실내는 예약을 받지만 야외 공간은 선착순이다.

Data **Map** 070J **Access** 트램 28번 또는 12번 타고 Sé 정류장 하차, 리스보아 대성당 오른편 길로 상 미구엘 성당이 나올 때 까지 직진, 성당을 끼고 좌회전. 약 도보 7분 **Add** Beco São Miguel 7, 1100-538 Lisboa
Tel 218-881-328 **Open** 런치 12:00~14:00, 디너 19:00~02:00
Cost 허브 도미구미 14.50유로, 오리다리구이 15.50유로

Writer's Pick! 전망과 맛을 겸비한
샤피토 아 메사 CHAPITÔ À MESA

포르투갈 친구가 꼭, 꼭, 꼭 가보라고 강력 추천한 곳. 서커스 학교에서 운영하는 레스토랑인데 '썸씽 스페셜'하단다. 뭐가 그리 특별한지 구석구석 살펴보니 남다른 구석이 한둘이 아니다. 우선 서커스 공연이 시작될 것 같은 입구, 서커스 홀 같은 천장이 시선을 붙든다. 다음으로 창가 자리 전망이 압권. 강 위에 놓인 '4월 25일의 다리'가 손에 잡힐 듯 가까이 보인다. 편안히 앉아 황혼부터 밤까지 도시의 야경을 코스 요리처럼 음미할 수 있다. 전망이 우월한 식당은 맛에 소홀해지기 쉬운데, 샤피토는 두 마리 토끼를 다 잡았다. 바칼라우, 고등어 샐러드, 조개 요리 등 뭘 주문해도 '맛있다!'는 말이 절로 나온다. 와인 리스트도 다양하다. 사랑하는 이와 함께라면 오래오래 마주보고 앉아 식사를 하며 못 다 한 이야기를 나누고 싶어지는 곳이다.

Data **Map** 070I
Access 트램 28번 또는 12번 타고 Sé 정류장 하차, 리스보아 대성당 왼편 삼거리에서 좌회전 후 언덕길로 도보 7분(구글맵 이용 추천)
Add Costa do Castelo 1, 1149-079 Lisboa **Tel** 218-855-550
Open 런치 12:00~14:00, 디너 19:00~02:00
Cost 바칼라우 마르가리다 18유로, 글라스 와인 3.50유로~

최고의 전망, 천상의 휴식
Writer's Pick! **포르타스 두 솔** Portas do Sol

느긋한 여행 철학을 가진 사람이라면 주목! 포르타스 두 솔 전망대 옆 포르타스 두 솔은 입이 딱 벌어지는 전망을 원 없이 누릴 수 있는 노천카페 겸 레스토랑이다. 웬만한 건물 옥상보다 몇 배나 넓은 테라스 위로 여유로운 공기가 흐른다. 미니멀한 인테리어도 군더더기가 없다. 그저 시원한 맥주나 모히토 손에 쥐고 세상에서 제일 편안한 자세로 앉아 어메이징한 전망을 누리면 된다. 식사보다는 맥주나 칵테일을 추천한다. 맛보다 전망과 분위기로 승부하는 곳이니까! 오죽 좋으면 한낮에 왔다 뉘엿뉘엿 해가 저물 때까지 머물다가는 사람들이 있을 정도.

Data Map 070F
Access 28번 또는 12번 트램 타고 Largo das Portas do Sol 정류장 하차, 도보 1분
Add Rua São Tomé 84, 1100-387 Lisboa
Tel 218-860-305
Open 일~목 10:00~24:00, 금·토 10:00~01:00
Cost 맥주 2.50유로~
Web www.portasdosol.biz

와인 숍이야? 카페야?
델리딜럭스 DeliDelux

부둣가 창고가 있던 자리에 와인 숍 겸 카페가 둥지를 틀었다. 입구 쪽에는 와인 숍이, 숍 뒤편으로는 야외 테라스 카페가 모습을 드러낸다. 리스보아에서 와인 좀 마신다하는 사람들이 입을 모아 추천하더니 선반을 가득 채운 와인, 치즈, 잼이 예사롭지 않다. 와인 애호가라면 구경만으로도 기분이 수직 상승되는 분위기. 와인에 그다지 애정이 없더라도 드넓은 테주 강을 향한 야외 공간은 첫눈에 반할 만하다. 금~일요일에는 브런치도 선보인다. 주중엔 커피 한 잔이나 샌드위치, 샐러드 등 가벼운 메뉴로 점심을 해결하기 딱 좋다. 산타 아폴로이나역에서 가까워 아줄레주 국립박물관, 파두 박물관을 오가는 길에 들르기 부담 없는 위치.

Data Map 071H
Access 메트로 아줄Azul선 Santa Apolonia역 하차, 테주 강 방향으로 길 건너 도보 3분
Add Avenida Infante D. Henrique Armazém B Loja 8, 1900-264 Lisboa
Tel 218-862-070
Open 여름 평일 12:00~24:00, 주말·공휴일 10:00~24:00, 겨울 평일 12:00~22:00, 주말·공휴일 10:00~22:00
Cost 브런치 12.90~16.90유로, 샐러드류 6.90~10.40유로
Web www.delidelux.pt

Lisboa By Area
02

바이샤&호시우
Baixa&Rossio

리스보아의 심장, 바이샤&호시우는 네모반듯하다. 네모난 코메르시우 광장을 지나 아우구스타 거리를 따라 걸으면 네모난 호시우가 나오고, 옆길로 새면 또 다시 네모난 피궤이라 광장이 나온다. 몇 번만 왔다갔다 해보면 지도가 없어도 금방 익숙해질 만큼 걷기 좋은 길이다. 시종일관 쾌활한 친구처럼 살갑게 다가와 저마다 다른 매력을 뽐낸다. 두루두루 돌아보려면 부지런히 걷고, 보고, 즐길 일이다.

084 | 085

바이샤&호시우
Baixa&Rossio

- 하드 록 카페 리스보아 / Hard Rock Cafe Lisboa
- 헤스타우라도레스 광장 / Praça dos Restauradores
- 봉자르딩 / Bonjardim
- 카사 두 알렌테주 / Casa do Alentejo
- 헤스타우라도레스역 / Restauradores역
- 호텔 가트 호시우 / Hotel Gat Rossio
- 헤스타우라도레스 관광안내소 / Ask me Foz Palace
- 헤제도르 관광안내소 / ask me Regedor
- 상 도밍고 성당 / Igreja de São Domingos
- 마르팅 모니즈 광장 / Praça Martim Moniz
- 호텔 문디알 / Hotel Mundial
- 28 트램 / Tram 28
- 국립 동 마리아 2세 극장 / Teatro Nacional D Maria II
- 아 진지냐 / A Ginjinha
- 호시우 기차역 / Estação do Rossio
- 호시우 / Rossio
- 호시우역 / Rossio역
- 옐로우 버스 / Yellow Bus
- 상 조르제 성 / Castelo de São Jorge
- 피게이라 광장 / Praça da Figueira
- 카페 니콜라 / Café Nicola
- 콘페이타리아 나시오날 / Confeitaria Nacional
- 카르무 수도원과 건축박물관 / Convento e Museu Arqueológico do Carmo
- 호시우 관광안내소 / Ask me Rossio
- 산타 주스타 엘리베이터 / Elevador de Santa Justa
- 바이샤/시아두역 / Baixa/Chiado역
- 우마 마리스케이라 / UMA Marisqeira
- 굿나잇 호스텔 / Goodnight Hostel
- 티에트로 B&B / Teatro B&B
- 캄푸 광장 / Largo do Carmo
- Rua Garret
- 파르포이스 / Parfois
- 아우구스타 거리 / Rua Augusta
- 리스본 라운지 호스텔 / Lisbon Lounge Hostel
- 바이샤 하우스 / Baixa House
- Rua Capelo
- 트래블러스 하우스 / Travelers House
- Rua António Maria Cardoso
- Rua Vítor Cordon
- 세페 코르데이루 / Chefe Cordeiro
- 카페 마르티뉴 다 아르카다 / Café Martinho do Arcada
- 아르코 다 루아 아우구스타 / Arco da Rua Augusta
- 코메르시우 광장 / Praça do Comercio
- 코메르시우 광장 관광안내소 / Ask me Terreiro do Paço
- 코메르시우 광장 / 리스보아 스토리 센터 관광안내소 / Ask Me Lisboa Lisboa Story Centre
- 테레이루 두 파소 / Terreiro do Paço역
- Avenida da Ribeira das Naous
- Avenida Infante Dom Henrique

0 100m

Writer's Pick! 테주 강에서 도심으로 향하는 관문
코메르시우 광장 Praça do Comercio

리스보아의 모든 길은 코메르시우 광장으로 통한다. 언덕을 누비는 트램도, 테주 강 물결을 가르는 페리도 광장을 향해 다가온다. 옛 무역상들은 강가에 배를 대고 돌계단을 올라 광장에 입성했다. 코메르시우라는 이름도 '무역' 부두라 불리던 데서 유래됐다. 사각형의 광장 중앙에는 위풍당당한 호세 1세의 기마상이 장식한다. 1755년 대지진으로 폐허가 된 도시를 품발 후작과 함께 재정비한 왕이다. 지진으로 무너진 궁전 터에 새 단장한 곳이 바로 이곳이다. 동상 뒤로 '승리의 아치'라 불리는 아르코 다 루아 아우구스타 Arco da Rua Augusta가 광장의 위엄을 드높여준다. 그 옆으로 3층 높이의 ㄷ자형 노란 회랑이 광장을 감싼다. 승리의 아치 뒤로는 도심을 관통하는 아우구스타 거리가 이어진다. 광장과 테주 강이 어우러지는 풍광을 눈에 담고 싶다면 회랑 곳곳에 둥지를 튼 노천카페에 앉아 쉬어가보자. 승리의 아치를 바라보고 광장의 왼편에는 관광안내소도 있다.

Don't Miss 테주 강의 매력을 놓치지 말 것. 바다처럼 넓은 강은 밀물과 썰물이 있어 해 질 녘이면 물가의 모래밭이 속살을 드러낸다. 모래를 사뿐히 지르밟고 강물에 발을 담그거나 계단에 앉아 붉은 노을을 맞이하거나 차가운 맥주 한잔 들이키며 한낮의 열기를 식히기 등 강가의 낭만놀이는 무한대!

Data **Map** 085F **Access** 트램 15, 18, 25번 타고 코메르시우 광장 하차. 또는 메트로 아줄Azul선 테레이루 두 파수Terreiro do Paço역 하차하면 바로 **Add** Praça do Comércio 1105, 1100-038 Lisboa

Tip 워킹 투어
코메르시우 광장은 'Get Lost, Go Local'을 모토로 하는 워킹 투어의 출발점. 매일 오전 9시, 오후 2시 30분 하루 2회 진행되며, 가격은 2시간 반~4시간 투어에 20~45유로. 48시간 전에 예약해야 참가 가능. **Tel** 351-962-900-148 **Web** getlostgocal.wordpress.com

승리의 아치 위에 올라볼까?
아르코 다 루아 아우구스타 Arco da Rua Augusta

'승리의 아치Arco da Vitoria'라는 별칭에 걸맞게 눈부신 백색 대리석의 아치는 코메르시우 광장의 독보적인 랜드마크다. 코메르시우 광장에서 보면 마리아 1세가 민족적 영웅 바스쿠 다 가마와 폼발 후작에게 월계관을 씌우는 수려한 조각이 시선을 압도한다. 아우구스타 거리에서는 정교한 시계탑도 눈길을 끈다. 아치 위에 360° 파노라마 뷰의 전망대가 있다는 사실을 아는 이들은 별로 없다. 계단을 오를 필요 없이 엘리베이터만 타면 된다. 시계탑 위로 난 나선형 계단만 오르면 전망대가 나온다. 코메르시우 광장을 내려다보거나 호시우까지 쭉 뻗은 아우구스타 거리를 내려다 볼 수 있다.

Data **Map** 085F **Access** 트램 15, 18, 25번 타고 코메르시우 광장Praça do Comércio 하차하면 바로 **Add** Rua Augusta 2, 1100-053 Lisboa **Cost** 성인 2.50유로, 5세 이하 무료

> **Tip** 이곳에서만 촬영할 수 있는 사진 앵글이 있다!
> 바로 알파마 고개 위로 고개를 삐죽 내민 리스보아 대성당이 보이는 스폿! 자, 카메라를 들고 이베리아 반도하면 떠올릴 법한 그림엽서 같은 사진 한 장 남겨보자.

쇼핑과 버스킹의 열기가 가득한
아우구스타 거리 Rua Augusta

코메르시우 광장에서 호시우까지 쭉 뻗은 대로. 길 양쪽으로 자라, 망고, 폴&베어 등 스파 브랜드가 즐비한 보행자 전용도로다. 매일 점심 시간이면 거리 중앙에 노천 테이블이 펼쳐지고, 거리의 예술가들이 공연을 벌인다. 시간이 지날수록 쇼핑을 즐기는 관광객들로 넘쳐 난다. 유럽 어디서나 볼 수 있는 흔한 브랜드가 대부분이지만 한국에 비해 가격이 저렴하다. 주목할 만한 브랜드는 베이직한 가방과 에스닉한 액세서리를 선보이는 파르포이스Parfois. 포르투갈 북부 도시 브라가 출신 브랜드로 부담 없는 가격이 매력 포인트다. 아우구스타 거리에는 관광객인 척 하는 소매치기들이 잠복해 있으니 각별히 주의할 것. 특히, 아르코 다 루아 아우구스타 앞 신호등이 악명 높다.

Data **Map** 085D **Access** 트램 15, 18, 25번 타고 코메르시우 광장Praça do Comércio 하차, 아르코 다 루아 아우구스타Arco da Rua Augusta 통과하면 바로 **Add** Rua Augusta, 1100-150 Lisboa

100년 묵은 엘리베이터 타고 전망대로
산타 주스타 엘리베이터 Elevador de Santa Justa

Writer's Pick!

아우구스타 거리를 지나다 긴긴 줄을 보면 '뭐야, 이게 그 유명한 산타 주스타 엘리베이터야?'라며 일단 줄부터 서게 되는 곳. 〈죽기 전에 봐야할 건축 1001〉 중 하나로 꼽히며 리스보아의 명물이 되었다. 1927년 첫 운행을 시작한 이래, 15층 높이의 전망대로 올라가는 엘리베이터다. 100살이 넘는 초고령에도 디테일이 살아있는 철골의 우아한 자태는 그대로다. '에펠탑을 닮은 것 같은데'라고 생각이 든다면 당신은 눈썰미 있는 여행자. 구스타프 에펠의 제자, 라울 메스니에르 드 퐁사르Raoul Mesnier du Ponsard의 작품이다.

엘리베이터보다 전망대에서 바라보는 전망이 더 짜릿하다. 엘리베이터 한번 타려면 한참 줄을 서야하니 성격 급한 한국인의 화를 돋울 수도 있는 느린 엘리베이터다. 그래도 트램, 지하철 타듯 각종 교통카드로 스캔만 하면 탈 수 있다는 건 장점. 단, 전망대는 티켓을 따로 사야한다.

Data Map 085C
Access 메트로 아줄Azul선과 베르드Verde선이 교차하는 바이샤/시아두 Baixa/Chiado역 하차, 도보 2분 **Add** Rua do Ouro, 1150-060 Lisboa **Tel** 214-138-679 **Open** 8/12~9/30 07:00~23:00, 10/1~8/11 07:00~22:00 **Cost** 산타 주스타 티켓(엘리베이터+전망대) 5유로 (리스보아 카드 소지자 무료), 전망대 1.50유로

Tip 시간과 돈을 아끼는 비결! 산타 주스타 엘리베이터 거꾸로 타기

산타 주스타 엘리베이터를 잇는 두 도로의 높이에 차이가 있어 뒤편 카르무 수도원(시아두 '루아 두 캄푸Rua do Campo' 방향)에서 오면 엘리베이터를 타지 않아도 꼭대기에 올라설 수 있다. 그렇게 와서 전망대만 올라가 봐도 되고, 전망대를 본 후 엘리베이터를 타고 아래로 내려가도 된다. 엘리베이터를 타고 올라오기 위해 기다리는 시간과 입장료를 아낄 수 있는 일석이조의 꼼수.

Writer's Pick! 오시오, 보시오, 즐기시오!
호시우 Rossio

호시우는 '동 페드로 4세 광장Praça de D. Pedro IV'의 또 다른 이름이다. 호시우 중앙의 동상은 브라질 최초의 황제가 된 동 페드로 4세. 동상 뒤로는 에스타우스 오페라 극장이 고아한 자태를 뽐내고, 앞으로는 바로크풍 분수가 시원스레 물을 뿜어낸다. 호시우를 한층 더 빛내주는 것은 '칼사다 포르투게사'라 불리는 물결치는 파도 모양의 자갈 바닥. 호시우 위쪽에는 헤스타우라도레스 광장과 호시우 기차역, 옆으로는 피게리아 광장이 있어 여행자라면 여러 번 지나게 된다. 네오 마누엘 양식과 낭만주의 양식이 어우러진 호시우 기차역은 마치 판타지 영화에서 툭 튀어나온 듯한 모습으로 눈길을 사로잡는다. 역 1층에는 ATM과 스타벅스, 2층에는 물품 보관함과 트렁크 무게를 잴 때 유용한 체중계가 있다.

Data **Map** 084A **Access** 메트로 베르드Verde선 호시우Rossio역 하차, 도보 1분. 또는 메트로 아줄Azul선 헤스타우라도레스Restauradores역 하차, 도보 3분 **Add** Praça Dom Pedro IV, 1100 Lisboa

Tip 많이 놀라셨죠? 메트로 호시우역과 호시우 기차역은 달라요!

신트라행 기차가 오가는 호시우 기차역은 에스타우스 오페라 극장에서 헤스타우라도레스 광장으로 가는 길 왼편에 위치한다. 메트로 호시우역은 호시우 기차역과 연결되지 않으니 주의하자. 오히려 메트로 헤스타우라도레스Restauradores역에서 더 가깝다.

리스보아 교통의 중심
헤스타우라도레스 광장 Praça dos Restauradores

'부흥자'라는 뜻을 품은 헤스타우라도레스 광장은 스페인 통치 기간 동안 독립운동에 앞장선 투사들을 기리는 곳이다. 중앙에 우뚝 선 30m 높이의 오벨리스크는 오랜 세월 겪어온 수난을 아름다운 조각으로 승화시킨 기념물. 광장 양쪽에는 공항을 오가는 에어로 버스정류장이, 광장에서 호시우로 가는 길에는 호시우 기차역이 있다. 광장 옆 산투 안타웅Santo Antão 골목으로 들어가면 관광안내소와 맛집들이 속속 나타난다. 바이루 알투를 오가는 아센소르 다 글로리아(106p)와도 가깝다. 리스보아의 샹젤리제라 불리는 리베르다드 거리와도 연결되니 지나는 길에 들러보자.

Data **Map** 084A
Access 메트로 아줄Azul선 Restauradores역 하차하면 바로 보임
Add Praça dos Restauradores, Lisboa

기적을 믿어요
상 도밍고스 성당 Igreja de São Domingos

누군가는 기적의 성당이라 하고, 또 누군가는 비운의 성당이라 말한다. 겉모습은 여느 성당과 다를 바 없지만 검게 그을린 내부는 처연한 분위기를 자아낸다. 1755년 대지진과 1959년 화재도 견뎌냈다. 후세에 세월이 할퀴고 간 아픔을 잊지 않도록 무너지고 타버린 모습을 그대로 두었다. 수백 년간 모진 풍파도 굳건히 견뎌준 덕에 존재만으로도 희망이 되어주는 성당이다. 더운 날 여행자들에게는 시원한 그늘이 돼주기도 한다. 호시우에서 알파마로 걸어가는 길에 들러볼 만하다.

Data **Map** 085A **Access** 메트로 베르드Verde선 호시우Rossio역 하차, 도보 2분. 또는 메트로 아줄Azul선 헤스타우라도레스Restauradores역 하차, 도보 4분 **Add** Largo São Domingos, 1150-320 Lisboa **Open** 07:30~19:00 **Cost** 무료

Tip 진하게~ 진자 한잔!
상 도밍고스 성당 주변에는 유난히 진자 숍이 많다. 성당 바로 앞 '아 진지냐A Ginjinha'가 리스보아에 진자를 널리 퍼뜨린 원조다. 이름을 외기 힘들 땐 체리 세알이 그려진 집을 찾으면 된다. 진자란 신 체리와 설탕을 리큐어에 담가 만든 체리주다. 그 맛이 진하고 달콤해 식후 소화촉진주로도 인기.

표정이 다양한
피궤이라 광장 Praça da Figueira

호시우 옆길로 새면 나타나는 광장. 규모는 작지만 상 조르제 성으로 가는 버스나 도시의 구석구석을 누비는 트램이 쉴 새 없이 오가는 교통의 중심지다. 한가운데는 항해왕 엔리케의 아버지, 주앙 1세의 청동 기마상이 호기롭게 서있다. 광장 옆 노천카페에 앉아 올려다보는 상 조르제 성 전망도 근사하다. 그 어느 때보다 피궤이라 광장의 진가는 마켓이 열릴 때 느낄 수 있다. 치즈, 빵, 소시지, 상그리아, 맥주 등을 파는 부스가 동상 주위를 빙 두르고 그 사이사이 예쁜 테이블이 놓인다. 구경만 해도 엔도르핀이 퐁퐁 솟는다. 속이 출출할 땐 입맛대로 이것저것 골라 먹는 재미가 쏠쏠하다. 마켓은 부활절, 크리스마스 등 특별한 날이면 어김없이 열린다.

Data **Map** 085B **Access** 메트로 베르드Verde선 호시우Rossio역 하차, 파스텔라리아 수이사Pastelaria Suiça 옆길로 직진 **Add** Praça da Figueira, Lisboa

EAT

포르투갈식 치맥 타임
봉자르딩 Bonjardim

오직 치킨으로 65년, 외길을 걸어왔다. 추억의 통닭처럼 고소하고 순박한 맛이 특징. 여기에 매콤한 피리피리 Piri-Piri 소스가 더해져 입소문이 났다. 테이블마다 올려져 있는 꿀단지처럼 생긴 그릇이 바로 피리피리소스! 치킨에 소스를 붓으로 쓱쓱 발라먹는 재미도 이색적이다. 사이드 메뉴로 감자튀김 Batata Frita이나 밥 Arroz을 곁들이면 든든한 한 끼 식사가 된다.
수북이 쌓아주는 감자튀김 역시 '여기, 맥주 한 잔 더!'를 외치게 만든다. 치킨도 반 마리, 감자튀김도 하프 사이즈로 주문 가능하다. 야외에 자리가 없을 땐 2층으로 직행할 것.

Data Map 084A Access 메트로 아줄 Azul선 헤스타우라도레스 Restauradores역 하차, Travessa de Santo Antão 골목 따라 도보 1분 Add Travessa de Santo Antão 11, 1150-312 Lisboa Tel 213-424-389 Open 12:00~23:00 Cost 치킨 한 마리 10.90유로, 반 마리 5.50유로, 감자튀김 1인분 2.50유로, 하프 1.40유로

은밀한 공간으로의 초대
카사 두 알렌테주 Casa do Alentejo

평범한 건물로 위장한 입구만 보고 돌아서면 손해. 계단을 오를수록 한 꺼풀씩 베일을 벗듯 그 매력을 드러낸다. 이슬람 양식의 아름다운 중정에 놀라고, 레스토랑 안의 중후한 벽화와 멋스러운 아줄레주에 또 한 번 놀라는 감탄의 연속! 분위기는 마법의 양탄자를 타고 공간이동을 한 듯 아랍풍인데, 메뉴는 포르투갈 전통 요리. 테이블마다 바칼라우나 아로즈 드 감바(새우밥)에 와인이 올라와 있다. 글라스 와인은 팔지 않는다며 당당하게 병으로 마실 것을 권한다. 뻔뻔해도 좋을 만큼 와인 가격이 저렴한 편. 뭘 시켜도 양은 푸짐한데 다소 짜다. 짠맛이 싫다면 미리 소금을 적게 넣어달라고 얘기할 것. 식사 후엔 레스토랑 곳곳을 구경하는 재미가 보너스처럼 따라온다. 놀랄만한 맛은 아니지만 느긋하게 먹을 수 있고, 관광지 못지않게 카메라 셔터 누를 곳이 많아 밥값이 아깝지 않다.

Data Map 084A
Access 메트로 아줄 Azul선 헤스타우라도레스 Restauradores역 하차, Travessa de Santo Antão 골목 따라 직진 후 Rua das de Portas Santo Antão가 나오면 우회전. 그 거리 왼편에 위치
Add Rua das Portas de Santo Antão 58, 1150 Lisboa
Tel 213-405-140
Open 12:00~15:00, 18:30~22:00
Cost 아로즈 드 감바 14유로, ½ 와인 5.50유로~

LISBOA BY AREA 02
바이샤&호시우

Writer's Pick! 100년 베이커리의 케이크 컬렉션
콘페이타리아 나시오날 Confeitaria Nacional

1829년 오픈한 이래 5대째 가업을 이어오고 있는 베이커리. 세월이 느껴지는 나무 문을 열고 들어서면 진열장 안을 가득 채운 빵에 감탄이 튀어나온다. 이곳의 주 메뉴는 포르투갈어로 달콤한 케이크를 통칭하는 '볼루Bolo'. 그중에서도 간판스타는 크리스마스 전통 빵, 볼루 헤이Bolo Rei로 견과류를 듬뿍 넣어 씹는 맛이 알차다. 12월부터 4월까지만 선보이니 타이밍이 맞아야 맛볼 수 있는 귀한 메뉴. 볼루 헤이가 없을 땐 볼루 노즈 샹틀리Bolo Noz Chantilly, 아프리카누스Africanos 같은 이국적인 케이크를 시도해보자. 출출할 땐 우유가 듬뿍 들어간 커피에 시금치 키쉬도 굿. 1층은 테이크아웃 위주, 2층은 클래식한 분위기에서 커피&빵 타임을 갖기에 제격이다. 2층은 셀프서비스와 풀서비스로 나뉘는데 하얀 테이블보가 깔려있으면 풀서비스, 없으면 셀프서비스 좌석이라 보면 된다.

Data Map 085D
Access 메트로 베르드Verde선 호시우Rossio역 하차, 도보 2분. 피게이라 광장과 아우구스타 거리가 접하는 대로변에 위치
Add Praça da Figueira 18B, 1100-241 Lisboa
Tel 213-243-000
Open 08:00~20:00
Cost 볼루 헤이 1조각 1.80유로, 나타 1.10유로. 에스프레소 1유로, 카푸치노 2유로
Web www.confeitarianacional.com

Writer's Pick! 소문의 그 해물밥 한 냄비 하실래요?
우마 마리스퀘이라 UMA Marisqeira

한국 여행자들 사이에서 '우마=문어밥'으로 통한다. 엄밀히 말하면 두툼한 냄비에 왕새우, 각종 조개, 생선 등을 넣고 자글자글 끓여낸 해물밥, '아로즈 드 마리스쿠Arroz de Marisco' 전문점이다. 마리스쿠 대회에서 상을 턱하니 탄 덕에 언제가도 문전성시. '무슨 줄이 이렇게 길어?'라며 투덜대며 기다리다가도 큼직한 솥단지에 담겨 나오는 푸짐한 비주얼을 보는 순간 입안에 침이 고인다. 싱싱한 해물과 죽처럼 부드러운 쌀, 진하고 걸쭉한 국물에 엄지 척! 하루에 한 끼는 밥을 찾아 헤매는 한식 중독자의 입맛까지 사로잡을 만하다.
아쉬운 점은 영어가 잘 안 통한다는 것. 그래도 무심한 표정의 백발이 성성한 할아버지는 눈치 백단, 손님이 자리에 앉기도 전에 뭘 주문할지 족집게 도사처럼 다 안다. 단지 움직임이 느릴 뿐.

Data Map 085C
Access 메트로 아줄Azul선 과 베르드Verde선이 교차하는 바이샤/시아두 Baixa/Chiado역 하차, Rua da Victória 방향으로 나와 Rua dos Sapateiros가 나오면 우회전. 약 도보 3분 **Add** Rua dos Sapateiros 177, 1100-167 Lisboa **Tel** 213-427-425 **Open** 월~토 런치 12:00~15:00, 디너 19:00~22:00 **Cost** 아로즈 드 마리스쿠 1인분 13.5유로~

호시우를 바라보며 커피를
카페 니콜라 Café Nicola

언뜻 보면 흔한 노천카페로 보이지만 유심히 보면 19세기 아르누보 양식을 고스란히 간직하고 있는 카페 겸 레스토랑이다. 무엇보다 호시우를 코앞에 두고 커피 브레이크를 즐길 수 있다는 점이 매력. 아침 일찍 진한 에스프레소 한 잔하며 잠에서 깨어나는 도시를 마주하기 좋고, 오후 햇살 아래 차가운 맥주를 들이키며 광장을 지나는 사람 구경을 하기도 제격이다. 밤에는 카페의 파두 공연과 야경을 즐기기도 그만이다.

Data Map 085C Access 메트로 베르드Verde선 호시우Rossio역 하차, 도보 1분. 또는 메트로 아줄Azul선 헤스타우라도레스 Restauradores역 하차, 도보 3분 Add Praça Dom Pedro IV 24-25, 1200-091 Lisboa Tel 213-460-579 Open 월~금 08:00~22:00, 토 09:00~22:00, 일 10:00~19:00 Cost 에스프레소 1유로

페르난도 페소아도 즐겨 찾던
마르티뉴 다 아르카다
Martinho da Arcada

리스보아 최고령 카페. 1782년 문을 연 이래 자그마치 230여 년간 한자리를 지켜왔다. 포르투갈 대표 시인, 페르난도 페소아가 두 번째로 사랑한 카페로도 유명세를 탔다. 그가 아 브라질레이아(110p)에 가지 않을 땐 이곳에서 커피를 마셨다. 카페 안에는 보란 듯이 그의 초상화가 걸려있다. 여행객은 주로 회랑의 아래 테이블에 앉아 코메르시우 광장을 바라보며 커피 한 잔의 여유를 만끽한다. 지갑만 두둑하다면 고풍스런 분위기에서 식사를 즐기는 것도 나쁘지 않다.

Data Map 085F Access 트램 15, 18, 25번 타고 Praça do Comércio 정류장 하차. 코메르시우 광장에서 승리의 아치를 바라보고 오른편 회랑 끝에 위치 Add Praça do Comércio 3, 1100-148 Lisboa Tel 218-879-259 Open 07:00~23:00 Cost 바칼라우 요리 18.50~20.50유로, 샐러드류 8.50~15.50유로 Web www.martinhodaarcada.pt

코메르시우 광장의 노천카페
세페 코르데이루
Chefe Cordeiro

미슐랭 스타급 톱 셰프, 주제 코르데이루의 이름을 딴 카페 겸 레스토랑. 모던 포르투갈 퀴진을 선보인다는 모토에 맞게 분위기도 모던하다. 실내에서 근사한 식사를 즐겨도 좋지만 야외 테이블에서 커피나 맥주 한 잔 곁에 두고 시간을 보내기 안성맞춤. 엉덩이 붙이고 한번 앉으면 일어나기 쉽지 않을 만큼 편하고, 광장의 이런저런 풍경을 둘러보는 것만으로도 충분히 흥미롭다. 단, 위치가 위치인지라 가격이 다소 높고, 가격에 비해 서비스 속도는 느린 편이다.

Data Map 085F Access 트램 15, 18, 25번 타고 Praça do Comércio 정류장 하차, 개선문에서 테주 강을 바라보고 코메르시우 광장 오른편에 위치 Add Praça do Comércio 20, 1100-148 Lisboa Tel 216-080-090 Open 09:00~23:30 (런치 12:30~15:00, 디너 19:30~23:00) Cost 맥주 2.50유로~, 커피 1.50유로~

Lisboa By Area

03

바이루 알투&시아두
Bairro Alto&Chiado

바이루 알투는 리스보아에서 가장 개성 강한 동네이자 가장 늦게까지 불이 켜져 있는 밤 문화의 중심지이며 쇼핑의 메카이다. 16세기부터 노동자 계층이 거주하던 지역으로 오늘날에도 리스보아의 '보헤미아 지구'라 불릴 정도로 많은 예술가와 작가들이 살고 있다. 바이루 알투와 어깨를 맞대고 있는 시아두는 우아하고 정돈된 지역으로 19세기에 특히 급격한 발전을 겪으며 상점들이 많이 생겨났다. 이 지역에 살던 에보라 출신 시인 안토니오 히베이루의 별명인 시아두('쨱쨱거리다'라는 뜻)에서 지명을 땄다는 설이 가장 유력하다. 시아두 광장에는 1925년에 세워진 그의 동상이 아직 남아 있다.

SEE

포르투갈 최초의 예수교 성당
상 호케 성당&박물관 Igreja e Museu de São Roque

16세기 초 흑사병으로 고통받던 포르투갈은 흑사병 피해자들을 치유하여 성인이 된 상 호케의 유물을 보존하고 그를 기리기 위해 이 성당을 세웠다. 1755년 대지진에도 피해를 입지 않은 몇 안 되는 건축물 중 하나이기도 하다. 16세기 후반 예수교 예배당으로 사용되면서 200년 이상 예수교의 주 예배당 역할을 해왔다. 최고급 대리석, 황금 나뭇잎 장식, 금박을 입힌 목재, 유광 타일과 플로렌타인 모자이크화 등 다양한 양식으로 꾸며져있다. 성당 내 8개의 보조 예배당 중 가장 화려한 곳은 '상 주앙의 성소 Capela de São João Baptista'. 당시 최고급 자재를 이용하여 세계에서 가장 비싼 예배당이라 일컬어지며 8년에 걸쳐 완공되었다.

로마에서 시공되어 교황 베네딕트 14세의 축복을 받았다. 이후 해체되어 배로 리스보아로 운반하여 1747년 재조립하였다. 천장 중앙에는 묵시록의 한 장면을 묘사한 그림이 그려져있다. 성당 옆 상 호케 박물관에는 아기 예수 요람의 일부, 가시로 만든 면류관의 일부, 16세기 포르투갈 회화 작품들과 의복, 바로크 은 세공품 컬렉션이 전시되어 있다. 전시품 중 유럽에서 가장 정교한 것이라 하는 동과 은으로 된 횃불 거치대 한 쌍이 가장 유명하다.

Data Map 098B
Access 메트로 아줄/베르드 Azul/Verde선 바이샤/시아두 Baixa/Chiado역 하차, 도보 10분
Add Largo Trindade Coelho, 1200-470 Lisboa
Tel 213-235-383
Open 4~9월 월 14:00~19:00, 화·수·금~일 10:00~19:00, 목 10:00~20:00, 10~3월 월 14:00~18:00, 화~일 10:00~18:00(1/1, 부활절 일요일, 5/1, 12/25 휴관)
Cost 영구 전시 2.50유로, 14세 이하·65세 이상·리스보아 카드 소지자 1유로, 일요일 14:00까지 무료
Web www.museu-saoroque.com

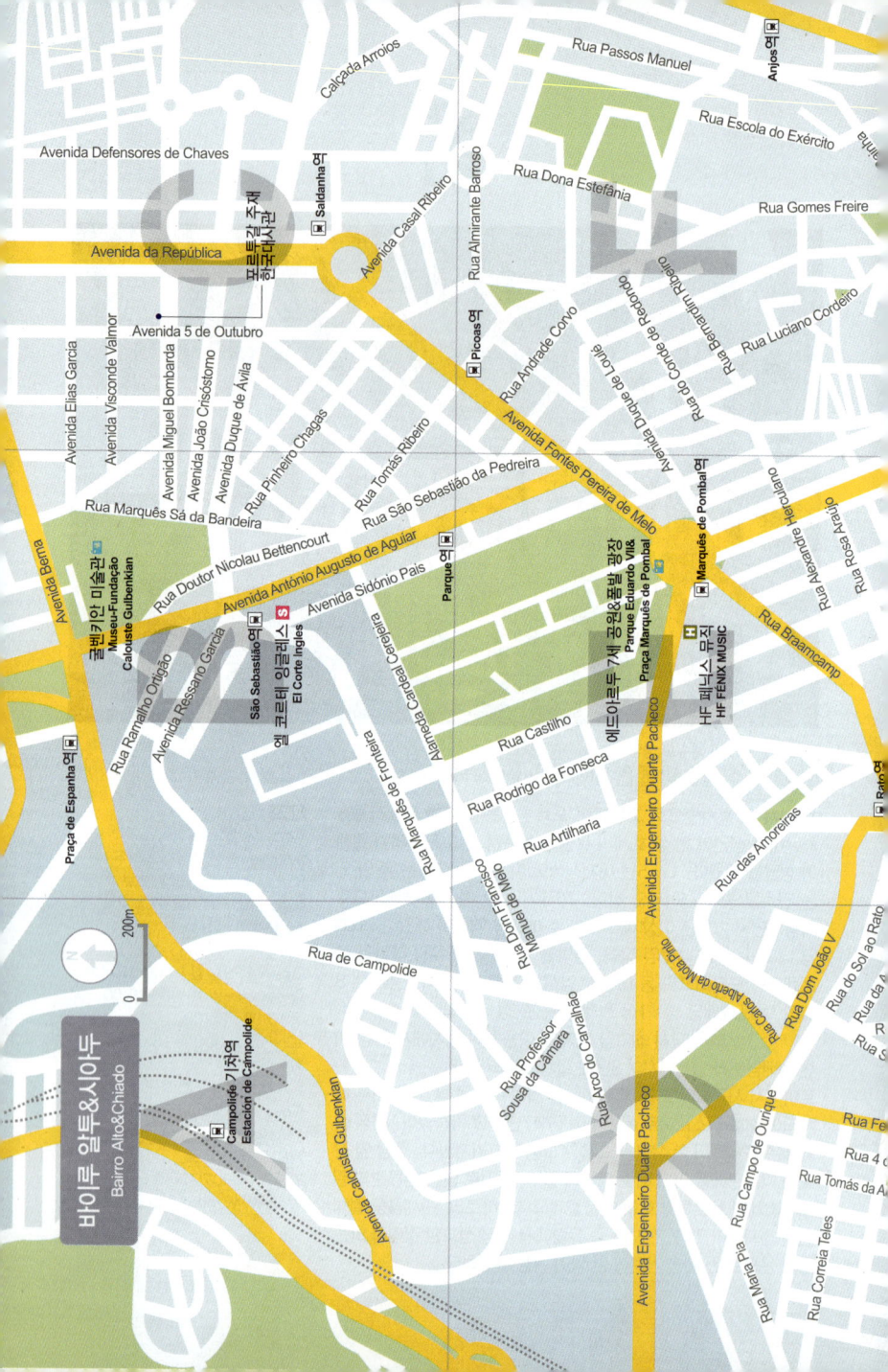

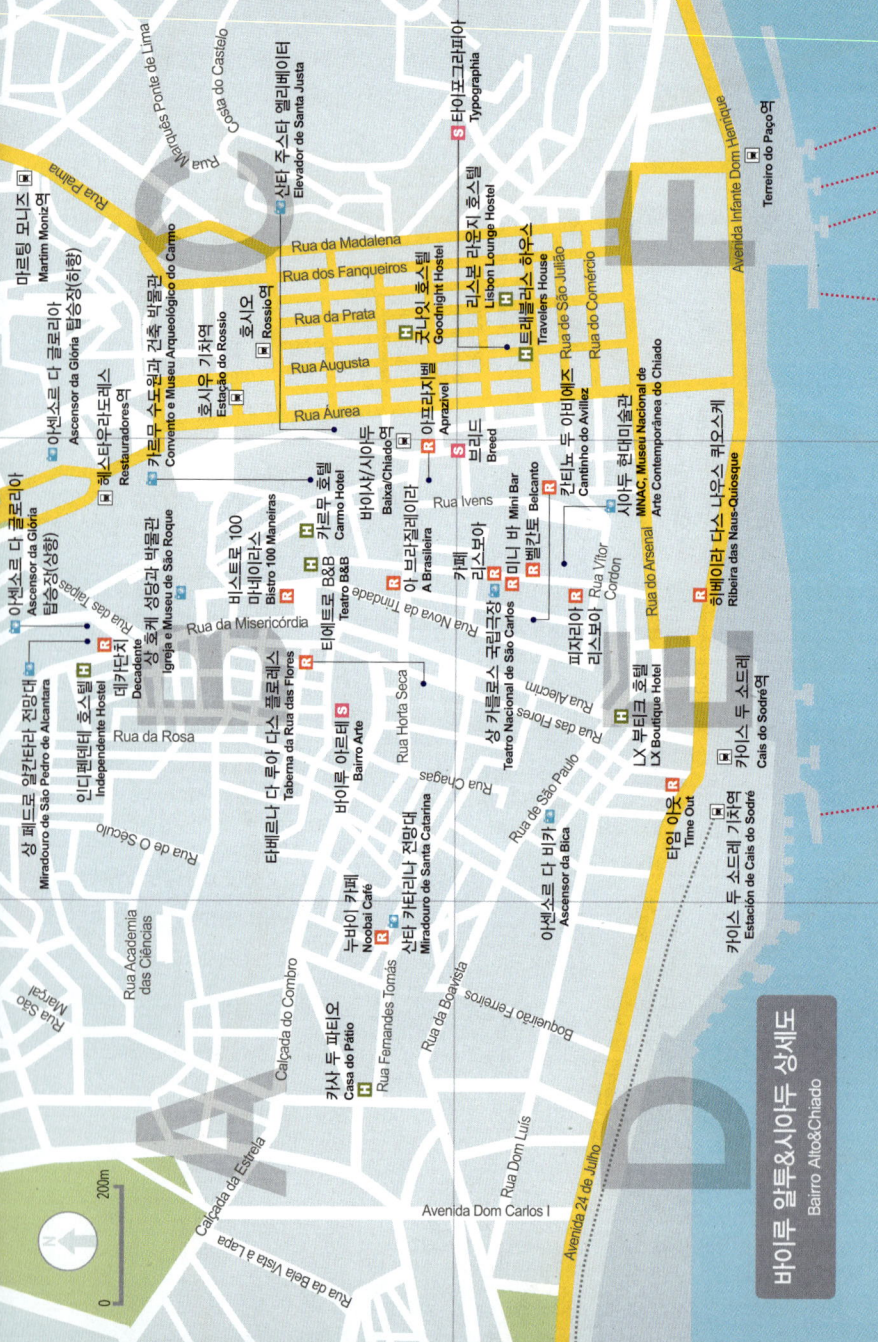

옛 포르투갈 예술품의 보고
국립 고대 미술관 Museo Nacional de Arte Antiga

1884년 설립된 이래 국보를 가장 많이 보유하고 있는 박물관. 일찍이 세계 각지와 뱃길을 통해 활발히 이루어졌던 교류로 인해 다양한 미술품을 볼 수 있다. 16세기 포르투갈 탐험가들이 일본을 처음 발견했던 모습을 보여주는 스크린 영상, 항해사 바스쿠 다 가마가 처음 포르투갈로 운반해온 장식품 중 하나인 벨렝의 성체 안치기, 18세기 은세공품을 비롯하여 회화, 조각상 등 전시품의 종류가 헤아릴 수 없을 만큼 많다.

약 4만 점이 넘는 전시품 중 대표작으로 꼽히는 것은 누노 곤살베스Nuno Gonçalves의 〈성 빈센테 패널화Painéis de São Vicente〉이다. 이 그림은 항해왕 엔리케Henrique, o Navegador와 같은 15세기 포르투갈의 주요 인물들을 묘사하고 있다. 고대 미술품 외에도 기증품과 구매를 통하여 중세부터 초기 근대까지 이르는 예술 작품 컬렉션을 확장하여 전시하고 있다.

Data Map 097J
Access 산토스Santos 기차역 근처에서 도보 5분
Add Rua das Janelas Verdes, 1249-017 Lisboa **Tel** 213-912-800
Open 화~일 10:00~18:00(월요일, 1/1, 부활절 일요일, 5/1, 6/13, 12/25 휴관) **Cost** 성인 6유로, 65세 이상·학생증 소지자 50% 할인, 12세 이하·매달 첫 번째 일요일·리스보아 카드 소지자 무료입장
Web www.museudearteantiga.pt

Tip 리스보아 박물관 묶음 티켓
국립 고대 미술관 티켓이 포함된 프렌테 히베이리냐, 리스보아-8개의 박물관 티켓을 이용하면 편리하다. 자세한 내용은 080p 참조.

리스보아 최초의 신고전주의 건물
상 카를로스 국립극장 Teatro Nacional de São Carlos

1,148명을 수용하며 5개의 박스 층을 갖춘 상 카를로스 국립극장은 시아두의 랜드마크다. 1793년 마리아 1세가 1755년 대지진으로 무너진 테이오 오페라 하우스Teio Opera House를 대체하기 위해 세웠다. 이탈리아 오페라 하우스를 모티브로 신고전주의와 로코코 양식을 적절히 사용하였다. 베르디, 바그너, 쇼팽 등 주기적으로 클래식 음악회와 오페라 공연을 주최하고, 영화나 현대 음악 등 폭넓은 레퍼토리를 자랑한다. 발레와 파두 공연도 종종 열린다.

9~6월 오페라 시즌에 리스보아를 찾는다면 홈페이지에서 프로그램을 확인하자. 자체 카페, 레스토랑은 포르투갈의 유명 셰프 주제 아빌레즈José Avillez가 운영한다. 극장 앞 광장에는 페르난두 페소아 동상이 세워져 있는데, 그가 태어난 곳이 바로 상 카를로스 국립극장 맞은편의 건물이기 때문이다.

Data Map 098E
Access 메트로 아줄/베르드 Azul/Verde선 바이샤/시아두 Baixa/Chiado역 하차, 도보 10분
Add Rua Serpa Pinto 9, 1200-442 Lisboa
Tel 213-253-000
Web www.tnsc.pt

LISBOA BY AREA 03
바이루 알투&시아두

바실리카를 마주하는 푸른 공원
에스트렐라 공원 Jardim da Estrela

리스보아 사람들이 가족 단위로 많이 찾는 공원으로 피크닉하기 좋다. 5헥타르에 이르는 이 넓은 공원의 공식 명칭은 포르투갈 왕정의 몰락과 1910년 공화국 설립에 공을 세웠던 시인이자 정치가 게라 준케이로의 이름을 딴 게라 준케이로 공원Jardim Guerra Junqueiro이다.

세계 각지의 나무들과 선인장을 심어 놓아 여느 공원과 다르게 이국적인 분위기가 물씬 난다. 작은 연못과 놀이터, 정자, 카페를 갖추고 있다. 공원 바로 뒤에 있는 것은 1717년 조성된 영국 묘지Cemitério Inglês로, 리스보아를 방문하던 중 숨을 거둔 영국의 소설가 헨리 필딩Henry Fielding이 이곳에 묻혀 있다.

Data Map 097G Access 트램 25, 28번 타고 에스트렐라(바실리카)Estrela(Basílica) 정류장 하차.
또는 메트로 아마렐라 Amarela선 타고 Rato역 하차, 도보 10분
Add Praça da Estrela, 1200-667 Lisboa Open 07:00~24:00

Tip 메트로 타고 에스트렐라 공원 가기
코메르시우 광장에서 탑승하여 에스트렐라(바실리카) 정류장으로 오는 25, 28번 트램은 바깥 풍경을 볼 수 있다는 장점이 있다. 하지만 하루 중 언제 타도 앉아 오기가 힘들 정도로 사람들이 많다. 협소한 트램의 불편함이 싫다면 메트로 아마렐라Amarela선 Rato역에서 하차하여 걸어올 수 있다.

여왕의 약속을 지키기 위해 세워진
에스트렐라 바실리카 Basílica da Estrela

18세기 후반 지어진 신고전주의 양식의 대성당으로 로마 시대의 재판과 집회 및 상업 거래소였다. 마리아 1세가 후계자를 낳으면 짓겠다고 했던 약속을 지키기 위해 세운 세계 최초로 예수 성심에 헌정된 성당이다. 그러나 그녀가 낳은 아들 주제José는 바실리카가 완공되기 2년 전 천연두로 사망했다.

바실리카의 상징은 로코코 양식의 대형 돔과 많은 성인들의 조각상으로 꾸며진 쌍둥이 종탑이 있는 파사드. 분홍, 검정 대리석으로 장식된 내부는 두 색의 조화가 오묘하고 아름답다. 마리아 1세의 관 또한 바실리카에 모셔져있다. 관 뒤에는 18세기 조각가 조아킴 마샤도 데 카스트로Joaquim Machado de Castro의 아기 예수 성탄화 모형이 있다. 돔 위로 올라가 리스보아 시가지를 내려다보기 위해서는 입장료를 내야 한다. 계단이 조금 가파르지만 돔에서 맞이하는 경치에 비하면 오르는 수고는 아무것도 아니니 꼭 올라가 볼 것.

Data Map 097G Access 25, 28번 트램을 타고에스트렐라(바실리카) 정류장 하차. 또는 메트로 아마렐라선 타고 Rato역 하차, 도보 10분
Add Praça da Estrela, 1200-667 Lisboa
Tel 213-960-915
Open 07:30~13:00, 15:00~20:00
Cost 성당 무료, 돔 3유로

오대양 육대주에서 엄선하여 수집한 예술품 컬렉션
굴벤키안 미술관 Museu-Fundação Calouste Gulbenkian

유럽에서 가장 훌륭한 박물관 중 하나로 꼽힌다. 영국인 석유업자 C.S. 굴벤키안의 소장품을 기반으로 한다. 이집트, 그리스, 로마, 이슬람, 아시아 예술품을 총망라하는 소장품은 회화와 도자기, 가구 등 그 종류도 다양하다. 2001년에는 대표작들을 뉴욕 현대미술관으로 옮기며 박물관을 재정비했다. 대표 전시품으로는 프랑스의 보석, 유리 디자이너 르네 랄리크René Lalique의 세공품, 16~17세기 페르시아 태피스트리, 마네의 〈피리부는 소년〉 등이 있다.

Data Map 096B Access 메트로 아줄/베르벨랴역 또는 아줄역 하차, 도보 3분 Add Avenida Berna 45A, 1067-001 Lisboa Tel 217-823-000 Open 수~월 10:00~18:00(1/1, 부활절 일요일, 5/1, 12/24·25 휴관) Cost 성인 10유로(설립자·모던 컬렉션), 29세 이하·65세 이상 50% 할인, 리스보아 카드 소지자 20% 할인, 가족 동반 시 12세 이하·18세 이하 무료, 일요일 14:00부터 무료 Web gulbenkian.pt

Tip 현대아트센터의 현대미술 작품도 보고 가도록 하자
1983년 굴벤키안 재단이 설립한 현대 아트 센터Modern Art Center는 약 9,000개의 작품을 전시하며, 20세기 초반의 포르투갈 현대미술에 중점을 두고 있다. 해마다 여러 아티스트들의 작품으로 특별전을 열고, 상설 전시도 1년에 1개씩 진행한다.

포르투갈 현대미술의 발자취와 미래의 길잡이
시아두 현대미술관 MNAC, Museu Nacional de Arte Contemporânea do Chiado

상 프란시스쿠 수도원 건물을 사용하며 1850년부터 현대에 이르는 미술품을 전시하고 있다. 박물관에 전시된 많은 작품은 화가들이 시아두 부근에 거주하거나 자주 찾았던 것에 착안하여 이 지역에 만들게 되었다. 포르투갈의 낭만파, 자연파, 모더니즘, 초현실파, 추상파 등 여러 갈래의 예술 사조의 흐름을 살펴볼 수 있는 상설 전시와 함께 파울라 레고Paula Rego, 헬레나 알메이다Helena Almeida, 줄리아유 사르멘투Julião Sarmento 등 다양한 국내외 예술가를 여러 테마로 조명하는 특별전을 함께 운영한다. 프로그램은 수시로 바뀌니 홈페이지에서 미리 확인하자.

Data Map 098E Access 메트로 아줄/베르드선 바이샤/시아두 역 하차, 도보 10분 Add Rua Serpa Pinto 4, 1200-444 Lisboa Tel 213-432-148 Open 화~일 10:00~18:00 (1/1, 부활절, 5/1, 12/25 휴관)
Cost 성인 4.50유로, 학생증 소지자·65세 이상 50% 할인, 12세 미만 무료(포르투갈어, 영어 오디오 가이드 제공)
Web www.museuartecontemporanea.gov.pt

아직도 그 웅장함을 느낄 수 있는
카르무 수도원과 건축 박물관 Convento e Museu Arqueológico do Carmo

1755년 리스보아를 초토화시켰던 대지진으로 당시 리스보아에서 가장 큰 예배당이었으나 지금은 지붕이 사라진 채 신랑과 뼈대만이 남아 있다. 지진 후에도 나폴레옹의 군대에 의해 더 많은 손상을 입어 현재는 원래의 모습을 상상할 수 없을 정도로 많은 부분이 훼손됐다. 재건한 주변 건물과는 달리 이 수도원은 새로 시공을 하지 않은 채 250년 이상 보존해오고 있다. 수도원 입구 맞은편에 위치한 구 제단은 건축 박물관으로 개조되어 페르디난드 1세의 관을 비롯한 여러 석관과 모자이크화, 4세기 석관, 성모 마리아 벽옥 조각상, 그리스도의 수난을 묘사한 아줄레주, 13세기 주화, 남미의 미이라와 같은 유물들을 전시하고 있다.

박물관에 들어설 때 보이는 비석에는 교황 클레멘스 7세가 이곳을 찾는 모든 신실한 기독교인에게 40일간의 관용을 허락한다는 내용이 새겨져 있다. 천국으로 가기 전에 연옥에서 보내야 하는 시간 중 40일을 차감해준다는 뜻. 수도원 밖 작은 광장은 해도 잘 들고 나무와 그늘이 많다. 카페와 식당이 주변에 많아 광장에 와서 시간을 보내는 사람들로 언제나 붐빈다.

Data Map 098B
Access 메트로 아줄/베르드Azul/Verde선 바이샤/시아두Baixa/Chiado역 하차, 도보 10분 **Add** Largo do Carmo, 1200-092 Lisboa **Tel** 213-478-629 **Open** 5~9월 월~토 10:00~19:00, 10~4월 월~토 10:00~18:00(일요일, 1/1, 5/1, 12/25 휴관)
Cost 일반 4유로, 학생과 65세 이상 3유로(리스보아 카드 소지자 3.20유로), 14세 이하 무료 **Web** www.museuarqueologicodocarmo.pt

Talk 알고 가자, 1755년의 대지진!

본문에서 종종 언급되는 1755년의 대지진은 포르투갈 역사에 길이 남는 영향을 미쳤다. 유럽에서 가장 발전한 도시 중 하나였던 리스보아의 건물이 상당 부분 이 지진으로 무너졌기 때문이다. 1755년 11월 1일, 대지진으로 인해 가장 많은 피해를 입은 지역은 리스보아가 속한 포르투갈 남서부. 스페인 북서부와 북아프리카, 심지어는 프랑스와 스위스, 북부 이탈리아에서도 이 지진의 여파를 느낄 수 있었다고 한다. 지진을 뒤따른 5일간의 대형 화재로 인해 리스보아의 피해는 더욱 심각해졌고, 쓰나미까지 발생하여 포르투갈 해안가를 덮쳤다. 바이샤와 호시우, 상 조르주 성과 알파마, 히베이라는 완전히 불타고 바이루 알투도 상당 부분 피해를 입었다.

리스보아의 사망자는 만 명에서 십만 명으로 추정하고 있다. 인명 피해와 더불어 리스보아 건축물의 85%에 달하는 수많은 건물이 무너졌다. 포르투갈의 명소들을 설명할 때 1755년의 대지진을 기점으로 삼아 재건과 복구 이야기가 여러 번 나오는 것도 이 때문이다. 지진이 발생하고 한 달이 지난 후 리스보아는 바로 재건 사업에 착수하여 체계적으로 도시를 재정비하였고, 1년 안에 지진의 잔해가 전부 정리되었다.

리스보아 최대 공원과 그 앞의 탁 트인 광장

Writer's Pick! 에드아르두 7세 공원&폼발 광장 Parque Eduardo VII&Praça Marquês de Pombal

1903년, 영국과 포르투갈의 관계를 더욱 돈독히 하기 위해 영국의 에드워드 7세를 기념하며 만든 도심 속 오아시스. 넓은 공원 안에는 스포츠 파빌리온Carlos Lopes Pavilion, 4월 24일 혁명 기념 조각상, 온도와 빛을 조절하는 지붕의 온실 에스투파 프리아Estufa-fria 등이 있다. 매년 5월 중순에는 리스보아 도서전을 비롯하여 다양한 행사가 열린다. 공원 가운데 위치한 폼발 광장은 1755년 대지진 후 도시 재건에 힘쓴 폼발 수상Marques de Pombal의 이름을 땄다. 폼발 수상의 동상은 광장 한가운데 있다.

Data Map 096E
Access 메트로 Amarela/Azul선 Marquês de Pombal역 하차, 도보 1분
Add Parque Eduardo VII, 1070-051 Lisboa **Open** 에스투파 프리아 하절기 10:00~19:00, 동절기 09:00~17:00, 1/1, 5/1, 12/25 에스투파 프리아 휴관
Cost 에스투파-프리아 성인 3.10유로, 6~18세 2.33유로, 학생·65세 이상 1.55유로, 리스보아 카드 소지자·일요일·공휴일 14:00까지 무료입장

포르투갈 국민 작가의 보금자리
카사 페르난두 페소아 Casa Fernando Pessoa

리스보아 출신의 문학가 페르난두 페소아가 생의 마지막 15년을 보냈던 집을 박물관으로 개조했다. 집의 구조를 거의 변형시키지 않아 주인이 없는 집에 몰래 찾아가 침실과 작업실을 엿보는 듯하다. 페소아가 사용하던 서랍과 타자기, 안경과 노트가 있으며, 그가 직접 모델이 되어 완성된 유일한 초상화도 걸려있다. 페소아의 개인 서재는 온라인으로만 감상할 수 있다. 그의 소지품 중 가장 주의 깊게 살펴볼 것은 페소아의 작품 중 최고로 꼽히는 〈양치기O Guardador de Rebanhos〉, 〈사선의 비A Chuva Oblíqua〉, 〈승리의 시Ode Triunfal〉를 기대어 썼다는 서랍장. 1914년 3월 8일 밤 페소아는 이 세 작품을 모두 완성했다고 한다.

Data Map 097G
Access 메트로 아마렐라 Amarela선 Rato역 하차, 도보 10분
Add Rua Coelho da Rocha 16, 1 250-088 Lisboa
Tel 213-913-270
※ 현재 레노베이션 중으로 몇몇 프로그램만 진행 중이다.
Web casafernandopessoa.pt

Tip 페소아를 이야기할 때 빼놓을 수 없는 특징은 그가 알베르토 카에이로Alberto Caeiro, 리카르두 레이스Ricardo Reis, 알바루 데 캄푸스Álvaro de Campos 등 본명 외에 여러 개의 필명으로 작품을 출간했다는 점이다. 페소아는 75개의 필명들이 제 각각의 인격을 가지고 있다 하여 이들을 이명이라 불렀다.

바이루 알투의 보석 같은 쉼터
프린시프 헤알 공원 Jardim Principe Real

바이루 알투의 좁은 골목들을 돌아보고는 바로 시내 중심으로 가지 말자. 오르막길이라 조금 힘들 수는 있으나 조금 더 위로 올라가면 나타나는 이곳은 리스보아 사람들이 도시 최고의 공원으로 꼽는 곳이다. 공원 중앙에 있는 키는 작지만 큰 나무와 아기자기하고 예쁜 야외 테이블이 있는 카페가 이 공원의 매력 포인트! 특히 공원 가운데 심어져 있는 100년도 더 된 삼나무는 멀리서 보면 큰 우산처럼 보일 정도로 독특한 모습을 하고 있는데, 무더운 날에도 나무 아래 벤치에 앉아 있으면 신선놀음이 부럽지 않을 정도로 시원한 그늘을 만들어준다. 공원 주변은 알록달록한 타일로 꾸며진 19세기 맨션들이 세워져 있어 공원 안팎을 걸어 다니며 눈요기하는 재미도 상당하다. 주변의 거리는 낮에는 조용하지만 밤에 살아나는 나이트 라이프의 중심지.

Data Map 097H Access 메트로 아줄Azul선 헤스타우라도레스Restauradores역 하차, 도보 10분
Add Praça do Príncipe Real, 1250-184 Lisboa

SL 벤피카의 홈스타디움
에스타디오 다 루즈 Estadio da Luz

'빛의 스타디움'이라는 뜻의 이 축구장은 SL 벤피카의 홈구장이다. 공식 명칭은 '에스타디오 두 스포트 리스보아 에 벤피카Estádio do Sport Lisboa e Benfica'. SL 벤피카는 포르투갈 축구 리그 1위 자리를 쉽게 내어주지 않는 명문 구단이다. 약 65,000명을 수용할 수 있으며, 주로 축구 경기를 위해 사용되지만 다른 운동 종목 경기도 종종 열린다. 2003년에 완공되었으며 최대한 자연광을 들일 수 있도록 지붕을 설계하였다.

경기가 없는 날에 찾으면 SL 벤피카의 역사를 살펴볼 수 있는 박물관을 볼 수 있다. 팀과 관련한 다양한 물품을 판매하는 벤피카 메가스토어Benfica Megastore도 갖추고 있다. 매표소 또는 홈페이지에서 가이드 투어 티켓을 구매하면 VIP 구역과 선수 터널, 더그 아웃, 어웨이 팀의 라커룸과 구장을 돌아볼 수 있다. 스타디움이 커서 대부분 경기 당일 날 조금 일찍 도착하여 표를 구매해도 자리가 있으나 챔피언스 리그와 같은 대형 경기의 경우 며칠 전에 가서 미리 표를 사거나 온라인으로 구입하는 것이 좋다.

Data Map 064B Access 메트로 아줄Azul선 Colégio Militar/Luz역 하차, 도보 10분
Add Avenida General Norton de Matos, 1500-313 Lisboa Tel 217-219-500
Open 투어 10:00~17:00(30분 간격, 경기가 있는 날에는 투어를 진행하지 않음)
Cost 스타디움 12,50유로, 박물관 10유로, 스타디움+박물관 17,50유로 Web www.slbenfica.pt

물 부족에 시달리던 리스보아를 위해 세워진
리스보아 수도교 Aqueduto das Águas Livres

'자유로운 물의 수도교'라는 뜻을 가지고 있는 리스보아 수도교는 18세기 포르투갈 엔지니어링 기술을 대표하는 건축물이다. 주요 수로는 약 18km에 달하나 총 길이는 58km에 육박한다. 식수가 부족했던 리스보아의 물 부족 문제를 해결하기 위해 주앙 5세는 카네사스Caneças 교구에서부터 신선한 물을 끌어올 수 있는 수도교를 건설했다. 수도교에서 가장 중요한 중앙 부분은 알칸타라Alcantara 계곡을 가로지르는, 총 35개의 아치로 이루어져 있다. 세계에서 가장 높은 석조 아치가 이 중 하나로 높이는 65m, 너비는 32m에 달한다.
1836년부터 4년간 연쇄살인범 디오고 알베스Diogo Alves가 이곳에서 여러 명을 살해한 것이 밝혀진 후로 수도교는 더 이상 사용하지 않게 되었다. 1986년부터는 물 박물관Museu da Água의 일부로써 일반 대중에게 개방되었다. 리스보아에서 수도교를 가장 잘 감상할 수 있는 곳은 캄폴리데Campolide 기차역.

Data Map 064E **Access** 메트로 아마렐라/아줄Amarela/Azul선 Marquês de Pombal역 하차, 도보 20분
Add Calçada Quintinha 6, 1070-225 Lisboa **Tel** 218-100-215 **Web** www.epal.pt

세계 각지의 동식물을 모두 만나는
리스보아 동물원 Jardim Zoológico de Lisboa

아프리카의 고릴라와 침팬지, 사바나의 코끼리와 기린, 캘리포니아의 바다사자, 쿠바의 뱀, 오대양을 헤엄치는 돌고래를 모두 볼 수 있는 곳! 동물의 본래 생활 환경과 근접한 환경을 조성해 동물들에게도 즐겁고 편안한 보금자리가 될 수 있도록 노력하고 있다. 주요 명소는 돌고래와 물개 공연이 열리는 돌핀스 베이Dolphins Bay, 파충류의 역사와 특성을 살펴볼 수 있는 파충류 랜드Reptile Land, 마코 앵무새와 호주 앵무새가 자전거와 롤러스케이트를 타고, 지프차를 운전하며 수식을 계산하는 마카우 쇼Macaw Show 등이 있다. 애완동물에 대한 교육과 친화를 알려주는 목장 퀸틴냐Quintinha도 마련되어 있다. 동물원 기차를 타고 동물원의 전경을 하늘 위, 아래에서 감상할 수도 있다.

Data Map 064B **Access** 메트로 아줄Azul선 Jardim Zoológico역 하차하면 바로
Add Praça Marechal Humberto Delgado, 1549-004 Lisboa **Tel** 217-232-900
Open 3/21~9/20 10:00~20:00(마지막 입장 폐관 45분 전),
9/21~3/20 10:00~18:00(마지막 입장 폐관 1시간 15분 전)
Cost 3~12세 14.50유로, 13~64세 22유로, 65세 이상 16유로 **Web** www.zoo.pt

|Theme|
하늘에서 내려다보면 더 예쁜
바이루 알투&시아두 전망대

여행 첫날 올라 앞으로 가볼 곳들을 멀리서나마 확인하고 첫 인사를 나누어도 좋고, 떠나기 전 마지막으로 한눈에 도시를 담아 보아도 좋다. 도시 곳곳에 위치한 모든 전망대에 가보아도 매번 색다른 기분을 느낄 수 있을 것이다. 전망대는 포르투갈어로 '미라도우루Miradouro', 케이블카는 '아센소르Ascensor'라 하니 지도에서 찾을 때 참고하자. 바이루 알투와 시아두 지역의 대표적인 전망대를 소개한다.

낮에 한 번, 밤에 한 번은 봐야 하는
상 페드로 알칸타라 전망대 Miradouro de São Pedro de Alcântara

전망대보다는 정원이라는 이름이 잘 어울린다. 실제로 이 전망대는 상 페드로 알칸타라 공원 안에 포함된 것이다. 파노라마처럼 길게 펼쳐지는 시내의 풍경을 이곳에서 감상해보자. 연인들이 특히 많이 찾을 정도로 이곳에서 보는 리스보아의 경치는 낭만적이다. 작은 카페가 한쪽에 있고 아름드리나무가 많아 해가 중천에 떠오를 때 찾으면 탁 트인 전망이 감동적이다. 또 해가 질 때 다시 오면 완전히 다른 분위기를 느낄 수 있다. 그리스로마 신화에 나오는 신들의 석상이 조명을 받아 빛나고, 멀리 상 조르제 성이 반짝이는 모습은 황홀하기까지 하다. 공원 한가운데 있는 큰 조각상은 한 신문사의 창립자 에두아르두 코엘류Eduardo Coelho의 것이며, 아래 작은 신문 배달 소년의 상도 있다.

Data Map 098B
Access 메트로 아줄Azul선 헤스타우라도레스Restauradores역 하차, 도보 10분 **Add** Rua de São Pedro de Alcântara, 1200 Lisboa

Tip 아센소르 다 글로리아 타고 가기

상 페드로 알칸타라 전망대는 아센소르 다 글로리아 Ascensor da Glória를 타고 끝까지 올라가면 바로 나타난다. 바이루 알투에서 걸어 올라가는 재미도 있으니 적절히 이용하자. 아센소르 다 글로리아는 1885년부터 헤스토라도레스 광장Restauradores에서부터 바이루 알투를 오르락내리락해온 노장 엘레베이터. 265m로 총 이동 길이는 짧지만 경사가 상당해 걸어 가려면 아센소르를 타고 가는 것보다 훨씬 더 오래 걸린다. 올라가는 동안 보이는 형형색색의 스프레이로 그린 그래피티 아트는 수준이 상당하여 오픈 갤러리를 감상하는 기분마저 든다.

Data Map 098B **Access** 상행 메트로 아줄Azul선 헤스타우라도레스Restauradores역 하차, 도보 상행 1분 **Add** 하행 Praça dos Restauradores, 1200 Lisboa, 상행 Jardim de São Pedro de Alcântara-Jardim António Nobre, 1200 Lisboa **Open** 월~목 07:15~23:55, 금 07:15~24:25, 토 08:45~24:25, 일·공휴일 09:15~23:55 **Cost** 왕복 3.80유로

Writer's Pick!

금방 발길을 돌릴 수 없는 황홀한 전망
산타 카타리나 전망대 Miradouro de Santa Catarina

산타 카타리나 전망대 일대에서는 바이루 알투의 번화함과는 달리 시간이 좀 더 천천히 가는 듯한 분위기를 느낄 수 있다. 산타 카타리나 전망대는 샌프란시스코의 금문교와 비슷하다는 찬사를 듣는 4월 25일 다리Ponte 25 de Abril와 예수상Estatua do Cristo Rei이 가장 잘 보이는 곳이다. 전망대 앞 광장에 우뚝 서 강을 향해 바라보고 있는 석상은 포르투갈의 대문호 카몽이스의 〈우스 루지아다스Os Lusíadas〉에 나오는 전설 속 바다 괴물이다.

밤에 다리에 조명이 들어오면 운치가 더해 도시 야경을 만끽할 수 있다. 낮에는 전망대 부근의 카페나 레스토랑에서 식사를 즐길 것을 추천한다. 잠깐의 포토 포인트라 하기에는 오래 감상하고 싶은 풍경이 눈앞에 펼쳐지고, 전망대 부근에 분위기 좋기로 소문난 누바이 카페(111p)가 있기 때문. 카페에 자리가 없다면 광장에 편하게 앉아 따사로운 오후 햇살을 받으며 책을 읽거나 수다를 떠는 사람들 사이에 자리를 잡아도 좋다. 여유로운 오후 시간을 어디에서 보낼지 고민된다면 산타 카타리나 전망대로 향해보자.

Data **Map** 098A **Access** 메트로 아줄/베르드Azul/Verde선 바이샤/시아두Baixa/Chiado역 하차, 도보 15분
Add Rua de Santa Catarina, 1200 Lisboa

Tip 아센소르 다 비카 타고 가기

1892년 영업을 개시한 아센소르 다 비카Ascensor da Bica는 245m에 이르는 루아 다 비카 데 두아르테 벨로Rua da Bica de Duarte Belo를 오른다. 길이 유독 좁아 오르락내리락하는 재미가 다른 아센소르보다 더 하다. 2002년 국가기념물로 지정되었으며, 아센소르 안에서 보이는 경치가 가장 예쁜 곳으로 꼽힌다. 길을 따라 점점 높이 올라갈수록 타구스 강까지 시원하게 보이는 모습이 아름답다. 동영상 촬영을 하며 아센소르를 즐기면 여행 후에도 비좁은 골목길을 즐겁게 오르는 기분을 되새길 수 있다.

Data **Map** 098B **Access** 메트로 아줄/베르드Azul/Verde선 바이샤/시아두Baixa/Chiado역 하차, 도보 15분
Add Calçada do Combro, 1200 Lisboa와 Rua do Loreto, 1200 Lisboa 사이
Open 월~토 07:00~21:00, 일·공휴일 09:00~21:00
Cost 왕복 3.80유로

EAT

Writer's Pick! 포르투갈을 대표하는 셰프의 레스토랑
칸티뇨 두 아비에즈 Cantinho do Avillez

최연소 미슐랭 셰프 주제 아비에즈의 바이루 알투 레스토랑. 전통 포르투갈 요리에 젊은 감각을 더해 새로운 맛을 느낄 수 있다. 아비에즈는 시, 동화와 같은 문학 작품에서 영감을 받아 메뉴를 개발한다. 웨이터들도 메뉴에 대한 이해가 깊어 좋아하는 음식과 싫어하는 맛을 알려준 후 메뉴 추천을 부탁하면 기가 막힌 코스를 조합하여 제안한다. 자체 개발한 칵테일 메뉴도 있다. 예약은 필수.

Data **Map** 098E **Access** 메트로 아줄/베르드Azul/Verde선 바이샤/시아두 Baixa/Chiado역 하차, 도보 10분
Add Rua Duques de Bragança 7, 1200-162 Lisboa **Tel** 211-992-369
Open 월~금 12:30~15:00, 19:00~24:00, 토·일 12:30~24:00
Cost 커버 3.0유로, 21세기 프로페서 스타일 달걀 7.50유로, 빵가루를 뿌려 구운 대구 요리 18.25유로, 헤이즐넛 디저트 5.50유로 **Web** cantinhodoavillez.pt

Tip 시아두에는 주제 아비에즈의 다른 리스보아 식당들이 4곳이나 있다. 칸티뇨 두 아비에즈가 만석이라면 낙담하지 말고 길만 건너서 다른 식당을 찾아가보자. 포르투에도 지점이 있다.

1. 벨칸토 Belcanto **Data** **Map** 098E **Add** Largo de São Carlos 10, 1200-410 Lisboa
2. 카페 리스보아 Café Lisboa **Data** **Map** 098E **Add** Largo de São Carlos 23, 1200-410 Lisboa
3. 미니 바 Mini Bar **Data** **Map** 098E **Add** Rua António Maria Cardoso 58, 1200-026 Lisboa
4. 피자리아 리스보아 Pizzaria Lisboa **Data** **Map** 098E **Add** Rua Duques de Bragança 5, 1200-162 Lisboa

입맛대로 골라 시켜 먹는
타임 아웃 Time Out

19세기부터 리스보아 최대 규모의 생선, 과채 시장으로 군림해온 히베이라 시장Mercado da Ribeira에 '타임 아웃'이라는 재미난 이름의 맛집들이 생겼다. 55개의 키오스크에 리스보아에서 내로라하는 식당과 카페, 식품점이 들어섰다. 중앙 테이블 좌석이나 각 키오스크 앞에 마련된 바 자리에서 원하는 음식을 골라 식사할 수 있다. 리스보아 최고의 등심 스테이크를 판매한다는 '카페 두 상 벤투Café de São Bento', 포르투갈 와인만을 판매하는 '가라페이라 나시오날Garrafeira Nacional', 아이스크림의 명가 '산티니Santini' 등이 대표적인 타임 아웃 맛집. 바로 앞에는 테주 강이 흘러 식사 전후로 산책하기에도 무척 좋다.

Data **Map** 098E **Access** 메트로 베르드Verde선 카이스 두 소드레 Cais do Sodré역 하차, 도보 1분
Add Avenida 24 de Julho 49, 1200-295 Lisboa
Tel 213-951-274 **Open** 일~수 10:00~24:00, 목~토 10:00~02:00
Web www.timeoutmarket.com

예약은 필수! 리스보아 최고 인기 식당
비스트로 100 마네이라스 Bistro 100 Maneiras

포르투갈의 오트 퀴진Haute Cuisine을 뒤바꾸겠다는 포부로 요리하는 세르비아 출신의 셰프 류보미르 스타니시크Ljubomir Stanisic의 식당. 2004년 카스카이스에 100 마네이라스100 Maneiras를 연 이후 그 성공에 힘입어 2009년 리스보아로 이전하였다. 영화, 음악, 사진으로 데코된 하얀 인테리어가 이곳의 세련미를 강조한다. 셰프의 영감은 전부 포르투갈 전통 요리이지만, 세계 각지의 풍미를 더해 독창적인 메뉴를 개발한다. 프랑스 식당을 뜻하는 '비스트로'가 아닌 고국인 세르비아어로 '깨끗하고 확실한'이라는 뜻의 단어인 '비스트로'를 사용했다. '깨끗하고 확실한' 음식을 내놓는 것이 이곳의 모토. 손님들에게 거리낌 없이 메뉴를 권하고, 기분이 내킬 때에는 메뉴에 없는 것을 만들어 서비스하기도 하는 이곳은 언제나 들떠 있는 분위기다.

오픈 시간에 딱 맞추어 가지 않으면 10분 안에 모든 테이블이 동난다. '용감한 사람들'을 위한 메뉴는 소의 혀구이 등 조금은 생소한 세계 각지의 요리들을 모아 놓은 것이다. 추천 메뉴는 톱100TOP100. 비스트로 100 마네이라스의 베스트셀러를 선별해놓은 것이다. 좀 더 포멀한 다이닝인 레스토랑 100 마네이라스(**Add** Rua do Teixeira, 35, Bairro Alto 1200-459) 근처에 위치한다.

Data **Map** 098B
Access 메트로 아줄/베르드Azul/Verde선 바이샤/시아두Baixa/Chiado역 하차, 도보 7분
Add Largo Trindade 9, 1200-466 Lisboa
Tel 910-307-575
Open 월~토 19:30~02:00 (주방은 24:00 마감)
Cost 런치 세트 메뉴 12.50유로, 10코스 디너 60유로
Web 100maneiras.com

오랜 역사의 카페, 리스보아의 명물
아 브라질레이라 A Brasileira

리스보아 카페 중 가장 인기가 높아 빈자리를 찾는 것이 어려울 정도. 브라질 커피를 판매하려는 목적으로 1905년 리스보아 중심에 문을 열었다. 페르난두 페소아를 비롯하여 포르투갈 공화정 수립 초기 당대의 문학가, 예술가들이 자주 찾았던 것으로도 유명하다. 페소아는 압생트나 비카를 홀짝이며 글을 쓰고 책을 읽었다고 한다. 이곳에서 자주 모임을 갖던 페소아를 비롯한 문학가들은 오르페우 Orpheu라는 잡지를 창간하기도 하였다.

이곳은 진한 커피인 비카Bica를 리스보아에서 최초로 팔았던 곳이다. 처음에는 커피콩과 다른 브라질 수입 식료품을 판매하다가 여러 번의 리모델링과 변화를 거쳐 카페가 되었다. 건축가 주제 파케코José Pacheco가 꾸민 이곳 인테리어의 하이라이트는 진한 녹색과 금색을 사용한 정문과 거울로 장식한 벽, 긴 오크나무 바이다. 실내가 넓지 않고 어두운 편이며, 테라스 자리에는 1988년 세워진 페소아의 동상도 있다.

Data Map 098B
Access 메트로 아줄/베르드 Azul/Verde선 바이샤/시아두 Baixa/Chiado역 하차, 도보 3분
Add Rua Garrett 120, 1200 Lisboa
Tel 213-469-541
Open 08:00~02:00
Cost 에스프레소 1.40유로 (테라스 자리는 실내보다 비싸다)

> **Tip** 페소아가 자주 왔지만 그가 가장 좋아하는 카페는 아 브라질레이라가 아니었다?
> 페소아가 아 브라질레이라를 자주 찾았던 것은 사실이나 그는 코메르시우 광장에 위치한 1782년 문을 연 오랜 역사의 카페 겸 레스토랑 카페 마르티뇨 다 아르카다 Café Martinho da Arcada(093p)가 자신이 가장 좋아하는 카페임을 밝힌 바 있다. 실제로 이 카페에 가면 페소아의 단골 식당임을 써 붙여놓았고, 목도 좋아 아 브라질레이라 만큼이나 사람들로 북적인다.

골목에 숨어 있는 소문난 맛집
타베르나 다 루아 다스 플로레스
Taberna da Rua das Flores

유기농 와인과 전통 포르투갈 요리로 현지인에게 인기 있는 곳으로, 대리석 테이블과 타일로 소박하게 꾸민 빈티지한 분위기의 레스토랑이다. 매일 바뀌는 '오늘의 요리'는 손님들이 가장 많이 찾는 메뉴. 점심 메뉴가 경제적이나 저녁식사 후 밤에 들러 포르투갈의 타파스라 불리는 3~4유로 가격의 페티스코스Petiscos와 함께 마시는 칵테일도 일품이다.
예약을 받지 않아 언제나 손님이 꽉 차있어 점심, 저녁 시간을 조금 비껴서 찾으면 무리 없이 테이블에 착석할 수 있다. 전통 포르투갈 식료품과 와인 등도 판매한다.

Data Map 098B
Access 메트로 아줄/베르드Azul/Verde선 바이샤/시아두Baixa/Chiado역 하차, 도보 10분
Add Rua das Flores 103, 1200-194 Lisboa
Open 월~금 12:00~24:00, 토 18:00~24:00 **Cost** 생선구이 11유로~, 맥주 1병 3.50유로~
Web www.facebook.com/A-Taberna-da-Rua-das-Flores-292950570719522/

Writer's Pick! 탁 트인 경치가 절로 낮 칵테일을 부르는
누바이 카페 Noobai Café

산타 카타리아 전망대에 위치하여 최고의 테라스 경치를 자랑한다. 눈치 주는 사람도, 눈치 보는 사람도 없는 자유롭고 편안한 분위기가 누바이의 가장 큰 특징. 아무 것도 안 하고 싶은 사람들이 그저 편안히 앉아 시원한 칵테일 한잔과 맛있는 식사, 가슴이 뻥 뚫리는 경치를 감상할 수 있는 곳이다. 테라스 자리가 가장 빨리 채워지지만 계단을 내려가면 자리하고 있는 넓은 실내 자리에서 태양을 피할 수도 있고, 아래층 테라스 자리도 마련되어 보기보다 훨씬 많은 손님들을 수용한다. 날씨가 조금 선선한 날에는 무릎 담요를 제공한다.
샐러드, 샌드위치, 커피, 태국식 면Thai noodles, 햄버거, 갓 짜낸 과일 주스, 여러 종류의 칵테일, 와인 등 메뉴 구성은 무척 다양하다. 간단한 스낵을 먹기에도, 식사를 하기에도 좋다. 해 지는 테주 강의 모습을 보며 DJ가 틀어주는 라이브 음악과 함께 밤을 보내려는 사람들이 많이 찾는다. 일요일에는 DJ가 없으나 따로 마련된 푸짐한 브런치 메뉴 때문에 일주일 내내 붐빈다. 브런치 메뉴는 항시 주문 가능하다.

Data Map 098A
Access 메트로 아줄/베르드Azul/Verde선 바이샤/시아두Baixa/Chiado역 하차, 도보 15분
Add Rua de Santa Catarina, 2715-311 Lisboa **Tel** 213-465-014
Open 화~목 12:00~22:00, 금·토 12:00~24:00, 일 12:00~20:00
Cost 수퍼복 하프 파인트 2유로, 치즈 토스트 8유로, 연어 난 9유로 **Web** www.noobaicafe.com

LISBOA BY AREA 03
바이루 알투 & 시아두

주말 브런치 장소로 완벽한
아프라지벨 Aprazivel

번화한 시아두에 위치하였지만 작은 골목에 자리해 평온하고 느긋한 식사를 즐기기에 적합하다. 세련되고 모던한 실내 인테리어는 저녁식사를 하기에 더 적합하다. 화창한 아침과 오후에는 테라스 자리에 앉아보자. 식사 메뉴는 파스타, 리소토, 햄버거가 주를 이루며 와인이나 칵테일과 함께 먹을 수 있는 가벼운 스낵도 판매한다.
주말에만 주문 가능한 브런치 메뉴도 구성이 좋아 추천한다. 양이 굉장히 많으나 남으면 깔끔하게 포장해주기 때문에 걱정 없다. 무선 인터넷 제공.

Data Map 098B
Access 메트로 아줄/베르드Azul/Verde선 바이사/시아두Baixa/Chiado역 하차, 도보 3분
Add Rua Garrett 19, 1200-093 Lisboa **Tel** 213-470-229
Open 10:00~24:00 **Cost** 연어 링귀니 12.50유로, 바칼라우 13.50유로
Web www.aprazivel.pt, www.facebook.com/aprazivel.pt

바다, 시원한 음료, 선선한 바람이 준비되어 있는 곳
히베이라 다스 나우스 퀴오스케 Ribeira das Naus-Quiosque

한때 포르투갈 항해사들이 선박을 조립하던 공장 일대였던 카이스 두 소드레 지역은 2013년 대대적인 개발과 공사를 거쳐 각광받는 맛집과 상점들이 들어서기 시작했다. 코메르시우 광장에서부터 이어지는 강변길을 따라 걷다 목이 마를 때쯤 나타나는 퀴오스케는 작지만 실속 있는 카페. 손님들은 퀴오스케 앞에 마련된 테라스 자리에서 아름다운 강가 경치를 감상할 수 있다. 기분이 좋아지는 선선한 테주 강 바람을 즐길 수 있도록 마련된 야외 자리 옆에 우뚝 서 가장 먼저 눈길을 끄는 것은 예술가 주제 데 알마다 네그레이루스Almada Negreiros 탄생 120주년을 기념하여 그에게 헌정된 설치 미술.
커피와 맥주가 가장 많이 팔리며, 간단한 샌드위치와 같은 스낵도 판매한다. 18:00~21:00에는 해피 아워로, 맥주 0.25cl을 1.50유로에, 0.50cl을 3유로에 마실 수 있다.

Data Map 098E
Access 메트로 베르드Verde선 카이스 두 소드레Cais do Sodré역 하차, 도보 3분
Add Avenida Riberia das Naus, 1200 Lisboa **Open** 10:00~02:00
Cost 레몬에이드 3유로, 햄치즈 크루아상 4.50유로 **Web** www.facebook.com/RibeiradasNausLisboa

숨 막히는 야경을 자랑하는
스카이 바 Sky Bar

티볼리 리스보아 호텔Tivoli Lisboa Hotel 꼭대기 층에 위치해 시내 경치를 보러 낮에 가봐도 좋고, DJ의 라이브 공연을 감상하러 밤에 찾아도 좋다. 목~토요일에는 인하우스 DJ와 라이브 밴드의 공연이 있다. 특별한 드레스 코드는 없지만 밤에 스카이 바를 찾는 손님들은 대부분 이곳에서 보이는 화려한 야경과 어울리도록 차려입고 온다. 스카이 바의 편안한 쿠션 자리에는 한 번 앉으면 일어나기가 힘들 정도. 칵테일로 유명한 스카이 바의 메뉴에서는 특별히 하늘을 주제로 자체 개발한 섹시 리스본 스카이Sexy Lisbon Sky나 핫 다크 스카이Hot Dark Sky를 시도해보자.

Data Map 097H **Access** 메트로 아줄Azul선 아베니다Avenida역 하차, 도보 5분 **Add** Avenida da Liberdade 185, 1269-050 Lisboa **Tel** Tel 213-198-641 **Open** 점심 월~금 12:00~15:00, 토·일 12:00~16:00, 저녁 19:00~24:00, 펍일~수 18:00~24:00, 목 18:00~01:00, 금·토 18:00~02:00, 해피 아워 18:00~20:00, 주말 특선 토·일 12:00~16:00 **Web** www.tivolihotels.com

젊은 감각과 신선한 식재료를 사용하는
데카단치 Decadente

호스텔 인디펜던트Independent의 부속 레스토랑. 누노 플래그 리마Nuno Flag Lima 셰프의 손끝에서 만들어지는 모던 포르투갈 퀴진으로 유명하다. 포르투갈에서 나는 재료를 사용하여 포르투갈 음식을 만든다. 자국 식도락 문화에 대한 자부심이 넘쳐 공급되는 식재료의 신선도에 초점을 맞추어 메뉴를 자주 바꾼다. 평일에만 제공되는 런치 메뉴는 2개의 애피타이저, 3개의 메인 코스, 2개의 디저트로 그날의 식재료에 따라 로테이션 된다. 음악이 흐르는 바깥의 바 자리는 식사보다는 맥주를 마시기에 더 좋다. 여러 식당이 쉬는 16:00~19:00에는 스낵 타임으로 운영된다. 무선 인터넷 제공. 칵테일 메뉴 개발에만 집중하는 믹솔로지스트 알렉산드르 레이타우Alexandre Leitão의 칵테일도 데카단치의 자랑이다. 100% 포르투갈 재료만 만드는 칵테일을 맛볼 수 있으니 데카단치에서는 새로운 칵테일을 시도해보자.

Data Map 098B **Access** 메트로 아줄Azul선 Restauradores역 하차, 도보 5분
Add Rua São Pedro de Alcântara 81, 1250-238 Lisboa **Tel** 213-461-381
Open 점심 월~금 12:00~15:00, 토 12:30~16:00,
스낵 16:00~19:00, 저녁 일~수 20:00~23:00, 목~토 20:00~24:00,
바 일~수 12:00~24:00, 목 12:00~01:00, 금·토 12:00~02:00, 브런치 일 12:00~16:00
Cost 바칼라우 14유로, 쿠스쿠스 8유로, **Web** thedecadente.pt

LISBOA BY AREA 03
바이루 알투&시아두

리스보아에서 가장 비싼 대로
리베르다드 대로 Avenida da Liberdade
Writer's Pick!

아침 일찍 출근하는 리스보아 사람들로 분주한 이곳은 상점들이 깨어나는 오전 11시 전에는 산책하기 좋은 넓은 대로이다. 그러나 이 대로에 위치한 수많은 디자이너 브랜드 상점들이 문을 열면 쇼퍼들이 하나둘씩 모여들며 아침의 고요함은 온데간데없고 활기가 돌기 시작한다. SPA 브랜드나 지역 디자이너들의 상점이 주를 이루는 바이샤 거리와는 달리 먼지 한 점 없는 반짝이는 쇼윈도와 세련된 디스플레이를 자랑하는 명품 브랜드로 가득하다. 걸음은 느려지고, 두 눈은 커지며, 얼마 안 있어 양손이 무거워질 것이다.
루이 비통, 토즈TOD's, 에르메네질도 제냐Ermenegildo Zegna, 자딕&볼테르Zadig&Voltaire, 아르마니Armani, 미우 미우Miu Miu, 버버리, 코스COS, 마이클 코어스Michael Kors 등의 상점이 리베르다드 거리에 있으며, 원스톱 쇼핑을 원한다면 패션 클리닉Fashion Clinic을 찾아가보자. 알렉산더 왕Alexander Wang, 크리스티안 루부탱Christian Louboutin, 디스퀘어드DSquared, 에르베 레제Herve Leger, 지미 추Jimmy Choo, 마르니Marni, 톰 포드Tom Ford를 비롯하여 100여 개의 브랜드를 판매하는 럭셔리 콘셉트 스토어. 의류, 신발, 주얼리, 액세서리, 향수, 향초, 화장품, CD, 서적 등 다양한 품목을 취급한다.

Data Map 0971
Access 메트로 아줄Azul선 아베니다Avenida역 하차하여 나오면 바로
Add Avenida da Liberdade, 1250 Lisboa

고풍스러운 궁전 속 백화점
엠바이사다 Embaixada

19세기의 네오 아랍 궁전 건물을 개조한 신개념 쇼핑 플레이스. 패션과 식도락을 모두 만족시킬 수 있도록 1층에는 넓은 정원이 딸린 큰 레스토랑을 두고, 쇼핑은 초호화 맨션을 연상시키는 대리석 계단을 올라가서부터 시작할 수 있도록 설계하였다. 아이쇼핑만으로도 충분히 만족스러운 시간을 보낼 수 있도록 건물 내부를 정성 들여 꾸며 놓았다. 몰스킨Moleskine, 포르투갈 패션 브랜드 스토리테일러스Storytailors, 현대적인 포르투갈 세라믹을 판매하는 아르츠&에세테라Arts&Etc, 패션 액세서리 디자이너 아멜리아 안투네스의 잡화점 아멜리에 오 테아트르Amélie au Théâtre 등의 매장이 있다. 여러 포르투갈 브랜드와 인터내셔널 브랜드, 서적, CD, 의류, 잡화를 판매하는 템포러리 브랜드Temporary Brand, 전통 포르투갈 패브릭 상점 데 코라사오De.Coração 등도 주목하자. 엠바이사다 내에 위치한 레스토랑 르 자르딩Le Jardin에서는 화·일요일 저녁에 파두 공연을 연다.

Data Map 097H **Access** 메트로 아줄Azul선 Restauradores역 하차, 도보 10분 **Add** Praça do Príncipe Real 26, 1250-184 Lisboa **Tel** 965-309-154 **Open** 월~수 12:00~24:00, 목·금 12:00~02:00, 토 11:00~02:00, 일 11:00~24:00 **Web** www.embaixadalx.pt, www.facebook.com/Embaixada

스페인을 대표하는 백화점 체인
엘 코르테 잉글레스 El Corte Ingles

캐롤리나 헤레라Carolina Herrera, 휴고 보스Hugo Boss, 랄프 로렌Ralph Lauren 등의 브랜드가 입점해 있는 대형 백화점. 한국에서 사고 싶었던 유럽 디자이너 브랜드를 좀 더 저렴하게 구입할 수 있다. 여행자에게만 주는 10% 할인 혜택은 전자기기를 제외한 대부분의 상품에 적용된다. 백화점 내 고객 서비스 센터에 여권을 보여주고 디스카운트 카드를 받으면 된다. 23%를 돌려받을 수 있는 텍스 리펀드 역시 고객 서비스 센터에서 신청할 수 있다. 음식을 제외한 전 품목에 적용 가능. 백화점 맞은편 에두아르두 7세 공원에 간다면 엘 코르테 잉글레즈의 클럽 델 고르메Club del Gourmet 식품점에 들러 맛있는 점심을 포장해가자. 스타벅스도 백화점 1층에 위치한다. 백화점 전 구역에 무선 인터넷을 제공하고, ATM 기기와 메트로도 이어져 있다.

Data Map 096B **Access** 메트로 아줄/베르멜랴Azul/Vermelha선 São Sebastião역 하차, 도보 3분
Add Avenida Antonio Augusto de Aguiar 31, 1069-413 Lisboa
Tel 213-711-700 **Open** 월~목 10:00~22:00, 금·토 10:00~23:30, 일·공휴일 10:00~20:00(1/1, 5/1, 12/25 휴점)
Web www.elcorteingles.pt

독특하면서도 편안한 티셔츠
타이포그라피아 Typographia

세계 각지의 젊고 창의적인 사람들에게 디자인을 받아 티셔츠로 제작하는 포르투갈 티셔츠 브랜드. 일상생활에서 가장 편하게 입는 티셔츠를 독특한 방식으로 제작하고, 또 각 지점마다 그 지역의 특색이 잘 드러나는 디자인을 사용하도록 하는 것을 방침으로 하고 있다. 포르투갈의 유일한 타이포그라피아 지점인 리스보아 상점에서는 리스보아뿐만 아니라 포르투갈을 모티브로 한 다양한 디자인의 셔츠를 구입할 수 있다. 곧 포르투 매장을 개점할 예정이며 스페인 바르셀로나와 마드리드에 각각 지점이 있다. 디자인을 제안하고 싶은 사람은 홈페이지를 통해 티포그라피아에 연락을 취할 수 있다.

Data Map 098F
Access 메트로 아줄/베르드Azul/Verde선 바이샤/시아두Baixa/Chiado역 하차, 도보 5분 **Add** Rua Augusta 93, 1100-053 Lisboa **Open** 10:00~21:00 **Cost** 티셔츠 17.95유로~ **Web** typographia.com

인테리어 소품과 기념품의 크로스 오버
바이루 아르테 Bairro Arte

인테리어에 관심이 많은 사람이라면 한참을 구경만 해도 흐뭇할 인테리어 소품으로 가득하다. 종종 현대미술 전시가 열리기도 하며, 전시된 그림을 구매할 수도 있다. 기념품으로 판매하는 물건은 액자, 시계, 빈티지 램프, 여행 가방, 라이터, 넥타이 핀, 우산, 촛대 등 집에 놓을 수 있는 것이라면 뭐든지 취급한다. 개성 있는 디자인과 구미 당기는 가격으로 손님들을 유혹한다. 센스 넘치는 선물을 하고 싶다면 이곳을 추천한다. 홈페이지에 대부분의 상품들이 상세한 사진과 가격 안내되어 있다. 서비스도 훌륭하여 제품에 대해 물어보면 상세하고 친절하게 답해준다.

Data Map 098B
Access 메트로 아줄/베르드Azul/Verde선 바이샤/시아두 Baixa/Chiado역 하차, 도보 5분 **Add** R. Paiva de Andrada 2, 1200-026 Lisboa **Tel** 915-789-890 **Open** 09:00~24:00
Web www.bairroarte.com

리스보아를 사랑하는 마음을 담아
리스본 러버스 Lisbon Lovers

리스본 러버스는 리스보아에 대한 애정을 특별하게 표현하고 싶어 하는 사람들이 뜻을 모아 만든 상점이다. 좀 더 적극적으로 리스보아를 사람들에게 알리고 방문자들이 여행의 기억을 좀 더 특별하고 오래 간직할 수 있도록 고심하여 개발한 상품들을 판매한다.

대표적인 기념품으로는 머그잔, 티셔츠, 자석, 달력이 있다. 대구나 28번 트램 등 리스보아의 상징들을 군더더기 없는 그림체와 필체로 디자인한 것이 특징이다. 기념품 판매 외에도 리스보아에서 열리는 각종 축제와 행사를 홍보하고 기획하기도 한다. 반짝이는 은색 비늘이 귀여운 대구 모양의 베개라던지 28번 트램을 기념화한 USB 등 실용적이면서도 리스보아 여행을 추억할 수 있는 창의적인 디자인 상품들로 가득 차 있다.

어떤 상품에는 리스보아라는 단어 대신 올리시포Olisipo라고 새겨져 있는 것을 볼 수 있는데, 올리시포는 리스보아의 로마식 이름. 리스보아 시내에도 지점(**Add** Avenida da Liberdade, 83 1250-140 Lisboa)이 있다.

Data **Map** 097H **Access** 메트로 아줄Azul선 Restauradores역 하차, 도보 10분
Add Praça do Príncipe Real 22, 1250-184 Lisboa **Tel** 213-471-195
Open 월~토 10:00~20:00 **Web** shop.lisbonlovers.com

주말에만 열리는 리스보아 사람들의 손재주 자랑
페이르알레그리아 FeirAlegria

리스보아의 새로운 패션 트렌드는 이곳에서 가장 먼저 느낄 수 있다. 이제 막 본인만의 작품 세계와 시장을 구축하려는 리스보아의 젊은 신진 예술가와 디자이너들이 첫발을 내딛는 곳. 이름을 알리고자 하는 신인들과 손재주 좋기로 소문난 동네 사람들이 대부분의 판매자이기에 페이르알레그리아에서는 다른 어떤 상점이나 쇼핑 센터보다도 상품에 대한 열띤 설명과 친절한 서비스를 누릴 수 있다.

수작업으로 만들어 공장에서 대량 생산하는 물건과는 다른 멋을 느낄 수 있는 제품들이 많다. 액세서리, 그림, 판화, 조각, 의류, 잡화, 아동용품이 대부분이다. 쇼핑에 관심이 없다면 바쁜 리베르다드 대로에서 살짝 벗어나 작은 정원의 소담한 분위기를 즐기러 산책을 나와도 좋다.

Data Map 097H
Access 메트로 아줄Azul선 아베니다Avenida역 하차, 도보 5분
Add Praça da Alegria, 1250-004 Lisboa
Open 토·일 09:00~18:00
Web www.visitlisboa.com/en/places/feiralegria

도시남녀를 위한 어반 콘셉트 스토어
브리드 Breed

최신 남성 패션 트렌드를 발 빠르게 반영하는 바이루 알투 중앙에 위치한 멋진 상점. 시즌별로 핫한 브랜드와 컬렉션을 들여오고 홈페이지에 즉각 소식을 업데이트 한다. 바이어가 엄선한 상품만이 브리드 진열대에 자리를 차지할 수 있어 살만한 것을 고르느라 시간을 허비할 일이 없다. 캐주얼한 의류와 테니스웨어, 운동화, 스트리트웨어 액세서리, 백팩 등이 주를 이룬다. 종종 스토어 자체 세일도 하여 매장 가격보다 저렴하게 구입할 수 있다. 브리드에서 소개하는 브랜드는 브릭스턴Brixton, KR3W 데님KR3W Denim, CLAE, 세크리드Secrid 등 대부분의 쇼퍼들에게는 낯선 유러피언 브랜드이지만 패션에 민감한 사람들이라면 브리드의 상품들이 마음에 꼭 들 것이다.

Data Map 098E
Access 메트로 아줄/베르드 Azul/Verde선 바이샤/시아두 Baixa/Chiado역 하차, 도보 3분
Add Rua Nova do Almada 47/49, 1200-288 Lisboa
Tel 211-992-800
Open 월~토 10:30~19:30
Web www.facebook.com/breedurbanconceptstore

패션&라이프 스타일 프로젝트
에스파수 베 Espaço b

패션 디자이너이자 인테리어 디자인으로 1975년부터 다양한 일을 해온 주제 루이스 바르보사José Luis Barbosa의 패션과 라이프 스타일 상점. 곧 런던의 도버 스트리트 마켓Dover Street Market, 파리의 콜레트Colette, 밀라노의 꼬르소 꼬모 텐Corso Como 10과 함께 이름을 나란히 하게 될 것이라 후한 평을 받는 리스보아의 콘셉트 스토어이다. 바르보사가 부인과 함께 개점한 이곳은 생활 전반을 패셔너블하게 바꿀 수 있도록 돕는 상품들을 판매하는 것을 목적으로 한다. 처음에는 꼼 데 가르송 Comme des Garçons, 프레드 페리Fred Perry와 같은 남성 패션 브랜드만을 판매하는 셀렉트 숍으로 시작하였으나 점차 여성 의류와 액세서리, 음반, 서적, 향수로 영역을 넓혀 나갔다. 프린시프 헤알 지역에 있는 또 다른 상점 비 바자르B Bazar와 아르키테크토니카Arquitectónica도 바르보사가 운영하고 있다. 메종 마르틴 마르지엘라Maison Martin Margiela, 아페쎄 APC, 닐 바렛Neil Barrett과 같은 디자이너 브랜드, 소피 두르Sophie D'Hoore, 테르 에 방틴Ter et Bantine, 아슈Hache와 같은 니치 브랜드, 토스카랩TOSCALAB의 도자기 장난감 등을 판매한다.

 Map 097H
Access 메트로 아줄Azul선 Restauradores역 하차, 도보 10분
Add Rua Dom Pedro V 120, 1250-094 Lisboa **Tel** 211-954-991 **Open** 월~토 10:30~19:30
Web www.espaco-b.com, www.facebook.com/espacoblisboa

Lisboa By Area
04

벨렝
Belém

리스보아의 서쪽, 벨렝에는 대항해 시대의 숨결이 깃들어 있다. 바다를 향한 거대한 꿈이 물결치던 강 위로는 요트가 둥실둥실 떠다닌다. 500여 년의 시간이 흘러도 옛 모습 그대로인 제로니무스 수도원과 벨렝탑이 마누엘 양식 특유의 환상적인 자태를 뽐낸다. 바스쿠 다 가마가 아프리카 항해를 떠난 자리에 세운 발견 기념비에는 대항해 시대를 향한 그리움이 짙게 배어난다. 강가로 난 산책로를 걷노라면 대서양에서 불어온 바람이 들려주는 옛 이야기에 귀 기울이고 싶어지는 곳이 벨렝이다.

마누엘 건축 양식의 보석
Writer's Pick! 제로니무스 수도원 Mosteiro dos Jerónimos

고딕과 르네상스 건축에서 영향을 받아 이를 재해석한 포르투갈 대표적 건축 양식인 마누엘 양식은 풍부하고 화려한 장식을 많이 사용한다. 1983년 유네스코 세계문화유산으로 지정된 마누엘 양식의 대작 제로니무스 수도원의 경우 여러 명이 오랜 시간에 걸쳐 설계한 후 시공하였다. 볼거리가 많아 오랜 시간 머물며 구경하게 되는 벨렝 제1의 명소로 손색이 없다. 1496년 당시 국왕이었던 마누엘 1세는 포르투갈을 대표하는 탐험가 바스쿠 다 가마Vasco da Gama가 인도에서 귀환하는 것을 기념하기 위해 테주 강변에 수도원을 지으라는 명을 내렸다. 수도원 공사는 1501년부터 약 100년에 걸쳐 이루어졌으며, 건축 기금은 동양에서 수입해오는 향료에 매긴 세금 5%로 충당하였다. 강변 지반에 지었기 때문에 제로니무스 수도원은 1755년의 대지진에도 큰 피해를 입지 않고 현재까지 온전한 모습을 보전해왔다. 약 300m에 이르는 긴 성당 정면은 밝은 석회석으로 만들어져 맑은 날씨에는 더욱 환하게 빛난다.

Data **Map** 121D **Access** 15번 트램 타고 Mosteiro dos Jerónimos 정류장 하차, 도보 1분. 727, 28, 729, 714, 751번 버스, 또는 기차 벨렝Belém역 하차 후 도보 7분
Add Praça do Imperio Belem, Lisboa **Tel** 213-620-034
Open 5~9월 10:00~18:30, 10~5월 10:00~17:30(월요일, 1/1, 부활절, 5/1, 6/13, 12/25 휴관)
Cost 성인 10유로, 65세 이상·학생증 소지자 50% 할인, 리스보아 카드 소지자 무료, 12세 이하 무료입장, 일요일·공휴일 10:00~14:00 무료입장, 제로니무스Jeronimos 통합권(제로니무스 수도원+국립 고고학 박물관) 12유로 **Web** www.mosteirojeronimos.gov.pt

> |Theme|
> ## 제로니무스 수도원 놓쳐서는 안될 포인트!
> 수도원의 사각형 회랑을 천천히 거닐며 찬연한 마누엘 건축 양식의 구석구석을 뜯어보는 것만으로도 제로니무스 수도원 구경은 기억에 깊이 새겨진다. 그러나 수도원의 건축 배경을 알고, 이를 구성하는 중요한 부분들도 미리 알고 간다면 벨렝까지 발걸음을 한 수고가 더욱 값질 것이다.

수도원 탄생의 배경

완공 후 벨렝의 산타 마리아Santa Maria de Belém에게 헌정된 제로니무스 수도원은 언제 돌아올지 모르는 항해 길에 나서는 탐험가의 무사 귀환을 위해 배에 오르기 전 기도를 올리던 곳이었다. 따라서 선원들이 항해 중 보았던 것, 신대륙에서 발견한 것, 살아 돌아옴에 대한 감사를 표현하는 그림과 밧줄, 조개, 해초를 상징하는 장식 등 이들과 관련한 장식들을 수도원 곳곳에서 발견할 수 있다.

꼭 보고 가야하는 고해의 방과 산타 마리아 성당

수도원 중앙에 위치한 정원을 둘러싼 긴 회랑을 따라 위치한 12개의 문은 고해의 방으로 이어진다. 수도사들이 고해성사를 하던 곳으로, 대중에게 개방되지 않아 들어가 볼 수는 없다. 수도원 바로 옆 산타 마리아 성당Igreja Santa Maria de Belém에는 성인 제로니무스의 일생을 표현한 14개의 유화와 십자가에 못 박힌 예수상이 있으며, 현재는 내부 공사 중으로 온전한 모습을 볼 수 없다.

수도원의 완성을 지켜보지 못하였으나 수도원 탄생을 명한 마누엘 1세는 수도원 내 산타 마리아 성당 성단소의 대리석 관에 잠들어 있다. 또 다른 포르투갈 국왕 조앙 3세도 이곳에서 영면을 취하고 있다. 두 왕과 함께 바스쿠 다 가마를 비롯하여 포르투갈의 대문호들인 루이스 드 카몽이스Luis de Camões, 페르난도 페소아Fernando Pessoa도 제로니무스 이곳에 묻혀 있다.

대항해 시대, '항해'의 모든 것
해양 박물관 Museu de Marinha

제로니무스 수도원과 맞닿은 해양 박물관 역시 마누엘 양식의 외관이 고색창연하다. 전시는 1, 2관으로 나뉜다. 1관 입구에는 포르투갈의 대항해 시대를 연 항해왕 엔리케의 동상이 대항해 시대로의 시간 여행을 예고한다. 뒤로는 세계 지도가 장렬하게 펼쳐진다. 이제부터 거친 바다를 누비는 탐험가의 눈으로 메스드 관람을 할 시간. 안으로 들어서면 아프리카 탐험을 떠났던 카라벨선 등 수많은 배 모형들이 꼬리에 꼬리를 문다.

성 가브리엘호에서 사용했던 휴대용 제단, 바스쿠 다 가마의 카라벨선 뱃머리, 세일러복 등 대항해 시대의 흔적을 아낌없이 보여준다. 마리아 1세를 위해 만든 아멜리아호는 아예 왕과 왕비의 호사로운 선실까지 재현해놓았다. 1관이 이론이었다면 2관은 실습. 실물 크기의 배가 관람객을 압도한다. 배를 좋아하는 사람이라면 제대로 취향 저격을 당할 수밖에 없는 해양 박물관.

Data **Map** 121D **Access** 15번 트램 타고 Centro Cultural de Belém 정류장 하차, 도보 2분
Add Praça do Império, 1400-206 Lisboa **Tel** 213-620-019
Open 4~9월 10:00~19:00, 10~3월 10:00~18:00(월요일, 1/1, 5/1, 부활절, 12/25 휴관)
Cost 성인 5유로, 65세 이상·10세 이하 2.50유로(리스보아 카드 소지자 할인)

여유와 낭만을 그대에게
타구스 크루즈 Tagus Cruises

하얀 요트가 테주 강 위를 유유히 가르는 풍경에 반한 이후 줄곧 수소문했다. 뚜벅이를 요트 위의 낭만 여행자로 변신시켜줄 멋진 크루즈. 벨렝탑 왼편 요트 선착장의 타구스 크루즈로 가면 벨렝탑에서 테레이로 두 파소 Terreiro do Paço를 오가는 세일링을 즐길 수 있다. 대항해 시대의 영광이 깃든 벨렝을 요트 위에서 훑어보는 기분이 남다르다. 강 건너 그리스도 기념비 Cristo Rei도 가까이 보인다.

황금빛 햇살이 어깨 위로 내려앉는 시간에 즐기는 강 위의 선셋 세일링은 또 얼마나 로맨틱한지! 데이 세일링은 하루 2번, 선셋 세일링은 하루 1번. 요트 하나를 통째로 빌리는 프라이빗 세일링도 가능하다. 타입에 따라 가격이 달라지니 취향에 맞게 선택하자. 홈페이지 또는 전화로 미리 예약해야 한다.

Data **Map** 121D **Access** 15번 트램 타고 Lg. Princesa 정류장 하차, 도보 7분
Add Doca do Bom Sucesso Edificio Vela Latina, 1400-038 Lisbon **Tel** 213-010-596, 925-610-034
Open 데이 세일링 10:00, 14:30, 선셋 세일링 19:30(우천 시 운행하지 않음)
Cost 데이 세일링(2시간) 38유로, 선셋 세일링(2시간 반) 45유로, 프라이빗 세일링 195유로~
Web www.taguscruises.com

> **Tip** 매월 첫째 주 일요일엔 무료? 벨렝 알뜰 여행법!
> 매월 첫째 주 일요일 오전 10시부터 오후 2시까지는 제로니무스 수도원, 벨렝탑, 해양 박물관, 국립 마차 박물관 입장료가 무료! 벨렝의 모든 볼거리를 섭렵하고 싶은 여행자라면 일요일 오전 벨렝으로! 단, 그만큼 줄이 길다. 10시 이전에 미리 도착하는 센스를 발휘해보자.

Writer's Pick!

테주 강의 귀부인
벨렝탑 Torre de Belém

리스보아의 서쪽, 테주 강과 바다가 만나는 자리에 서있는 벨렝탑 역시 대항해 시대가 남긴 문화유산이다. 마치 드레스를 입고 강가에 서 있는 여인처럼 보인다고 해서 '테주 강의 귀부인'이라고도 불린다. 고상한 별명과 달리 벨렝탑이 맡은 주 배역은 요새였다. 밀물과 썰물의 차로 물에 잠기곤 했던 1층은 감옥, 2층은 포대, 3층은 왕의 거실이자 망루로 쓰였다. 전망이 좋은 건 당연지사. 1515년부터 7년에 걸쳐 공들여 지은 만큼 마누엘 양식의 미학을 응축해서 보여준다. 그중에서도 고깔을 닮은 장식, 동글동글한 포탑, 섬세한 성모 마리아상이 관람 포인트. 19세기 이후 점점 요새로서의 역할이 퇴색되며 세관, 우체국, 등대로 이미지 변신을 꾀하기도 했지만 오래가지 못했다. 다행히 1983년 유네스코 문화유산으로 지정되며 제로니무스 수도원 다음가는 벨렝 대표 명소 대열에 올랐다.

Don't Miss 푸르스름한 밤의 벨렝탑은 저녁식사도 취소하고 마냥 바라보고 싶을 만큼 고혹적인 매력을 발산한다. 해는 저물고 벨렝탑은 문을 닫았는데 당신은 아직 벨렝이라면? 두말 할 필요 없이 벨렝탑 앞으로 직진하자!

Data **Map** 121D **Access** 15번 트램 타고 Lg. Princesa 장류장 하차, 도보 7분
Add Avenida da Brasília, 1400-038 Lisboa **Tel** 213-620-034
Open 5~9월 10:00~18:30, 10~4월 10:00~17:30(월요일, 1/1, 부활절, 5/1, 공휴일, 12/25 휴무)
Cost 성인 6유로, 65세 이상·18세 이하 3유로(리스보아 카드 소지자 무료) **Web** www.torrebelem.pt

Tip **이것만은 알고 가자, 벨렝탑 관람 에티켓!**
문화유산 보호를 위해 입장객 수를 제한한다. 계단에 초록색 화살표가 켜져야 위아래로 이동이 가능하다. 게다가 계단은 한 사람도 간신히 통과할 만큼 좁다. 빨간 화살표에 지나가면 경고음이 울린다.

항해왕 엔리케를 기리며
발견 기념비 Padrão dos Descobrimentos

Writer's Pick!

1960년, 항해왕 엔리케 사후 500주년을 기념해 세운 기념비다. 포르투갈의 항해사 바스쿠 다 가마가 아프리카 항해를 떠난 바로 그 자리에 그가 타고 떠난 카라벨선을 본 딴 모양으로 우뚝 서있다. 거센 파도가 출렁이는 칼사다 포르투게사 바닥 위에 우뚝 솟아 있는 기념비에서 지나간 황금기에 대한 자부심과 그리움이 묻어난다. 뱃머리 선두에 서있는 이가 항해왕 엔리케, 그 뒤를 바스쿠 다 마가(인도 항로 개척), 페드루 알바레스 카브랄(브라질 발견), 페르난드 마젤란(마젤란 해협 발견), 바르톨로뮤 디아스(희망봉 발견) 등의 탐험가와 시인 루이스 카몽이스, 지도 제작자 페드루 누네스 등이 따르며 바다를 향해 돌진하는 모양새다. 모두 세계를 호령했던 대항해 시대의 영웅다운 위용이 넘친다. 자세히 살펴보면 여성 멤버가 한 명 있는데, 동 엔리케와 동 페드루의 모친이자 탐험대의 유일무이한 여자 승선원이었던 필리파 렝카스트 여왕이다.

Don't Miss 53m 높이의 기념비 정상에는 유료 전망대가 있다. 비록 전망대 폭은 좁지만 테주 강을 굽어보는 풍광은 아득하고 끝이 없다. 제로니무스 수도원을 내려다보는 듯한 전망도 짜릿! 기왕 발견 기념비까지 걸음을 했다면 한 번쯤 올라가 보자.

Data **Map** 121E **Access** 15번 트램 타고 Mosteiro dos Jerónimos 정류장 하차, 도보 9분. 제로니무스 수도원 앞 프라사 두 임페리오 공원Jardim da Praça do Império을 지나 지하도를 건너서 밖으로 나오면 바로 **Add** Avenida de Brasília, 1400-038 Lisboa **Tel** 213-031-950 **Open** 3~9월 10:00~19:00, 10~2월 10:00~18:00(월요일, 1/1, 5/1, 공휴일, 12/25 휴무) **Cost** 전망대 3유로(리스보아 카드 소지자 할인) **Web** www.padraodosdescobrimen-tos.pt

Tip 내 안에 세계 전도 있다! 바람의 장미 나침반

대리석 바닥으로 고개를 돌려보자. 한가운데 직경 50m의 '바람의 장미' 나침반이 있다. 그 나침반 안에 포르투갈이 지배했던 나라들을 표시해놓은 세계 전도를 그려놨다. 세계 각국에서 온 여행자들이 뭉클한 마음으로 모국을 찾아보는 애국심 유발 스폿으로 유명하다.

벨렝의 재발견, 현대미술의
베라두 컬렉션 미술관 Museu Coleção Berardo

제로니무스 수도원과 발견 기념비 사이에 있는 현대미술관. 팝아트, 큐비즘, 다다이즘 등 다양한 현대미술을 어우르는 전시 규모 또한 놀랍다. 피카소, 앤디 워홀, 마그리트, 잭슨 폴락, 피카소, 몬드리안 등 소장품만 무려 4,000여 점. 모두 포르투갈 최대의 미술품 컬렉터 주제 베라두 Jose Berado의 소장품이다. 상설전도 기획전도 입장료 한 푼 안 받는 무료 전시. 파릇파릇한 잔디와 조각품으로 꾸민 전망 좋은 옥상정원도 매력적이다. 여름밤에는 야외 재즈 콘서트가 낭만을 더한다.

Data **Map** 121D **Access** 트램 15번 타고 Centro Cultural de Belém 정류장 하차, 도보 1분 **Add** Praça do Império, 1449-003 Lisboa **Tel** 213-612-878 **Open** 10:00~17:00, (12/24~31 10:00~14:30, 1/1 12:00~19:00), 월요일, 12/25 휴관 **Cost** 무료 **Web** www.museuberardo.pt

분수가 있는 작은 쉼터
프라사 두 임페리우 공원 Jardim da Praça do Império

제로니무스 수도원, 벨렝탑, 발견 기념비를 돌아보다 보면 한 번은 지나치게 되는 프라사 두 임페리우 공원. 공원 한가운데는 대형 분수가 시원스럽게 물줄기를 뿜어내고, 푸릇푸릇한 나무와 벤치가 분수를 빙 두른다.

특히, 동화 속 공주님과 왕자님이 데이트를 할 법한 독특한 모양의 벤치는 기분 좋은 쉼표가 되어준다. 주말, 공휴일에는 벼룩시장이 등장해 활기를 더하니 놓치지 말자.

Data **Map** 121D
Access 트램 15번 타고 Mosteiro dos Jerónimos 정류장 하차, 도보 2분 **Add** Praça do Império, 1400-206 Lisboa **Open** 24시간 **Cost** 무료

벨렝 속 비밀의 정원
트로피컬 보타닉 정원 Jardim Botânico Tropical

대저택 같은 대문의 포스에 쉽게 다가가지지 않지만 막상 들어가 보면 초록 잔디 위에 닭과 오리가 노니는 자연주의적 정원. 마카오풍인 듯 마카오풍 아닌 오리엔탈 정원이 이색적이다. 대단한 볼거리는 없지만 번잡함을 피해 잠시 숨어들기는 괜찮은 대안이다. 파스테이스 드 벨렝의 따끈한 나타와 함께하는 피크닉이라면 더더욱.

Data **Map** 121E **Access** 트램 15번 타고 Mosteiro dos Jerónimos 정류장 하차, 도보 2분 **Add** Calçada do Galvão Lisboa **Open** 10:00~20:00 **Cost** 일반 2유로, 12세 이하 무료

신데렐라의 마차
국립 마차 박물관 Museu Nacional dos Coches

17~19세기 유럽의 왕족들이 타던 마차를 한자리에 모았다. 특히 붉은색과 황금색 외관이 시선을 사로잡는 교황 클레멘트 2세와 엘리자베스 2세의 마차는 호화로움의 극치를 보여준다. 마차마다 붙여 놓은 깨알 같은 설명도 흥미롭다. '옛날 옛날에 공주가 살았는데'로 시작하는 동화를 좋아하는 딸아이와 함께라면 아이의 마음을 사정없이 파고드는 여행지가 될 것이라 장담한다. 플래시 없이 사진 촬영이 가능하니 기념사진은 원 없이 찍어도 좋다. 단, 마차를 만지거나 올라타는 행동은 엄격히 금한다. 예전에는 박물관 자체도 신데렐라가 유리 구두를 신고 춤을 추면 딱 어울릴 듯 고풍스럽고 우아한 분위기였는데, 2015년 5월 이전하며 모던과 고전이 공존하는 박물관으로 거듭났다.

Data Map 121E
Access 트램 15, 28번 타고 Mosteiro dos Jerónimos 정류장 하차, 도보 5분
Add Avenida da Índia 136, 1300-300 Lisboa
Tel 213-610-850
Open 화~일 10:00~18:00
Cost 5유로(리스보아 카드 소지자 무료) **Web** www.musedoscoacjes.pt

리스보아의 베르사이유 궁전
국립 아주다 궁전 Palácio Nacional de Ajuda

지진과 전쟁으로 인해 미완성으로 남은 궁전. 원래는 주앙 5세의 여름 별궁이었다. 1755년 대지진으로 지금의 코메르시우 광장 자리에 있던 왕궁이 무너지자 주제 1세가 이곳으로 거처를 옮겼다. 1794년 화재를 딛고 1795년부터 바로크와 신고전주의 양식으로 재건하려 했지만 나폴레옹의 침공과 정치, 경제적인 문제로 인해 재건하지 못했다. 지금까지 궁전 뒤편 벽이 미완성인 채 있는 이유다.
아주다 궁전의 꽃은 겉모습보다 화려한 내부. 그중에서도 신하들이 왕에게 눈도장을 찍으러 찾아오던 알현실의 눈부시게 빛나는 샹들리에와 붉은 왕좌가 강렬한 인상을 남긴다. 은은한 진주빛 연회장이나 벽지부터 장식까지 온통 푸른 방, 포슬린으로 가득 채운 장미의 방도 볼거리. 벨렝의 중심에서 살짝 비껴난 언덕 위에 있어 전망도 제법 근사하다. 단점은 벨렝에서 걸어가기엔 먼 거리. 특히, 여름날엔 버스나 택시를 타고 찾아가길 권한다.

Data Map 121B
Access 버스 729번 타고 Calcada Ajuda 정류장 하차, 도보 2분
Add Largo Ajuda, 1349-021 Lisboa
Tel 213-637-095
Open 10:00~17:00(수요일, 1/1, 부활절, 5/1, 12/25 휴관)
Cost 5유로(매월 첫째 주 일요일・리스보아 카드 소지자 무료)
Web www.palacioajuda.pt

> **Tip** *아주다 보타닉 정원 Jardim Botanico da Ajuda*
> 왕궁 뒤로 난 길을 따라 내려가면 포르투갈에서 가장 오래된 식물원 '아주다 보타닉 정원'이 나온다. 이름은 아주다 궁전과 같지만 별도의 입장료를 내야 입장 가능.

|Theme|
벨렝 언저리 플레이스, 알칸타라 속 숨은 보석!

구석구석 자유로운 예술적 감성이 녹아든 예술가들의 일터이자 놀이터가 알칸타라Alcântara 동네에 숨어있다. 책을 좋아하는 사람에겐 책, 그림을 좋아하는 사람에겐 그림이, 노천 카페를 좋아하는 사람에겐 멋진 노천카페만 쏙쏙 보이는 매직아이 같은 공간이 당신을 기다린다.

공장지대에서 부는 예술 바람
LX 팩토리 LX FACTORY

'LX 팩토리 가봤어?' 유명 관광지보다 로컬들의 놀이터를 좋아하는 여행자들의 입에 종종 오르내리는 이름이다. 19세기에 지은 방직 공장지대를 새롭게 단장한 예술거리. 15번 트램을 타고 칼바이루Calvairo 정류장에 내려 4월 25일의 다리 옆 LX 팩토리라는 대문이 보인다면 제대로 찾아간 것. 다리 아래 후미진 골목, 낡고 투박한 건물 안에 예술적 감성이 녹아든 작업실, 쇼룸, 갤러리, 카페, 레스토랑, 콘서트홀이 오밀조밀 모여있다. 노천카페에서 브런치를 즐기기에도, 기억에 남을 만한 선물을 장만하기에도 괜찮은 골목이다. 취향이 비슷한 친구와 함께라면 더더욱.

Don't Miss '느리게 읽기'라는 뜻을 품은 서점 레르 드바가르Ler Devagar를 눈여겨보자. 2층 천장까지 빼곡히 채운 책, 서가와 서가 사이에 놓인 테이블, 출출한 배를 채워줄 식사 메뉴까지 느리게 읽기 위한 완벽한 조건을 갖췄다. 새 책과 헌 책이 공존하고, 서점과 카페가 뒤섞여 있다. 그저 책 속에 파묻혀 읽고, 마시고, 이야기하다 보면 지금 이대로 시간이 멈추었으면 하는 바람이 생길 정도. 오픈 시간은 12시부터 새벽 2시까지.

Data Map 121F
Access 트램 15번 타고 칼바이루calvairo 정류장 하차, 도보 5분 **Add** Rua Rodrigues Faria 103, Lisboa
Tel 213-143-399 **Open** 12:00~23:00(가게마다 다름)
Web www.lxfactory.com

EAT

레전드급 나타
Writer's Pick!
파스테이스 드 벨렝 Pastéis de Belém

세상에서 제일 맛있다는 찬사를 받는 나타의 전설 아니던가. 1837년, 수녀님의 비밀 레시피를 전수 받으며 이곳의 역사가 시작됐다. 지금도 그 비법 그대로 하루 평균 1만 5천개의 나타를 굽는다. 갓 구운 나타를 한입 베어 물면 바삭한 타르트와 부드러운 커스터드 크림 맛에 눈썹이 들썩! 시나몬 가루를 살짝 뿌린 나타에 에스프레소를 곁들여 먹는 것이 포르투갈 스타일이다.

Don't Miss 문 앞 입구는 테이크아웃을 위해 줄을 서는 경우가 대부분. 2명 이상 방문했다면 한명은 테이크아웃 줄에 서고, 나머지 일행은 자리를 잡고 앉아 주문부터 할 것. 맛있게 먹고, 테이크아웃까지 해가는 일타이피 작전을 펼쳐도 좋겠다.

Data **Map** 121E
Access 트램 15번 타고 Mosteiro dos Jerónimos 정류장 하차, 도보 2분
Add Rua Belém 84-92, 1300-085 Lisboa **Tel** 213-637-423
Open 08:00~23:00
Cost 나타 1개 1.15유로, 나타 6개 세트 6.9유로
Web www.pasteisdebelem.pt

맛도 분위기도 경쾌해
파웅 파웅 퀘이조 퀘이조
pão pão Queijo Queijo

포르투갈어로 빵, 빵, 치즈, 치즈. 리드미컬한 어감의 이름만큼이나 활기 넘치는 케밥집이다. 점심에는 줄을 서서 입장할 정도로 인기가 많다. 주문 즉시 초스피드로 만들어주는 메뉴도 다채롭다. 바게트냐, 피타냐 입맛에 따라 빵부터 고른 후 속에 넣을 고기를 고르면 된다. 1층 야외 테이블에 자리가 없을 땐 2층에 자리를 잡자.

Data **Map** 121E
Access 트램 15번 타고 Mosteiro dos Jerónimos 정류장 하차, 도보 1분. 제로니무스 수도원과 파스테이스 드 벨렝 사이. 스타벅스 바로 옆 **Add** Rua Belem 126, 1300 Lisboa **Tel** 213-626-369
Open 월~토 08:00~24:00, 일 08:00~20:00 **Cost** 바게트 3.65유로~

풀밭 위의 점심식사
에스테오스테
EsteOste

베라두 컬렉션 미술관 옥상 위 카페 겸 레스토랑. 안으로 들어갈수록 매력적인 공간이 드러난다. 모던한 호텔 로비 같은 라운지형 카페, 오픈키친 레스토랑, 풀밭 위의 야외 테라스가 차례로 펼쳐진다. 특히, 시원한 강바람을 느끼며 식사를 즐길 수 있는 야외자리는 로컬들도 편애하는 공간. 피자, 파스타, 스시 등 메뉴 선택의 폭도 넓다.

Data **Map** 121D
Access 15번 트램 타고 Centro Cultural de Belém 정류장 하차, 베라두 컬렉션 미술관 내
Add Praça do Império, 1449-003 Lisboa **Tel** 215-904-358 **Open** 화~목, 일 10:00~23:00, 금・토 10:00~24:00 **Cost** 알리오 올리오 7.50유로, 글라스 와인 3.20유로~

물 위의 갤러리 카페
에스파수 에스펠료 다구아 Espaço Espelho d'Água
Writer's Pick!

발견 기념비 바로 옆, 작은 호수 가운데 자리한 갤러리 카페 겸 레스토랑. 호수 위의 조각 작품과 대체 어디가 입구인지 모를 미니멀한 외관에서부터 아티스틱한 분위기가 감돈다. 입구는 테라스 옆쪽에 있다. 물 위에 떠 있는 듯 너른 테라스에 앉으면 발견 기념비와 테주 강이 한눈에 들어온다. 특히, 테라스의 릴랙싱 체어는 전망과 휴식 두 마리 토끼를 잡을 수 있는 명당자리. 비 오는 날엔 창가 자리에 앉아 커피 한 모금의 여유를 누려도 운치 있다.
달콤한 커피가 당길 땐 이름도 예쁜 봉봉Bombom 커피를 마셔보자. 찐득한 연유 위에 에스프레소를 올린 비주얼도, 달달한 맛도 일품. 음료와 함께 즐길 가벼운 식사나 디저트 메뉴도 다양한 편이다.

Data Map 121D
Access 트램 15번 타고 Mosteiro dos Jerónimos 정류장 하차, 도보 10분. 제로니무스 수도원 앞 프라사 두 임페리오 공원을 지나 지도에 건너서 밖으로 나오면 오른편에 위치한 물 위의 흰 건물
Add Avenida Brasília, 1400-038 Lisboa
Tel 213-010-510
Open 11:00~24:00
Cost 에스프레소 1.50유로, 봉봉 커피 3유로, 맥주 2.50유로~
Web www.espacoespelho-deagua.com

멋스러운 공간, 시원스러운 전망
다윈스 카페 Darwin's Café

들어서는 순간, 과학자의 서재에서 영감을 얻은 인테리어가 눈길을 끈다. 창 밖으로는 테주 강이 대서양을 향해 유유히 흐른다. 여기서 한 발자국만 더 나서면 벨렘탑이 한눈에 보이는 테라스! 특히 강을 향해 놓인 새하얀 나무 의자에 앉으면 리조트로 순간 이동을 한 듯 이국적이다. 단, 한낮에는 작렬하는 태양에 정수리가 따갑다. 주중에는 햄버거, 파스타 등 단품 식사 메뉴를, 주말에는 뷔페를 즐길 수 있다. 주말 뷔페를 제하면 테라스는 음료 위주로 실내보다 메뉴가 단출하다. 식사도 좋지만 나른한 오후 테라스에 앉아 시원한 생맥주 한 잔 마시며 쉬어가는 힐링 타임 코스로 강력 추천한다. 벨렘탑을 둘러본 후 강가를 거닐다 들르기 딱 좋은 위치니까.

Data Map 121D **Access** 트램 15번 타고 Lg. Princesa 정류장 하차, 도보 13분. 또는 벨렘탑에서 도보 5분
Add Avenida de Brasília Ala B, 1400-038 Lisboa
Tel 210-480-222
Open 월~금 런치 12:30~15:30, 애프터눈 16:30~18:30, 디너 19:30~24:00, 토·일 12:30~16:00
Cost 사그레스 맥주 2.3유로~
Web www.darwincafe.com

Lisboa By Area

05

올리베
Olivais

바쁘고 복잡한 리스보아 중심부와는 또 다른 매력을 가진 올리베. 지도상 리스보아 도심과 멀리 떨어져 있는 듯 보이지만 메트로를 타고 바이샤/시아두역에서 30분이면 도착한다. 주말에 피크닉을 하러 근교로 떠나는 기분으로 찾기 좋다. 이 지역에서 나는 올리브 열매에서 성모의 모습이 보였다는 설에서 산타 마리아 두스 올리베Santa Maria dos Olivais라 불렸으나 2012년 행정 개편에 따라 올리베로 이름이 바뀌었다. 1998년 엑스포를 주최하며 꾸준히 현대적으로 개발되고 있는 리스보아 북동부의 올리베는, 나무와 공원이 많은 자연 친화적인 곳이다.

LISBOA BY AREA 05
올리베

SEE

리스보아 최장신 타워와 유럽에서 가장 긴 다리
바스쿠 다 가마 타워&다리 Torre&Ponte Vasco da Gama

바스쿠 다 가마 타워는 포르투갈을 대표하는 탐험가 바스쿠 다 가마를 기리기 위해 그의 이름을 따 지었다. 다 가마의 인도 출항 500주년을 기념하여 1998년 완공, 개관하였다. 멀리서 보면 선박의 돛처럼 보이는 145m 높이의 타워로 리스보아에서 가장 키가 큰 건물이다. 유리 엘리베이터를 타고 오를 수 있는 타워 맨 위층(현재 리노베이션으로 이용 불가)에는 보트 중간에 위치한 돛대의 돛 바구니 모양에서 영감을 받아 설계한 전망대가 있다. 2012년에는 호텔 미리아드Myriad Hotel가 타워에 들어서며 투숙객들은 바스쿠 다 가마 다리와 테주 강 전경을 고개만 돌려 아침저녁으로 감상할 수 있게 되었다.

타워 뒤로 보이는 17km에 이르는 이 늘씬한 다리는 유럽에서 가장 긴 다리이다. 덴마크와 스웨덴을 잇는 터널 다리와 동일한 길이라고 하니 그 길이가 어느 정도인지 가늠할 수 있다. 지도의 곡률을 고려하여 설계해야 하는 위치에 시공하여 10억달러라는 어마어마한 자금과 수많은 엔지니어들의 수고가 투입된 다리이다. 18개월 만에 공사를 마치고 1998년 3월 완성되었으며, 1998년 엑스포를 보러 오는 포르투갈의 타 지역 사람들과 스페인 사람들을 맞이하는 역할을 하였다.

Data Map 133B **Access** 메트로 베르멜랴Vermelha선 오리엔테Oriente역 하차, 도보 15분
Add 1990-173 Lisboa **Tel** 212-328-200 **Web** www.lusoponte.pt

떠나고 싶지 않을 정도로 아름다운 기차역
오리엔테 기차역 Estação do Oriente

Writer's Pick!

이곳에서 기차를 탈 일이 없더라도 한 번쯤 와보라고 추천하고 싶을 정도로 아름답게 설계된 역이다. 1998년에 열린 엑스포 참가자들과 방문객들의 교통 편의를 위해 만들었다. 무성하게 우거진 나무의 모습을 연출하기 위해 스페인 건축가 산티아고 칼라트라바Santiago Calatrava는 유리와 철로 오리엔테 기차역의 지붕을 덮었다. 구불구불한 나뭇가지가 여러 방향으로 뻗어 나가는 모습을 형상화한 듯 오리엔테의 철골 뼈대는 무척 역동적이다. 유리에 반사되는 햇빛은 그 아름다움을 더욱 배가시킨다. 오리엔테 내부에 위치한 메트로 역사는 조르주 산체스Jorge Sanchez가 설계한 것으로, 엑스포의 테마였던 바다를 모티프로 이용하였다. 버스터미널도 갖추고 있어 매년 7천5백만 명이 이용하는 리스보아의 대형 교통 허브다. 역 내 편의 시설은 화장실과 간단한 스낵과 음료를 판매하는 카페 몇 곳뿐이지만 식사와 쇼핑 등을 즐길 수 있는 대형 쇼핑센터 센트루 바스쿠 다 가마와 이어져 있다.

Data Map 133C
Access 메트로 베르멜랴Vermelha선 오리엔테Oriente역 **Add** Avenida Dom João II, 1990 Lisboa
Open 06:00~01:00
Web www.metrolisboa.pt/viajar/oriente/

어른도 아이도, 과학 문외한도 모두 즐거운
과학 박물관 Pavilhao do Conhecimento-Ciencia Viva

하루 평균 800명 정도가 방문할 정도로, 포르투갈에서 가장 인기 있는 박물관 중 하나로 꼽히는 과학 박물관이다. '지식의 파빌리온'이라는 이름에 걸맞게 다양한 과학과 기술 관련 상식, 지식을 쉽게 배울 수 있도록 많은 장치와 전시품을 제공한다. 빛으로 그림 그리기, 회로 만들기, 종이비행기 궤적 쫓기 등 과학과 관련되면서 일상생활과 동떨어지지 않은 주제들을 다룬다.

이곳의 전시는 주로 게임 형태로, 상호작용할 수 있어 누구라도 즐겁게 관람할 수 있다. 1999년 FAD 대상을 수상한 과학 박물관의 건물은 주앙 루이스 카릴료 다 그라사João Luís Carrilho da Graça의 작품이다.

Data Map 133D
Access 메트로 베르멜랴Vermelha선 오리엔테Oriente역 하차, 도보 10분
Add Largo José Mariano Gago, Parque das Nações, 1990-223 Lisboa
Tel 218-917-100
Open 화~금 10:00~18:00, 토·일, 공휴일 11:00~19:00 (1/1, 12/24~25, 12/31 휴관)
Cost 18세 이상 9유로, 12~17세 7유로, 3~11세, 65세 이상 6유로, 학생증 소지자 50% 할인, 리스보아 카드 소지자 20% 할인, 화~금 17:00 이후 50% 할인(공휴일 제외), 2세 이하·5/16·7/25·11/24 무료입장
Web www.pavconhecimento.pt

LISBOA BY AREA 05
올리베

유럽 최대의 실내 수족관
리스보아 수족관 Oceanário de Lisboa

미국 건축가 피터 셰마이에프Peter Chermeyeff가 설계하였다. 밖에서 보기에는 가로로 긴 단순한 구조로 보이지만 입장하면 여러 개의 다양한 모양의 전시관과 넓고 긴 통로가 많아 마치 해저 탐험하는 기분이 든다. 약 2만 5천 종의 물고기와 바닷새, 포유류를 보유하고 있다. 전 세계 바다 서식지를 하나의 수족관으로 통합한 세계 최초의 수족관이며, 펭귄과 열대어 모두 본래의 서식지와 꼭 닮은 환경을 성공적으로 구축해놓았다. 대형 수족관은 아크릴 벽으로 구분하였으나 언뜻 보면 모두 동일한 공간에서 함께 생활하는 것처럼 보인다. 전시는 대양별로 세분화되어 있다.
빨간 쏨뱅이, 알래스카 해달, 줄무늬 두툽 상어 등 지역별로 서식하는 다양한 종류의 해저 동식물도 만나볼 수 있다. 카메라 플래시를 포함하여 인위적인 조명은 금지한다.

Data Map 133D **Access** 메트로 베르멜랴Vermelha선 오리엔테Oriente역 하차, 도보 10분
Add Esplanada Dom Carlos I s/nº, 1990-005 Lisboa **Tel** 218-917-000
Open 하절기 10:00~20:00, 동절기 10:00~19:00
Cost 영구 전시 4~12세·65세 이상 11유로, 13~64세 16유로, 영구전시+특별전시 4~12세·65세 이상 13유로, 13~64세 19유로, 3세 이하 무료 **Web** www.oceanario.pt

항구 동네 올리베의 정체성을 가장 잘 보여주는 곳
나수에스 선착장 Marina Parque das Nações

관광객에게는 다양한 모양과 색의 보트들이 옹기종기 모여 있는 올리베 지역의 포토 포인트지만 요트, 보트를 소유한 리스보아 시민들에게는 바다 위 주차장이다. 최근 신식 기술을 들여오고 선착장 보수를 거쳐 최신식 이중 수문으로 보트들이 항구에서 떠내려가지 않도록 했다. 보트 600여 대를 수용할 수 있으며, 홈페이지에서는 윈드서핑과 패들보드와 같은 레저 활동 및 요트 아카데미, 보트 운전 자격증 등 선착장 부근에서 할 수 있는 다양한 활동과 관련된 정보를 제공한다.

Data Map 133F **Access** 메트로 베르멜랴Vermelha선 오리엔테Oriente역 하차, 도보 10분
Add Passeio Neptuno, 1990-193 Lisboa **Tel** 218-949-066 **Open** 수문 개방 08:30~20:30
Web www.marinaparquedasnacoes.pt

건강하고 생기 넘치는 푸름으로 가득한
나수에스 공원 Parque das Nações

1998년 엑스포를 기념하여 새로이 조성된 이곳은 '국가들의 공원'이라는 뜻을 가지고 있다. 공원뿐 아니라 공원 주변 일대를 모두 일컫는 명칭이다. 올리베의 주축이 되는 나수에스 공원은 유럽 최대 도시 개발 프로젝트 중 하나로 꼽힌다. 올리베 주요 명소를 모두 아우르는 지역명 파르크 다스 나수에스라를 동명의 공원을 부르는 데도 같은 이름을 사용한다.

이국적인 나무와 꽃으로 가득한 이 공원의 모든 식물들은 건강하다. 나수에스 공원에 자리를 잡기 전 임시로 머무는 곳에서 독일에서 수입한 기술을 이용하여 리스보아의 환경에 적응한 후 심어졌기 때문이다. 원래 있던 나무 500여 그루와 리스보아 도심과 근교에서 가져온 100여 그루의 나무들로 조성되었다. 추후 나무 2만 그루, 7만 개의 허브, 잔디밭 376,000㎡, 초원 40,000㎡, 관목 11,000㎡를 확장하겠다는 계획이 있어 올리베는 나수에스 공원 덕분에 점점 더 푸른 동네가 될 것이라 기대한다.

Data **Map** 133B **Access** 메트로 베르멜랴Vermelha선 오리엔테Oriente역 하차, 도보 10분 **Add** Alameda dos Oceanos, 1990 Lisboa **Web** www.portaldasnacoes.pt

---

Tip *1998년 만국박람회 엑스포는 왜 특별했을까?*

올리베는 1998년 엑스포 덕분에 부흥했다고 할 수 있을 정도로 올림픽 당시 생겨난 명소들이 굉장히 많다. 월드컵이나 올림픽과 같은 세계적인 행사를 치를 때에는 대형 랜드마크들이 세워지기 마련이다. 하지만 리스보아가 올리베를 새로 건축하였다 해도 과언이 아닐 정도로 정성을 쏟은 연유는 1998년의 엑스포가 굉장히 특별한 행사였기 때문이다. 무려 1300여 개의 나라와 글로벌 기관들이 참여하였고, 런던에서 처음 열렸던 1851년의 만국박람회 후 100회를 맞는 엑스포였으며, 20세기의 마지막 만국박람회였던 엑스포가 열린 1998년은 UN이 '바다의 해'로 선포한 해이자 바스쿠 다 가마가 인도에 도착한 500주년이기도 하였다. 리스보아 전체가 들썩하여 준비를 할 만큼 특별한 만국박람회였음은 의심의 여지가 없다.

Writer's Pick!
'물'을 아름답게 감상할 수 있는
물의 정원 Jardim da Água

단순히 물길을 따라 산책하는 공원에 그치는 것이 아니다. 규모는 작지만 물을 모티프로 한 예술 작품들과 위에서 아래로 쏟아져 내리는 가로로 긴 형태의 분수, 대나무와 야자나무, 포르투갈 출신의 현대 예술가 페르난다 프라가테이루Fernanda Fragateiro의 조각상들이 곳곳에 비치되어 있다. 물이 쏟아져 내리는 거꾸로 된 분수 주변에는 소리 지르며 뛰어다니는 어린이들과 옷이 젖는 것에 아랑곳 않는 연인들이 많다. 구불거리는 산책로를 따라 걷다 보면 소음이 전혀 없는 차단된 공간 같은 대나무 밭이 나타난다. 멀리서 보면 페인트로 칠한 것 같지만 가까이 보면 작은 타일로 덮어 장식한 공원 곳곳의 큰 벽들은 모두 강렬한 원색을 사용하였다. 색을 다양하게 사용하여 꾸몄지만 물이라는 콘셉트와 이질적이지 않아 공원의 활기찬 분위기를 조성한다.

Data Map 133F **Access** 메트로 베르멜랴Vermelha선 오리엔테Oriente역 하차, 도보 10분
Add Passeio de Ulisses, 1990-221 Lisboa

하늘에서 내려다보는 평화로운 올리베
텔레캐빈 Telecabine

테주 강과 올리베 지역 전체를 감상하기에 이보다 더 좋은 곳은 없다. 텔레캐빈(케이블카) 노선은 오리엔테역에서 걸어서 바스쿠 다 가마 타워까지 가는 길과 동일하다. 걸어서 가는 대신 편하게 앉아 하늘 위에서 내려다볼 수 있다. 오고 가는 길이 같고 또 그리 길지 않기 때문에 왕복보다는 편도 티켓을 구매하여 갈 때는 텔레캐빈을 타고 돌아올 때는 걸어오는 것을 추천한다. 타워까지 가는 길 중간중간 보이는 공원과 올리베 지역의 명소들의 위치를 텔레캐빈 안에서 미리 확인할 수 있어 다시 오는 길에 들러 구경하는 것이 더 손쉬울 것이다. 타고 내리는 두 정거장 모두 매표소가 있어 아무 곳에서나 표를 구입할 수 있다. 텔레캐빈 표는 유효기간이 없어 티켓을 구입 후 사용하지 않은 티켓은 다른 날 사용해도 된다.

Data Map 133B **Access** 메트로 베르멜랴Vermelha선 오리엔테Oriente역 하차, 도보 10분
Add 상행 Passeio de Neptuno, 1990-280 Lisboa, 하행 Passeio das Tágides, 1990-280 Lisboa
Tel 218-956-143
Open 3/21~6/5 11:00~19:00, 6/6~9/13 10:30~20:00, 9/14~10/24 11:00~19:00, 10/25~3/18 11:00~18:00, 12/24 11:00~15:00, 12/25 15:30~18:00, 12/31 11:00~17:00, 1/1 15:30~18:00
Cost 성인 편도 4유로, 왕복 6유로, 4~12세·65세 이상 편도 2.60유로, 왕복 4유로, 6세 이하 무료
Web www.telecabinelisboa.pt

리스보아 속 열대우림
가르시아 데 오르타 정원 Jardim Garcia de Orta

이국적인 열대 우림 분위기가 물씬 나는 공원이다. 공원의 이름은 16세기 열대 의약의 선구자였던 포르투갈 출신 동식물 연구자 가르시아 데 오르타의 이름을 따온 것이다. 이국적인 분위기를 자아내는 공원의 동식물로는 리스보아 부근의 마데이라 섬에 사는 새들과 구불구불한 용혈수, 타바스코 후추나무 등이 있다. 1.3헥타르에 이르는 넓은 공원은 고아, 아프리카, 마카오, 마데이라, 케이프 베르드 등 다양한 지역을 테마로 이루어져 있다. 그중 가장 유명한 것은 인도, 말레이시아 지역을 대표하는 고아Goa 구역. 중국에서 가져온 오렌지나무, 공원 내 흐르는 수로의 물을 받는 대리석 탱크, 목조 정자가 있어 많은 사람들이 이곳을 지날 때 발걸음이 느려진다.

Data Map 133B **Access** 메트로 베르멜랴Vermelha선 오리엔테Oriente역 하차, 도보 10분
Add Rua da Pimenta, 1990-096 Lisboa **Open** 24시간

올리베의 밤, 운을 시험해 보고 싶다면
카지노 리스보아 Casino Lisboa

유리로 뒤덮인 건물에 위치한 카지노. 2006년 문을 연 카지노 리스보아는 홍콩의 게임 업계 대부 스탠리 호Stanley Ho가 대주주로 있는 에스토릴 솔 Estoril-Sol 소유이다. 1,000여 개의 슬롯머신과 26개의 게임 테이블을 갖춘, 유럽에서 가장 큰 카지노이다. 카지노 안에는 다양한 쇼가 펼쳐지는 라운지, 오디토리움과 4개의 바, 3개의 식당 등이 있다. 국내외 다양한 업체들과 협업하여 예술과 문화를 증진시키고자 하는 목적으로 다양한 장르의 문화 행사를 한다. 카지노 건물 내 자체 아트 갤러리도 있으며 〈에고이스타Egoísta〉라는 문화 잡지도 정기 발간한다. 또 해마다 아구스티나 베사 루이스Agustina Bessa-Luis와 페르난두 나모라Fernando Namora라는 두 작가의 이름을 딴 문학상을 주최한다. 홈페이지에서 전시 일정을 미리 살펴보자.

Data Map 133D **Access** 메트로 베르멜랴 Vermelha선 오리엔테Oriente역 하차, 도보 10분
Add Parque das Nações, 1990-204 Lisboa **Tel** 21-892-9000
Open 월~금 15:00~03:00, 금·토·공휴일 전날 16:00~04:00, 12/24 휴무 **Web** casino-lisboa.pt

EAT

대구를 요리하는 수많은 방법을 알아보자
레스토란테 바칼라우 Restaurante D`bacalhau

정직한 상호명이 말해주듯 이곳은 대구를 먹으러 찾는 곳. 바칼라우 메뉴만 13개가 있다. 바칼라우가 입맛에 맞지 않는다면 새우, 농어 요리나 스테이크를 주문해도 좋다. 아이를 위한 햄버거, 피시 필레 메뉴도 따로 마련되어 있으며 샐러드와 수프도 판매한다. 2013년과 2014년에는 2년 연속으로 주방, 분위기, 가격대비 음식의 질을 평가하여 리스보아에서 수여하는 요식업 상을 받은 검증된 맛집. 강변을 바라보는 목 좋은 테라스 자리가 입맛을 돋운다. 케이터링 서비스와 단체 예약 손님에게는 뷔페 서비스도 제공한다.

Data Map 133B
Access 메트로 베르멜랴Vermelha선 오리엔테Oriente역 하차, 도보 10분 **Add** Rua da Pimenta 45, 1990-254 Lisboa
Tel 21-894-1296 **Open** 12:00~16:00, 19:00~23:00
Cost 크림소스 바칼라우 9유로, 바칼라우 그릴과 감자 요리 13.90유로, 바칼라우 리조토 13.90유로
Web www.restaurantebacalhau.com

와인 잔은 잠시 내려놓고 시원한 맥주 한잔!
아이리시&코 Irish&Co

포르투갈 여러 요식업체를 운영하는 도카 데 산투Doca de Santo 기업이 운영하는 아일랜드풍 펍. 유머와 즐거움, 우정을 중요시하는 점에 있어 아일랜드 사람들과 포르투갈 사람들이 닮았다는 것에서 착안하여 만들어진 맥주집이다. 큼지막한 비행기 모형이 걸려 있는 테라스와 어둡고 차분한 분위기의 실내 모두 널찍하여 많은 인원을 수용한다. 아일랜드 펍에서 본듯한 버거와 스테이크 등 꾸밈없는 펍 음식이 포르투갈 사람들의 입맛에 맞도록 조리되어 나온다. 아이리시&코의 육류 메뉴는 맥주와 무척 잘 어울린다. 맥주잔이 올려진 테이블이 대부분이지만 와인, 상그리아, 칵테일, 위스키도 판매한다. 일반적인 현지 맥주 슈퍼 복 Super Bock 대신 자체 수입, 판매하는 익스클루시바스Exclusivas를 시도해보자. 수제 맥주도 판매한다. 주말에는 현지에서 활동하는 가수들이 라이브 공연을 펼친다.

Data Map 133B **Access** 메트로 베르멜랴Vermelha선 오리엔테Oriente역 하차, 도보 10분
Add Rua da Pimenta 57~61, 1900-280 Lisboa **Tel** 218-940-558
Open 일~목 12:00~01:00, 금·토·공휴일 12:00~02:00 **Cost** 맥주 1.90유로~, 수제 맥주 2.30유로~, 기본 햄버거 7.85유로, 스테이크 200g 12.55유로~ **Web** grupocapricciosa.pt/irish-co/

BUY

올리베의 원스톱 쇼핑 센터
센트루 바스쿠 다 가마 Centro Vasco da Gama

오리엔테역과 쌍둥이처럼 유리 지붕을 얹고 있는 대형 쇼핑몰. 영화관과 푸드 코트도 갖추고 있어 기차 시간을 기다리며 시간을 보내기 최적인 곳이다. 총 164개의 영업점 중 36개는 레스토랑이며, 나머지는 의류, 잡화, 화장품, 주얼리 등을 판매하는 패션 상점이다. 대부분은 알도Aldo, 액세서라이즈Accessorize, 버슈카Bershka, 캐롤 Carroll, 칼제도니아Calzedonia와 같은 중가 브랜드가 포진해 있다.

맨 위층에는 헬스클럽이 있고, 스크린 10개를 갖춘 영화관에서는 포르투갈 더빙을 하지 않은 원어로 최신 할리우드 영화를 볼 수 있다. 해가 지고 조명이 켜지면 유리 천장에 반사되어 대형 유색 보석처럼 빛나 낮과는 완전히 다른 화려한 분위기를 뽐낸다. 테라스 자리가 있는 센트루 내 카페에서는 강과 공원 일대를 감상할 수 있다. 공식 홈페이지보다도 새로 오픈하는 상점과 입점되는 브랜드, 깜짝 할인 행사와 같은 소식을 페이스북에 더 자주 업데이트 한다. 안드로이드와 애플 스토어에서 다운로드 가능한 센트루 바스쿠 다 가마 어플리케이션도 있다.

Data Map 133D
Access 메트로 베르멜랴 Vermelha선 오리엔테Oriente역 하차, 도보 1분
Add Avenida João II Lote 1.05.02, 1990-094 Lisboa
Tel 218-930-600
Open 09:00~24:00
Web www.centrovascodagama.pt, www.facebook.com/centro-vascodagama

SLEEP
리스보아 숙박

완벽한 서비스를 제공하는
LX 부티크 호텔 LX Boutique Hotel

100년도 더 된 건물의 호텔 브라간사Hotel Bragança를 허물고 지은 4성급 부티크 호텔. 층별로 테마를 달리하여 같은 호텔이지만 객실마다 다양한 분위기를 연출하였다. 섬세하고 과하지 않은 인테리어는 우아하고 특별한 부티크 호텔만의 느낌을 자아낸다. 대부분의 객실이 테주 강 경치가 보이는 리버 뷰여서, 투숙객들은 리스보아의 가장 예쁜 모습을 바라보며 일어나고 잠들 수 있다.

여행 전문지 〈타임 아웃Time Out〉에서 리스보아 최고의 조식 TOP 5 중 하나로 꼽힌 맛있는 아침식사는 LX만의 자랑거리. 시아두 지역의 유명 베이커리 타르틴Tartine에서 선별하여 공수 받는 전통 포르투갈 빵을 비롯하여 푸짐하게 차려진다. 부티크 호텔의 최장점인 서비스는 두말할 것 없다. 묻기도 전에 미리 챙겨준다는 호평 일색이다. ATM과 베이비 시팅, 팩스, 복사 등 문서 관련 서비스도 제공하여 여행자들의 편의를 위한 다양한 배려가 돋보인다. 프런트 데스크 24시간. 체크인 14:00, 체크아웃 12:00.

Data **Map** 098H **Access** 메트로 베르드Verde선 Cais do Sodré역 하차, 도보 5분 **Add** Rua do Alecrim 12, 1200-017 Lisboa **Tel** 213-474-394 **Cost** 클래식룸 110유로 **Web** www.lxboutiquehotel.com

도시의 심장부 알파마에 위치한 현대적인 호텔
메모 알파마 Memmo Alfama

42개의 객실은 포르투갈의 가정집에서 머무는 것과 같은 편안함을 지향하며 설계되었다. 방은 미색과 목재, 유리만을 사용하여 내 집 침실처럼 아늑하다. 파스텔톤의 감각적인 디자인의 스메그SMEG 냉장고로 된 미니바를 갖추고 있다. 창만 열어젖히면 한눈에 들어오는 알파마 시내와 테주 강은 꼭 한 장의 엽서 같다. 객실에는 플랫 스크린 TV와 아이패드 도킹 스테이션이, 호텔 내에는 수영장과 와인바가 있어 숙소에서 보내는 시간도 전혀 지루하지 않다. 리스보아 여행자라면 한 번 이상은 꼭 타게 되는 28번 트램 정류장이 바로 호텔 앞에 있어 교통까지 편리하다.

투숙 기간 동안 미니바와 교통 패스가 무료로 제공되며, 모든 어메니티는 포르투갈 제품을 사용한다. 리스보아의 다양한 업체들과 파트너십을 맺고 있어 다른 호텔에서는 절대 볼 수 없는 독특한 패키지 상품을 제공한다. 메모 알파마에서 2박을 묵으면 바이루 알투에 위치한 타투 업체 배드 본즈Bad-Bones에서 타투를 할 수 있는 바우처 1개를 제공하는 타투 패키지, 툭툭 테주Tuk-Tuk Tejo와 협업하여 2박을 묵으면 호텔 픽업을 포함하는 툭툭 투어를 제공하는 툭툭 패키지 등이 있다. 프런트 데스크 24시간 운영하며 체크인은 15:00, 체크아웃은 12:00이다.

Data **Map** 070J **Access** 메트로 아줄Azul선 Terreiro do Paço역 하차, 도보 12분
Add Travessa das Merceeiras 27, 1100-348 Lisboa **Tel** 210-495-660
Cost 더블룸 171유로 **Web** www.memmoalfama.com

2012년 문을 연 세련된 부티크 호텔
카르무 호텔 Carmo Hotel

손님 한 명 한 명에게 맞춤형 서비스를 제공하고자 '재단사'와 같은 마음으로 여행객들을 맞이한다. 럭스호텔스 LUXHotels 계열의 체인으로 포르투갈과 리스보아의 전통과 예술, 트렌디함에 영감을 받아 호텔을 운영한다. 플랫 스크린 TV를 갖춘 객실은 총 48개. 가죽 헤드보드 침대에 두툼하고 하얀 침구는 잠자리에 예민한 여행자도 누운지 3초 만에 끓아 떨어지게 하는 비밀병기.
호텔 내 레스토랑 마리아 두 카르무 Maria do Carmo는 전통 포르투갈 요리를 전문으로 하며, 식사 시간이 아닐 때 즐길 수 있는 타파스 메뉴도 마련해두고 있다. 원산지 명칭 보호 PDO 인증을 받은 올리브오일과 치즈, 소시지, 햄, 과일 등 포르투갈 전역에서 나는 로컬 식재료만으로 요리하여 투숙객들에게 호평을 받고 있다. 자동차 렌탈, 컨시어지 서비스, 세탁과 드라이 클리닝 서비스, 팩스와 복사 서비스 제공. 프런트 데스크 24시간. 체크인 15:00, 체크아웃 12:00.

Data Map 098B
Access 메트로 아줄/베르드 Azul/Verde선 바이사/시아두 Baixa/Chiado역 하차, 도보 5분
Add Rua da Oliveira ao Carmo 1, 1200-307 Lisboa
Tel 213-264-710
Cost 싱글룸 125유로
Web carmo.luxhotels.pt

음악이 끊이지 않고 흘러나오는 즐겁고 깔끔한
HF 페닉스 뮤직 HF Fénix Music
Writer's Pick!

리스보아와 포르투에 각각 4, 5개의 지점을 가지고 있는 호텔 체인 브랜드 HF의 리스보아 지점. 음악을 테마로 하여 라운지와 객실에서 역동적인 음악과 관련한 인테리어를 찾아볼 수 있다. 호텔 정문에는 레드 카펫 포토존처럼 여러 대의 카메라가 찰칵이는 소리가 나는 세트가 마련되어 있어 투숙객들은 언제나 즐거워하며 호텔에 들어선다.
맨 위층에는 야외 수영장과 테라스가 있고, 층마다 자판기가 설치되어 있다. 08:00~17:00까지 세탁 서비스를 제공한다. 팩스와 복사기가 있는 비즈니스 센터, 베이비 시팅 서비스, 1인당 8유로만 내면 이용 가능한 셔틀버스도 준비되어 있다. 매일 조금씩 바뀌는 푸짐한 조식은 리스보아 어디를 가도 볼 수 없는 퀄리티를 자랑한다. 객실 수는 총 109개, 프런트 데스크 24시간. HF 페닉스의 다른 호텔 지점들은 바로 옆 건물에 나란히 위치한다. 체크인 12:00, 체크아웃 12:00.

Data Map 096E **Access** 메트로 아마렐라/아줄 Amarela/Azul선 Marquês de Pombal역 하차, 도보 2분
Add Rua Joaquim António de Aguiar 5, 1050-010 Lisboa **Tel** 210-496-570
Cost 하모니 트윈룸 110유로, 멜로디 퀸룸 120유로
Web www.hfhotels.com

포근하고 편안한 잠자리
카사 두 파티오 Casa do Pátio

리스보아와 포르투에 카사 두 파티오 B&B 체인 중 시아두 지점. 14개의 개별 아파트를 갖춘 카사 두 파티오 시아두 지점은 2011년 문을 열었다. 산타 카타리나 전망대와 가깝고 시끄러운 대로에서 떨어져 있어 편안하고 조용한 숙소를 원하는 여행자들에게 호평받는 곳이다. 묵는 인원에 따라 주방을 갖춘 아파트를 선택하거나 더블 스위트룸을 예약하는 등 다양한 방과 아파트 옵션을 고를 수 있다.
집에서 필요한 대부분의 제반 사항(다리미 대여, 식당 예약 등)을 제공하며, 문의하면 필요한 서비스를 최선을 다해 충족시켜주려는 서비스 마인드가 돋보인다. 무선 인터넷, 케이블 TV, 레스토랑 예약 서비스를 제공한다. 체크인 15:00, 체크아웃 11:00.

Data Map 098A
Access 메트로 아줄/베르드 Azul/Verde선 바이샤/시아두 Baixa/Chiado역 하차, 도보 15분
Add Travessa do Caldeira 19, 1200-084 Lisboa
Tel 914-176-969
Cost 스탠더드 더블룸 100유로
Web shiadu.com

극장처럼 화려하고 아름다운 베드 앤 블렉퍼스트
티에트로 B&B Teatro B&B

2012년, 테주 강변의 카페 여럿을 함께 운영하던 친구 두 명이서 오랫동안 꿈꿔오던 B&B를 열었다. 다양한 크기의 객실 20개는 B&B의 주인의 친구인 유명 포르투갈 극장 세트 디자이너 주제 코스타 레이스José Costa Reis가 공을 들여 꾸몄다. 모든 객실이 각기 다른 분위기를 풍기며 희극 작품 〈코메디아 델라르테Commedia dell'arte〉의 캐릭터 하나씩을 포함한다. 레이스가 엄선한 캐릭터들은 각 방의 거울에 애칭으로 새겨져 있거나 방 한가운데 오브제처럼 놓여 있다. 침대는 무대의 막을 연상케 하는 드라마틱한 침구로 덮여있다.
조식은 포르투갈 전통 요리인 치킨 엠파나다 또는 초리조 소시지빵 등 한끼 식사로 손색없을 정도로 푸짐하게 차려져 나온다. 식당에도 대형 샹들리에와 디자이너 필립 스탁Philippe Starck의 루이 고스트Louis Ghost 의자를 놓아 현대적이고 극적인 분위기를 이어간다. 무선 인터넷 제공, 프런트 데스크 24시간. 체크인 12:00, 체크아웃 12:00.

Data Map 098B **Access** 메트로 아줄/베르드Azul/Verde선 바이샤/시아두Baixa/Chiado역 하차, 도보 7분
Add Rua da Trindade 36, 1200-468 Lisboa **Tel** 213-472-024
Cost 스탠더드 스몰룸 94유로, 스탠더드룸 109유로, 수페리어룸 126유로 **Web** teatrobb.com

리스보아에 사는 기분을 느끼고 싶을 때
바이샤 하우스 Baixa House

리스보아 중심에 자리한 게스트하우스이다. 빈티지함이 묻어 나오는 18세기 건물에는 13개의 개별 아파트가 여행자들을 위해 마련되어 있다. 1인실부터 최대 6인까지 사용할 수 있는 방까지 다양한 크기의 룸이 준비되어 있어 내 집처럼 편안하게 머물 수 있다. 대부분의 방은 프랑스풍 대형 창문이 있어 아침 저녁으로 시원하게 바람을 맞을 수 있다. 또 포르투갈과 스페인의 빈티지 상점을 구석구석 뒤져 찾아낸 인테리어 소품들로 꾸민 아파트는 곳곳에 구경거리가 많아 재미있다. 매일 아침 아파트 문 앞에 신선한 빵이 배달되고 주방의 냉장고에는 주스, 요거트, 버터, 잼, 우유로 가득 차 있는데, 이 모든 것이 무료이다. 요리할 수 있는 주방이 딸린 아파트로, 식기를 비롯하여 매일 청소 서비스를 추가 비용 없이 제공한다.

유일한 단점을 꼽자면 에어컨이 없다는 것. 대신 선풍기가 있지만, 더위를 많이 타는 여행자들은 불편함을 느낄 수 있다. 또 TV를 보고 싶다면 미리 이야기해야 한다. 어메니티는 매일 교체해주는 타월(7박 미만 투숙객 한정, 장기 투숙 시 일주일 1회 제공), 알바레즈 고메즈Alvarez Gomez 샤워젤과 핸드워시를 제공한다. 샴푸는 없으니 투숙객이 준비해야 한다. 하우스 키핑은 12:00~16:00. 5A와 5B를 제외한 모든 아파트에서는 무선 인터넷을 사용할 수 있으며, 세탁기와 헤어드라이기도 각 방마다 구비되어 있다. 애완동물은 추가 비용을 지불해야 투숙할 수 있다. 하절기에는 최소 2일, 동절기에는 최소 3일 숙박해야 한다. 체크인은 오후 12시, 체크아웃은 오후 2시이다.

Data **Map** 070I
Access 메트로 아줄/베르드Azul/Verde선 바이샤/시아두Baixa/Chiado역 하차, 도보 7분
Add Rua dos Fanqueiros 81, 1149-092 Lisboa **Cost** 2 베드룸 아파트 평균 120유로
Web www.baixahouse.com

Writer's Pick! 친절함과 편안함으로는 승부하는
트래블러스 하우스 Travellers House

　　리스보아 중심지에 위치해 있어 대중교통 이용과 관광이 편리한 호스텔이다. 가족처럼 반겨주는 트래블러스 하우스 사람들 덕분에 리스보아가 제2의 고향같이 느껴질 것이다. 리스보아의 구석구석을 잘 알고 있는 호스텔 직원들은 자체 제작한 시내 지도를 펼치고는 열과 성의를 다해 여행자들에게 리스보아를 알리고 안내해준다. 그 누구도 혼자 시간을 보내지 않도록 라운지로 나와 투숙객들을 챙기고 도울 것이 없는지 살피는 직원들의 친절함은 감동 그 자체다. 개인의 취향에 맞게 요구르트, 팬케이크, 크레페 등을 직접 만들어 아침 식사를 서빙하며, 온종일 커피, 차 등 다양한 음료를 제공한다. 또 매일 밤 와인 테이스팅하기, 포르투갈 전통 요리 함께 맛보기, 파두 투어 등의 다채로운 투어 프로그램을 진행해 리스보아 여행을 더욱 더 풍성하게 만들어준다.

호스텔 정문 앞에 24시간 CCTV가 돌아가고, 객실 열쇠를 보여줘야만 문을 열어주므로 보안은 걱정할 필요가 없다. 객실은 개인룸부터 여러 명이 묵을 수 있는 스튜디오룸까지 갖추고 있다. 객실은 대체로 크기가 작은 편이지만, 정리정돈이 되어 있고 깨끗하게 청소되어 있어 깔끔하고 아늑하다. 조용하고 아늑한 호텔 분위기는 아니지만, 깔끔하고 개인적인 공간을 원하는 여행자들에게 추천하는 숙소다. 단점을 꼽자면, 숙소가 가파른 계단이 있어 무거운 캐리어를 들고 올라가는 것이 힘들다는 것. 프론트 데스크는 24시간 운영하며 체크인은 오후 3시, 체크아웃은 오후 12시이다.

Data Map 098H
Access 메트로 아줄/베르드Azul/Verde선 바이샤/시아두Baixa/Chiado역 하차, 도보 3분
Add Rua Augusta 89, 1100-048 Lisboa **Tel** 210-115-922 **Cost** 6인실 도미토리 25유로, 트윈룸 65유로
Web www.travellershouse.com

리스보아 숙박

도시와 여행자가 하나 되는 곳
인디펜덴테 호스텔 Independente Hostel

여행을 좋아하는 네 형제가 단순히 잠을 자고 가는 숙소가 아닌, 여행자들이 지역 주민들과 어울리고 지역 사회를 더 깊게 알아 갈 수 있도록 하는 호스텔을 만들고자 하여 탄생하였다. 페이스북 홈페이지에는 호스텔 설립 취지와 걸맞게 '오늘의 사진'이나 '알고 있었나요?' 등 자주 포스팅이 업데이트된다. 포르투갈 특산물 중 하나인 코르크나무로 만든 침대와 새하얀 침대 시트, 해가 잘 들어오는 큰 창이 있어 도미토리에 묵으면서도 호텔 객실과 같은 아늑함과 깔끔함을 경험할 수 있다. 90개의 침대가 11개의 도미토리에 배치되어 있다. 모든 객실에는 라커와 전자키가 제공되어 보안이 철저하다. 화장실 개수가 많아 아침, 저녁으로 혼잡하지 않다는 점도 도미토리 유저들이 혹할 인디펜던트의 장점. 방 안에도 라운지 공간이 있어 같은 방을 쓰는 친구들과 시간을 보내기에도 좋다. 테주 강을 바라보는 개인 발코니가 딸린 4개의 스위트룸도 있다. 훌륭한 자체 레스토랑 데카단치(113p)를 가지고 있어 멀리 나가지 않고도 호스텔 안에서 맛있는 식사를 할 수 있다. 프런트 데스크 24시간 운영. 체크인 오후 3시, 체크아웃 오후 12시.

Data **Map** 098B **Access** 메트로 아줄Azul선 Restauradores역 하차, 도보 5분
Add Rua São Pedro de Alcântara 81, 1250-238 Lisboa **Tel** 213-461-381
Cost 6인실 도미토리 20유로, 스위트룸 105유로
Web www.theindependente.pt, www.facebook.com/theindependente

행복한 아침을 맞는 편안한 잠자리
굿나잇 호스텔 Goodnight Hostel

닻이 그려진 호스텔 로고에서 알 수 있듯이 바다를 콘셉트로 꾸며진 호스텔이다. 포르투갈 지역 예술가들이 그린 그림과 데코 용품을 사용하였고, 호스텔 곳곳에 크게 그려진 물고기 모양의 벽화, 튜브 장식 등을 볼 수 있다. 객실은 세 종류의 더블베드, 트윈룸, 3, 4, 6, 7인실 도미토리와 10인실 여성 도미토리로 세분화되어 있으며, 전 객실에는 카드키와 라커가 제공된다. 도미토리 침대마다 개별 전원 플러그와 독서 등을 배치하는 배려심이 돋보인다. 레트로풍으로 꾸며진 거실은 아늑하고 넓어 호스텔에 묵는 다른 여행자들을 사귀고 시간을 보내기에 더할 나위 없이 좋다.
호스텔 바로 앞에 슈퍼마켓이 2개나 있어 직접 요리해서 먹고자 하는 사람들에게 유용하다. 주방은 24시간 오픈이라 밤잠 없는 여행자에게 환영받는다. 브라질 칵테일인 카이피리냐Caipirinha를 함께 만들어 마시는 카이피리냐 나이트Caipirinha Night, 도시 워킹 투어, 강변 투어 등 호스텔 자체 관광 프로그램도 운영하고 있다. 프런트 데스크 24시간 운영. 체크인 15:00, 체크아웃 11:00.

Data **Map** 098C
Access 메트로 아줄/베르드Azul/Verde선 바이샤/시아두Baixa/Chiado역 하차, 도보 3분
Add Rua dos Correeiros 113, 1100-163 Lisboa
Tel 215-989-153
Cost 7인실 도미토리 17유로, 10인실 여성 도미토리 17유로, 트윈룸 27.50유로, 딜럭스 더블룸 32.50유로
Web www.goodnighthostellisbon.com, www.facebook.com/goodnighthostel

내 집 같은 편안함과 예술적인 인테리어의 완벽한 조합
리스본 라운지 호스텔 Lisbon Lounge Hostel

타임지에서 '세계 최고의 부티크 호스텔'이라 칭송을 받은 곳으로, 4명의 포르투갈 출신 아티스트가 협업하여 오픈하였다. 각각의 객실은 리스보아의 문화를 반영하도록 모두 다르게 꾸며져 있다. 13개의 객실은 3, 4, 6, 8개의 침대가 놓인 여러 크기의 도미토리로 운영되며, 각 층마다 라운지가 있다. 자유로이 사용 가능한 주방도 층별로 있다. 자전거 대여, 세탁 서비스를 제공하며, 카드키와 개별 라커를 제공한다. 워킹 투어, 신트라 투어, 셰프 초빙 저녁식사, DJ와 함께 하는 신나는 라운지 나이트 등 다양한 자체 프로그램을 진행하여 이곳에 묵는 동안은 심심할 틈이 없다. 자매 호스텔인 리빙 라운지 호스텔(**Add** Rua do Crucifixo 116, 1100 Lisboa **Web** www.livingloungehostel.com)도 함께 운영한다. 프런트 데스크 24시간 운영. 체크아웃 12:00.

Data **Map** 098H
Access 메트로 아줄/베르드Azul/Verde선 바이샤/시아두Baixa/Chiado역 하차, 도보 5분
Add Rua São Nicolau 41, 1100-547 Lisboa
Tel 213-462-061 **Cost** 도미토리 12~30유로, 트윈룸 22~34유로
Web www.lisbonloungehostel.com, www.facebook.com/llh.hostels

리스보아 근교
LISBOA SUBURBS

01 신트라
02 카스카이스&카보 다 호카

리스보아를 벗어나 30분에서 1시간 정도 이동하면 신트라, 카스카이스, 카보 다 호카를 만날 수 있다. 발길 닿는 곳마다 동화의 나라 같은 성이 있는 신트라, 마냥 머물고 싶어지는 휴양지 카스카이스, 세상의 끝이라는 의미심장함에 이끌려 찾게 되는 카보 다 호카는 리스보아 근교 낭만 3종 세트 같은 여행지. 명소 겉핥기식 당일치기보다는 1박 2일 정도 머무르며 둘러봐야 제대로 낭만을 즐겼노라 할 터. 아쉬움 없는 여행을 위해 여유로운 일정으로 돌아보길 권한다.

Lisboa Suburbs

01

신트라
Sintra

영국의 낭만파 시인 바이런은 신트라를 '에덴의 동산'이라 예찬했다. 바이런이 신트라와 사랑에 빠지기 전부터 포르투갈 왕족과 귀족들은 신트라와 연애 중이었다. 울울창창한 고목들 사이로 환상적인 자태를 뽐내는 여름 별궁과 별장이 사랑의 증표다. 신트라에는 3,000여 종이 넘는 나무가 있어 한여름에도 리스보아보다 기온이 3~4℃ 낮다.

Sintra
PREVIEW

신트라에서는 시간을 넉넉히 잡고 머무는 여행을 추천한다. 반나절로는 턱없이 부족하다. 페나 성과 무어 성을 찬찬히 둘러보고, 점심식사 후엔 헤갈레이라의 별장의 초록 정원을 거닐고, 신트라 왕궁을 방문해보자. 달콤한 디저트를 맛보는 일도 빼놓으면 아쉽다. 1박 2일 정도 머문다면 신트라의 서쪽 해변까지 다녀와도 좋다.

SEE

페나 성 하나 달랑 보고 발길을 돌리기엔 매혹적인 성과 정원이 한둘이 아니다. 당신의 취향이 무엇이든 취향을 저격할 성과 정원이 있다. 로맨티스트라면 페나 성, 판타지 영화 마니아라면 헤갈레이라의 별장, 옛 왕족들의 사생활이 궁금하다면 신트라 왕궁, 정원 속 사색을 즐기고 싶다면 몬세라트를 권한다.

EAT

신트라 기차역과 신트라 왕궁 주변에 식당과 카페가 포진해 있다. 맛과 분위기를 겸비한 레스토랑을 찾는다면 로마리아 드 바코를 강추한다. 식사를 할 계획이 아니라면 신트라의 명물 디저트, 트라베세이루로 유명한 피리퀴타에서 디저트 타임을 가져보자.

BUY

신트라 왕궁 맞은편 골목 안에 기념품 숍이 빼곡하다. 사르디나 (정어리)를 모티브로 한 아기자기한 소품과 그릇이 대부분. 신트라의 아름다움 풍광을 담은 엽서나 노트는 페나 성 기념품 숍에서도 구입할 수 있다.

SLEEP

리스보아에 비해 호스텔 수가 적은 대신 호텔 숙박비가 저렴하다. 같은 티볼리 호텔도 신트라점이 좀 더 저렴한 편. 신트라의 명소를 두루두루 돌아보기 편한 위치는 신트라 기차역과 신트라 왕궁 사이가 제격이다. 가장 최근에 오픈한 숙소로는 문 힐 호스텔이 있다.

INFO

기차역과 마을 2곳에 관광안내소가 있다. 신트라의 주요 관광지 브로슈어를 무료로 제공한다.

신트라 기차역 관광안내소 Estaçtã de Sintra Turismo
Data Map 156B **Access** 신트라 기차역 내 **Add** Avenida Doctour Miguel Bombarda, 2710-590 Sintra **Open** 10:00~12:30, 14:30~18:00 **Tel** 211-932-545

신트라 마을 관광안내소 Sintra vila Turismo
Data Map 156C **Access** 신트라 기차역에서 433, 434, 435번 버스 타고 신트라 마을 관광안내소 Sintra vila Turismo 앞 하차 **Add** Edificio do Turismo Praça da Republica 23, 2710-616 Sintra **Tel** 219-231-157 **Open** 1~7월, 9~12월 09:30~18:00, 8월 09:30~19:00

LISBOA SUBURBS 01
신트라

Sintra
GET AROUND

 어떻게 갈까?

1. 기차 Train

호시우 Rossio역에서 국철(CP:Caminhos de Ferro Portugueses)로 약 45분 걸린다. 비바 비아젱 카드 Viva Viagem card를 이용해 리스보아와 신트라를 오갈 수 있다. 리스보아 카드나 신트라 1일권을 샀다면 아예 무료! 06:08부터 00:08분까지 약 20~30분 간격으로 운행한다. 시간표는 홈페이지에서 확인 가능. 단, 아주 간혹 기차 파업이라는 극단적인 상황이 벌어지는데 이때는 택시 말고는 대안이 없다. 택시비는 40유로 안팎.
Cost 왕복 4유로 **Web** www.cp.pt

2. 자동차 Car

리스보아와 약 30km 떨어져 있는 신트라는 차로 30분 거리. 리스보아에서 신트라로 가는 길은 간단하다. A5 도로를 타고 가다가 A16 도로로 진입해서 신트라까지 쭉 가면 된다. 시간 여유가 있고, 해안선을 따라 드라이브를 즐기고 싶다면 N6 해안도로를 타고 가다가 A16번 도로로 진입해도 된다.

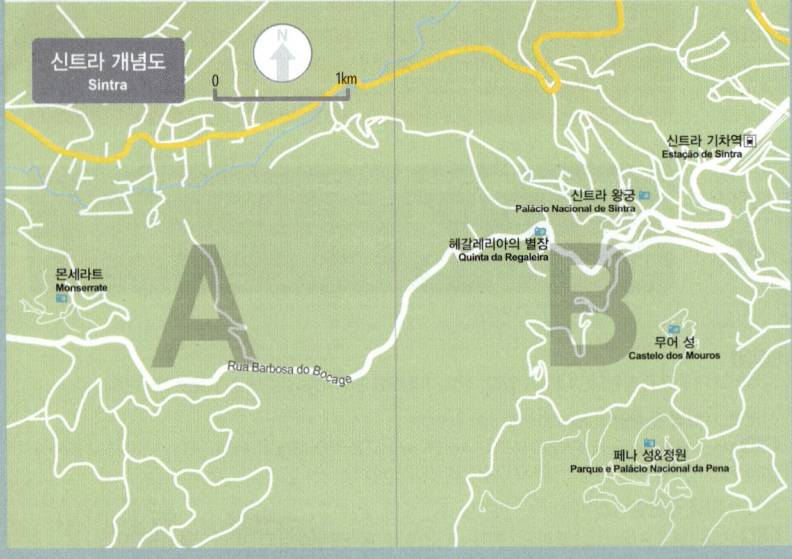

어떻게 다닐까?

버스 Bus

신트라 기차역에서 주요 관광지를 순환하는 버스가 여행자의 발이 돼준다. 티켓은 버스에서 구입 가능하며, 원하는 곳에서 내렸다 다시 탈 수 있는 홉 온 홉 오프 Hop on Hop off. 하루에 신트라부터 카보 다 호카까지 둘러볼 계획이라면 1일권 Bilhete de 1 Dia을 사면된다. 신트라 버스는 433, 434, 435 총 3가지인데 관광객들이 주료 이용하는 노선은 434와 435번. 434번은 무어 성과 페나 성 순환 노선, 435번은 헤갈레이라의 별장를 지나 몬세라트까지 왕복 운행하는 노선이다. 세 노선 모두 신트라 왕궁(신트라 마을 관광안내소)을 지난다.
Cost 434번 5유로, 435번 2.5유로, 1일권 12유로 **Web** www.scotturb.pt

〈주요 관광지 버스 노선〉

버스 번호	신트라 기차역	신트라 왕궁 (신트라 마을 관광안내소)	무어 성	페나 성	헤갈레이라의 별장	몬세라트
433	O	O				
434	O	O	O	O		
435	O	O			O	O

> **Tip** **신트라 1일권 100배 활용법**
> 신트라 1일권을 사면 신트라 내 버스뿐 아니라 신트라에서 카보 다 호카 오가는 버스도 이용이 가능하다. 신트라 기차역 앞에서 403번 버스를 타면 된다.

도보

신트라 왕궁에서 헤갈레이라의 별장까지 산책 삼아 걸어갈 만하다. 트레킹을 좋아한다면 신트라 마을에서 무어 성까지 약 4km의 울창한 숲길 걷기에 도전해도 좋다.

SEE

Writer's Pick! 파노라마 같은 전망을 책임져줄 일등공신
무어 성 Castelo dos Mouros

베이징에 만리장성이 있다면 신트라에는 무어 성이 있다. 규모는 다르지만 산등성이를 따라 누워 있는 구불구불한 모양이 닮았다. 8~9세기경 무어인들이 리스보아 외곽을 지키는 사령탑으로 지었으며, 봉화대에 불을 피우면 카스카이스에서도 보인다고. 성벽을 따라 걸으면 아래로는 신트라 왕궁이, 위로는 페나 성이 한눈에 담긴다. 멋진 경치를 만나는 재미에 트레킹을 싫어하는 사람도 수월하게 오를 수 있다. 그래도 더운 날에는 쉬엄쉬엄 오르는 게 상책. 갈증을 달래고 싶을 땐 입구 옆 카페에서 쉬어가자.

Don't Miss 무어인들의 옛 생활상을 볼 수 있는 집터와 교회, 묘지도 놓치지 말자. 화강암 아래 구멍을 파서 음식을 저장했던 사일로Silo도 고스란히 남아있다.

Data **Map** 156C
Access 신트라 기차역에서 434번 버스 타고 무어 성 정류장 하차
Add Castelo dos Mouros, 2710 Sintra **Tel** 219-237-300
Open 성수기 09:30~20:00, 비수기 10:00~18:00
Cost 성인 8유로, 65세 이상·18세 이하 6.5유로
(리스보아 카드 소지자 할인) **Web** parquesdesintra.pt

LISBOA SUBURBS 01
신트라

Writer's Pick! 여왕의 여름 별궁
페나 성&정원 Parque e Palácio Nacional da Pena

진정한 신트라 여행은 페나 성에서부터 시작된다. 동화 속에서 툭 튀어나온 듯한 원색의 성은 19세기 낭만주의 건축의 결정판. 페르난두 2세가 아내 마리아 2세를 위해 지은 성이다. 독일의 노이슈반슈타인 성을 만든 루트비히 2세와 사촌이었던 그는 노이슈반슈타인을 만든 건축가 루트비히 폰 에슈테게를 초빙해 노이슈반슈타인보다 더 멋진 성을 지어달라고 했다. 그 결과 마누엘 양식, 아랍풍의 기하학적 타일, 독일식 둥근 첨탑, 벽돌을 쌓아 문양을 만드는 롬바르디아 밴드 양식이 절묘한 조화를 이룬 환상의 성이 탄생했다. 왕과 왕비의 방, 왕의 아틀리에, 80명이 일했던 주방 등 내부도 볼거리가 가득하다. 왕의 침대가 유독 작아 왕의 키가 궁금해진다. 알고보면 암살이 두려워 평생 앉아서 잠을 잤다고. 독일인답게 맥주를 즐겨 마신 페르난두 2세의 맥주잔도 전시돼 있다. 동화같이 아름다운 성에서도 두 다리 쭉 뻗고 잠들지 못했던 그에게 맥주란 영혼의 안정제가 아니었을까.

Don't Miss 시간 여유가 있다면 왕의 사냥터였던 정원도 거닐어보자. 보물 찾기 하듯 지도를 손에 들고 정원 구석구석 누리는 재미가 있다. 녹음 속을 걷다 보면 마음까지 초록으로 물드는 기분.

Data **Map** 156E
Access 신트라 기차역에서 434번 버스 타고 페나 성 정류장 하차. 입구에서 궁전까지는 미니 버스 (요금 3유로)를 운행한다
Add Estrada da Pena, 2710-609 Sintra
Tel 219-237-300
Open 성수기 페나 성 09:45~19:00, 정원 09:30~20:00, 비수기 10:00~18:00
Cost 페나 성+정원 성인 14유로 65세 이상·18세 이하 12.50유로
Web parquesdesintra.pt

Tip 멋진 기념사진을 남겨줄 베스트 포토존 3

1. 마리아 2세의 테라스The Queen's Terrace에서 성을 배경으로 찍어보자.
2. 시계탑 뒤쪽을 배경으로 찍으면 또 다른 분위기. 채플Chapel 옆 테라스에서 찍으면 된다.
3. 발품도 마다하지 않겠다면 크루즈 알타Cruz Alta에 올라가보자. 사진가들이 망원렌즈를 들고 오르는 뷰포인트. 페나 성 브로슈어 뒷면의 정원 지도를 보고 찾아가면 쉽다.

LISBOA SUBURBS 01
신트라

포르투갈 왕족의 사생활이 궁금해?
신트라 왕궁 Placio de Nacional de Sintra

백설탕처럼 새하얀 신트라 왕궁은 포르투갈 유일의 중세 왕궁이다. 무어 성과 마찬가지로 무어인들이 지은 성을 포르투갈 왕가에서 12세기부터 궁으로 삼았고, 중세에는 사냥을 위한 여름 별장으로 사용했다. 페나 성에 비하면 첫눈에 반할 만큼 감동적인 외관은 아니지만 방을 하나하나 찬찬히 둘러볼수록 아름답다. 내부는 아랍풍과 마누엘 양식이 혼재돼있다. 백조의 방부터 까치의 방, 부엌, 신트라 왕궁의 클라이맥스 문장의 방까지 알고 보면 더 재미있는 관람 포인트를 공개한다.

Point 1 백조의 방 Sala dos Cines. 왕실 무도회가 열렸던 연회 홀로 천장에 표정이 다른 27마리 백조를 그려놓은 것이 특징.

Point 2 까치의 방 Sala das Pegas. 천장에 176마리의 까치를 그려놓은 게 왠지 의심스럽다. 하녀와 키스를 하다 필리파 여왕에게 걸린 주앙 1세가 '짐은 선을 행한 것'이라는 유체이탈 화법으로 결백을 주장, 왕궁의 하녀의 수만큼 까치를 천장에 그리게 했다. 까치 부리에는 '존경하는'이라는 글귀를, 발에는 필리파 여왕의 상징인 장미를 그려 왕비의 화를 달랬다고 한다.

Point 3 멀리서도 눈에 띄는 원뿔의 정체는 주방 굴뚝. 무어인 특유의 건축 양식으로 어마어마한 크기만큼 강력한 흡입력으로 음식 냄새를 한방에 싹 날려줬다고.

Point 4 포르투갈 황금기 왕의 권력을 보여주는 문장의 방 Sala dos Brasoes. 돔에는 74개의 귀족 문양이 새겨져있고, 벽은 말을 타고 외출하거나 사냥하는 왕족의 모습을 그린 푸른 아줄레주로 가득하다.

Data **Map** 156C
Access 신트라 기차역에서 433, 435번 버스 타고 신트라 왕궁 정류장 하차. 또는 신트라 기차역에서 도보 10분
Add Largo Rainha Dona Amélia, 2710-616 Sintra
Tel 218-800-620
Open 성수기 09:00~19:00, 비수기 09:30~18:00
Cost 성인 10유로, 65세 이상·18세 이하 8.50유로
(리스보아 카드 소지자 할인)

Point 1 백조의 방

Point 3 주방 굴뚝

Point 2 까치의 방

Point 4 문장의 방

카르발료 가문의 신비로운 여름 별장
헤갈레이라의 별장 Quinta da Regaleira
Writer's Pick!

19세기의 뇌섹남, 카르발료 몬테이루Carvalho Monteiro의 영혼이 담긴 공간이다. 브라질에서 태어난 그는 과학, 문화, 예술에 조예가 깊은 감성 백만장자였다. 별장 설계부터 스케일이 남달랐다. 별장은 당대 최고의 포르투갈 건축가와 조각가 6명을 섭외하고, 정원은 이탈리아 무대 디자이너이자 화가이자 건축가인 루이지 마니니Luigi Manini에게 맡겼다. 그의 의뢰를 받은 예술가들은 상상력을 유감없이 발휘했다. 그 결과 기묘한 장식이 절묘하게 어우러지는 네오 마누엘 양식의 별장과 영화 〈이상한 나라의 앨리스〉 속 배경처럼 신비로운 정원이 완성됐다. 벽인 척하는 돌문을 밀면 다른 공간으로 연결되거나 정원 곳곳의 동굴이 성당과 폭포 호수 타워와 통하는 등 알면 알수록 빠져드는 마성의 블랙홀 같은 별장이다. 3층 테라스에서 정원을 내려다보는 전망도 근사하다. 입구에서 지도 한 장 챙겨 별장과 정원 곳곳을 누벼보자!

Data Map 154B
Access 신트라 기차역에서 354번 버스 타고 헤갈레이라의 별장 정류장 하차. 또는 신트라 왕궁에서 도보 12분
Add Quinta da Regaleira, 2710-567 Sintra
Tel 219-106-656
Open 4~9월 09:00~20:00, 10~3월 09:30~18:00
Cost 성인 6유로, 65세 이상 · 18세 이하 5.0유로
(리스보아 카드 소지자 할인)
Web www.regaleira.pt

Tip 비가 와도 좋아요!
비 오는 날, 신비로운 분위기가 더욱 빛을 발하며 숲의 향기도 한층 더 짙어진다. 비가 와서 어딜 갈지 망설여질 땐 헤갈레이라의 별장에서 촉촉하게 우중 산책을 즐겨보자.

낭만주의 시대를 대표하는 정원
몬세라트 Monserrate

저택보다 정원이 더 유명하다. 33헥타르의 정원 대지를 호주, 뉴질랜드, 중국, 일본, 멕시코, 남태평양 등의 전 세계에서 공수해온 3,000여 종의 식물로 가득 채웠다. 인공적이지 않고 자연미가 돋보이게 조경한 것이 이 정원의 가장 큰 특징이다. 초록 언덕 위에서 정원을 굽어보는 웅장한 저택의 주인은 여러 번 바뀌었다. 1790년 영국인 상인 제러드 드 비스메 Gerard de Visme가 고딕 양식으로 몬세트라를 건축했다. 그 후에는 영국인 미술평론가이자 작가인 윌리엄 백퍼드 William Beckford가 여름 별장으로 사용했다가, 1856년 영국의 대상 프란시스 쿡 Francis Cook이 몬세트라를 사들이며 지금의 낭만주의 양식으로 화려하게 꾸민 아랍풍 건축물로 재탄생했다.

신트라 중심에서 3.5km 정도 떨어진 곳에 위치하고 있는데다가, 오후 7시면 신트라 기차역으로 돌아오는 버스가 끊기므로 아침 일찍 다녀올 것을 추천한다.

Data **Map** 154A
Access 신트라 기차역에서 435번 버스 타고 몬세라트 정류장 하차
Add Monserrate, 2710-405 Sintra
Tel 219-237-333
Open 저택 09:30~19:00, 정원 09:30~20:00
Cost 성인 8유로, 65세 이상·18세 이하 6.50유로
(리스보아 카드 소지자 할인)

|Theme|
여름에 가기 좋은 신트라의 서쪽 해변

여름 향기 솔솔 나는 계절이 오면 신트라 해변에 활기가 돈다. 그저 맨발로 보드라운 모래사장을 걷거나 바다에 살포시 발을 담그기만 해도 기분이 상쾌해진다. 신트라에서 가기 쉽고, 즐길거리가 많은 해변 2곳을 엄선했다.

빨간 트램 타고 해변으로 가요!
마상스 해변 Praia das Maçãs

'마상스'의 뜻은 사과다. 여행자들 사이에선 '애플 비치Apple Beach'로 통한다. 오래전 강가의 사과나무에서 툭 떨어진 사과 열매가 이 해변까지 동동 떠내려와 애플 비치라 이름 붙였다는 이야기가 전해온다. 신트라에서 마상스 해변으로 가는 길도 낭만이 흐른다. 잘 익은 사과 빛의 빨간 트램이 신트라와 마상스 해변을 느릿느릿 오가니 창밖 풍경과 눈 맞추며 가는 45분의 여정이 지루하지 않다.
요금은 편도 3유로. 도착하면 아담한 카페, 레스토랑, 리조트에 폭 안긴 황금빛 모래사장과 투명한 바다가 펼쳐진다. 바람과 파도가 좋아 서핑, 카이트 서핑Kite Surfing, 패러글라이딩을 즐기기 좋다.

Data Access 4~9월에 한해 금~일 신트라 기차역에서 마상스 해변까지 트램 운행
Add Praia das Maçãs, 2705 Sintra

대서양의 진면목
아젠냐스 두 마르 해변
Praia das Azenhas do Mar

로컬들의 한가로운 주말 오후를 책임지는 바닷가. 아직 한국 여행자들 사이에선 카보 다 호카나 카스카이스에 비해 덜 알려졌다. 깎아지른 절벽 위엔 오렌지색 지붕을 모자처럼 쓴 새하얀 집들이, 절벽 아래로는 대서양 바다가 드라마틱하게 펼쳐진다. 그리스 산토리니가 부럽지 않은 풍광이다. 맞춤형 배경음악처럼 파도가 철썩인다. 소리도, 크기도 거대한 파도는 세상의 모든 걱정을 말끔히 씻어내려는 듯 해변을 훑고 지나간다.
해안 절벽을 따라 근사한 시푸드 레스토랑들이 모여있다. 여름에는 수영을 즐기는 휴양지로도 인기다. 사진으로 보기엔 마냥 아름다워도 막상 가보면 바람이 세차게 부니 겉옷 하나쯤 준비해갈 것.

Data Access 신트라 기차역에서 리스보아 방향으로 한 정거장 뒤인 포르텔라 드 신타라Portela de Sintra 역에서 440, 441번 버스 타고 아젠냐스 두 마르 정류장 하차 **Add** Escadinhas J. Ramos Baeta 14, 2705 101 Sintra

EAT

Writer's Pick!

타파스, 바칼라우, 뭘 먹어도 성공적!
로마리아 드 바코 Romaria de Baco

신트라 호텔 티볼리 직원이 강력 추천한 레스토랑. 무엇이 맛있느냐고 물으니 모든 음식이 맛있다며 엄지를 척 치켜세우는 게 아닌가. 그 말만 믿고 찾아갔더니 맛은 기본이고 분위기까지 좋다. 레스토랑&와인바를 추구하는 덕에 와인에 곁들이기 좋은 타파스 메뉴도 다양하다. 둘이서 이것저것 맛보고 싶다면 타파스 둘, 요리 하나 정도 주문하면 알맞다.

매니저 추천 메뉴는 '바칼라우 아 브라스 Bacalh a Bras'. 잘게 다진 바칼라우 살과 달걀, 익힌 감자를 섞어 볶은 요리다. 오믈렛처럼 부드럽고, 간간하면서도 감칠맛이 있다. 밤 10시부터는 음악이 흐르는 로맨틱한 분위기로 변신한다.

Data **Map** 156C **Access** 신트라 기차역에서 434, 435번 버스 타고 신트라 마을 관광안내소 정류장 하차, 도보 1분 **Add** Rua Gil Vicente 2, 2710-568 Sintra **Tel** 219-243-985 **Open** 11:00~24:00 **Cost** 바칼라우 아 브라스 12.80유로, 타파스 6.80유로~

달콤한 트라베세이루 한입
피리퀴타 Piriquita

신트라에서 제일 잘 나가는 빵집. 피리퀴타가 유명세를 치르게 된 결정적 메뉴는 트라베세이루와 퀘이자. '베개'라는 뜻의 트라베세이루Travesseiro는 베개처럼 길쭉한 모양의 바삭한 페이스트로 신트라의 명물 디저트. 퀘이자다Queijada는 작고 동그란 치즈 타르트쯤 된다. 퀘이자다는 고소한 치즈맛이 느껴지면서 달고, 달걀 크림이 잔뜩 들어있는 트라베세이루는 대놓고 달다. 뭘 먹든 커피 한 잔 곁들여야 더 맛있게 맛볼 수 있다. 가게 안은 이 달콤함을 맛보려는 여행자들로 늘 인산인해. 로컬들 사이에서는 에클레어도 인기란다.

1호점

Data **Map** 156C **Access** 1호점 신트라 왕궁에서 도보 2분. 왕궁에서 마을 언덕길로 올라가는 초입, 왼편에 위치. 2호점 신트라 왕궁에서 도보 3분. 왕궁에서 마을 언덕길로 올라 우회전 **Add** 1호점 Rua Padarias 1/7, 2710-603 Sintra, 2호점 Rua das Padarias 18, 2710-791 Sintra **Tel** 1호점 219-230-626, 2호점 219-231-595 **Open** 09:00~21:00 **Cost** 트라베세이루 1.30유로, 퀘이자다 0.90유로

LISBOA SUBURBS 01
신트라

신트라 동네 맛집
아피아데이루 Apeadeiro

기차역과 접근성이 좋고 맛도 좋아 받고 있다. 아줄레주로 꾸민 인테리어와 바람을 가르며 서빙하는 노장 웨이터의 미소가 정겹다. 바칼라우, 농어, 갈치 등 각종 생선구이부터 새우밥 등 해산물 요리는 물론 스테이크까지 육해공을 아우른다. 메뉴가 많아서 결정 장애가 올 땐 추천을 받자. 두툼한 와인 리스트도 믿음이 간다. 요리에 어울리는 와인을 골라 준다. 음식이 천천히 나오므로 빵이나 올리브 등 포르투갈식 에피타이저 쿠베르트Cuvert를 먹으며 기다리는 편이 낫다.

Data **Map** 156A **Access** 신트라 기차역에서 도보 2분
Add Avenida Doutor Miguel Bombarda 3, 2710-556 Sintra
Tel 219-231-804 **Open** 월~수 10:00~24:00,
금~일 10:00~24:00 **Cost** 생선구이 9~14유로, 해물밥 12.50~23유로
Web restauranteapeadeiro.pt

바다 옆 수영장이 있는 레스토랑
Writer's Pick!
아젠냐스 두 마르 레스토랑 Azenhas do Mar Restaurante

아젠냐스 두 마르 해변을 끼고 있는 절벽 중턱의 레스토랑. 대서양의 절경을 바라보며 맛보는 신선한 해산물 요리는 감동스럽다. 통유리 창으로 바다가 쏟아질 듯 전망 좋은 창가 자리는 늘 인기. 싱싱한 생선을 직접 골라 구이로 먹거나 해산물을 가득 넣고 매콤하게 끓여내는 카타플라나Cataplana를 추천한다. 탱글탱글한 새우, 문어와 걸쭉한 국물을 한 숟가락에 떠먹는 맛이 감탄을 부른다. 여름(5~9월)에는 수영장을 오픈해 수영과 식사를 함께 즐기는 일거양득형 레스토랑으로 변신한다.

Data **Access** 신트라 기차역에서 리스보아 방향으로 한 정거장 뒤인 포르텔라 드 신트라Portela de Sintra역에서 440, 441번 버스 타고 아젠냐스 두 마르 정류장 하차, 도보 5분
Add Azenhas do Mar, 2705-104 Colares-Sintra **Tel** 219-280-739
Open 12:00~22:00 **Cost** 카타플라나(2인분) 36~48유로, 코스 메뉴 25유로~
Web www.azenhasdomar.com

Tip 전화나 이메일로 미리 예약하면 호텔에서 레스토랑까지 택시비를 내 주는 무료 택시 서비스를 제공한다.

신트라 호스텔의 재발견!
문 힐 호스텔 Moon Hill Hostel

2014년에 오픈한 호스텔. 구석구석 손님들을 배려하는 주인장의 센스가 흘러넘친다. 푹신한 소파가 놓인 공용 거실, 누구나 요리할 수 있는 부엌과 작은 바까지 갖추고 있다. 무엇보다 깔끔하고 아늑한 객실이 총 14개. 객실 타입은 전망이 좋은 스위트룸, 2인용 더블룸, 4인실 도미토리, 4인 가족용 패밀리룸 4가지. 객실에서도 와이파이를 쓸 수 있다. 기차역과 가깝고 신트라 왕궁이나 마을까지는 산책 삼아 걸어갈 만한 거리다. 위치, 가격, 깔끔지수 등 요모조모 따져볼수록 추천하고 싶은 곳. 칼두 엔토르나두Caldo Entornado 레스토랑도 함께 운영한다.

Data Map 156C
Access 신트라 기차역에서 도보 5분
Add Rua Guilherme Gomes Fernandes 19, 2710-721 Sintra
Tel 219-243-755
Cost 도미토리 20유로~, 더블룸 30유로~, 스위트룸 46유로~
Web www.moonhillhostel.com/eng

테라스가 있는 클래식한 룸
호텔 티볼리 신트라 Hotel Tivoli Sintra

신트라 왕궁을 바라보며 아침을 맞이할 수 있다. 뷔페 레스토랑에서 내려다보는 전망도 근사하다. 지은지 오래돼 전체적으로 낡았지만 넓은 객실은 칭찬할만하다. 앤틱한 책상과 암체어 등 고풍스러운 가구로 채운 방은 옛 귀족의 별장이 부럽지 않다. 신트라 왕궁, 관광안내소와 가까워 신트라 마을 구석구석 둘러보기 절묘한 위치. 페나 성&정원, 무어 성, 몬세라트로 가는 버스정류장도 지척이다. 헤갈레이라의 별장까지 펼쳐지는 싱그러운 길은 몇 번이고 오갈만 하다. 단, 무거운 짐을 끌고 기차역에서 걸어가기는 힘든 거리. 무료 와이파이는 로비에서만 가능하다.

Data Map 156C
Access 신트라 왕궁에서 도보 2분
Add Praça República, 2710-616 Sintra
Tel 219-237-200 **Cost** 더블룸 90유로~
Web www.tivolihotels.com

Lisboa Suburbs

02

카스카이스 & 카보 다 호카
Cascais & Cabo da Roca

한때 포르투갈 왕가의 거주지였던 카스카이스는 리스보아 부근에서 가장 '핫'한 여름 휴양지이다. 1년 중 260일이 맑은 카스카이스에서는 내리쬐는 따사로운 햇살을 온몸으로 100% 흡수하고 싶어진다. 어촌이었던 이 지역은 지난 100년간 엄청난 발전을 거듭하여 현재는 관광객들을 위한 다양한 편의시설과 숙소를 갖추고 있다. 카스카이스에 끌리는 또 다른 이유는 이렇게 현대적, 도시적인 면모를 갖추었으면서도 아기자기한 항구의 분위기는 잃지 않았다는 것. 신대륙을 발견하기 전 세상의 끝이라 여겨졌던 카보 다 호카에도 손쉽게 다녀올 수 있으니 일정을 짤 때 염두에 두자.

Cascais&Cabo da Roca
PREVIEW

규모가 작아 다니는데 어려움이 없고, 맛집과 볼거리가 여기저기 있어 24시간 오감을 만족시키는 카스카이스! 박물관과 성, 요새 등의 명소도 많지만 해변가와 항구를 걷는 것이 카스카이스에서 누릴 수 있는 가장 큰 행복! 시간을 여유롭게 계획하여 등대뿐이지만 세상의 끝에 서 있는 듯한 기분을 느껴볼 수 있는 카보 다 호카에도 다녀오자. 광활한 바다의 풍경과 아찔한 절벽 앞에서 사색의 시간을 가질 수 있는 특별한 여행지이다.

SEE

눈부시게 하얀 산타 마르타 등대&박물관은 상큼한 바닷가 동네의 느낌을 가장 잘 대표하는 카스카이스 제1의 명소이다. 해양 박물관과 카사 데 산타 마리아 역시 반드시 들러봐야 할 명소. 당일치기라도 부지런히 움직이면 버스를 타고 유럽 최서단인 카보 다 호카에도 다녀올 수 있다.

EAT

카스카이스 해안가를 따라 많은 식당들이 있다. 시청이 있는 싱쿠 오토브루 광장(Map 171D Add Praça 5 de Outubro, 2750 Cascais)에도 수많은 맛집과 카페들이 모여있다. 카스카이스에서도 가장 많이 보이는 메뉴는 바칼라우와 나타. 바다를 감상하며 먹는 해산물은 그 풍미가 배가 된다. 카보 다 호카에는 식당이 없고 간단한 스낵을 파는 간이 매점 같은 상점만 있으니 물이나 간식 등은 미리 준비해가는 것이 좋다.

BUY

카스카이스는 여름 바캉스에 인기가 절정인 휴양지답게 서핑, 수영과 관련한 의류와 물품들을 판매하는 상점들이 많다. 대형 쇼핑센터가 2곳 있는데, 시내에 위치한 카스카이스 쇼핑, 조금 떨어진 카스카이스빌라 쇼핑 센터다. 다양한 상품군을 한 번에 구입할 수 있다.

SLEEP

카스카이스의 바다는 화려한 조명이 켜지고 당일치기로 놀러 왔던 여행객들이 사라지는 밤이 올 때 또 다른 매력을 발산한다. 바다를 좋아하는 여름 여행자라면 카스카이스에서 며칠을 묵으며 신트라나 카보 다 호카와 같은 근교 여행지를 다녀오는 것도 좋다. 파도소리를 들으며 잠들 수 있는 파롤 디자인 호텔은 카스카이스 최고의 숙소.

Cascais&Cabo da Roca
GET AROUND

어떻게 갈까?

1. 기차 Train
리스보아 카이스 두 소드레 Cais do Sodré역에서 국철(CP: Caminhos de Ferro Portugueses)을 이용한다. 리스보아 카드 소지자는 리스보아와 카스카이스 간 국철을 무료로 이용 가능하며, 개별권을 구입한다면 4존에 해당하는 티켓을 구매해야 한다. 40분 정도 소요되며, 평균 30분 간격으로 운행한다. 리스보아에서 바로 카보 다 호카로 가는 기차는 없다.
Cost 편도 2.20유로 Web www.cp.pt

2. 버스 Bus
카스카이스에서 카보 다 호카를 갈 때 이용하는 교통수단. 카스카이스 시내에서는 버스를 탈 일이 거의 없으나 외곽 또는 다른 도시로 나갈 때 이용하게 된다. 대부분의 여행자들은 카스카이스빌라 쇼핑 센터 지하에 위치한 버스정류장에서 403번을 타고 카보 다 호카를 다녀온다. 버스 시간표는 홈페이지에서 확인 가능하나 포르투갈어만 지원한다.
Web www.scotturb.com/carreiras/horarios

3. 자동차 Car
리스보아와 30km 떨어져 있는 카스카이스는 차로는 40분 걸린다. 직선형 A5 도로 또는 경치를 보며 달리고 싶다면 해안가 도로에 스트라다 마르지날 Estrada Marginal EN 6 도로를 타자.

어떻게 다닐까?

1. 도보
카스카이스 내에서는 걸어서 모든 명소를 돌아볼 수 있다. 그나마 조금 거리가 있는 지옥의 입도 도심에서 도보 20분 거리. 카보 다 호카는 버스정류장에서 내리면 바로 보인다.

2. 자전거
카스카이스는 해안가 도로가 잘 정비되어 있고 약간 경사가 있다. 활동적인 여행자라면 자전거를 대여해서 신나게 라이딩을 하며 오후를 보내자. 에스토릴 Estoril까지 이어지는 해안가 길은 약 2km. 긴쇼 Guincho까지 정비된 자전거 도로 전체 길이는 약 9km이다. 신분증과 숙소 주소가 있으면 무료로 자전거를 대여할 수 있는 비카스 BiCas 시스템이 갖추어져 있다.

비카스 BiCas
Data Map 171D Access 카스카이스 기차역에서 도보 1분 Add Largo da Estação, Cascais Open 08:00~19:00

INFO 카스카이스 관광안내소 Cascais Tourism Office
Data Map 171D Access 카스카이스 기차역에서 도보 3분 Add Praça 5 de Outubro, 2750-320 Cascais Tel 912-034-214 Open 동절기 09:00~18:00, 하절기 09:00~20:00 Web www.visitcascais.com

LISBOA SUBURBS 02
카스카이스&카보 다 호카

SEE

수많은 보트와 요트가 쉬어 가는 곳
카스카이스 항구 Marina de Cascais

포르투갈의 마지막 왕이었던 카를로스 1세Dom Carlos I는 여름 별장을 카스카이스에 두고, 이 지역을 해양 스포츠와 해양 탐방의 본거지로 만들었다. 그 정기를 가장 진하게 느낄 수 있는 곳이 바로 카스카이스 항구다. 대형 요트와 길이가 36m를 넘지 않는 보트와 요트 650척을 수용한다. 요트를 소유한 리스보아와 카스카이스 부근의 포르투갈 사람들에게는 '주차장'인 셈이다. 이곳에 보트와 요트를 전부 정박시키니 관광객들에게는 예쁜 포토 스폿이 된다. 다양한 요트, 보트 행사와 경기들을 주최하기도 한다. 작은 고기잡이배들의 알록달록한 색을 구경하며 항구 부근을 산책하는 것은 내륙 도시에서는 할 수 없는 특별한 경험이다.

Data Map 171F **Access** 카스카이스 기차역에서 도보 10분
Add 2750-800 Cascais **Web** mymarinacascais.com

카스카이스의 해안선을 굳건히 지키고 선
노사 센호라 다 루즈 요새 Fortaleza de Nossa Senhora da Luz

16세기 후반 세워진 후 포르투갈 왕가의 별궁으로 사용되다 군대가 주둔하던 본거지로 쓰였다. 1878년 9월 28일, 당시 왕자였던 카를로스의 생일을 기념하여 포르투갈의 첫 전기 사용을 선언한 곳으로 알려져 있다. 2003년 카스카이스의 소유가 되어 오랜 공사를 마친 후 2011년 대중에게 개방되었다. 요새의 특징은 삼각형의 뼈대. 이탈리아 건축가들의 창의적인 아이디어를 반영한 것으로 포르투갈에서 쉽게 찾아볼 수 없는 양식이다. 요새의 주요 부분에 관련 설명이 써 있는 판넬(포르투갈어, 영어)이 세워져 있다.

Data Map 171F **Access** 카스카이스 기차역에서 도보 10분
Add Passeio Dona Maria Pia, 2750 Cascais **Tel** 214-815-361/323 **Open** 화~일 10:00~17:00
Web www.cascais.pt/equipamento/fortaleza-nossa-senhora-da-luz

카스카이스에서 가장 예쁜
마레칼 카르모나 공원 Parque Marechal Carmona

1940년대 조성된 푸르고 맑은 공원. 간다리냐 자작이 소유했었기에 공식 명칭은 간다리냐 공원Parque Gandarinha이지만 현지인들은 아직도 마레칼 카르모나 공원이라 부른다. 울창하게 우거진 나무와 시원하게 펼쳐진 풀밭, 낭만적인 산책로가 있어 시민들의 휴식처로 사용되어 왔다. 형형색색의 날개를 뽐내는 공작들도 산책 중에 심심찮게 마주칠 수 있다. 오리들이 헤엄치는 호수와 아동 도서관, 테라스가 있는 카페도 마련되어 있다. 특히 아이들을 위해 다양한 나이대에 맞도록 조성된 3개의 작은 놀이터를 볼 수 있다. 매주 토요일에는 유기농 시장(10:00~18:00)이 서기도 한다.

Data Map 171F
Access 카스카이스 기차역에서 도보 10분 **Add** Avenida da República, 2750 Cascais
Open 11~3월 08:30~17:45, 4~10월 08:30~19:45 **Cost** 무료 **Web** www.cascais.pt

아름다운 공원 안에 위치한 박물관
콘데스 데 카스트로 기마랑이스 박물관 Museu Condes de Castro Guimarães

마레칼 카르모나 공원 내 박물관으로 국내외 미술품과 가구, 도자기와 주얼리를 전시한다. 350년 된 아줄레주와 17세기 인도와 포르투갈의 가구, 실크 직물 등으로 화려하게 꾸며진 예쁜 이곳은 마누엘 데 카스트로 기마랑이스 공작 소유였다. 공작이 세상을 떠나며 카스카이스에 기증하였고, 미술관으로 만들어 달라는 공작의 청을 들어 1931년 개관하였다. 화가 카를로스 본발로Carlos Bonvalot, 작가 브란퀴뇨 다 폰세카Branquinho da Fonseca 등 포르투갈의 내로라하는 명사들이 관장직을 맡았는데, 1932년 페르난두 페소아가 관장직을 신청했으나 자격 미달로 반려되었다는 흥미로운 일화도 있다. 대표작은 소우자 핀투Sousa Pinto의 파스텔화, 주앙 바즈João Vaz의 유화 등이 있다.

Data Map 171F **Access** 카스카이스 기차역에서 도보 12분
Add Avenida Rei Humberto II de Itália Parque Marechal Camona, 2750-319 Cascais
Tel 214-815-304 **Open** 10:00~13:00, 14:00~17:00(매달 두 번째 수요일 휴관)
Cost 무료 **Web** www.cascais.pt/equipamento/museu-condes-de-castro-guimaraes

항구 옆에 위치한 예스러운 집
카사 데 산타 마리아 Casa de Santa Maria

1918년 완공된 카사 데 산타 마리아는 개인 소유였다가 2004년 에스피리투 산투Espirito Santo 가문에게 카스카이스가 구입하여 관광 명소로 운영하고 있다. 카스카이스 출신 건축가인 라울 리누Raul Lino의 대표작으로, 왕가들의 여름 휴양지로만 알려지지 않고 항구 부근에 살던 뱃사람들의 서민적인 생활을 엿볼 수 있도록 의도하여 지은 건물이다. 섬세하게 신경 쓴 인테리어는 17세기 아줄레주와 유화 판넬, 목조 천장 등으로 꾸며져 고전적인 분위기가 물씬 난다. 집안 곳곳에 위치한 여러 개의 창은 카스카이스 항구와 산타 마르타 등대를 향하고 있어 창 밖 풍경도 아름답다. 정기적으로 특별 미술전을 주최하며, 낭독회나 강연, 결혼식 등 카스카이스에서 열리는 다양한 행사를 위해 사용된다.

Data Map 171F
Access 카스카이스 기차역에서 도보 10분 **Add** Praceta Farol, 2750-341 Cascais
Tel 214-815-382
Open 화~금 10:00~17:00 / 토·일 10:00~13:00, 14:00~17:00 **Cost** 무료
Web www.cascais.pt/en/equipamento/casa-de-santa-maria-house-santa-maria

눈부시게 새하얀 카스카이스의 상징
Writer's Pick! ## 산타 마르타 등대&박물관 Farol Museu de Santa Marta

카스카이스 항구가 연장되기 전에는 카스카이스 최남단의 명소였다. 1868년 세워진 이후로 보트들의 길잡이 역할을 톡톡히 했다. 본래 이 자리에는 요새가 있었으나 그 기능을 다 하지 못하자 허물고 높이 8m의 늘씬한 등대를 세웠다. 1981년까지 등대지기가 있어 직접 등대 불을 켜고 껐으나 현재는 자동화 시스템으로 바뀌었다. 등대 옆 건물은 2007년 개관한 포르투갈 유일의 등대 박물관으로 과거에 실제로 사용하던 등대의 여러 부품과 해양용품 등을 전시한다. 등대지기가 살던 방도 전시관으로 바꾸어 놓았으며, 주요 전시품으로는 등대지기의 일기와 등대 조명(프레넬 렌즈)이 있다. 방문객들이 등대의 역사와 원리를 쉽게 이해할 수 있도록 다양한 멀티미디어를 이용한 설명도 제공한다. 전시를 보고 나서는 박물관 카페에서 커피를 마셔보자. 규모는 그리 크지 않으나 분위기가 좋다.

Data Map 171F
Access 카스카이스 기차역에서 도보 12분 **Add** Rua do Farol de Santa Marta, 2750-341 Cascais
Tel 214-815-328
Open 화~금 10:00~17:00, 토·일 10:00~13:00, 14:00~17:00
Cost 무료
Web www.cascais.pt/en/equipamento/santa-marta-lighthouse-museum

무시무시한 이름과는 달리 아름다운
지옥의 입 Boca do Inferno

절벽 단면 석회석의 약한 부분이 부식되어 형성된 지옥의 입은 1896년 영국 영화 〈리스본 근처의 바다 동굴A Sea Cave Near Lisbon〉에 소개된 후 유명세를 탔다. 주변에는 작은 카페와 기념품 숍이 있고, 해안가를 따라 걷는 산책로와 자전거 도로에 위치하여 이 길을 따라 걷다 들리는 여행자들이 많다. 계속해서 파도가 몰아치는 장관이 계속 연출되는 것이 아니기에 꼭 보고 싶다면 30분 정도는 기다려야 한다.

거센 파도가 몰아치는 것은 주로 겨울 시즌으로, 여름 여행객은 이름과는 어울리지 않는 작고 예쁜 동굴만 보다 가는 경우가 많다. 1930년, 알레이스터 크로울리Aleister Crowley라는 마술사 겸 천문학자가 이곳에서 본인의 죽음을 꾸민 사건이 있어 크게 화제가 되기도 하였다. 본인의 전시를 홍보하기 위해 사고사를 위장하고 3주 후 독일 베를린에서 열린 자신의 전시회에 나타난 것. 이를 설명하는 작은 패널이 지옥의 입 한쪽에 붙어 있다.

Data **Map** 171E **Access** 카스카이스 기차역에서 도보 20분
Add Avenida Rei Humberto Ii de Itália, 2750 Cascais

바다 내음 물씬 나는
해양 박물관 Museu do Mar Rei D. Carlos

1879년 왕자 카를로스가 세운 카스카이스 축구단 건물을 1992년 박물관으로 탈바꿈 시켰다. 해양 생태계에 대한 이해를 돕는 전시품들이 있으며, 해양 민족지, 해저 지형 등 바다와 관련한 다양한 테마로 전시를 열고 있다. 40명을 수용하는 오디오실과 비디오실이 있으며, 다양한 기록, 문서, 도서, 다큐멘터리 필름으로 구성된 도서관도 있다. 특별히 카스카이스 어부들의 역사와 경험에 헌정된 바다 사람실 People of the Seas Room이 마련되어 있다. 주기적으로 확장과 리노베이션을 하고 있다. 런던의 자연사 박물관Natural History Museum of London, 모나코 해양학 박물관Musée Oceanographique Monaco 등 포르투갈 국내, 세계 각지의 바다와 관련한 박물관과 협업하여 자료를 공유하고 공동 특별전을 열기도 한다.

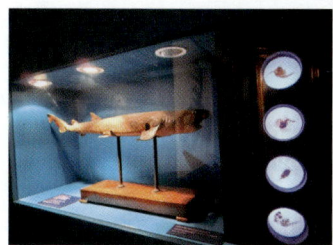 

Data **Map** 171C
Access 카스카이스 기차역에서 도보 8분
Add Rua Júlio Pereira de Mello, 2750-407 Cascais
Tel 214-815-906
Open 화~금 10:00~17:00, 토·일 10:00~13:00, 14:00~17:00 **Cost** 무료
Web museumar.cascais.pt

| Theme |

시내에서 엎어지면 코 닿을 곳, 카스카이스의 해변

카스카이스의 바다는 대서양을 바라보고 있는 북서쪽 해변가와 테주 강 쪽을 향하고 있는 남동쪽 해변가로 크게 나뉜다. 북서쪽 해변가는 자동차를 이용해서 올라가야 찾을 수 있고, 파도가 거칠어 서핑족에게 인기다. 이 장에서 소개할 해변들은 카스카이스 시내에서 걸어서 찾아볼 수 있는 남동쪽 해안가의 대표 해변 3곳.

페스카도레스 해변 Praia dos Pescadores

카스카이스 정중앙에 위치한 해변. 이름은 '어부들의 해변'이라는 뜻이다. '히베이라 데 카스카이스 해변Praia da Ribeira de Cascais'이라 부르기도 한다. 수심이 낮아 가벼운 해수욕과 해안가에서 선탠을 즐기고 싶은 사람들에게 적합하다. 바다를 바라보고 누워 있다가 고개만 뒤로 돌리면 카스카이스 시가지의 멋진 전경이 눈에 들어온다.

Data Map 171D Access 카스카이스 기차역에서 도보 5분 Add Avenida Dom Carlos I, 2750 Cascais

레이냐 해변 Praia da Rainha

19세기 아멜리아Amelia 여왕의 개인 전용 해변으로 사용되어 '여왕'이라는 뜻의 이름을 갖게 되었다. 시내와 계단이 하나로 연결되어 있으며, 해변이 그리 크지 않고, 상대적으로 사람들이 많이 몰리지 않아 한적하게 해수욕을 즐길 수 있다.

Data Map 171D Access 카스카이스 기차역에서 도보 1분 Add 2750-642 Cascais

콘세이사웅 해변&두케사 해변
Praia da Conceição&Praia da Duquesa

나란히 위치하여 구분 짓기도 쉽지 않은 콘세이사웅 해변과 두케사 해변. 두 해변은 썰물일 때 보이는 작은 해로로 연결되어 있다. 상업시설이 근처에 많고, 알브트로즈 호텔Albtroz Hotel 앞에 위치해 투숙객들이 많이 찾는다. 물이 깨끗해서 다이빙을 하기에 최적이다. 요트와 윈드서핑 등 각종 해양 레저에도 적합하여 여름 액티비티족들로 붐빈다.

Data Map 171D Access 카스카이스 기차역에서 도보 2분 Add 2750-334 Cascais

포르투갈 최서단
카보 다 호카 Cabo da Roca

카스카이스와 15km, 리스보아와 40km 떨어진 곳에 위치한, 유럽 최서단에 자리 잡은 깎아지른 듯한 거친 절벽이다. 14세기 말까지는 세계의 끝이라고 믿었던 곳이다. 쉴 새 없이 몰아치는 대서양 파도가 이곳의 야성적인 분위기와 잘 어울린다. 카보 다 호카에 도착하면 바로 보이는 것은 십자가가 달린 큰 기념비. 포르투갈의 대문호 루이스 카몽이스Luís de Camões가 '육지가 끝나고 바다가 시작되는 곳'이라 한 말이 새겨져 있다. 관광안내소, 등대, 작은 카페, 기념품 숍이 있지만 이를 제외하고는 볼 것이 없다. 상징적인 의미 때문에 많은 사람들이 찾는 곳이다. 해안가를 돌아볼 수 있는 산책로가 있어 천천히 돌아보며 사진 찍기 좋다. 카보 다 호카의 등대는 포르투갈에서 처음으로 불을 밝혀 배들을 인도하려는 목적으로 세워진 등대이다. 1772년 세워졌으나 현재의 것은 1842년 재건되었다. 카보 다 호카가 가장 예쁠 때는 하늘을 물들이는 노을이 지는 해질녘이지만 카보 다 호카와 카스카이스 시내를 잇는 버스는 시간을 잘 지키는 편이 아니기 때문에 너무 늦게 가면 돌아오는 버스를 타기 어렵다.

Data Map 171B
Access 09:00~17:00 동안 1시간에 1번 정도 운행하는 403번 버스를 이용한다. 카스카이스빌라 쇼핑 센터 지하에 위치한 버스 정류장에서 탑승, 카보 다 호카 정류장 하차. 약 30분 소요
Add Estrada do Cabo da Roca s/n, 2705-001 Colares

Tip 403번 버스는 시간을 잘 지키지 않아요.

403번 버스는 시간표의 시간을 지키는 편은 아니라 버스정류장에서 하염없이 기다려야 하는 경우도 있다. 카보 다 호카 버스정류장에 내리면 바로 보이는 관광안내소에서 버스 시간표를 확인하도록 하자. 버스를 기다리지 못하겠다면 관광안내소에서 택시를 불러달라고 하면 된다. 카스카이스와 카보 다 호카 이동 시 택시로 이동하면 30분 정도 소요되며, 요금은 약 35유로 정도. 카보 다 호카에서 리스보아 시내까지는 45분 정도 소요되며, 가격은 50유로 안팎이다.

동네 사람들이 아끼는 맛집
레스토란테 5 센티도스 Restaurante 5 Sentidos

2006년 카스카이스 항구에서 작은 카페로 시작했으나, 지금은 동네 사람들의 사랑을 듬뿍 받고 규모를 키워 식당으로 새로 오픈한 곳이다. 식사를 통해 손님들의 오감을 일깨우는 것을 콘셉트로 하여 요리뿐만 아니라 눈과 귀도 즐겁도록 내부를 사랑스런 분위기로 꾸며놓았다. 식사 시간이 특별한 경험이 되는 것을 지향한다. 신선한 식재료를 사용하여 메뉴가 거의 매일 바뀌고, 해산물이 특히 맛있다. 상큼한 바다 요리의 맛을 돋우는 와인 리스트도 가성비가 좋다.

Data Map 171D **Access** 카스카이스 기차역에서 도보 11분 **Add** Largo Assunção 6, 2750-298 Cascais **Tel** 961 571 194 **Open** 수~월 12:30~15:30, 18:00~24:00 **Cost** 농어구이와 새우 15,20유로 **Web** www.restaurante5sentidos.com

세련된 해산물 전문점
오 페스카도르 O Pescador

해안가와 구시가지 생선시장 중간에 있어 위치 선정부터 남다르다. 1964년부터 카스카이스에서 가장 맛있는 해산물 식당으로 소문이 자자하다. 전통적인 레시피를 현대적으로 해석한 식사 메뉴뿐 아니라 주인 라미루 핀투의 남다른 와인 사랑으로 인한 수준 높은 와인 리스트 덕분에 미식가 단골손님이 많다. 처음에는 주인 본인만을 위한 와인을 세계 각지에서 모으다 감당할 수 없을 정도로 많아지자 식당을 개방한 것이라고 한다.

대서양에서 갓 잡은 신선한 생선으로 요리하는 메뉴가 가장 인기가 많다. 알가르브Algarve 해안에서 직배송한 굴과 참치 카르파치오, 문어 등이 대표 메뉴. 여러 명이 식사한다면 새우와 로브스터 요리를 추천한다.

Data Map 171D
Access 카스카이스 기차역에서 도보 3분
Add Rua das Flores 10-B, 2750-348 Cascais
Tel 212 191 843 **Open** 화~토 12:00~15:00, 19:30~23:00, 일 12:00~15:00 **Cost** 참치 스테이크 13유로, 장어튀김 13유로
Web www.restauranteopescador.com

아트 갤러리와 카페의 만남
카페 갤러리아 하우스 오브 원더스
Cafe Galeria House of Wonders

네덜란드 출신 주인 안나 카타리나는 매일 다른 종류의 유기농 케이크를 만들어 판매한다. 채식주의자들을 위한 키쉬, 타파스, 샐러드, 파이 등 다양한 요리를 개발하여 선보이기도 한다. 긴 상호명이 말해주듯 '놀라운 일로 가득한 집'인 카페 갤러리아는 예술가들에게 영감을 주는 것을 목적으로 하는 공간이다. 나이 상관없이 창의적인 신인 화가에게 그림을 전시할 공간을 내어주고, 작품이 판매되면 수익 100%를 작가에게 전달한다.
아마추어 가수들이 기량을 뽐낼 수 있는 가라오케의 밤Karaoke Night 행사도 열리며, 지역 밴드들의 라이브 공연도 주최한다. 넓적한 나뭇잎을 엮어 만든 옥상 테라스는 여름날에 인기 있다.

Data **Map** 171D **Access** 카스카이스 기차역에서 도보 2분
Add Largo de Misericordia, 2750-348 Cascais
Tel 911-702-428 **Open** 08:00~22:00
Cost 키쉬와 샐러드 세트 7.50유로, 채소 수프 3.50유로, 포르투갈 화이트와인 1잔 3.75유로 **Web** www.facebook.com/houseofwonders

다양한 종류의 홍합 요리와 진 한잔
물&진 Moules and Gin

벨기에 홍합 요리와 맥주의 궁합이 환상적이라는 데에서 착안하여 만들어진 물&비어의 '진' 버전. 2013년 문을 연 후부터 승승장구하고 있는 별미 식당이다. 독한 술을 좋아한다면 홍합과 진gin(알코올에 주니퍼 베리juniper berry로 향기를 내는 무색투명한 40° 증류주)의 콤보를 이곳에서 음미해보자.
지중해풍으로 요리한 홍합, 아무 소스 없이 담백하게 쪄 낸 홍합, 카레와 페스토 등 다양한 소스로 양념한 홍합 등 홍합이라는 신선한 재료 한 가지를 가지고 다양한 메뉴를 구성해놓았다. 이는 마틴 밀러스Martin Millers, 진셀프 Ginself, 시킴Sikkim 등 여러 종류의 진과 함께 먹을 수 있다. 투명한 진과 잘 어울리는 깔끔하고 모던한 인테리어도 합격점.

Data **Map** 171D
Access 카스카이스 기차역에서 도보 6분
Add Rua Nova da Alfarrobeira 14, 2750-452 Cascais
Tel 214-867-604
Open 12:30~24:00(월요일 점심 휴무)
Cost 칠리 홍합 10.50유로, 타이풍 홍합 11유로, 커리 홍합 10.50유로, 페스토 홍합 11유로, 진 ½잔 5유로, 1잔 8유로
Web www.moules.pt

BUY

레저, 식사, 쇼핑을 한 번에
카스카이스 쇼핑 Cascai Shopping

카스카이스 외곽에 위치하며, 카스카이스 부근에서는 가장 규모가 큰 쇼핑몰이다. 걸어서는 갈 수 없기 때문에 카스카이스에 1박 이상 머무르며 차 또는 버스를 이용하여 이동하는데 시간적 부담이 없는 여행자에게 추천한다. 쇼핑몰 안에 자체 택시 정류장이 있어 택시로 이동하는 것도 편리하다. 카스카이스 쇼핑 내 푸드 홀Food Hall에는 25개의 식당이 있다. 영화관은 더빙 없이 원어로 상영한다. 가구, 인테리어, 패션, 액세서리, 장난감, 기념품, 주얼리, 시계, 도서, 통신기기, 컴퓨터 등 다양한 품목을 취급하는 상점들이 약 90여 개 있다.

Data Map 171B
Access 400번 버스를 타고 10~30분 소요(버스 시간표 www.scotturb.com/carreiras/horarios/inverno) **Add** Estrada Nacional 9, 2645-543 Alcabideche **Tel** 210-121-620
Open 10:00~23:00 **Web** www.cascaishopping.pt

도심과 가까운 편의성 좋은 상점
카스카이스빌라 쇼핑 센터
Cascaisvilla Shopping Center

기차역에서 도보 1분이면 찾을 수 있는 쇼핑 센터. 앞서 소개한 카스카이스 쇼핑에 비해 입점되어 있는 브랜드들이 조금 더 저렴하다. 레프티스Lefties와 같은 스파SPA 브랜드가 주로 입점해 있다. 쇼핑 센터 안에는 영화관과 장을 볼 수 있는 슈퍼마켓 핑구 도체Pingo Doce도 있다. 카스카이스에서 여름을 보내는 바캉스족들은 이곳에서 식료품을 구입하여 숙소에서 음식을 만들어 먹는다.

Data Map 171B
Access 카스카이스 기차역에서 도보 1분
Add Avenida Dom Pedro 1, 2750-786 Cascais
Tel 214-828-250
Open 10:00~22:00
Web www.cascaisvilla.pt

SLEEP

대서양을 마주하는 5성급 호텔
파롤 디자인 호텔 Farol Design Hotel

카스카이스에서 가장 스타일리시한 호텔. 전통적인 포르투갈 빌라 건물을 미니멀하게 꾸며 놓았다. 33개의 객실과 1개의 펜트하우스 중 9개의 객실은 각각 다른 패션 디자이너들이 도맡아 인테리어를 하였다. 바닷물로 채워 놓은 야외 수영장을 갖추고 있으며, 시원한 테라스 또는 객실에서 마사지도 받을 수 있다. 호텔 레스토랑 더 믹스The Mix는 해가 지고 나서 카스카이스의 바닷가 경치를 감상하기 훌륭하다. 더 믹스 외에도 스시 전문 식당이 있으며, 호텔 자체 바도 2개나 있다. 전 객실 무선 인터넷, 네스프레소 머신, 미니바, TV, 자쿠지 욕조 제공. 6세 이하 어린이에게는 무료로 요람 또는 침대를 추가 제공한다. 체크인 16:00, 체크아웃 12:00.

Data Map 171F
Access 카스카이스 기차역에서 도보 20분
Add Avenida Rei Humberto II de Itália 7, 2750-461 Cascais
Tel 214-823-490
Cost 더블룸 212유로~ (텍스 불포함, 조식 포함)
Web www.farol.com.pt

꽃이 만개한 정원이 있는 지중해풍
페르골라 게스트하우스 B&B Pergola Guest House B&B

앤티크 가구와 미술품으로 꾸며진 고전적인 분위기의 게스트하우스. 해변과 불과 300m 떨어져 있으며 기차역에서도 가까워 많은 여행객들의 호평을 받고 있다. 전형적인 포르투갈 조식을 여름에는 시원한 정원 테이블에서, 겨울에는 화롯가가 있는 식당에서 먹을 수 있다. 친절한 페르골라의 주인 부부는 매일 저녁 무료로 포트와인 한 잔씩을 투숙객에게 건낸다. 호텔과 확연히 다른, 따뜻하고 아늑한 게스트하우스만의 장점을 누릴 수 있는 숙소. 전 객실 무선 인터넷과 개별 욕실 제공. 몇몇 객실의 벽은 아치형이며 샹들리에가 있는 방도 있다. 홈페이지로 객실 사진을 살펴 보고 원하는 방을 골라 예약하자. 체크인 14:00, 체크아웃 12:00.

Data Map 171D
Access 카스카이스 기차역에서 도보 3분
Add Avenida Valbom 13, 2750-508 Cascais
Tel 214-840-040
Cost 더블룸 70유로
Web www.pergolahouse.pt

포르투
PORTO BY AREA

01 바이샤&히베이라
02 빌라 노바 드 가이아
03 보아비스타

'우리의 와인을 맛보았다면 이제 이 도시를 여행하라!' 이는 포르투가 여행자에게 외치던 슬로건이었다. 포트와인으로 유명한 포르투갈 제2의 도시, 포르투. 천 년이 넘는 세월 동안 차곡히 쌓인 음식, 건축, 예술, 강변 문화는 포르투에 첫발을 내딛는 순간 온 마음을 빼앗기게 된다. 와인에 취하고, 강가를 거닐고, 바칼라우 요리와 프란세지냐를 맛보고, 살아 숨 쉬는 세계문화유산 사이를 바쁘게 누비자. 포르투에서 보내는 모든 순간은 분명 기억에 깊게 아로새겨질 것이다.

Porto
PREVIEW

강가에서 올려다보는 포르투의 시가지는 경사가 상당한 언덕 위에 얽히고설켜 있다. 미로처럼 복잡한 포르투 시가지는 여러 번 걸어도 새롭다. 메트로 역이 촘촘히 있지 않아 도보 이동 시간이 많은 도시이지만 도시 전역에 고르게 명소들이 분포되어 있어 하나씩 구경하다 보면 걷는 것이 힘들지 않다. 시내에 있는 박물관, 유적들을 살펴보다 아름다운 경치와 해산물 요리가 생각나면 히베이라로 내려오면 된다. 산들산들 불어오는 강바람과 이에 실려 오는 고소한 대구 냄새, 달달한 포트와인의 향기 덕분에 이 도시에서 보내는 하루하루는 행복하다.

SEE 클레리구스 성당&탑, 상 프란시스쿠 성당, 렐루 서점이 포르투 시내 중심부의 볼거리 BEST 3. 여기에서 조금 더 이동하는 수고를 들인다면 도심의 명소보다 훨씬 더 큰 감동을 느낄 수 있다. 카사 다 무지카와 세랄베스 현대미술 박물관은 포르투 여행의 꽃. 특히 세랄베스의 경우 정원이 굉장히 아름다우니 날씨가 좋은 날 찾아가 보도록 하자.

EAT 포르투갈의 다른 지역과 마찬가지로 바칼라우와 나타는 어디에서나 볼 수 있다. 하지만 포르투에서 처음 개발된 전통 메뉴인 프란세지냐는 이곳에서 반드시 먹어봐야 하는 별식. 그러나 치즈가 굉장히 많이 들어가고 소스도 강하여 호불호가 많이 갈린다. 자극적인 맛을 좋아하는 사람이라면 바칼라우보다 훨씬 더 맛있을 것이다. 이왕이면 부페트 파즈에서 먹어볼 것을 추천한다!

BUY 포르투에도 대형 쇼핑 센터가 있고, 쇼핑거리가 있지만 리스보아에 비해 쇼핑은 취약한 편이다. 백화점에서 찾아볼 수 있는 글로벌한 패션, 잡화 브랜드는 거의 볼 수 없다. 대신 이 지역 디자이너들이 운영하는 소소한 상점, 갤러리 등이 많아 센스 넘치는 기념품을 구입하기에 적합하다. 포르투에서 예산을 크게 책정해야 하는 것은 바로 포트와인. 비행기로 포르투를 떠날 예정이라면 시내보다 공항 면세점을 이용하자.

SLEEP 포르투에는 호텔 못지않은 게스트하우스와 호스텔이 많다. 여러 여행 관련 매체에서 포르투의 호스텔들을 최고로 평하는 데에는 타고난 포르투 사람들의 미적 감각이 한몫한다. 어느 숙소를 가도 인테리어에 감탄하게 된다. 실패할 가능성이 무척 낮아 힘들게 알아보지 않아도 마음에 드는 숙소를 찾을 수 있을 것이다. 여름 성수기에는 원하는 곳이 있다면 미리 예약을 해두는 편이 좋다.

INFO 포르투 투어리스트 관광안내소 Porto Tourist Information Offices

1. 시내
Data Map 197C
Add Rua Clube dos Fenianos 25, 4000-172 Porto
Tel 300-501-920
Open 11~4월 09:00~19:00, 5~10월 09:00~20:00

2. 포르투 대성당
Data Map 197K
Add 15, Calçada Dom Pedro Pitões, 4050-467 Porto
Tel 300-501-920
Open 11~4월 09:00~19:00, 5~10월 09:00~20:00

Porto
GET AROUND

 어떻게 갈까?

서울에서 포르투로 가는 직항은 없다. 타 유럽 국가에서 경유하거나 다른 유럽 도시에서 여행을 마치고 리스보아 공항으로 와서 포르투로 이동하거나 기차편을 이용하여 포르투 상 벤투 기차역에 도착한다.

| 리스보아 → 포르투 |

1. 저가 항공 Airplane
포르투를 먼저 여행하고 리스보아를 보고 싶은 여행자 또는 비행 일정이 여의치 않아 리스보아 공항을 거쳐 다시 포르투로 이동해야 하는 여행자는 항공편을 이용하게 된다. 실제로 다른 유럽 도시에서도 포르투보다 리스보아로 연결되어 있는 항공편이 더 많거나 리스보아를 경유하여 포르투로 이동하게 되는 항로도 있다. 리스보아 시내에서 기차나 고속버스를 이용하여 포르투로 이동하는 것보다 항공편을 이용하면 훨씬 더 시간이 절약된다. 하루에 여러 편의 비행기가 운행하니 일정이 빠듯하다면 시간 절약을 위해 항공편을 최우선으로 알아보도록 하자. 시간은 약 55분 소요, 매일 1~2시간에 한 대 정도 비행편이 있다.

2. 기차 Train
리스보아의 오리엔테Oriente역에서 탑승, 포르투의 캄파냐Campanhã역에 하차한다. 바로 메트로 B, C, F선으로 환승하여 시내로 이동할 수 있다. 약 3시간 소요된다.

3. 고속버스 Express Bus
포르투갈의 대표적인 버스 회사 레데 익스프레소스Rede Expressos를 이용한다. 레데 익스프레소스는 30분~1시간 간격으로 리스보아와 포르투를 오간다. 가격은 편도 20유로. 3시간 30분 소요. 리스보아 메트로 자르딩 주로지쿠Jardim Zoológico역 앞에 있는 세트 히우스Sete Rios 정류장에서 탑승하여 상 벤투 역과 도보 3분 거리에 위치한 바탈랴 광장Praça da Batalha에 내리게 된다.
Web 레데 익스프레소스 www.rede-expressos.pt

| 포르투 프란시스쿠 사 카르네이루 공항에서 시내 가기 |

1. 메트로 Metro
E선을 타면 시내까지 이동하는 것이 어렵지 않다. 1회권(2유로) 티켓 한 장이면 직행으로 이동한다. 상 벤투역까지는 약 45분이 소요된다.

2. 버스 Bus

도착 층 버스 안내판을 따라 버스정류장으로 이동하면 시내 곳곳 또는 근교로 이동이 가능하다. 공항 인포메이션 데스크에서 목적지를 밝히고 버스를 안내받자. 버스시간표도 문의할 수 있다. 테라비전Terravision에서 운행하는 버스는 약 25분이 소요된다.

Cost 5.50유로 Web www.terravision.eu/airport_transfer/bus-porto-airport-porto-city-centre

3. 택시 Taxi

공항에서 택시 표시가 된 출구로 나오면 기다리지 않고 바로 탈 수 있다. 해가 지고 난 후 또는 주말에는 약 20% 할증된다. 시내까지는 약 20~30분 소요되며, 금액은 20~30유로 정도.

어떻게 다닐까?

포르투 끝에서 끝까지 이동하지 않는다면 걸어서만 여행할 수 있을 정도로 도보 여행에 적합하다. 나이트 라이프가 활발한 지역도 도시 한가운데 위치하기 때문에 밤의 교통을 신경 쓰지 않아도 된다. 한 가지 주의할 점은 다른 도시에 비해 언덕이 많아 신발은 꼭 편한 것을 신어야 한다는 것. 이동 거리가 상당한 경우 아래와 같은 대중교통편을 이용하여 효율적으로 여행하자.

1. 메트로 Metro

포르투 메트로는 알파벳으로 노선을 표기하며 A~E까지의 노선이 있다. B선은 일반 B선과 급행 B선Expresso B로 구분된다. 역은 푸른색 알파벳 M으로 표시되어 있다. 매표소 또는 매표 기계에서 구입하는 교통카드를 사용하며, 타기 전에 항상 기계에 인증을 해야 한다. 환승할 때에도 기계에 갖다 대야 한다. 도심에서 가장 큰 역은 트린다드Trindade역에는 소형부터 대형까지 다양한 사이즈의 라커가 있다. 최대 사용 시간은 일주일이다. 소형 1.50유로, 중형 2유로, 대형 2.50유로.

Open 06:00~01:00 Cost 1회 요금 1.20유로 Web www.metrodoporto.pt

2. 귄다이스 푸니쿨라 Funicular dos Guindais

포르투 히베이라 지역의 아름다운 풍경을 높은 곳에서 내려다볼 수 있는 푸니쿨라. 바탈랴 광장에서 탑승하여 히베이라에 내리게 된다. 단일 칸에는 25명이 탑승 가능하다. 총 길이는 281m, 지상에서의 높이는 61m이다. 안단테 카드를 이용하여 탑승 가능하다. Cost 편도 2.50유로

Data Map 197L Access 상 벤투역에서 도보 10분
Add Avenida de Gustavo Eiffel, 4050-297 Porto Tel 225-081-000
Open 11~4월 08:00~20:00, 5·6·9·10월 일~수 08:00~22:00, 목·토 08:00~24:00, 7·8월 08:00~24:00 Cost 성인 2.50유로, 4~12세 1.25유로 Web www.metrodoporto.pt

3. 트램 Tram

포르투의 트램은 대부분 버스로 교체되어 현재 운영되는 것은 3개의 노선뿐이다. 이 노선들은 관광 목적으로 운영되고 있다. 교통권을 구매하지 않고 단일권을 구매하려면 트램에 올라 직접 기사에게 구매 후 기계에 대야 한다. 트램은 안단테 카드나 트램 이용권을 구입해 탈 수 있다. 트램 박물관 티켓 소지자는 24시간권을 성인 8유로, 아동 5유로로 구입할 수 있다.

Cost 1회권 3.50유로, 2일권 성인 10유로, 4~12세 5유로
Web www.stcp.pt/en

> **Tip 트램 노선별 루트와 특징 알기**
> **1번**: 해변가 지역 포즈까지 달린다. 강변 풍경을 감상하기 좋은 인기 노선.
> **18번**: 카르무 성당을 따라 시내를 돌아보고 트램 박물관까지 내려오는 노선.
> **22번**: 도심 순환 노선으로 귄다이스 푸니쿨라 탑승장과 카르무 성당을 지난다.

4. 버스 Bus

메트로보다 더 구석구석 도시를 돌아다니는 버스. 버스정류장마다 노선과 정류장이 안내되어 있다. 버스 앞면에는 노선 번호와 최종 목적지가 표시되어 있다. 포르투의 버스들은 모두 3자리 번호를 달고 있는데, 2번으로 시작하는 것은 서쪽, 3번은 북쪽, 4번은 동쪽, 5번은 마투지뉴스, 6번은 마이아, 7번은 발롱고, 8번은 곤도마르, 9번은 빌라 노바 드 가이아를 오가는 것을 뜻한다. 버스는 06:00~21:00까지 운행하며, 배차 간격이 짧으나 21:00~01:00까지는 길다. 01:00이 지나면 주요 노선 외에는 운행하지 않는다. 전 노선은 안단테 카드 사용이 가능하다. 도시 곳곳에 버스표 자판기가 있으며, 버스 기사에게 표를 구입할 때는 잔돈을 거슬러주지 않으니 유의하자.

Cost 단일권 2유로 **Web** www.stcp.pt/en/travel

5. 옐로 버스 Yellow Bus

걸어서 돌아보아도 힘들지 않지만 좀 더 효율적으로, 더 많은 곳을 한정된 시간 안에 여행하고 싶다면 옐로 버스를 이용하자. 특히 보아비스타나 포즈 해변까지 가보고 싶다면 걷거나 대중교통을 이용하는 것보다 옐로 버스가 훨씬 더 유용하다. 옐로 버스 티켓 구매자에 한하여 STCP 버스 무료 이용, 푼샬, 코임브라, 브라가, 기마랑이스 옐로 버스 투어 10% 할인. 카사 다 무지카(33%), 소아레스 도스 레이스 박물관(25%) 포함 박물관과 식당 등 시내 관광 명소 할인 혜택.

> **Tip 시간과 루트 모두 여행자 맞춤형! 포르투 빈티지 투어** Porto Vintage Tour
> 포르투, 마투지뉴스, 빌라 노바 드 가이아를 모두 아우르는 알찬 투어. 루트 2개를 자유롭게 이용 가능하다. 24시간권과 48시간권이 있으며 유효 시간 내에 자유롭게 타고 내릴 수 있다. 오디오 가이드는 포르투갈어, 스페인어, 영어, 프랑스어, 독일어, 이탈리아어, 네덜란드어, 일본어, 러시아어를 제공한다.
>
> **Data Map** 197G **Access** 상 벤투 역에서 도보 5분
> **Add** Add Praça da Liberdade, 4000-069 Porto(출발지) **Tel** 218-503-225
> **Open** 6~10월 09:00~17:30(30분 간격), 11~5월 09:00~17:30(30분 간격)
> **Cost** 온라인 성인 1일권 14.40유로, 2일권 16.20유로, 아동 1일권 8유로, 2일권 9유로
> **Web** www.yellowbustours.com

6. 택시 Taxi

시내는 언덕길이 많고 일방통행길이 많아 택시로 다니면 시간도 오래 걸리고, 생각보다 요금도 많이 나온다. 빌라 노바 드 가이아의 와이너리들 바로 앞까지 가는 버스가 없고 무엇을 타도 어느 정도는 걸어야 하기 때문에 여러 와이너리들을 편하게 돌아보고자 한다면 택시를 이용해도 좋다. 밤에는 20% 할증 요금이 붙는다. 빌라 노바 드 가이아 지역으로 넘어가도 시내를 떠나 이동하는 것이기 때문에 서울에서 경기 지역으로 이동하는 것처럼 추가 요금이 발생한다. 택시 운전사들은 정산을 마치면 반드시 영수증을 끊어 주도록 되어 있으니 필요하다면 요구할 것.

Cost 기본요금 3.25유로, 할증 시(21:00~06:00) 기본요금 3.90유로

7. 자전거

포르투 시내는 언덕이 많아 자전거에 적합하지 않으나 보아비스타 대로를 따라 해변까지 이어지는 길은 자전거로 달리기 딱 좋다. 마투신뇨스Matosinhos로 가서 해변을 즐기거나 시티 파크City Park로 가서 공원을 돌아보아도 좋다. 포르투 내 여러 숙소들이 자전거 대여 서비스를 제공하며, 도시에서도 자전거를 빌려 주는 곳을 쉽게 찾아볼 수 있다.

> **Tip** ***대표적인 포르투의 자전거 대여점 비에귀니****Vieguini*
> 대부분의 여행자들이 자전거를 대여하는 곳으로 홈페이지 안내가 상세하다.
> **Data Map** 197K
> **Access** 상 벤투역에서 도보 10분 **Add** Rua Nova da Alfândega 7, 4050-430 Porto
> **Tel** 914-306-838 **Open** 09:00~19:30 **Cost** 1인용 2시간 5유로, 4시간 8유로, 1일 14유로, 2인용 2시간 9유로, 4시간 12유로, 1일 20유로(보증금 100유로)**Web** www.vieguini.pt

| 교통패스 |

1. 안단테 카드 Andante Card, Cartão Andante

메트로와 지상 교통수단(트램, 푸니쿨라, 버스)을 통합하여 사용할 수 있는 교통카드. 안단테 카드는 포르투와 근교 지역 마투신뇨스, 빌라 노바 드 가이아, 마이아, 빌라 두 콘데, 포보아 두 바르짐, 트로파, 곤도마르, 발롱고, 에스핀뇨 구역의 교통수단에 대한 교통패스이다. 안단테 매표 기계에 카드를 대면 잔액을 확인할 수 있다. 만약 이미 충전한 금액으로 갈 수 있는 구역보다 더 멀리 가고 싶다면 안단테 카드 판매처 또는 메트로 역 내 사무소에 가서 금액을 추가 지불하면 된다. 4세 이하는 무료로 이용할 수 있다.

구입처
주요 메트로 역 내 티켓 기계와 직원이 있는 부스. 도심에 위치한 STCP 표시가 된 판매처에서 구입할 수 있다.
Tel 808-200-166, 226-158-158
Web www.linhandante.com

안단테 카드 충전 시 교통권이 적용되는 구역 알기
안단테 카드 충전 금액은 구역별로 상이하여 충전할 때는 사용할 구역을 알고 있어야 한다. 구역은 N, C, S 알파벳과 숫자의 조합으로 구별한다. 메트로 지도에 구역이 표시되어 있으니 참고하자. C1과 C2 구역 안에서만 이동하려면 Z2(Zone 2개라는 뜻)으로 충전한다. 포르투 중심부와 보아비스타, 포즈까지가 Z2권에 해당하며 대부분의 여행객들이 Z2 구역 안에서 이동한다. 공항(N10)에서 중심부 트린다데(C1)까지 이동하려면 지도상 N10과 C1 사이에 C5, C2 구역이 있어 4개의 구역을 지나야 하기 때문에 Z4 티켓이 필요하다. 교통권을 한 번 이용하면 1시간이 지나야 다음 교통권을 기계에 인증할 수 있다. 따라서 안단테 카드에 Z2권을 2개 충전하여 Z4만큼의 이동을 원해도 불가능하다.

요금 교통권 가격
개별적으로 따로 교통권을 구입하는 것보다 안단테 카드에 금액을 충전 후 사용하자. 1회에 1.20유로가 차감되니 이익이다. 24시간 무제한 이용이 가능한 안단테 투어1 1Andante Tour는 7유로, 72시간 유효한 안단테 투어 3 3Andante Tour는 15유로이다. 잔액이 궁금하다면 안단테 매표 기계에 카드를 대면 바로 확인 가능하다. 만약 이미 충전한 지불한 구역보다 더 멀리 가고 싶다면 안단테 카드 판매처 또는 메트로 역 내 사무소에 가서 추가 금액을 지불하면 된다. 4세 이하 아동은 교통권 없이 시내 교통을 이용할 수 있다.
Tel 808-200-444 Web www.linhandante.com

---

2. 포르투 카드 Porto Card
11개의 박물관 무료입장, 21개의 레스토랑 15% 할인, 8개의 박물관 50% 할인 혜택 등을 포함한다. 포르투 주요 명소를 할인된 가격에 방문할 수 있어 여행자들의 필수품으로 꼽히는 포르투 카드! 교통패스 옵션이 포함된 카드를 이용하면 안단테 카드 없이 포르투 카드만 들고 다니면 된다. 포르투 카드 구입 시 자세한 도시 지도와 혜택을 받는 명소들에 대한 설명이 담긴 브로슈어를 제공한다. 제휴 업체의 전체 목록은 홈페이지에서 확인할 수 있다.
Cost 1일권 6유로, 2일권 10유로, 3일권 13유로. 1일권+교통패스 13유로, 2일권+교통패스 20유로, 3일권+교통패스 25유로, 4일권 15유로, 4일권+교통패스 33유로
Web visitporto.travel/Visitar/Paginas/PortoCard/PortoCard.aspx

구입처
공항과 도시에 위치해 있는 관광안내소, 기차역과 기타 제휴 업체(호텔, 투어 에이전시 등)에서 구매할 수 있다.

유의사항
구입자 외 다른 사람에게 카드를 양도할 수 없다. 또 카드에 수기로 기입하는 날짜와 시간부터 유효 기간이 시작되니 첫 사용처 입장 직전에 적는 것이 좋다. 따로 케이스를 주지 않기 때문에 젖거나 손상되지 않도록 보관하자. 재충전이 가능한 것이 아니므로 구입한 포르투 카드의 유효 기간이 만료되었다면 새로운 카드를 구입해야 한다. 포르투 카드로 할인, 무료입장이 가능한 곳들은 카드 1곳당 1번의 혜택이 적용된다. 교통권에는 트램이 포함되어 있지 않다는 점도 유의할 것.

Porto
ONE FINE DAY

1일차

10:00
아줄레주로 덮여 있는
상 벤투 기차역과 포르투
대성당을 구경하고
포르투와 멋진 첫 만남을
기억에 깊게 새긴다

 도보 10분

11:00
클레리구스 성당&탑에서
포르투 시내 내려다보기.
점심식사 전 파세이오
클레리구스에서 쇼핑하기

 도보 8분

12:00
포르투에서 가장 멋진
상 프란시스쿠 성당과
히베이라를 돌아본 후
쉐 라팡에서 점심식사하기

메트로 35분+
택시 10분

19:00
해 지는 강가를 감상하러
히베이라 광장을 다시 찾을 것.
저녁식사는 바칼라우에서
맛있는 대구 요리!

도보 10분

17:00
리베르다드 광장과
봄바르디아 대로
구경하기

택시 10분 또는
메트로 8분
+도보 40분

14:00
세랄베스 현대미술
박물관과 정원 관람하기

도보 15분

21:00
밤이 되면 살아나는
갤러리아 드 파리에서
칵테일 또는 시원한
맥주 즐기기

파스텔 톤의 집들이 들어서 있는
히베이라의 거리 풍경

포르투를 완연히 느끼려면 최소 이틀 밤은 보내야 한다. 아침 일찍 도착해 시내 구경하고, 빌라 노바 드 가이아의 와이너리에 잠깐 들러 시음만 하고 저녁 기차로 떠나는 일정은 가능하지만 추천하지 않는다. 아무리 바쁘게 움직여도 포르투 제1의 명소로 꼽는 세랄베스 현대미술 박물관을 포기해야 하고 이동하는 것에 급급해 소문난 맛집을 찾을 시간도, 마음의 여유도 없을 것이기 때문이다. 숙소가 아늑하고 예쁘기로 소문난 도시이기도 해 밤을 보내는 것 자체가 특별한 경험이 되니 최소 48시간은 포르투에 할애하자.

2일차

10:30
앤티크한 나선형
계단이 아름다운
렐루 서점을 찾는 것으로
하루 시작하기

→ 도보 10분

12:00
산타 카타리나 대로와
볼량 시장 구경하고,
부페트 파즈에서
프란세지냐로 점심식사하기

→ 도보 15분

14:00
히베이라 강변에서
포르투 크루즈 즐기기

↓ 도보 15분

17:00
도우로 강변 산책 후
케이블카 타고
동 루이스 1세 다리 위로~

← 도보 5분

16:30
선술집 같은 쿠에베두에
앉아 시음과 낭만이 흐르는
무료 파두 공연 즐기기

← 도보 5분

15:00
빌라 노바 드 가이아의
테일러나 샌드맨에서
와이너리 투어

↓ 메트로 2분
+도보 10분

18:00
루이 폴라 DOP에서
맛있는 저녁식사하기

→ 도보 18분+
메트로 6분

20:00
카사 다 무지카에서
공연 관람하기

Porto By Area

01

바이샤 & 히베이라
Baixa&Ribeira

경사진 길과 광장으로 이루어져 도보 여행자에게는 쉽지만은 않은 지형의 시가지 바이샤와 하염없이 걷기만 해도 좋은 도우로 강변 지구 히베이라. 아줄레주로 뒤덮인 바이샤의 골목들을 오르락내리락하다 더워지면 강가의 시원한 바람을 쐬러 히베이라로 달려 나오자. 환상의 찰떡궁합 같은 바이샤와 히베이라는 포르투만의 색과 특징을 만들어 준다. 그리 넓지는 않아도 볼 것, 할 것, 먹을 것, 즐길 것이 골목마다 숨어 있어 바쁘게 보고 가기엔 아쉬움이 많이 남을 것이다.

SEE

Writer's Pick! 아름답고 푸른 아줄레주 벽화

상 벤투 기차역 Estação São Bento

예로부터 포르투갈의 기차역은 교통의 허브이자 그림(아줄레주)으로 보는 역사책의 역할을 톡톡히 해왔다. 그런 점에서 상 벤투역은 정통 교과서 같은 기차역이다. 포르투 여행자라면 누구나 한 번쯤 지나치는 중심부에서 온몸으로 포르투의 역사를 보여준다. 16세기 성 베네딕토 수도원 자리였던 이곳은 화재로 폐허가 됐다. 화마가 지나간 자리에 기차역을 세운 이는 1900년 카를로스 1세. 당대 최고의 건축가 마르케스 다 실바 Marques da Silba와 화가 조제 콜라수 Jorge Colaço를 투입한 대규모 프로젝트였다.

조제 콜라수가 남긴 아줄레주 벽화는 1905년부터 1916년까지 11년간 공들여 그린 작품. 무려 2만장의 타일 위에 1140년 레온 왕국과의 독립전쟁부터 포르투갈의 시조인 아폰수 1세는 물론 필피라 여왕, 주앙 1세, 전투에서 승리한 엔리케 왕자를 세밀하게 그려놓았다. 비단 천장까지 닿는 벽화의 높이 때문이 아니라 푸른 아줄레주의 아름다움에 절로 우러러 보게 된다.

Data **Map** 197G **Access** 메트로 D선 São Bento역 하차, 교차로 중심에 보이는 큰 건물 **Add** Praça de Almeida Garrett, 4000-069 Porto **Open** 매표소 06:40~20:35, 인포메이션 09:00~18:00 **Web** www.cp.pt/passageiros/pt/consultar-horarios/estacoes/porto-sao-bento

포르투 역사지구 Centro Histórico do Porto

포르투 역사지구에 포함되는 도우루 강 어귀에는 기원전 8세기부터 사람이 살았다. 2천 년이 넘는 시간 동안 흥망성쇠를 거듭하며 유럽 도시의 발달 과정을 보여주는곳이라는 점에서 높이 평가받은 포르투의 역사지구는 1996년 유네스코 세계문화유산에 등재되었다. 역사지구에 위치한 건물들은 신고전주의, 로마네스크, 고딕, 르네상스, 바로크 등 다양한 시대별 건축 양식을 보여주며, 포르투의 복잡한 지형에 조화롭게 자리하고 있다는 점에서 미학적, 건축학적 가치가 높다.

역사지구 바깥 지역과 경계가 분명하지 않아 어디까지가 문화유산인지 여행자들은 정확히 가늠할 수 없고, 지도를 펼쳐야 확인할 수 있다. 도시 대부분이 등재된 셈이라 보면 된다. 1996년 세계문화유산으로 역사지구가 등재된 후로 포르투는 체계적인 계획을 세워 건축물을 비롯한 이곳의 문화재를 보존 및 관리하고 있다.

항해왕 엔리케가 세례를 받은
포르투 대성당 Sé do Porto

언덕 위에 세워져 있어 더욱 위엄 있어 보이는 포르투 제1의 성당. 12세기 로마네스크풍으로 건조되었으나 그 후 여러 번 추가 공사를 거쳤다. 따라서 성당의 여러 부분들이 각기 다른 시대에 만들어졌다. 파사드의 고딕 장미 창문이 변형되지 않은 원래 모습을 간직하고 있다. 성당 정면의 튼튼한 탑 2개도 13세기 고딕 양식의 것으로 건축 당시의 모습을 그대로 갖추고 있다. 회랑은 14세기의 것이며, 주 예배당과 은으로 된 제단은 18세기에 확장된 것이다. 특히 주의하여 볼 것은 주 예배당과 성구 보관실의 니콜라우 나소니 Nicolau Nasoni의 아름다운 바로크 프레스코화. 예배당보다도 18세기 아줄레주로 장식한 회랑이 더 화려하여 눈길을 끈다. 성당 앞 광장에 세워져 있는 정교한 기둥은 페로우리뇨 Pelourinho 라는 것으로, 죄인과 노예를 묶어 놓고 매질을 하는 용도로 사용되었다고 한다.

Data **Map** 197G
Access 메트로 D선 São Bento역 하차, 도보 3분
Add Terreiro da Sé, 4050-573 Porto
Tel 222-059-028
Open 성당, 박물관과 회랑 4~10월 09:00~18:30, 11~3월 09:00~17:30 (크리스마스와 부활절 휴관)
Cost 대성당 무료, 회랑 3유로, 포르투 카드 소지자·학생 2유로, 10세 미만 무료
Web www.diocese-porto.pt

포르투의 화려한 응접실
볼사 궁전 Palácio da Bolsa
Writer's Pick!

한때 주식 거래소로 사용되었던 19세기 신고전주의 양식의 볼사 궁전. 궁전의 여러 방 중 가장 인상 깊은 아랍 방 Arab Room은 스페인 그라나다의 알함브라 Alhambra 궁을 모델로 한 것이다. 포르투를 찾는 여러 나라들의 수장들을 맞이하는 방으로 사용되며, 결혼식 등 큰 행사를 위해 시민들에게도 대여한다.
볼사 궁전의 또 다른 멋진 방은 '국가들의 방 Pátio das Nações'. 유리와 철로 된 멋진 천장을 둘러싼 네 벽은 포르투갈과 무역 거래를 하던 나라들을 묘사한 회화 작품으로 꾸며져 있다. 영어, 포르투갈어, 스페인어, 프랑스어로 진행되는 투어를 예약하면 자세한 설명을 들으며 궁전을 돌아볼 수 있다.

Data **Map** 197K **Access** 메트로 D선 São Bento역 하차, 도보 10분
Add Rua da Ferreira Borges, 4050-253 Porto
Tel 223-399-000 **Open** 4~10월 09:00~18:30, 11~3월 09:00~13:00, 14:00~17:30
Cost 성인 10유로, 학생증 소지자·65세 이상 6.50유로
Web www.palaciodabolsa.com

포르투에서 가장 중요한 고딕 양식의 상징
상 프란시스쿠 성당 Igreja Monumento de São Francisco

포르투에서 가장 건축학적 위엄이 있는 성당으로, 1910년 국보로 지정된 성당이다. 1244년 세워졌으며 1383년 페르디난두 1세의 명으로 확장되었다. 그 당시 고딕 양식을 따른 건물의 틀을 크게 변형시키지 않아 포르투에서 가장 중요한 고딕 건축물 중 하나로 손꼽힌다. 실내 대부분은 18세기 당시에 유행했던 바로크 풍으로 크게 바뀌었다. 당시에 추가된 수백 kg의 황금빛 나뭇잎 장식이 화려하여 '황금 성당'이라 불리기도 하였다.

성당 내부에는 여러 개의 예배당이 있으며, 그중 가장 화려하게 장식된 것은 아르보레 데 제세 예배당 Capela da Árvore de Jessé. 다색 화강암으로 13세기에 제작한 아시시의 성 프란시스쿠의 동상도 상 프란시스쿠 성당에서 놓치지 말아야 할 볼거리다. 지하에는 지하 묘지, '카타콤 Catacomb'과 인간의 뼈로 만든 옛 수도원 물품들이 전시되어 있는 박물관이 있다. 매표소와 입장하는 건물이 다르니 주의하자. 매표소는 성당으로 입장하는 정문 바로 맞은편에 있어 찾기 쉽다.

Data **Map** 196J **Access** 메트로 D선 São Bento역 하차, 도보 10분 **Add** Rua do Infante Dom Henrique, 4050-297 Porto **Tel** 222-062-125 **Open** 11~2월 09:00~18:00, 3·4·10월 09:00~19:00, 5·6월 09:00~19:00, 7~9월 09:00~20:00 (12/24 휴관) **Cost** 4유로(포르투 카드 소지자 25% 할인) **Web** www.ordemsaofrancisco.pt

76m 높이의 바로크 종탑에 올라보자
클레리구스 성당&탑 Igreja e Torre dos Clérigo
Writer's Pick!

18세기 초 건축가 니콜라우 나소니가 설계한 성당과 탑. 클레리구스 조직이 의뢰하여 시공된 이 성당과 탑은 각각 1749년, 1763년 완공되어 포르투 시를 대표하는 건축물로 오랫동안 사랑받아 왔다. 성당은 도금된 목재 조각으로 장식된 타원형 신도석으로 유명하다. 4가지 색의 대리석으로 제작된 로코코풍의 제단 또한 성당의 자랑거리. 무보수로 작업을 진행했을 정도로 성당에 애정이 컸던 설계자 나소니는 죽기 전 성당에 묻히는 것이 소원이라 하여 이곳에 묻히게 되었는데, 어디에 묻혔는지는 아무도 모른다. 240개의 나선형 계단을 따라 오르면 나타나는 포르투 시내의 전경 역시 놓칠 수 없으니 탑에도 반드시 올라보자. 해마다 12만 명이 이 탑에 올라 포르투 시내를 내려다본다.

Data Map 197G
Access 메트로 D선 São Bento역 하차, 도보 5분 **Add** Rua de São Filipe de Nery, 4050-546 Porto
Tel 220-145-489 **Open** 탑·전시·성당 09:00~19:00, 12/24 09:00~14:00, 12/25 11:00~18:00, 12/31 09:00~14:00, 1/1 11:00~19:00(미사가 있는 일요일·12/25·1/1 미사 시간은 21:30)
Cost 성당 무료, 탑과 전시 5유로(학생증 소지자, 포르투 카드 소지자 50% 할인), 나이트 패스(19:00~23:00) 5유로, 10세 이하 무료 **Web** www.torredosclerigos.pt

> **Tip** 포르투를 사랑한 이탈리아의 건축가, 니콜라우 나소니
> 이탈리아 건축가 니콜라우 나소니Nicolau Nasoni는 1725년, 포르투 대성당 주교들의 초청을 받아 포르투에서 화가 겸 장식가로 활동하였다. 이탈리아 투스카니에서 태어났지만 생을 마감할 때까지 포르투에서 살며 도시의 여러 주요 건축물을 설계하여 포르투 바로크 건축에 큰 영향을 미쳤다.
> 포르투에서의 첫 번째 임무는 포르투 대성당의 프레스코화였다. 나소니는 이를 통해 포르투갈에 최초로 콰드라투라quadrature 기법을 소개하였다. 이후 포르투 대성당의 다른 부분들을 개선하는 작업과 클레리구스 성당&탑 설계를 하였다. 그 외에도 포르투 시내의 미제리코르디아 성당의 파사드, 빌라 노바 드 가이아 지역의 산타 마린냐 성당, 마투신뇨스 지역의 봉 제수 성당 등이 모두 나소니의 손끝에서 탄생하였다. 나소니의 주특기는 목재를 금으로 만든 나뭇잎으로 장식하는 기술인 탈랴 도우라다talha dourada로, 그의 작품들에서 심심치 않게 찾아볼 수 있다.

마니에리즘과 바로크 양식이 아름답게 혼재된
카르무 성당 Igreja da Nossa Senhora do Carmo das Carmelitas

16세기에 조직된 카르멜회의 맨발의 카르멜회는 1617년 포르투에 정착하였다. 당시 포르투 총독의 집에서 머물던 맨발의 카르멜회는 다른 종파들의 견제로 포르투에 정착하는 데 어려움을 겪었다. 이 종파의 지지자인 여류 시인 베르나다 데 라세르다Bernada de Lacerda의 도움으로 포르투에 뿌리를 내리고 성당을 지어 머물 수 있게 되었다.

성당의 주춧돌은 1619년 5월 5일 놓였으며, 여러 귀족들과 시의회의 도움을 받아 1622년 완공되었다. 성당 옆면의 아줄레주가 무척 아름답고, 내부도 황금빛 장식으로 화려하게 꾸며져 있다. 성당 앞 광장과 주앙 샤가스 공원Jardim de João Chagas에서 시간을 보내다 들러 보기 좋은 명소다.

Data **Map** 196F **Access** 메트로 D선 São Bento역 하차, 도보 8분
Add Rua do Carmo, 4060-164 Porto
Tel 222-050-279 **Open** 08:30~18:30

엔리케 왕자의 생가 겸 포르투 역사 전시장
카사 두 인판테 Casa do Infante

14세기, 관세 사무소와 화폐 주조국으로 사용하던 건물. 17세기에 리모델링을 거친 후 현재까지 보존이 잘 되어 있다. 19세기에는 엔리케 왕자 탄생 500주년을 기념한 동판이 파사드에 부착되며 현재의 이름을 갖게 되었다. 카사 두 인판테라는 이름을 직역하면 '왕자의 집'이라는 뜻으로, 이 건물에서 1394년 항해왕 엔리케가 태어났다. 현재 이곳은 포르투 역사에 관한 전시장으로 사용되고 있다. 여러 문서 자료와 중세 시대 포르투 도시의 모형 등 도시의 발전을 다양한 전시품을 통해 알아볼 수 있다.

Data **Map** 197K **Access** 메트로 D선 São Bento역 하차, 도보 10분
Add Rua da Alfândega 10, 4050-029 Porto
Tel 222-060-400 **Open** 화~일 10:00~12:30, 14:00~17:30
Cost 2.20유로, 주말·포르투 카드 소지자 무료입장
Web www.cm-porto.pt/cultura/museus-e-arquivos/casa-do-infante

> **Tip 항해왕 엔리케는 누구?**
>
> 항해왕 엔리케Henrique O Navegador는 포르투갈이 가장 찬란하게 빛났던 대항해 시대를 열어준 귀족이다. 주앙 1세의 셋째 아들로 신체적, 정신적 힘이 대단하고 야망도 컸던 인물로 알려져 있다. 어릴 적부터 마르코 폴로의 <동방견문록>에 심취하였던 엔리케 왕자는 정확한 지도 제작과 선박 건조 기술 등에 힘을 쏟아 포르투갈 항해학 발전에 크게 기여하였고, 다양한 항로를 최초로 개척하기도 했다. 또한 엔리케는 템플 기사단의 맥을 잇는 그리스도 기사단의 기사단장으로, 기사단의 신비한 전통과 비밀을 모두 계승 받았다. 덕분에 평생 수학, 우주구조론, 천체 행로, 점성술의 연구에 몰두하였다. 굉장히 비밀스럽게 본인의 항해 계획을 펼쳤기 때문에 현재 남겨진 자료를 가지고 항해의 목적과 그의 의도를 정확하게 추적하는 것이 쉽지 않다고 한다.

신고딕, 아르 누보 풍의 아름다운 서점
렐루 서점 Livraria Lello&Irmão

1906년 개업한 오래된 서점. 작가 J. K. 롤링J. K. Rowling이 〈해리 포터〉 시리즈의 영감을 이곳에서 받았다고 알려져 유명하다. 아르 누보 풍의 이 서점은 실제로 책을 사려는 사람들보다도 서점의 예쁜 모습을 구경하려는 사람들로 붐빈다. 서점 천장에는 서점의 모토인 라틴어 문구 '노동의 존엄성Decus in Labore'이 아름다운 스테인드글라스로 새겨져 있다. 서점의 상징과 마찬가지인 화려한 붉은 계단은 파리의 라파예트 백화점에서 영감을 받아 제작하였다. 나무처럼 보이지만 목재 계단이 아니라 석회를 나무처럼 보이도록 페인트 칠한 것이다. 포르투갈 도서 시장에 일가견이 있는 주인 안테로 브라가Antero Braga는 항상 서점에 머무르며 손님들을 직접 응대한다.

2015년 8월부터 입장료를 받기 시작했다. 영문으로 된 서적은 거의 없으며, 포르투갈어 원서를 살 예정이 아니라면 입장료를 책값에서 제하는 혜택도 받을 수 없다. 그러나 대표적인 포르투의 기념품 클라우스 포르투Claus Porto 비누를 판매하고 있어 관심이 있다면 렐루 서점에서 구매하는 것이 경제적이다.

Data **Map** 196F **Access** 메트로 D선 São Bento역 하차, 도보 6분
Add Rua das Carmelitas 144, 4050-161 Porto **Open** 월~금 10:00~19:30, 토 10:00~19:00
Cost 입장료 5유로(책 구입 시 책 가격에서 입장료 차감. 서점에서 약 10m 떨어진 곳에 'CHECK IN LIVRARIA LELLO'라는 표시가 있다. 이곳에서 입장권을 구매 후 줄을 서서 들어간다), 3세 이하 무료
Web www.livrarialello.pt

예쁜 모습의 강변 앞
히베이라 광장 Praça da Ribeira

Writer's Pick!

히베이라의 중심이 되는 이곳은 포르투에서 가장 오래된 광장 중 하나이다. 수많은 노천카페와 맛집이 광장을 둘러싸고 있고, 기념품 상인과 보트 투어를 홍보하는 사람들, 벤치에 앉아 독서하는 사람들로 가득하다. 히베이라 광장에서 보이는 도우루 강의 다리는 동 루이스 1세 다리Ponte Luís I로, 길이는 172m로 증축 당시 세계에서 가장 긴 다리였다. 파리의 에펠탑 건축가로 유명한 구스타브 에펠Gustav Eiffel의 제자 테오필 세이리그Téophile Seyrig가 설계한 것이다. 조금 더 강을 따라 내려가면 보이는 철교 마리아 피아 다리Ponte Maria Pia는 에펠이 설계하였다.

광장 한가운데 있는 분수는 17세기에 만들어졌으나 현재의 것은 1980년 복원된 것이다. 분수에 우뚝 선 조각상은 성인 요한의 것으로 2000년 광장에 놓여졌다. 광장을 둘러싼 여러 집은 반 정도는 주거지로 사용되고 있으며, 반은 주인이 없어 히베이라 광장만의 독특한 분위기를 자아낸다.

Data Map 197K
Access 메트로 D선 São Bento역 하차, 도보 10분
Add Praça da Ribeira, 4050-513 Porto

포르투의 정치적, 문화적 중심지
리베르다드 광장 Praça da Liberdade

1920~1940년대 건물들이 즐비하게 서있는 리베르다드 광장. 18세기에 처음 조성된 이래 여러 번 재건되며 지금의 모습을 갖추었다. 은행, 우체국, 투어 에이전시, 관광안내소 등 다양한 공공기관과 편의시설이 위치하여 여행자들이 자주 찾게 되는 곳이다. 광장 중앙에 우뚝 서있는 페드로 4세Dom Pedro IV의 동상은 이 광장의 상징. 광장에서 뻗어 나가는 길들은 포르투의 주요 명소로 이어진다. 광장 맨 위쪽에 위치한 큰 건물은 포르투 시청Câmara Municipal do Porto.

Data Map 197G **Access** 메트로 D선 São Bento역 하차, 도보 3분
Add Praça da Liberdade, 4049-066 Porto

축구 팬들이라면 반드시 가봐야 할
드라강 스타디움&FC 포르투 박물관
Estádio do Dragão&Museu FC Porto

FC 포르투의 스타디움 겸 박물관. 박물관에서는 무려 3세기에 걸쳐 발달해온 FC 포르투의 역사를 살펴볼 수 있다. UEFA 컵, 포르투갈 수페르 컵 등 축구팀이 수상한 트로피도 전시되어 있다. 박물관 투어는 90분간 진행되며, 매일 10:30, 14:30에 진행한다. 스타디움 투어는 45분간 진행되며 매일 11:00, 12:00, 15:00, 16:00에 진행한다. 물론 전시만 보는 것보다 경기를 관람하는 편이 훨씬 더 신나고 재미있다. 인기 있는 팀이지만 챔피언스 리그와 같은 매우 큰 경기가 아닌 이상 매진되는 일은 거의 없어 경기 하루 전에 표를 사러 가도 자리가 있다.

Data Map 190C
Access 메트로 A, B, E, F선 Estadio do Dragao역 하차, 도보 3분
Add Via Futebol Clube do Porto, s/n, 4350-415 Porto
Tel 225-570-410
Open 월 15:00, 16:00, 17:00, 화~일 11:00, 12:00, 13:00, 14:00, 15:00, 16:00, 17:00
Web www.fcporto.pt

푸른 아줄레주 타일이 빛나는
알마스 예배당 Capela das Almas

'영혼들을 위한 예배당'이라는 뜻의 성당. 18세기 초 완공되었다. 멀리서도 알마스 예배당을 알아볼 수 있는 것은 강렬한 푸른 타일로 뒤덮인 외벽 덕분이다. 이 타일들은 모두 1929년 성당에 부착된 것으로 타일 세공사 에두아르두 레이테Eduardo Leite의 작품이다. 레이테는 성당이 건립된 18세기에 유행하던 아줄레주 스타일을 모방하여 작업하였다. 아시시의 성 프란시스쿠와 성녀 카테리나의 생애를 타일에 묘사하고 있다. 19세기에 완성된 아만디우 실바Amandio Silva의 파사드 스테인드글라스도 눈여겨볼 것.

Data Map 197D
Access 메트로 A, B, C, E, F선 Bolhão역 하차, 도보 1분
Add Rua Santa Catarina 428, 4000-444 Porto
Tel 222-005-765
Open 월·화 07:30~13:00, 15:00~19:00, 수~금 07:30~19:00, 토·일 07:30~13:00, 17:30~19:00
Cost 무료
Web www.diocese-porto.pt

강 위에서 바라보는 포르투의 매력
포르투 크루즈 Porto Cruz

만국기가 펄럭이는 라벨로Rabelo를 타고 즐기는 도우루 강 크루즈는 포르투 여행의 빼놓을 수 없는 재미다. 라벨로란 영국으로 포트와인을 실어 나르던 운송선으로, 지금은 유람선으로 탈바꿈했다. 약 1시간 동안 강 위를 누비며 포르투와 빌라 노바 드 가이아 풍경을 동시에 감상할 수 있다. 배 위에 편히 앉아, 걸어서는 다 섭렵할 수 없는 6개의 다리(동 루이스 1세, 마리아 피아, 인판테, 상 주앙, 프레이소, 아라비다)를 빠짐없이 둘러볼 수 있다는 점도 크루즈의 묘미. 히베이라 광장 주변에 크루즈 티켓 부스가 즐비하니 마음에 드는 배를 골라 타면 된다.

도우루 아시마Douro Acima, 도우루 아줄Douro Azu 등 여러 업체가 15유로 안팎으로 크루즈를 운영한다. 관광안내소에서도 티켓 구입이 가능하다. 음료를 따로 제공하지는 않는다. 여름날에는 캔맥주 한 잔 들이키며 크루즈를 즐겨도 상쾌하다.

Data Map 197K
Access 메트로 D선 São Bento역 하차, 히베이라 광장 방향으로 도보 10분. 강변에 위치 **Add** Cais de Estiva Porto
Tel 도우루 아시마 222-006-418, 도우루 아줄 223-402-500
Open 도우루 아시마 6브릿지 크루즈 4~10월 10:00~18:00, 11~3월 10:00~16:00
Cost 도우루 아시마 6브릿지 크루즈 성인 15유로, 4~12세 7.50유로
Web www.douroacima.pt/en/douro-cruises-en/

> **Tip** 크루즈 티켓에 빌라 노바 드 가이아의 와이너리 테이스팅 1회 쿠폰(포르투 크루즈Porto Cruz, 쿠에베두Quevedo 등)이 포함돼 있다. 무심코 버리지 말고 일석이조의 기회를 활용할 것.

Data Map 197K
Access 메트로 D선 São Bento역 하차, 도보 8분 **Add** Rua de Belomonte 61, 4050-262 Porto **Tel** 220-108-224
Open 수~일 11:00~13:00, 14:00~18:00(1/1, 5/1, 6/24, 12/25 휴관) **Cost** 입장료 2유로 (포르투 카드 소지자 50% 할인), 투어 3.50유로
Web marionetasdoporto.pt/museu-das-marionetas-do-porto

살아 움직일 것 같은 마리오네트 인형들의 집
마리오네트 박물관 Museu das Marionetas do Porto

다양한 예술 작품들 속 캐릭터들이 마리오네트 인형으로 만들어져 전시되어 있다. 정교하지는 않아도 여러 캐릭터의 특징을 정확히 포착하여 인형으로 만들어 놓았다. 세트장을 1, 2층에 나누어 전시해두어 어른들도 이를 배경 삼아 사진을 찍으며 즐거운 시간을 보낼 수 있다. 시내 한가운데 위치하여 관광하다 들러보기 좋은 소소한 재미가 있는 박물관이다. 2013년 초 개관하여 모든 시설이 깔끔하다. 약 1시간 동안 진행되는 가이드 투어(최대 인원 20명 제한)는 매달 한 번, 토요일 오후 4시에 진행한다. 스케줄은 매달 상이하니 홈페이지에서 확인하자. 전화 또는 홈페이지를 통해 예약을 해야 한다.

상상력과 모험심을 자극하는
월드 오브 디스커버리스: 인터렉티브 박물관/테마 파크
World of Discoveries: Museu Interativo/Parque temático

항해왕 엔리케를 비롯해 포르투갈의 탐험가와 항해사들이 어떤 활동을 했는지 알아볼 수 있는 곳이다. 5,000㎡에 육박하는 공간이 오롯이 포르투갈 사람들의 모험의 역사를 설명한다. 실제로 개척했던 항로들을 다양한 실물 모형으로 보여준다. 여러 모형 대륙 사이를 항해하는 보트도 탈 수 있다. 길을 찾는 도구와 지도로 가득한 전시관도 있으며, 세계가 어떤 모습이었는지 연대기별로 찾아볼 수 있는 4D 지구본도 방문자들의 이해를 높여준다. 모든 전시물은 포르투갈어, 영어, 스페인어, 프랑스어, 독일어, 이탈리아어로 안내되어 있다.

Data Map 196F
Access 메트로 D선 São Bento역 하차, 도보 15분 **Add** Rua de Miragaia 106, 4050-387 Porto **Tel** 220-439-770
Open 박물관 월~금 10:00~17:30, 토·일·공휴일 10:00~18:30(1/1, 12/25 휴관)
Cost 성인 14유로, 학생증 소지자·65세 이상 11유로, 4~12세 8유로, 가족(성인 2명+아동 1명) 15% 할인, 포르투 카드 소지자 20% 할인
Web www.worldofdiscoveries.com

PORTO BY AREA 01
바이샤&히베이라

| Theme |
포르투의 걷고 싶은 거리

포르투에 도착하여 무거운 캐리어를 끌고 가파른 언덕길을 힘겹게 걸어 숙소에 도착한 사람이라면 '정말 걷고 싶지 않아.'라는 말을 자기도 모르게 내뱉게 된다. 그러나 시원한 사그레스 맥주 한 캔이면 금세 또 에너지가 솟아 저마다의 개성이 있는 포르투 시내의 거리들을 걸어 볼까 하는 마음이 들게 된다. 정처 없이 걷는 것도 좋지만 포르투에서 반드시 한 번은 거닐어 봐야할 멋진 거리 4곳은 꼭 찾아가 보도록 하자.

포르투 맛과 멋의 메카
산타 카타리나 대로 Rua de Santa Catarina

배가 고프다면? 목이 마르다면? 쇼핑을 하고 싶다면? 모든 질문에 대한 답은 산타 카타리나 대로가 된다. 18세기 후반 완전한 보수 작업을 거쳐 멀끔해진 이래로 대형 쇼핑 센터 비아 카타리나 쇼핑Via Catarina Shopping, 유명한 마제스틱 카페를 포함하여 수많은 상점과 맛집의 주소가 되어주는 이 긴 대로는 무려 1.5km. 아침저녁으로 셀 수 없는 발걸음이 오가는 포르투에서 단연 가장 바쁜 거리이다.
강과 가까워지는 남쪽 끝에는 니콜라우 나소니가 설계한 쌍둥이 탑이 지키고 있는 산투 일데퐁소 성당 Igreja de Santo Ildefonso과 바탈랴 광장Praça da Batalha, 상 주앙 국립극장Teatro Nacional São João이 있다. 위쪽 대로 끝까지 가 보는 사람들이 많지 않지만 열심히 오르면 포르투에서 가장 프란세지냐를 맛있게 하는 뷔페트 파즈Bufete Fase가 나타난다.

Data **Map** 197D **Access** 메트로 A, B, C, E, F선 Bolhão역 하차, 도보 1분
Add Rua de Santa Catarina, 4000 Porto

포르투의 밤을 책임지는
갤러리아 데 파리 대로 Rua da Galeria de Paris

끝에서 끝이 한눈에 보이는 짧은 거리지만 밤이 되면 사람들로 꽉 차는 인기 좋은 '잇 스트리트'이다. 아르 누보 풍의 건물이 여럿 들어서 있다. 21세기 초반에는 버려진 공장도 드문드문 볼 수 있을 정도로 거주지로도, 유흥지로도 사랑받지 못했다. 2007년 낡은 서점 카사 두 리브로 Casa do Livro(85번지)를 바Bar로 개조하여 문을 열고, 큰 인기를 끌면서 포르투 나이트 라이프의 중심지로 자리매김하게 되었다. 카사 두 리브로를 중심으로 수많은 바와 식당, 카페들이 들어섰다.
섬유 공장 건물을 개조하여 카페 겸 바로 사용하는 카페 올 레 Café Au Lait(56번지)는 식사와 차를 즐기기에 좋고, 해가 지면 와인을 마시며 재즈, 블루스, 팝 음악을 들으러 오는 사람들로 가득하다. 거리 이름과 같은 상호명의 분위기 좋은 바, 갤러리아 데 파리도 추천.

Data Map 197G
Access 메트로 D선 São Bento역 하차, 도보 5분
Add Rua da Galeria de Paris, 4050 Porto

꽃향기가 날 것만 같은 예쁜 거리
플로레스 대로 Rua das Flores

마누엘 왕의 명에 따라 포르투 번영과 도시 확장 시기였던 1521년에 닦인 길. 도시의 여러 귀족들이 플로레스 대로에 거주하였으며, 현재는 여러 식당과 카페, 박물관 등 볼거리가 다양하다. 특히 스트리트 아트가 발전하여 몇 걸음마다 사진기를 들게 하는 그래피티 아트와 창문에 붙인 그림이나 글귀가 눈에 띈다. 17~19세기의 다양한 건축 사조를 볼 수 있으며, 나소니가 설계한 바로크 양식의 파사드로 유명한 미제리코르디아 성당 Igreja da Misericórdia도 플로레스에 위치한다.

Data Map 197G
Access 메트로 D선 São Bento역 하차, 도보 3분
Add ua das Flores, 4050-262 Porto

작은 상점들과 갤러리로 가득한
미구엘 봄바르다 대로
Rua de Miguel Bombarda

650m 길이의 널찍한 이 대로는 산타 카타리나 대로에게 밀려나기 전까지는 포르투의 중심대로였다. 현재도 상점과 카페, 식당이 들어서 있지만 트렌디하거나 세련된 느낌은 없다. 미술 애호가들이라면 미구엘 봄바르다 대로에서 잔가지처럼 뻗어 있는 작은 골목들에 위치한 갤러리 구경을 추천한다. 경사 없이, 시원하게 쭉 뻗은 길이라 여러 번 걸어 오르고 내려와도 힘들지 않다. 호타 도 차를 비롯하여 쉬어갈 상점과 카페도 많다.

Data Map 196B
Access 메트로 D선 Aliados역 하차, 도보 15분
Add Rua de Miguel Bombarda, 4050 Porto

| Theme

강과 대서양 바다가 만나는 곳, **포즈 두 도우로** Foz do Douro

도우루 강의 끝자락, 야자수 산책로에서부터 여유가 흐른다.
조금 다른 방법으로 포르투를 느끼고 싶다며 포즈 두 도우로로 향해보자.
햇볕이 쨍쨍한 날엔 수영복을 입고 바다로 풍덩 뛰어들거나 일광욕을 즐겨도 좋다.
비 오는 날엔 커피향 가득한 카페에서 한가로운 시간을 보내기 그만이다.

낭만 로드의 시작
1번 트램

가는 길부터 남다르다. 길 위에서 보내는 시간이 많은 여행, 그 이동 시간도 알차게 보내고 싶은 여행자 마음을 헤아려주는 빈티지 트램이 있다. 창가에 앉아 도우루 강변 풍경 바라보며 30분쯤 망중한을 즐기다 보면 어느새 도착. 운행 간격이 넓으니 출발 시간에 맞춰 가야 낭패보는 일이 없다. 이것도 꼭 기억하자. 포즈로 가는 길이라면 왼편, 포르투 시내로 돌아오는 길이라면 오른편 창가 자리에 앉을 것! 그래야 풍경이 내 차지가 된다. 보다 다이나믹한 '로드 트립'을 원한다면 가는 길은 느긋하게 트램을, 오는 길엔 스릴이 넘치는 2층 버스를 타보자.

Data **Access** 루아 두 인판테Rua do infante 정류장에서 탑승, 종착역 파세이루 알레그레Passeio alegre 하차 **Open** 인판테Infante 정거장에서 09:00~18:20 사이 20분 간격 운행, 그후 18:20, 18:36, 19:56, 19:16까지 **Cost** 편도 3.50유로, 2일권 성인 10유로, 아동 5유로 (트램 승차 시 기사에게 구입 가능)

포즈의 로맨틱 아이콘
페르골라 다 포즈 Pérgola da Foz

동 루이스 다리 다음가는 포르투의 랜드마크. 1930년에 네오 클래식 양식으로 지어 오랜 역사가 깃든 곳이다. 포즈의 로맨틱 산책로로 꼽힌다. 당시 시장의 아내가 프랑스 니스에 갔다가 그 시절 유행하는 영국식 산책로에 반해 남편에게 포르투에도 그런 로맨틱한 산책로 하나 만들자고 해서 만들어졌다는 풍문이 전해온다. 어쨌거나 포르투 사람들은 이곳을 포즈에서 가장 로맨틱한 길이라고 입을 모은다. 그러니, 사랑하는 이와 함께 포르투를 여행 중이라면 연인의 손을 꼭 잡고 이 길을 걸어보자.

Data
Access 트램 종착역에서 해변 산책로 직진, 도보 10분 **Add** Pérgola da Foz, Avenida. do Brasil, Porto

빛의 해변의 빛나는 비치바
프라이라 다 루즈 Praia da Luz

큰맘 먹고 공개한다. 혼자만 알고 싶은 해변의 비치바, 프라이아 다 루즈! 사진만 봐도 감이 오겠지만 말하자면 이런 곳이다. 세상에서 가장 편한 자세로 해변의 소파에 드러누워 쉴 수 있는 곳, 격렬하게 아무것도 하지 않고 싶을 때 제격인 곳, 바다에 뛰어들었다 시원한 맥주 한 잔 쭉 들이키면 여기가 천국이 아닐까 싶은 곳! 샤워 시설이 있어 수영복과 비치타월만 챙겨가면 OK. 커피, 음료는 물론 식사 메뉴까지 있어 애니타임 OK. 그중 가장 로맨틱한 타이밍을 꼽자면 노을이 바다를 물들일 무렵은 황홀경 그 자체다. 이렇게 좋은 데는 대체 어떻게 가냐고? 트램 종점에서 내려 산책로와 등대를 지나 숲이 나올 때까지 전진할 것. '아, 얼마나 더 가야돼' 하며 입을 삐죽거릴 즈음 짠하고 나타난다.

Data **Access** 트램 종착역 파세이루 알레그레 Passeio alegre에서 해변 산책로 직진. 도보 15분 **Add** Praia da Luz, Avenida do Brasil, 4150-155 Porto **Tel** 226-173-234 **Open** 09:00~02:00 **Cost** 맥주 2유로~, 카푸치노 2.50유로~ **Web** praiadaluz.pt

EAT

Writer's Pick! 　**아르누보에 반하다**
마제스틱 카페 Majestic Café

자타공인 포르투에서 가장 아름다운 카페로 꼽힌다. 트래블 웹진, 유시티가이즈Ucityguides가 선정한, 세계에서 가장 아름다운 카페 Top 10 중 6위를 차지했다. 그저 예쁜 카페가 아니라 아니라 '벨 에포크belle époque' 시대의 정신이 담긴 카페라는 점에서 가볼만 한 가치가 있다. 1921년 오픈 이래 예술과 문화가 번창했던 19세기 말의 벨 에포크를 추구하며 많은 예술가들과 역사를 함께 했다. 조앤 K. 롤링도 여기서 〈해리포터〉의 첫 시리즈를 집필했다. 안으로 들어선 순간 유려한 곡선의 고풍스러운 몰딩, 초콜릿색 가죽의자, 커다란 거울의 하모니가 자아내는 로맨틱한 분위기에 감탄이 툭 튀어나온다. 간단하게 커피 한잔만 해도 마음이 풍요로워지는 느낌이다. 단, '나타 파스텔 드 벨렝'이라 적힌 메뉴판에 현혹돼 나타를 주문했다간 리스보아의 파스테이스 드 벨렝과는 달라도 너무 다른 맛에 실망할 수 있다. 역시, 나타는 나타 전문점에서!

Data **Map** 197H
Access 메트로 A, B, C, E, F선 Bolhão역 하차, 산타 카타리나 대로 따라 도보 4분
Add Rua Santa Catarina 112, 4000-442 Porto
Tel 222-003-887
Open 월~토 09:00~23:30
Cost 에스프레소 5유로, 나타 3유로
Web www.cafemajestic.com

포르투 사람들이 입을 모아 최고로 꼽는 식당
루이 폴라 DOP Rui Paula DOP

최고의 레스토랑에서는 음식을 먹는 것이 아니라 '경험'해야 한다고 주장하는 포르투 출신 셰프, 루이 폴라의 솜씨를 볼 수 있는 식당이다. 2010년 개점한 DOP는 포르투 근교 지역에서 나는 식재료들을 이용하여 최상의 요리로 재창조하는 것을 목표로 하고 있다. 따라서 메뉴는 전통 포르투갈 메뉴들을 창조적으로 변형하고 현대화한 것이다. 옛 상 도밍구스 수도원 건물이자 현재는 젊은 예술가들을 육성하는 팔라시오 다스 아르테스Palacio das Artes의 건물 1층을 사용한다.

DOP 최고의 메뉴를 한두 가지만 꼽기에는 굉장히 어려워 다양한 맛을 경험할 수 있는 6~7 코스로 구성된 테이스팅 메뉴Tasting Menu를 추천한다. 스태프에게 추천을 부탁하면 입을 모아 신선하고 담백한 해산물 요리를 칭찬하며 권한다. 포르투 시가지와 도우루 강가가 보이는 대형 창문이 시원하게 나 있어 어느 곳에 앉아도 멋진 뷰를 감상할 수 있다.

Data Map 197K
Access 메트로 D선 São Bento역 하차, 도보 7분 **Add** Palacio das Artes, Largo de S. Domingos 18, 4050-545 Porto **Tel** 222-014-313 **Open** 월 19:30~23:00, 화~토 12:30~15:00, 19:30~23:00 **Cost** 문어 요리 24유로, 새우 파스타 26유로, 스테이크 타르타르 16유로 **Web** www.doprestaurante.pt

귀엽고 맛있는, 콘셉트가 확실한 카페
씨리얼 월드 포르투 Cereal World Porto

현재 포르투 젊은이들 사이에서 선풍적인 인기를 끌고 있는 곳이다. 인스타그램 핫 플레이스! 한국에서 볼 수 없는 다양한 종류의 씨리얼을 원하는 토핑과 우유를 선택해 먹어볼 수 있다. 식사 시간이 아니지만 조금 출출할 때, 바쁘게 돌아다니느라 떨어진 당을 충전할 때 딱 좋은 한 그릇. 수많은 씨리얼 박스와 귀여운 캐릭터들로 꾸며져 있어 인테리어를 구경하는 재미도 있다. 스푼을 넣어 휘젓기 아까울 정도의 비주얼로 내어주는 씨리얼 한 그릇. 곳곳에서 찰칵 찰칵, 사진 찍는 소리도 자주 들린다.

Data Map 197D **Access** 메트로 A, B, C, F선 Bolhao역에서 하차하여 도보 4분
Add Rua de Fernandes Tomás 916, 4000-056 Porto **Tel** 926 655 640
Open 월~토 09:00~13:00, 14:30~19:30, 일 09:30~12:30, 15:30~19:30
Cost 스몰 사이즈 3.30유로 **Web** www.facebook.com/CerealWorldPorto

히베이라 최고 맛집으로 손꼽히는 가정식 레스토랑
쉐 라팡 Chez Lapin

Writer's Pick!

히베이라에서도 가장 목이 좋은 자리를 선점한 레스토랑인 쉐 라팡. 북부 포르투갈 요리와 프랑스 요리를 맛있게 만드는 식당으로 주변 식당보다 30분 정도 늦게 문을 여는 데도 불구하고 손님들이 일부러 기다려서 찾아올 정도로 기가 막힌 요리 솜씨로 정평이 나있다. 최근 들어 포르투에 현대적인 레스토랑이 많이 생겨났지만 이보다는 집에서 해먹는 소박한 집밥을 잊지 못하는 사람들이 찾는 따뜻한 분위기의 식당이다.

몇 번 씹으면 금세 사라져 버리는 보드랍고 따끈한 문어 요리를 추천한다. 육류보다는 해산물에 강하니 주문 시 참고하자. 1층 자리에는 30명, 2층으로 올라가면 최대 75명 수용 가능한 자리가 마련되어 있어 단체로 식사를 하기에도 좋다. 2개의 VIP 룸도 갖추고 있다. 쉐 라팡은 30년 전 요식업으로 시작한 가족 기업 이시모Issimo에 속해 있다. 포르투에 위치한 이시모 그룹의 다른 식당으로는 카사 빅토리노 Casa Victorino(**Add** Rua de Canastreiros 48, 4400-658 Vila Nova de Gaia)와 다우닝 스트리트Downing Street(**Add** Rua dos Canastreiros 40, 4050-149 Porto)가 있다.

Data Map 197K
Access 메트로 D선 São Bento역 하차, 도보 10분
Add Rua dos Canastreiros 40-42, 4050-149 Porto
Tel 222-006-418
Open 12:30~15:00, 19:00~23:00
Cost 새우 구이 15.99유로, 포르투갈 소시지 7.50유로, 커버 3.50유로
Web www.facebook.com/chezlapin

분위기에 취하고 싶은 날에 찾는
갤러리아 데 파리 Galeria de Paris

낮에도 조명을 어둡게 해두어 와인을 마시고 싶은 기분을 자아내는 바. 한쪽 벽에는 이곳저곳에서 모은 장난감들을 진열해 놓았다. 밤이 되면 넓은 카페 자리가 꽉 차지만 낮 시간에 찾으면 여유롭게 브런치를 즐길 수 있다. 매일 메뉴가 조금씩 바뀌며 케이크, 키쉬 등 차나 커피와 어울리는 스낵 메뉴가 주를 이룬다. 밤이 되면 식사를 하러 오거나 식사 후 한잔을 위해 찾는 사람들이 대부분이다. 해피 아워는 17:00～19:00로 맥주, 와인이 2유로이다. 현지 뮤지션들이 종종 라이브 공연을 열기도 하며, 스케줄은 페이스북 홈페이지에 안내한다.

Data **Map** 197G **Access** 메트로 D선 São Bento역 하차, 도보 5분 **Add** Rua da Galeria de Paris 56, 4050-284 Porto **Tel** 222-016-218 **Open** 일·목 08:30～03:00, 금·토 08:30～04:00 **Cost** 타파스 2.50유로, 연어 스테이크 12유로 **Web** www.facebook.com/restaurantegaleriadeparis

중국식 정원에서 티 타임을
호타 도 차 Rota do Chá

커피보다는 차라면 분명 이곳의 분위기에 반하게 될 것이다. 천천히, 여유롭게 찻잔을 들어 올려 기울이기 좋은 아름다운 정원과 푹신한 소파, 어두운 붉은 조명의 실내 테이블 자리가 마련된 정통 찻집이다. 전체적으로 매우 동양적인 분위기를 풍기는 호타 도 차는 한창 바쁠 때에는 자리를 잡는 것도, 주문을 하기도 어렵다. 이곳에서 차를 마시는 시간처럼 서비스도 느리기 때문. 한가로운 오후를 보내고 싶을 때 찾을 것을 권한다.
차와 어울리는 여러 종류의 케이크, 키쉬, 쿠키 등을 판매하며 식사도 가능하다. 마셔본 차가 마음에 든다면 찻잎을 구매해 갈 수 있으니 문의해보자.

Data **Map** 196B **Access** 메트로 D선 Aliados역 하차, 도보 15분 **Add** Rua de Miguel Bombarda 457, 4050-382 Porto **Tel** 220-136-726 **Open** 월～금 11:00～20:00, 토 11:00～21:00, 일 12:00～20:00 **Cost** 말차 라테 3유로 **Web** www.rotadocha.pt

해산물, 와인과 만나다
아데가 상 니콜라우 Adega São Nicolau

몇 발짝만 가면 도우루 강변과 맞닿는 상 니콜라우 거리의 골목 안에 자리한 레스토랑. 10년이 넘게 한 자리를 지키며 로컬과 여행자들의 사랑을 고루 받아왔다. 테이블이 몇 개 안되는 야외석에 앉으면 아기자기한 뒷골목 분위기와 아름다운 강변의 전망이 공존한다. 그 덕에 야외 테이블은 식사 시간마다 순식간에 만석이 될 정도로 인기 있다. 온통 나무로 꾸민 내부에 있으면 마치 오크통 속에서 식사를 하는 기분. 테이블마다 올라와 있는 메뉴는 문어볶음밥 Filetes de polvo과 바칼라우 요리다. 특히 보들보들한 식감의 문어튀김과 짭조름한 볶음밥을 한 접시에 담아내는 문어볶음밥은 한국인의 입맛에 잘 맞는 편.

와인 저장고라는 뜻의 레스토랑답게 와인 리스트도 훌륭하다. 와인을 병으로 주문하면 디켄팅한 후 잔에 따라주는 세심한 서비스도 후한 점수를 주고 싶다. 음식이 다소 짠 편이니 싱겁게 먹는 사람이라면 주문할 때 소금을 적게 넣어달라고 할 것.

Data **Map** 197K **Access** 메트로 D선 São Bento역 하차, 히베이라 방면으로 도보 8분 **Add** Rua de São Nicolau 1, 4050-561 Porto **Tel** 222-008-232 **Open** 월~토 런치 10:30~15:00, 디너 19:00~23:00 **Cost** 바칼라우 17.90유로, 문어구이 17.90유로 **Web** www.facebook.com/AdegaSNicolau

서비스도, 맛도 1등인 나타 체인점
나타 NATA

그 어떤 수식어도 필요 없는 포르투갈 최고의 간식, 나타. 포르투에서 가장 나타를 잘 하는 곳이 어디냐 물으면 대부분의 포르투 사람들은 이곳을 말한다. 체인점이라 서비스도 체계화되어 있고 매장도 깨끗하다. 대부분의 매장에 테라스 자리가 여럿 있어 낮에 방문하는 사람들은 햇빛 아래 즐거운 스낵 타임을 가질 수 있다. 나타의 종류가 다양함은 물론이고 잘 어울리는 커피, 주스, 소다 등 음료 메뉴도 다양하다. 수프나 샌드위치같이 간단한 요깃거리를 할 것도 판매한다. 단단한 종이 박스에 포장해주기 때문에 바로 먹지 않고 테이크아웃을 해가도 좋다. 산타 카타리나 지점 외에도 포르투에는 플로레스 대로 등을 포함하여 여러 지점이 있다.

Data **Map** 197D **Access** 메트로 A, B, C, E, F선 Bolhão역 하차, 도보 3분 **Add** Rua de Santa Catarina 499, 4000-124 Porto **Tel** 222-086-996 **Open** 월~금 09:00~19:30, 토 09:00~20:00, 일 09:30~19:00 **Cost** 파스텔 드 나타 1유로, 에스프레소 0.70유로 **Web** www.natalisboa.com, www.facebook.com/natalisboaportugal

생선 요리로는 둘째가라면 서러운
피시 픽스 Fish Fixe

좁아 보이는 길고 키 큰 건물에 위치한 이 식당에 들어서면 의외로 널찍한 1층과 2층이 나타난다. 겉으로 드러나는 왜소한 외관에 속지 말 것! 조명이 어두워 저녁에 특히 분위기가 좋다. 훌륭한 생선 요리가 대표 메뉴이다. 도우루 강가 전경을 바라보며 먹는 이곳의 해산물 요리는 일품이다. 갓 잡아 조달하는 신선한 생선만을 사용해 재료의 신선도는 나무랄 데 없이 좋다. 관자, 오징어 등 다양한 종류의 해산물이 메뉴의 주를 이루지만 육류 요리도 준비되어 있으니 고기 마니아들도 걱정 말고 찾아가자.
후식으로는 꿀, 견과류와 크래커와 함께 서빙하는 포르투갈산 1등 치즈 세하 다 에스트렐라serra da Estrela 치즈를 추천한다. 진한 포트와인과의 마리아주가 대단하니 꼭 먹어볼 것. 강가 뷰 자리는 미리 예약하는 편을 추천한다.

Data **Map** 197K
Access 메트로 D선 São Bento역 하차, 도보 5분
Add Cais da Ribeira 9, 4050-509 Porto
Tel 222-038-457
Open 일~목 11:00~23:00, 금 · 토 11:00~24:00
Cost 바칼라우 17.90유로, 문어구이 17.90유로

PORTO BY AREA 01
바이샤&히베이라

Writer's Pick! 더도 말고 덜도 말고, 오로지 대구!
바칼라우 Bacalhau

히베이라를 거닐다 발걸음이 멈춘다면 당신은 아마 바칼라우 앞에 서 있을 것이다. 세련된 외관과 강가가 보이는 시원한 뷰의 테라스, 고소하게 구워지는 대구의 냄새가 배고픈 여행자를 유혹하기 때문. 최상급의 신선한 대구를 이용한 다양한 요리를 선보이며, 양고기, 돼지고기 등 육류 메뉴도 훌륭하다. 이곳의 바칼라우가 특별한 이유는 포르투갈 전역에서 나는 최고의 재료만 사용하기 때문.
디저트의 경우 마리아주가 훌륭한 와인을 추천하여 명시하며, 디저트와 함께 주문할 때 2~5유로 정도만 추가로 받아 경제적이다. 직접 만드는 식재료를 판매하기도 한다. 친절하고 빠른 서비스도 바칼라우의 장점. 디저트 메뉴도 다양하고 맛있어 저녁식사 후 이곳을 찾아 디저트와 포트와인 한잔을 함께 하는 것도 방법이다.

Data **Map** 197K
Access 메트로 D선 São Bento 역 하차, 도보 10분
Add Muro Bacalhoeiros 154, 4050 Porto
Tel 222-010-521, 960-378-883
Open 일~목 11:00~23:00, 금·토 11:00~24:00
Cost 바칼라우 도우라두 14.50유로, 초콜릿 아이스크림 5.50유로
Web bacalhauporto.pt

시장 근처 늘 인기 만점인 맛집
레스토란테 불랴 Restaurante Bulha

한번 가면 일정 중에 여러 번 더 가는 사람들이 많은 식당으로, 신선한 해산물과 친절한 서비스로 정평이 나 있다. 요리 잘하는 집에 초대받아 먹는 식사처럼 포근하고 캐주얼한 가정식 느낌이 물씬 난다. 양이 넉넉한데 남은 음식은 싸주는 센스도 있으니 아까우면 포장을 부탁하도록. 프란세지냐 맛집으로도 소문이 나 있어 맥주와 프란세지냐 한 접시를 하러 찾는 것도 추천한다. 메트로 바로 앞에 있어 접근성도 좋다. 주말 저녁에는 예약이 필수.

Data **Map** 197D
Access 메트로 A, B, C, F선 Bolhao역에서 하차하여 도보 2분
Add R. de Sá da Bandeira 490, 4000-430 Porto
Tel 220 980 150 **Open** 월 12:00~16:00, 화~토 12:00~23:00
Cost 해산물 볶음밥 12.90, 바깔라우 10.90
Web restaurante-bulha.negocio.site

예쁜 테라스가 있는 카페
쇼콜라타리아 다스 플로레스 Chocolataria das Flores

2013년 개점한 플로레스 대로의 맛집. 주인이 모든 메뉴를 직접 매장에서 만들기 때문에 운이 좋으면 갓 구워 따끈한 나타, 브라우니, 머핀을 먹을 수 있다. 포트와인, 캐러멜, 라벤더를 넣은 초콜릿 등 초콜릿 종류가 가장 많고 다양하다. 핫도그, 라자냐, 키쉬, 수프와 같이 가벼운 브런치나 점심식사를 하기 좋은 메뉴와 핫 초콜릿, 커피와 차 등 음료도 맛있다. 인공 색소나 방부제를 넣지 않아 건강하고 맛있는 잼, 젤리, 마멀레이드도 판매한다. 예쁜 초록색 테이블과 의자가 놓인 테라스 자리가 인기가 좋다. 플로레스 대로를 구경하기 가장 좋은 곳.

Data **Map** 197G **Access** 메트로 D선 São Bento역 하차, 도보 3분 **Add** Rua das Flores 121, 4000 Porto **Tel** 918-276-522 **Open** 09:30~19:00 **Cost** 키쉬 또는 빵, 수프, 음료 세트 5.50유로, 라자냐와 샐러드 세트 4.90유로, 핫 초콜릿 2.50유로 **Web** www.facebook.com/pages/Chocolataria-das-Flores/112744788908933

자타 공인 포르투 프란세지냐 1등 가게
부페트 파즈 Bufate Fase

리스보아에서는 보기 쉽지 않으나 포르투에서는 거리마다 보이는 프란세지냐 메뉴. 포르투에서 처음 생겨난 이 지역의 특별 메뉴이다. 포르투 대부분의 카페와 식당에서 판매하는 인기 메뉴로 소스와 요리 방법에 따라 조금씩 맛이 다르다. 카페 산티아고 Café Santiago가 대표적인 포르투의 프란세지냐 맛집으로 알려져 있지만 한국인들 입맛에는 많이 짠 편. 관광객들에게 잘 알려진 곳이 아닌, 진짜 맛있는 포르투의 프란세지냐 가게는 바로 산타 카타리나 대로에 위치한 부페트 파즈이다.

기본 소스가 약간 매콤하여 달달한 맛을 선호한다면 소스를 덜 맵게 해달라고 주문하자. 매장이 협소하지만 맛만큼은 최고다. 포장도 가능하다. 단, 현금 결제만 가능하다.

Data **Map** 197D **Access** 메트로 A, B, C, D, E, F선 Trindade역 하차, 도보 15분 **Add** Rua de Santa Catarina 1147, 4000-456 Porto **Tel** 222-052-118 **Open** 월~금 12:00~16:00, 18:00~21:30 **Cost** 프란세지냐 8.50유로 **Web** www.facebook.com/pages/Bufete-Fase/279318019862

포르투 사람들의 일상과 맞닿아 있는
볼량 시장 Mercado do Bolhão

19세기에 처음 문을 연 이래로 쉬지 않고 장사를 해온 시장. 사고파는 사람들과 구경꾼들로 언제나 붐빈다. 주요 품목은 신선한 해산물, 치즈, 올리브, 육류, 빵 등 모든 종류의 식재료와 와인, 기념품, 꽃이다. 금요일, 토요일 아침이 가장 부산하다. 시장답게 시식 코너도 여럿 있다. 시장의 2층짜리 신고전주의 건물 안에 들어서 있어 예쁜 사진을 원한다면 2층에 올라가서 내려다보며 찍으면 잘 나온다. 시장 주변에 상권이 크게 형성된 요즘에는 대형 슈퍼마켓까지 생겨나 예전만큼의 위상을 누리지 못하고 있으나 알뜰하게 신선한 식재료를 사려는 포르투 사람들의 제1의 시장이다. 1층에는 작은 카페와 식당이 있으며 가격이 저렴하고, 시장에서 나는 재료를 사용하여 맛도 좋다.

Data Map 197D
Access 메트로 A, B, C, E, F선 Bolhão역 하차, 도보 1분 **Add** Rua Formosa, 4000-214 Porto
Open 월~금 07:00~17:00, 토 07:00~13:00

소상인들이 모두 모여 장사하는 실내 마켓
오포르투 크래프트 마켓 Oporto Craft Market

크래프트(공예) 쇼에 출품하는 소상인과 작가들 중 몇몇을 엄선하여 실내 매장에서 판매하도록 자리를 마련한 곳. 원래는 임시로 이 공간을 대여하려 했으나 포르투 시민들의 반응이 좋아 영구 전시 및 판매를 하는 상점이 되었다. 가방, 넥타이, 목걸이, 귀걸이, 반지 등 일상생활에서 착용할 수 있는 상품부터 선물용 병따개, 와인 스토퍼 등 다양한 상품을 취급한다. 컵케이크나 핑거 푸드와 같은 음식을 판매하기도 한다. 대부분의 상인들이 젊고 창의적인 아티스트로 마켓의 분위기는 언제나 활달하다. 페이스북을 통해 새로 입점되는 상품, 브랜드와 특별한 휴일이나 행사를 기념하여 열리는 세일을 안내한다.

Data Map 197G Access 메트로 D선 Aliados역 하차, 도보 5분 Add Rua do Almada 125, 4050 Porto Open 일~금 13:00~20:00, 토 10:00~20:00 Web www.facebook.com/oportocraftmarket

신진 포르투갈 디자이너들을 만나고 싶다면?
스카 아이디 스토어 Scar I.D. Store

포토그래퍼 실비아 핀투 코스타Sílvia Pinto Costa와 건축가 겸 인테리어 디자이너 안드레 라모스André Ramos가 협업하여 론칭한 멋진 상점. 패션, 가구, 소품, 조명 등 다양한 분야의 실력 있는 포르투갈 신인 디자이너들을 발굴하고 판매의 장을 만들어 지원한다. 라이프 스타일 자체를 바꿀 수 있는 힘 있는 디자인만을 찾아 소개하는 것이 이곳의 모토이다. 너무 튀지 않으면서도 개성이 강한 포르투갈 브랜드의 옷을 사고 싶었던 쇼퍼에게 추천한다. 이곳에서 볼 수 있는 브랜드와 디자이너로는 필립 파이스카Filipe Faísca, 다니엘라 바루스Daniela Barros, 카를라 폰테스Carla Pontes, 남반Namban 등이 있다. 갤러리 겸 상점으로 운영하고 있어 디스플레이가 볼만하고, 디스플레이에 사용되는 모든 가구와 조명 역시 판매한다. 스카 아이디 스토어는 사진 스튜디오도 겸하고 있다.

Data Map 196B Access 메트로 D선 Aliados역 하차, 도보 15분 Add Rua do Rosário 253, 4050-180 Porto Tel 222-033-087 Open 월~토 10:00~20:00 Web www.scar-id.com

트렌디한 패션 브랜드의 집합소
파세이우 도스 클레리구스 Passeio dos Clerigos

클레리구스 성당&탑 근처 지하에 숨어 있는 멋진 쇼핑 거리. 여성 패션 브랜드 핀코PINKO, 청바지 전문 브랜드 디젤DIESEL, 커피 체인점 코스타COSTA와 세가프레도Segafredo, 패셔니스타들이 좋아할 브랜드 플라이 런던Fly London 등 10개의 의류, 잡화 상점과 4개의 카페, 식당이 입점되어 있다. 개인적으로는 산타 카타리나 대로보다 훨씬 더 짧은 이곳의 쇼핑이 더 즐거웠을 정도로 옷과 잡화들이 세련되고 예뻤다. 상대적으로 더 트렌디하고 물건들이 많아 유행에 민감한 쇼퍼들이 산타 카타리나 대로보다 파세이우 도스 클레리구스에서의 쇼핑을 즐거워할 것이라 예상한다.

길만 건너면 클레리구스 성당&탑, 렐루 서점이 있어 관광지를 돌아보다 쇼핑을 하러 찾기에 적합한 위치라는 것도 큰 장점. 선글라스, 안경을 주로 판매하는 옵티컬 콘셉트 스토어 클레지 인CLERGY IN이 가장 인기가 많다. 포르투에서 열리는 주요 패션 행사들도 종종 열려 상점들 외에도 구경거리가 쏠쏠한 쇼핑 스폿이다.

Data Map 197G
Access 메트로 D선 São Bento역 하차, 도보 5분
Add Rua das Carmelitas 151, 4050-162 Porto
Tel 253-278-170
Open 08:00~22:00(매장마다 다름)
Web www.passeiodosclerigos.pt

모든 것이 메이드 인 포르투갈
Writer's Pick! 아 비다 포르투게사 A Vida Portuguesa

리스보아에 본점을 둔 포르투갈 상품 전문 매장. 저널리스트 겸 미디어 사업가인 카타리나 포르타스Catarina Portas가 포르투갈의 옛 모습을 추억할 수 있는 물건들을 판매하고자 오픈한 상점이다. 상호명은 '포르투갈의 생활'이라는 뜻으로 설립 취지를 그대로 반영한다. 사라져가는 추억의 브랜드들을 들여오며 빈티지 트렌드를 부흥시키는데 큰 역할을 했다. 2009년 개점한 포르투 지점이 위치한 건물은 옛 섬유 가게였으며, 멋진 계단을 올라가 2층에 오르면 만날 수 있다.

1층은 페르난데스 마토스Fernandes Mattos라는 100년도 더 된 포르투갈 상점으로 이곳에서도 아 비다 포르투게사 못지않게 매력적인 다양한 상품을 찾아볼 수 있다. 사탕, 차, 커피, 통조림, 비스킷, 비누, 머그, 주얼리, 세라믹, 침구 등 아 비다 포르투게사에서 판매하는 1,000개가 넘는 품목들은 모두 포르투갈 브랜드의 것. 퍼즐, 타일, 과자, 의류 등 기념품으로 선물하기 좋은 물건들이 많다. 포장도 무척 예쁘다는 것도 아 비다 포르투게사의 장점.

Data Map 197G
Access 메트로 D선 São Bento역 하차, 도보 5분
Add Rua da Galeria de Paris 20, 4050-182 Porto
Tel 222-022-105
Open 월~토 10:00~20:00, 일·공휴일 11:00~19:00
Web avidaportuguesa.com

실속 있는 쇼핑 플레이스
알마다 13 Almada 13

5개의 상점이 한 공간을 공유한다. 5개의 브랜드는 이미 잘 알려진 패션 프로젝트로 여느 상점보다 활기가 넘친다. 여름과 바다를 주제로 한 가구, 가방 등을 만들어 판매하는 더 옐로 보트The Yellow Boat, 의류, 잡화와 마시는 차를 판매하는 호타 두 차Rota do Chá, 코르크를 주재료로 사용하여 가구와 가방, 액세서리를 만드는 에코 브랜드 코르크&코Cork&Co, 모던한 디자인의 양털 의류를 선보이는 알데이아스 히스토리카스 데 포르투갈Aldeias Históricas de Portugal, 포르투갈의 전통과 유산에서 영감을 받아 인테리어 소품과 현대미술품을 제작하는 아구아스 푸르타다Aguas Furtadas 모두 포르투갈 브랜드. 다양한 취향의 소비자들을 만족시켜줄 물건으로 가득하다.

밖에서도 눈길을 끄는 펑키한 로고는 인테리어 업체 스튜디오 도브라Studio Dobra의 작품. 디저트 메뉴 파블로바로 유명한 카페, 미스 파블로바Miss Pavlova도 갖추고 있다. 쇼핑을 마친 후 달걀흰자로 거품을 내어 바삭한 겉 표면과 입안에서 녹는 촉촉한 속의 이중적인 맛이 중독적인 파블로바를 먹으면 피로가 스르르 풀린다.

Data Map 197G
Access 메트로 D선 São Bento역 하차, 도보 5분
Add Rua do Almada 13, 4050-036 Porto
Tel 223-216-002
Open 월~목 10:00~20:00,
금·토 10:00~23:30,
일 10:00~11:00
Web www.facebook.com/almada13

Porto By Area

02

빌라 노바 드 가이아
Vila Nova de Gaia

빌라 노바 드 가이아를 찾는 이유는 2가지다. 첫째, 포트와인을 맛보기 위하여! 도우루 강을 따라 기라성 같은 와이너리가 밀집해 있다. 언덕 위의 와이너리에서 다디단 포트와인이 홀짝이다 보면 강에서 불어오는 바람마저 달다. 둘째, 히베이라를 완벽한 각도로 바라보기 위해서다. 빌라 노바 드 가이아 강변의 초록 잔디 위나 가이아 케이블카에서 바라보는 아름다운 전망은 눈이 호사스러울 정도. 동 루이스 1세 다리를 배경으로 점점이 떠 있는 옛 포트와인 수송선 라벨로도 운치를 더한다.

빌라 노바 드 가이아 지도

- 그라함 Graham's
- 에스파소 포르투 크루즈 Espaço Porto Cruz
- 포르투 크루즈 Proto Cruz
- 동 루이스 1세 다리 Ponte Dom Luís I
- 도우루 강 Rio Douro
- 아르 드 리우 Ar de Rio
- 가이아 케이블카 Teleférico de Gaia
- 카렘 Cálem
- 가이아 케이블카 Teleférico de Gaia
- 자르딩 두 모루 Jardim do Morro역
- Avenida Ramos Pinto
- Avenida Diogo Leite
- 샌드맨 SANDEMAN
- 페레이라 Ferreira
- 아. 라모스 핀투 A. Ramos Pinto
- 모루 공원 Jardim do Morro
- Avenida da República
- 산타 마린냐 성당 Igreja Paroquial de Santa Marinha
- 쿠에베두 포트와인 Quevedo Port Wine
- Rua do Choupelo
- Rua Cândido dos Reis
- Rua do General Torres
- 테일러 Taylor's
- 이트맨 Yeatman
- 호스텔 가이아 포르투 Hostel Gaia Porto
- Rua de Serpa Pinto
- Rua Rei Ramiro
- Cais de Gaia
- Rua Doutor António Granjo

빌라 노바 드 가이아 Vila Nova de Gaia

0 — 400m

Tip 빌라 노바 드 가이아 도보 여행자를 위한 꿀팁

포르투인 듯 포르투 아닌 빌라 노바 드 가이아. 도우루 강을 사이에 두고 히베이라와 바라보고 있는 빌라 노바 드 가이아는 엄밀히 따지면 포르투가 아닌 다른 도시. 하지만, 히베이라 강변에서 걸어갈 수 있는 이곳은 워낙 여행자들이 많이 찾는 곳이라 포르투에 포함시킨다.

포르투 ↔ 빌라 노바 드 가이아 포르투 시내에서 메트로 D선을 타고 자르딩 두 모루Jardim do Morro역에 내려도 되지만 히베이라 강변에서 동 루이스 1세 다리를 걸어서 건너야 제맛이다. 반면, 포르투 시내로 돌아올 땐 가이아 케이블카Teleférico de Gaia를 타고 동 루이스 1세 다리 위로 올라와 메트로 타면 발품도 덜 팔고 시간도 아낄 수 있다.

빌라 노바 드 가이아 내 이동 그라함을 제외한 웬만한 와이너리는 강변에서 도보 5~10분 거리. 구불구불 언덕길이 많으니 편안한 신발을 신고 쉬엄쉬엄 걸어보자.

SEE

Writer's Pick 볼수록 호감, 포르투의 아이콘
동 루이스 1세 다리 Ponte Dom Luís I

도우루 강 위로 아치를 그리며 히베이라와 빌라 노바 드 가이아를 부드럽게 잇는다. 강변과 철교가 절묘하게 어우러지는 풍경은 포르투의 대표 이미지. 아치의 양 끝에 교각을 세우고 2층 다리를 놓아 2층에는 트램, 1층에는 자동차가 지나 다닌다. 172m의 넉넉한 폭 덕에 위아래 모두 보행자 도로가 있다. 그저 보기 좋은 감상용 다리가 아닌 걷기도 좋은 다리란 말씀! 더구나 44.6m 높이의 2층에서 바라보는 풍광이 장관이다. 발아래로 펼쳐지는 양쪽의 풍광은 확연히 다르다. 히베이라가 다채로운 중세 포르투갈 건축 양식의 전시장이라면 빌라 노바 드 가이아는 18세기 영국의 조지언Georgian식 건물이 많다. 영국 또는 영국계 포르투갈 가문에서 포트와인 와이너리를 설립한 영향 때문이다.

Don't Miss 낮에는 멋진 전망을 선사하다가 밤이면 다리에 황금빛 조명을 밝혀 화려함을 뽐낸다. 그러니 낮에 한 번, 밤에 한 번, 적어도 두 번은 동 루이스 1세 다리를 감상해보길!

Data Map 227B
Access 메트로 D선 자르딩 두 모루 Jardim do Morro역 하차, 도보 1분. 히베이라 광장에서 도보 4분
Add Ponte Luís I, 4000 Porto

Tip 에펠탑이 먼저냐, 동 루이스 1세 다리가 먼저냐

동 루이스 1세 다리 모양이 에펠탑의 아랫부분을 닮아 에펠이 만든 다리냐고 묻는 여행자들이 많다. 동 루이스 1세 다리 곁에는 일란성 쌍둥이처럼 꼭 닮은 마리아 피아Maria Pia 다리가 있다. 에펠탑을 만든 구스타프 에펠이 마리아 피아Maria Pia 다리를 먼저 세웠고, 이후 그의 제자 테오필 세이리그Téophile Seyrig가 동 루이스 1세 다리를 세웠다. 모두 에펠탑이 지어지기 전에 만들어진 다리. 스승과 제자가 각각 세운 두 다리의 이름은 포르투갈의 왕 루이스 1세와 왕비 마리아 피아에서 유래했다.

Data Map 227A, B
Access 하행 메트로 D선 자르딩 두 모르 Jardim do Morroto역 하차, 동 루이스 1세 다리 방향으로 도보 3분. 상행 빌라 노바 드 가이아 강변에서 탑승
Add 하행 Calçada da Serra 143, 4430-236 Vila Nova de Gaia, 상행 Avenida Ramos Pinto 710, 4400 Vila Nova de Gaia
Tel 223-741-440
Open 3/24~4/25, 9/25~10/24 10:00~19:00, 4/26~9/24 10:00~20:00, 10/25~3/23 10:00~18:00(12/25 휴무)
Cost 성인 편도 5유로, 왕복 9유로, 5~12세 편도 2.50유로, 왕복 4유로, 패밀리 티켓(성인 2인+어린이 명수 제한 없음) 20유로
Web www.gaiacablecar.com

Writer's Pick! 와이너리 위를 날아올라
가이아 케이블카 Teleférico de Gaia

빌라 노바 드 가이아와 동 루이스 1세 다리 정상을 이어주는 케이블카. 타자마자 순식간에 오렌지색 지붕 위를 슝 날아오른다. 600m 남짓한 거리를 5분간 운행하는 동안 창밖으로 빌라 노바 드 가이아는 물론 강 건너 히베이라까지 탁 트인 풍경에 눈이 번쩍 뜨인다. 와이너리 사이사이 골목길까지 훤히 내려다보는 기분이 통쾌하달까. 높이보다 깊이 있는 전망을 안겨준다. 케이블카에서 내려 몇 발짝만 걸으면 동 루이스 1세 다리 위. 가파른 오르막 길 대신 케이블카를 타며 전망까지 즐기니 티켓 값이 아깝지 않다. 정원이 8명이지만 평일에는 정원을 꽉 채워 태우진 않는다. 커플에겐 케이블카 전세 낸 듯 단 둘이 로맨틱 케이블카 타임을 누리는 행운이 따를 수도!

Tip 티켓은 무인 자판기나 유인 매표소에서 살 수 있다. '케이블카+포트와인 시음' 티켓은 유인 매표소에서만 구입 가능하니 참조하자.

관람객 체감형 전시
포르투 크루즈 Proto Cruz

샌드맨 바로 옆에 샌드맨의 그늘에 가려 주목받지 못했던 포르투 크루즈가 있다. 1989년 포트와인 문화를 널리 알리겠다는 야심찬 목표를 품고 뛰어든 패기 넘치는 신진 와인메이커. 19세기 건물을 모던하게 꾸며놓은 외관만 봐도 짐작이 가듯 포르투 크루즈는 전통적인 와이너리와 거리가 멀다. 센서로 반응하는 인터랙티브 테이블 등 멀티미디어를 활용한 체감형 전시로 포트와인을 느끼게 해준다. 치즈 초콜릿과 함께 와인을 시음할 수 있는 것도 차별화 포인트. 이왕이면 강 건너 히베이라에서 출발하는 포르투 크루즈(206p)와 함께 즐겨보자. 크루즈 티켓으로 무료 시음이 가능하며, 크루즈+와인 테이스팅 티켓을 판매한다. 같은 건물 위층에는 전망이 끝내주는 레스토랑과 루프톱 바도 있다.

Data Map 227A
Access 동 루이스 1세 다리에서 도보 6분. 도우루 강변 대로에 위치
Add Largo Miguel Bombarda 23, 4400-222 Vila Nova de Gaia
Tel 220-925-340
Open 화~일 11:00~12.30, 14:00~17:00
Cost 와이너리 투어 3유로
Web www.myportocruz.com

PORTO BY AREA 02
빌라 노바 드 가이아

Data Map 227A
Access 동 루이스 1세 다리에서 도보 13분
Add Rua do Choupelo 250, 4400-088 Vila Nova de Gaia
Tel 223-742-800
Open 월~금 10:00~18:00, 토·일 10:00~17:00 (12/25, 1/1 휴무)
Cost 와이너리 투어 12유로 (포르투 카드 소지자 할인), 와인 테이스팅(1잔) 2유로~
Web www.taylor.pt/en

3세기를 이어온 명성
테일러 Taylor's
Writer's Pick!

테일러를 설명할 땐 프리미엄 포트와인의 대명사라는 수식어가 늘 따라 붙는다. 영국의 와인 비평가 마이클 브로드벤트Michel Broadbent는 '테일러는 포트와인계의 샤토 라투르(최상급 보르도 와인)'라고 평했다. 1692년부터 3세기가 넘게 대대손손 오직 최고의 포트와인 만들기에 매진해 쌓은 평판이다. 명성에 걸맞게 와이너리도 대저택 같은 위엄을 뽐낸다. 고풍스러운 입구로 들어서면 천장에 색색의 패브릭을 드리운 테이스팅룸이 당신을 맞이한다. 때로는 영어 투어보다 프랑스어 투어가 많은 날도 있다. 투어 시간이 안 맞더라도 실망하지 말자. 시음할 수 있는 포트와인은 무궁무진하니까. 마음을 끄는 와인 한잔을 사들고 싱그러운 정원으로 나서자. 백미는 그 정원의 끝, 히베이라의 풍광이 한눈에 담기는 테라스! 뺨을 스치는 시원한 바람마저 달콤하다. 마냥 머물고 싶어질 만큼 눈부신 공간이라 하겠다.

> **Tip** 놓치지 말자, 바라웅 프라디게이트&이트맨 호텔 레스토랑
>
> 수백 년간 테일러를 계승해온 두 가문이 있었으니 이름하여 이트맨Yeatman과 프라디게이트Fladgate. 이트맨의 후손들은 테일러 바로 옆 이트맨 호텔과 테일러 내 바라웅 프라디게이트barão Fladgate 레스토랑을 운영한다. 바라웅 프라디게이트에서도 이트맨 호텔 레스토랑급 셰프의 근사한 요리를 맛볼 수 있다는 얘기. 점심에는 요일별로 다른 셰프 추천 메뉴가 인기다. 느지막이 와이너리 투어를 한 후 저녁식사를 즐겨도 좋다.

샌드맨의 유쾌한 초대
샌드맨 SANDEMAN

1790년 와이너리를 설립한 스코틀랜드 출신 조지 샌드맨Geroge Sandeman의 이름에서 따왔다. 샌드맨의 매력은 강렬한 캐릭터. 검은 망토, 검은 모자에 포트와인을 들고 있는 캐릭터의 이름은 돈The Don. 미스터리한 냄새를 폴폴 풍기는 망토는 포르투갈 대학생의 교복, 챙이 넓은 모자는 스페인의 중절모 카바렐루Caballero에서 착안했다. 그것도 1928년에 이런 멋진 캐릭터를 만들었다는 게 놀라울 따름. 과연, 포트와인 브랜딩의 선구자라 하겠다. 와이너리 투어에서도 샌드맨 복장을 한 직원이 안내를 해주니 설명이 귀에 쏙쏙 꽂힌다. 와인 저장고 곳곳에서 등장하는 샌드맨 캐릭터를 찾는 것 역시 숨은 재미.
친근한 분위기, 접근성 등 여러모로 부담 없이 찾기 좋은 곳이다. 와인 테이스팅보다는 포트와인 입문자를 위한 와이너리 투어로 추천한다. 투어에 참여하지 않아도 시음 및 와인 구매는 언제든 가능하다.

Data Map 227B
Access 동 루이스 1세 다리에서 도보 5분. 도우루 강변 대로변에 위치
Add Largo Miguel Bombarda 3, 4430-222 Vila Nova de Gaia
Tel 223-740-500
Open 4~10월 10:00~12:30, 14:00~18:00, 11~3월 09:00~12:30, 14:00~17:30
Cost 와이너리 투어 10유로
Web www.sandeman.com

PORTO BY AREA 02
빌라 노바 드 가이아

고품격 와이너리의 정석
Writer's Pick! 그라함 Graham's

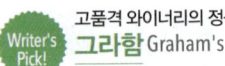

보다 적극적인 포트와인 테이스팅을 원한다면 그라함을 적극 추천한다. 영화 〈남아있는 나날〉 달링턴 저택의 만찬에서 포트와인을 마시는 장면이 나올 정도로 영국 상류층의 사랑을 듬뿍 받아온 곳이다. 특히, 그라함 토니 포트와인은 풍미가 뛰어나 로컬들이 꼭 사가라고 입을 모아 추천하는 아이템. '와인 한 병 사러 저 꼭대기까지 올라가라고?'하는 의심은 잠시 접어두자. 가보면 안다. 언덕 위에서 강 아래를 굽어보는 전망이 얼마나 근사한지, 전망 좋은 테이스팅룸에서 음미하는 포트와인은 또 얼마나 달콤한지.
이왕이면 세월이 켜켜이 쌓인 와인 저장고까지 둘러보는 투어에 참여해보길 권한다. 3,500개가 넘는 오크통으로 가득한 저장고와 빈티지 와인은 그라함의 자랑이자 진귀한 볼거리. 거대한 오크통에서 와인을 숙성시킬 때 와인이 새면 즉시 발견하기 위해 바닥에 흰 자갈을 깔아놓은 세심함이 인상적이다.

Data Map 227A
Access 동 루이스 1세 다리에서 도보 20분
Add Rua Rei Ramiro 514, 4400-281 Vila Nova de Gaia
Tel 223-776-484
Open 4~10월 09:30~18:00, 11~3월 09:30~17:30(12/25, 1/1, 스텝 트레이닝 데이 휴무)
Cost 와이너리 투어 15유로 (시음 와인 종류에 따라 가격 달라짐)
Web www.grahams-port.com

Tip 비늄 레스토랑&와인바
2013년 대대적인 리뉴얼을 하며 와이너리 내에 오픈한 레스토랑 겸 와인바 비늄 레스토랑&와인바 Vinum Restaurant&Wine Bar. 탄성을 자아내는 전망은 기본, 포르투갈 북부의 요리와 와인의 환상적인 매칭을 선보인다. 포트와인뿐 아니라 그라함 계열사의 다양한 와인을 즐길 수 있으니 이만한 호사가 없다.

파두 선율에 맞춰 건배
카렘 Cálem

카렘을 찾는 결정적 이유는 '와이너리 투어+파두 공연' 프로그램이다. 와이너리 투어 후 파두 공연과 포트와인 시음(화이트, 레드와인 각 1잔 +비스킷)으로 마무리하는 로맨틱 종합선물세트 같은 코스다. 매일 저녁 2인의 남녀 정통 파두가수가 솔로와 듀엣 곡을 주거니 받거니 하며 열정적인 무대를 꾸민다. 와인 저장고 안을 울리는 파두 선율에 심장이 뛴다. 두근대며 마시는 포트와인이 얼마나 달콤한지는 두말할 필요가 없다. 카렘이 파두를 선보이는 이유는 여타 영국인이 운영하는 포트와인과 달리 '메이드 인 포르투갈' 포트와인임을 강조하기 위해서다. 카렘은 1998년 포르투갈 와인메이커 소그비누스Sogevinus에 인수되기 전까지 1859년 창립 이래 4대째 포르투갈 가문이 운영했다. 포르투갈의 소울이 녹아든 카렘의 밤은 낮보다 아름답다. 리스보아에서 파두 공연을 미처 보지 못했다면 여기서 아쉬움을 달래보자.

Data Map 227B
Access 동 루이스 1세 다리에서 도보 2분 **Add** Avenida Diogo Leite 344, 4400-111 Vila Nova de Gaia **Tel** 223-746-660 **Open** 와이너리 5~10월 10:00~19:00, 11~4월 10:00~18:00, 와이너리 투어+파두 공연 5~10월 18:00, 11~4월 18:30 **Cost** 와이너리 투어+파두 공연 20유로, 와이너리 투어 12~15유로 **Web** www.calem.pt

Tip 쿠에베두를 무료로 즐기는 법
'포르투 크주르+포트 와인 테이스팅'이나 '케이블카+와인 테이스팅' 티켓을 구입하면 쿠에베두 포트와인에서 와인 1잔을 무료로 제공한다.

낭만 선술집을 닮은
Writer's Pick! 쿠에베두 포트와인 Quevedo Port Wine

우리말로 번역하면 '편하게 와서 포트와인 한잔하세요.'쯤 될까. '이지 드링킹easy-drinking 포트와인'를 모토로 하는 1991년생 신예 와이너리. 전망이 근사하지는 않지만 그래서 더 은밀하고 아늑해 한잔하기 딱 좋은 분위기. 햇살이 쏟아지는 2층 창가에서 오크통을 테이블 삼아 와인을 홀짝이다 보면 여행의 피로가 사르르 녹아내린다. 매일 오후 4시 반부터 2시간 동안 무료 파두 공연이 열린다. 피아노 한 대와 여가수의 단출한 공연이지만 한 사람 한 사람 손님들의 눈을 맞추며 다정하게 노래를 불러주니 나도 모르게 흥이 돋는다.

Data Map 227A **Access** 동 루이스 1세 다리에서 도보 8분. 산타 마린냐 성당 옆 **Add** Rua de Santa Marinha 77, 4400-111 Vila Nova de Gaia **Tel** 223-752-015 **Open** 4~10월 10:00~20:00, 11~3월 10:00~19:00, 파두 공연 16:30~18:30 **Cost** 와인 테이스팅 3유로~

|Talk| 달콤한 포트와인의 세계

포트와인, 시초가 궁금해!
포르투가 세계적인 포트와인의 산지가 된 결정적 계기는 100년 전쟁이다. 프랑스가 영국에 와인을 팔지 않겠다고 선언하자 다급해진 영국 상인들이 포르투의 빌라 노바 드 가이아로 이주해 자국으로 수출할 와인을 만들기 시작했다. 그런데 배로 영국까지 와인을 배송하는데 한 달씩 걸리다 보니 와인이 너무 쉽게 변질되었고, 궁리 끝에 발효 중인 와인에 브랜디를 넣어 발효를 멈추게 하는 묘안을 찾아냈다. 그렇게 달콤하고 알코올 농도 짙은(18~20%) 포트와인이 탄생했다.

포트와인의 종류
크게 오크통 숙성Cask-Aged과 보틀 숙성Bottle-Aged 포트와인으로 나뉜다. 오크통에서 숙성한 어린 와인을 블렌딩한 와인은 루비Ruby라고 한다. 이름처럼 진한 루비색과 점도가 높고 달콤한 맛이 특징이다. 루비보다 오래 숙성(3~40년)해 황갈색을 띠는 와인을 토니Tawny라 하는데, 견과류 향과 부드러운 맛이 일품이다.
보틀 숙성 와인으로는 단일 빈티지를 병에서 4~6년 숙성시키는 LBVLate Bottled Vintage와 비교적 좋은 해의 빈티지 와인을 블렌딩해 만드는 빈티지 캐릭터Vintage Character, 오크통에서 2년 숙성 시킨 후 병 속에서 더 오래 숙성시키는 빈티지 포트Vintage Port 등이 있다. 빈티지 포트의 경우 루비나 토니보다 달지 않고 말린 자두, 무화과, 블랙커런트 등 복합적인 풍미가 난다. 병에서도 숙성이 진행되어 오래 두고 마실 수 있다는 것도 장점.

포트와인, 언제 마실까?
단맛이 강해 주로 초콜릿과 치즈 같은 디저트와 함께 식후주로 마신다. 포트와인이 달달한 이유는 발효 중 브랜디를 첨가하여 효모는 파괴되고, 발효가 채 끝나지 않은 포도의 당분은 그대로 남기 때문. 초콜릿, 시가와 함께 환상의 궁합을 자랑한다.

와이너리 투어란?
빌라 노바 드 가이아 와이너리에는 포도밭이 없다. 도우로 밸리에서 수확한 포도를 가져와 와인을 만들고 저장한다. 빌라 노바 드 가이아의 와이너리 투어란 와인 저장고를 둘러보고, 2~3종류의 와인을 시음하는 코스를 말한다. 대부분의 와이너리의 투어 내용은 비슷하나 와이너리마다 개성이 다르니 취향에 따라 한두 곳 정도로 추려서 둘러보면 좋다.

EAT

숨겨진 전망의 명소
에스파수 포르투 크루즈 Espaço Porto Cruz

이미 로컬들 사이에서는 감각 있는 레스토랑이자 루프톱 바로 정평이 나있다. 3층은 군더더기 없이 모던한 인테리어의 레스토랑으로, 점심에는 바칼라우 칙피 샐러드나 송아지 샌드위치 등 간단히 요기하기 좋은 메뉴가 대부분. 든든하고 느긋한 식사를 원한다면 쿠베르트, 메인, 커피를 코스로 즐기는 오늘의 메뉴를 주문하자. 저녁에는 바칼라우나 문어, 오리 요리 등을 즐길 수 있다. 물을 병째 가져다주는데 무료이다.
레스토랑에서 나선형 계단을 오르면 근사한 야경을 안주 삼아 와인이나 칵테일을 홀짝이기 좋은 루프톱 바가 짠하고 등장한다. 강에서 불어오는 시원한 바람에 마음이 뻥 뚫리고, 밤이 깊을수록 찬란한 동 루이스 1세 다리와 히베이라의 야경에 눈을 뗄 수 없을 만큼 완벽하다.

Data Map 227A
Access 동 루이스 1세 다리에서 도보 6분
Add Largo Miguel Bombarda 23, 4400-222 Vila Nova de Gaia
Tel 220-925-340 **Open** 런치 12:30~15:30, 디너 19:30~23:00, 바 12:30~24:30 **Cost** 런치 바칼라우 칙피 샐러드 5.60유로, 오늘의 메뉴 12~14유로, 디너 바칼라우 요리 12.50~13.50유로

휴식 같은 레스토랑
아르 드 리우 Ar de Rio
Writer's Pick!

'맛도 전망도 단연 최고'라고 로컬들이 귀띔해준 강변 레스토랑. 포르투에서 보기 드문 모던한 건물부터 남다르다. 안으로 들어가면 육각형 벌집 모양의 천장과 통유리가 빚어내는 풍경이 색다르다. 포르투에 왔다면 한 번은 맛봐야할 프란세지냐부터 스테이크까지 메뉴도 다양하다. 빵을 죽처럼 갈아 만든 브레드 퓨레에 새우를 듬뿍 넣은 '아소르다 드 마리스쿠Açorda de Marisco'도 한 번쯤 맛볼만하다. 유리문 밖을 나서면 또 다른 분위기. 강을 향해 늘어선 릴렉싱 체어는 여느 리조트가 부럽지 않다. 햇살 만발한 오후, 동 루이스 1세 다리와 히베이라 강변을 바라보며 여유로운 점심식사를 즐기기 제격이다. 푸른 저녁 빛이 강 위로 내려앉을 때 야외 테라스에 있으면 꿈결 같은 야경이 다 내 것 같다.

Data Map 227A **Access** 동 루이스 1세 다리에서 도보 8분
Add Avenida Diogo Leite 5, 4400-266 Vila Nova de Gaia
Tel 223-701-797 **Open** 12:00~24:00
Cost 아르 드 리우 스테이크 14.50유로, 아소르다 드 마리스쿠(2인용) 19유로, 프란세지냐 8.50~11유로

|Theme|
포트와인의 산지, 도우루 밸리

끝없이 이어지는 초록 등고선 같은 도우루 밸리는 2001년 유네스코 세계자연유산에 등재되며 널리 알려진 곳으로 뜨거운 태양 아래 포도가 알알이 영그는 곳이다. 도우루 강 옆 가파른 산비탈을 일군 계단식 포도밭이 장관을 이룬다. 와인마니아들에겐 포르투에서 기차 타고 떠나는 1박 2일 여행지로 인기다. 도우루 밸리 핵심 스폿을 소개한다.

심쿵 하는 동화마을
아마란테 Amarante

타메가Tâmega 강을 끼고 있는 아마란테는 세계에서 유일하게 포르투갈에서만 생산하는 비뉴 베르드Vinho Verde의 산지다. 비뉴 베르드는 어린 포도를 조금 덜 익은 상태에서 수확해 만드는 와인으로, 연두색을 띄고 있어 그린 와인Green Wine이라고도 한다. 식사 전 입맛을 돋우거나 한낮의 열기를 식히기 위한 한잔으로 제격.
녹음이 우거진 마을 분위기도 비뉴 베르드만큼 맑고 산뜻하다. 마을 산책은 강 위에 놓인 상 곤 칼로 다리에서 시작하면 좋다. 다리를 건너 상 곤 칼로 성당을 둘러보고 강가의 카페에서 아마란테의 명물 디저트, 파푸스 드 안주Papos de Anjo를 맛보면 달콤한 휴식이 완성된다. 달걀노른자와 설탕을 잔뜩 넣어 만든 파푸스 드 안주는 천사의 뺨이라는 사랑스러운 뜻! 아마란테와 사랑에 빠지는데 필요한 시간은 3초면 충분하다.

Data **Access** 포르투에서 로두노르테Rodonorte 버스로 1시간(하루 10회 이상 운행)
Add Praça da República, 4600 Amarante
Web www.rodonorte.pt

칙칙폭폭 기차 타고 가는
핑야웅 Pinhão

한 땀 한 땀 장인정신이 깃든 도우루 밸리의 전통적인 포도 재배 방식을 볼 수 있는 알투 도우루Alto Douro 지역. 알투 도우루 중에서도 빈티지한 기차를 타고 훌쩍 다녀오기 좋은 곳이 핑야웅이다. 핑야웅 기차역 바로 옆에는 빈티지 하우스 호텔Vintage House Hotel이 연결돼 있어 계단 하나만 미끄러지듯 내려가면 호텔의 서재 겸 응접실로 통한다. 8세기 건물을 5성급 호텔로 리뉴얼해 곳곳이 고아한 자태를 뽐내는 도우루 밸리의 정수를 느낄 수 있는 도우루 강변의 호텔이다.
하루 묵어가도 좋지만 미슐랭급 레스토랑에서 느긋하게 식사만 해도 힐링이 된다. 이왕이면 유유히 흐르는 도우루 강과 푸르른 포도밭이 한눈에 들어오는 야외 테라스에서 오감이 즐거운 점심식사를 즐겨보자. 식사 후엔 강변을 따라 걸으며 핑야웅 마을로 스며들어 보시길.

Data **Access** 포르투 캄파냐Campanha 기차역에서 핑야웅역까지 약 2시간 소요
Add Praça da República, 4600 Amarante

Tip 도우로 밸리에서 포도가 잘 자라는 이유
스페인에서 발원한 도우루 강은 국경을 넘고 도우루 밸리를 가로질러 포르투까지 120km 이상 흘러간다. 그중 마라웅 산맥에 둘러싸여 60° 이상 경사진 협곡을 이루는 도우루 밸리는 여름에는 40°를 오르내리는 척박한 바위투성이 땅이었다. 편암과 화강암으로 이뤄진 땅을 일일이 사람의 손으로 부수고 고랑을 만들어 포도밭으로 가꿨다. 그 결과 포도나무가 햇빛을 골고루 받고, 물 빠짐도 좋아 품질 좋은 포도를 수확할 수 있었다. 지금도 이름난 와인메이커들은 최상의 포도를 위해 한 알 한 알 수작업으로 재배하는 전통적인 방법을 고수하기도 한다.

Porto By Area

03

보아비스타
Boavista

20세기 동안 가장 급격한 변화를 겪은 보아비스타. 포르투 시내와 포즈 사이에 위치한다. 시원하게 뻗은 5.5km의 보아비스타 대로는 보아비스타 일대를 지도상에서 바로 찾을 수 있도록 하는 지표가 된다. 도시에서 가장 현대적인 건물인 카사 다 무지카와 공원이라 해도 좋을 정도로 넓은 정원이 딸린 세랄베스 현대미술 박물관&정원 두 곳만으로도 보아비스타까지 걸음을 할 이유가 차고 넘친다.

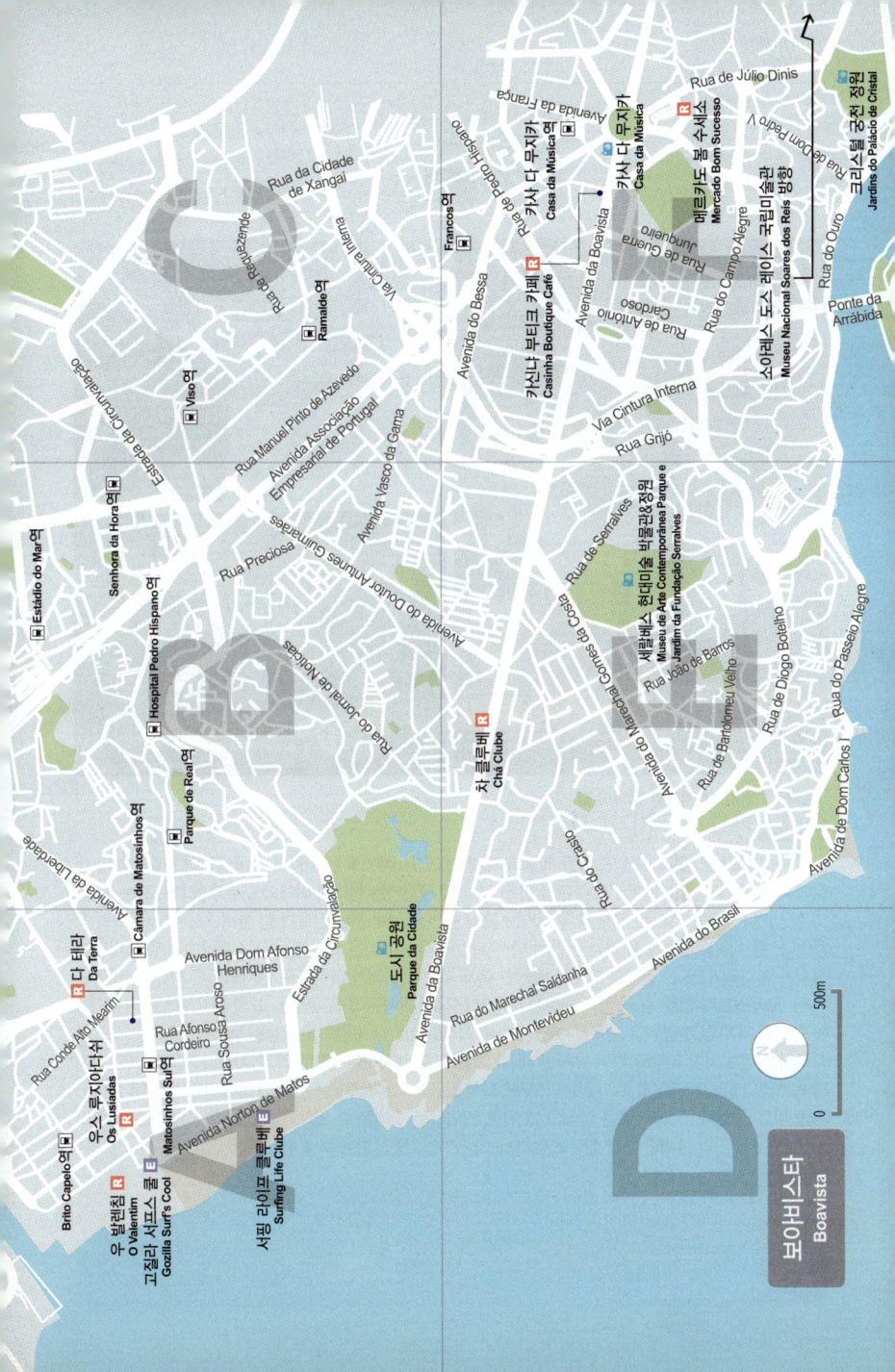

2005년 개관한 '음악의 집'
카사 다 무지카 Casa da Música
Writer's Pick!

세련된 건축미로 압도하는 외관과 세계 최고의 어쿠스틱을 자랑하는 공연장이 보아비스타 대로에 우뚝 서있다. 2015년에 10주년을 맞은 카사 다 무지카는 현대와 미래의 포르투를 대표하는 '오늘'의 상징이다. 12층으로 된 카사 다 무지카는 음악 공연장 설계 전문 건축가 렘 쿨하스Rem Koolhaas의 작품이다. 총 1,300명을 수용 가능한 카사 다 무지카의 주 공연장은 최상의 음향을 제공하기 위한 다양한 장치가 설치되어 있다. 깊이와 크기를 달리한 목재 패널로 소리가 다각도로 반사되도록 하였고, 피아노 독주, 오케스트라 합주 등 공연의 특성에 맞추어 천장의 반사판이 움직인다. 좌석 한가운데로 가로지르는 통로를 두지 않고 앞뒤로 움직일 수 있는 특수 좌석을 설치해 공간의 효율성을 높였다. 좌석의 소재는 사람 피부와 가장 유사한 재질인 벨벳으로 제작하여 공연장이 꽉 차거나 거의 비어도 악기나 목소리의 울림에 영향을 주지 않는다. VIP 좌석 입구는 아줄레주로 천장부터 바닥까지 장식되어 있다. 종종 무료 공연이 열리며, 좋은 좌석도 20유로 안팎으로 구매할 수 있으니 공연을 꼭 감상해보도록 하자. 새로운 차원의 섬세한 음향 설비로 펼쳐지는 공연으로 멋진 밤을 보낼 수 있을 것이다.

Data Map 239F
Access 메트로 A, B, C, E, F선 카사 다 무지카Casa da Música역 하차, 도보 5분
Add Avenida da Boavista 604-610, 4149-071 Porto **Tel** 220-120-220
Open 매표소 월~토 10:00~19:00, 일·공휴일 10:00~18:00(공연이 있는 날에는 공연이 끝날 때까지 건물이 열려 있으며, 매표소와 기념품 상점은 공연 시작 30분 후까지 오픈)
Web www.casadamusica.com

아름드리 나무와 소담한 꽃송이들이 싱그럽게 만개한
세랄베스 현대미술 박물관&정원
Museu de Arte Contemporânea Parque e Jardim da Fundação Serralves

해마다 인류와 환경에 공헌한 건축가를 선정하여 수여하는 프리츠커Pritzker 상의 수상자 알바로 시자 비에이라Alvaro Siza Vieira가 설계하였다. 포르투의 '에덴 공원'이라고 불릴 정도로 아름다운 정원을 가지고 있는 현대미술 박물관이다. 다양한 주제와 테마를 기획한다. 포르투 사람들은 이곳을 찾을 때마다 새로운 박물관을 찾는 것 같은 기분이 든다고 말한다. 과거 세랄베스에서 열렸던 전시로는 앤디 워홀Andy Warhol, 프란시스 베이컨Francis Bacon, 폴라 헤구Paula Rego 등이 있다. 18헥타르에 이르는 넓은 정원은 프랑스풍 정원을 모델로 하여 조성되었으며, 안에는 목장, 현대조각 전시, 핑크빛 아르 데코 빌라 '카사 데 세랄베스Casa de Serralves', 낭만적인 티타임을 가질 수 있는 티 하우스, 초여름에 만개하여 가장 예쁜 장미 정원 등이 있다. 무척 넓으니 홈페이지나 박물관에 비치된 지도를 참조하면 좋다.
해마다 5월 말에서 6월 초 사이 열리는 세랄베스의 연간 축제Serralves em Festa 기간에는 40시간 동안 무료로 다양한 이벤트가 박물관과 정원에서 열린다. 이 때 포르투를 여행하는 사람이라면 꼭 가봐야 할 멋진 축제이다. 박물관 전역에 무료 무선인터넷을 제공하며, 유모차와 휠체어 입장이 가능하다. 도서관에는 시각 장애인과 약시인 사람들을 위한 자료들이 비치되어 있다.

Data Map 239E
Access 메트로 A, B, C, E, F선 카사 다 무지카Casa da Música역 하차, 도보 35분
Add Rua de Dom João de Castro 210, 4150-417 Porto
Tel 226-156-500
Open 10~3월 월~금 10:00~18:00, 토·일·공휴일 10:00~19:00 / 4~9월 월~금 10:00~19:00, 토·일·공휴일 10:00~20:00, 1월 1일, 12월 25일 휴관, 12월 24일과 12월 31일 ~16:00
Cost 박물관, 공원, 나무 산책로, 세랄베스 하우스, 시네마 하우스를 모두 포함하는 세랄베스재단티켓 20유로, 박물관 12유로, 공원과 산책로 12유로, 시네마 하우스 12유로 / 13-17세, 학생과 65세 이상 50% 할인, 포르투 카드 소지자 20% 할인, 옐로우버스, 블루버스, 도우로 아시마 티켓 소지자 10% 할인, 12세 이하 무료, 매달 첫 번째 일요일 10:00~13:00 무료
Web serralves.pt

PORTO BY AREA 03
보아비스타

포르투갈에서 가장 오래된
소아레스 도스 레이스 국립미술관 Museu Nacional Soares dos Reis

1833년에 문을 연 포르투갈 최초의 국립 미술관. 포르투를 비롯한 포르투갈 중북부 도시에 위치한 여러 수도원의 예술품을 수집 및 전시하기 위한 목적으로 설립되었다. 18세기 카란카스Carrancas 궁전 건물에 위치하여 외관에서부터 국립미술관다운 위엄을 느낄 수 있다. 포르투 출신 사실주의 조각가 안토니우 소아레스 두스 레이스Antonio Soares dos Reis를 기리기 위해 1911년 그의 이름을 따 미술관 이름을 변경하였다. 전시품은 주로 회화, 조각, 가구, 도자기 등을 포함하는 19~20세기 포르투갈 미술품이다. 가장 유명한 작품은 소아레스 도스 레이스의 〈유배O desterrado〉. 아줄레주와 꽃나무, 작은 연못이 있는 정원도 거닐기 좋다. 사진 촬영은 불가.

Data **Map** 239F **Access** 메트로 D선 Aliados역 하차, 도보 15분
Add Rua Dom Manuel II 44, 4050-342 Porto **Tel** 223-393-770
Open 화 14:00~18:00, 수~일 10:00~18:00(1/1, 부활절, 5/1, 6/24, 12/25 휴관)
Cost 5유로, 학생증 소지자·포르투 카드 소지자·65세 이상 1.50유로,
일요일~14:00까지 무료, 12세 이하 무료 **Web** www.museusoaresdosreis.pt

이름처럼 아름다운
크리스털 궁전 정원 Jardins do Palácio de Cristal

도우루 강의 멋진 전망을 볼 수 있는 정원. 피크닉을 하거나 책을 읽는 사람들이 많은 크리스털 궁전 정원 내 위치한 크리스털 궁전 Palacio de Cristal은 16세기에 스포츠 경기장으로 지어졌으나 파손되어 1956년 지금의 건물로 대체되었다. 현재는 로사 모타 파빌리온 Pavilhao Rosa Mota이라 불리며, 약 만 명을 수용할 수 있어 전시회, 박람회, 콘서트 등 여러 행사가 열리는 장소로 사용된다.
파빌리온 외에도 정원 안에는 로맨틱 박물관Museu Romantico이 있다. 이 박물관은 사르데냐의 카를로스 알버트 왕Carlos Alberto da Sardenha이 유배되어 마지막까지 머물던 집으로, 그의 유품과 19세기 당시 물건들을 전시하고 있다.

Data Map 239F
Access 메트로 D선 Aliados역 하차, 도보 17분
Add Rua de Dom Manuel II, 4050-346 Porto
Tel 225-320-080
Open 4~9월 08:00~21:00, 10~3월 08:00~19:00
Cost 무료

포르투 서쪽의 허파
도시 공원 Parque da Cidade

포르투갈에서 가장 큰 도시 공원. 포르투의 신선한 공기 조달에 크게 일조하는 이곳의 넓이는 대서양과 맞먹는 83헥타르에 이른다. 조경사 겸 건축가인 시도니우 파르달Sidónio Pardal이 설계하여 1993년 공사에 착수하고, 2002년에 완성되었다. 전원적인 분위기를 조성하고자 바위, 돌을 많이 사용하였으나 공원이 넓어 끝없는 평원처럼 보이는 곳도 있으며, 피크닉을 하기 안성맞춤인 평지도 있다.
대중교통을 이용하면 도심에서 시간도 꽤 걸리고 내려서 걷는 거리도 상당하다. 자전거를 빌려 보아비스타 대로를 신나게 달려 공원을 찾아가 볼 것을 추천한다.

Data Map 239A
Access 메트로 A, B, C, E, F선 Francos역 하차, 도보 40분
Add Avenida da Boavista, 4100-121 Porto
Tel 225-320-080
Open 10~3월 08:00~22:00, 4~9월 08:00~24:00
Cost 무료

보아비스타

|💬 |Theme|
서핑하기 좋은 해변가, 마투지뉴스

마투지뉴스는 어떤 지역?

약 15만명이 거주하는 포르투 북부의 마투지뉴스Matosinhos는 해변가와 포르투 일대 최고의 해산물 식당들이 밀집한 지역이다. 해변을 제외하고는 전부 주거 지역이지만 가장 맛있는 해산물을 먹을 수 있어 마투지뉴스를 찾아오는 미식가들이 많다. 갓 잡아 올린 생선을 그 날 요리하기 때문에 그저 그릴에 구워 내었는데도 최고의 생선 요리라 엄지를 치켜 올리게 되는 식당들이 지천이다.
우 발렌침O Valentim, 우스 루지아다쉬Os Lusíadas 등이 가장 인기 있다. 그러나 놀랍게도 트립 어드바이저 Trip Advisor에서 마투지뉴스 맛집 1위로 꼽히는 곳은 채식주의 레스토랑 다 테라Da Terra. 마투지뉴스를 찾고 싶은 여행객들은 마투지뉴스 술Matosinhos Sul역을 비롯하여 메트로 A선의 여러 역을 이용하면 된다.

마투지뉴스에서 서핑을 하고 싶다면?

마투지뉴스는 바람도 잘 불고 역동적으로 파도가 일어 서퍼들이 일부러 찾아오는 지역이다. 해변가에는 서핑보드를 난생 처음 보는 사람이라도 신나게 마투지뉴스의 물살을 즐길 수 있도록 수많은 서핑스쿨이 있다. 서프복, 보드는 물론 다양한 장비를 렌탈할 수 있으며, 강습도 받을 수 있다. 여름에 포르투를 여행하는 레저 마니아라면 꼭 마투지뉴스에서 서핑을 해보자. 대표적인 서핑스쿨을 소개한다.

장비 대여와 친절한 맞춤 수업을 진행하는
솔티 웨이브스 Salty Waves

서핑 장비를 대여할 수 있으며, 초보라면 서핑 수업도 받을 수 있다. 마투지뉴스 해안가의 수많은 서핑 스쿨 중 가장 인기가 많다. 수준별, 개인, 그룹별 다양한 수업이 있으니 홈페이지에서 시간과 가격을 확인해보자.
Data Map 239A **Access** 메트로 A선 Matosinhos Sul역 하차, 도보 7분
Add Avenida General Norton de Matos, 4450-208 Matosinhos
Tel 931-692-605 **Cost** 서핑 레슨 1회 25유로, 4회 65유로
Web www.saltywavesurf.com

서핑뿐 아니라 패들보드 강습까지
서핑 라이프 클루베 Surfing Life Clube

서핑복, 보드 등 서핑 장비를 대여할 수 있고, 서핑 레슨도 받을 수 있는 곳. 서서 타는 패들보드 수업도 진행하며, 월 단위로 장기 레슨도 진행한다. 방학 기간에 종종 특별 수업을 열기도 한다.
Data Map 239A
Access 메트로 A선 Matosinhos Sul역 하차, 도보 7분
Add Avenida General Norton de Matos 369, 4450-208 Matosinhos
Tel 937-567-092
Cost 서핑 그룹 수업 1회(1시간 30분) 11유로
Web www.facebook.com/surfing.lifeclub

마투지뉴스 맛집 BEST 3

손맛으로 승부하는
우 발렌침 O Valentim

특별한 비법으로 바칼라우 튀김옷을 제조하여 다른 곳보다 바삭한 튀김을 내놓는다고 자부하는 우 발렌침. 식전 빵이나 디저트 등 모든 베이커리도 이곳에서 직접 구워 모든 음식이 신선하고 따끈하게 서빙된다.

Data Map 239A
Access 메트로 A선 Brito Capelo역 하차, 도보 5분
Add Rua Herois Franca 263, 4450-158 Matosinhos
Tel 229-388-015 **Open** 12:00~23:00
Cost 정어리구이 7.50유로, 바칼라우구이(2인) 22유로, 크렘 브륄레 2.80유로 **Web** ovalentim.com

여러 명이 함께 식사하러 오기 좋은
우스 루지아다쉬 Os Lusíadas

양이 푸짐하고 수많은 종류의 생선을 판매하여 단체 손님들이 특히 많은 식당이다. 식당 한쪽에는 대형 수족관에서 막 잡아온 싱싱한 각종 생선이 있어 직접 보고 먹고 싶은 메뉴를 고를 수 있다. 다양한 종류의 와인을 구비하고 있다.

Data Map 239A
Access 메트로 A선 Matosinhos Sul역 하차, 도보 3분
Add Rua Tomas Ribeiro 257, 4450-297 Matosinhos
Tel 229-378-242 **Open** 월~토 12:00~15:30, 19:00~24:00
Cost 아구볶음밥 23.50유로, 생선 모둠(2인) 42.50유로
Web restaurantelusiadas.com/pt

뷔페로 즐기는 건강한 한 끼
다 테라 Da Terra

평일에는 일반 뷔페로 이용되다가 금요일 저녁부터 일요일, 공휴일에는 특별 뷔페로 바뀌어 다양한 채소 요리를 선보인다. 포장도 가능하다. 스시롤, 튀김, 샐러드 등 육류와 생선 요리 없이도 든든히 배를 채울 수 있는 다양한 메뉴가 있고, 디저트와 주스도 맛있다.

Data Map 239A
Access 메트로 A선 Matosinhos Sul역 하차, 도보 5분
Add Rua Afonso Cordeiro 71, 4450-005 Matosinhos
Tel 229-370-853
Open 월~토 12:00~15:00, 19:30~23:00
Cost 특별 뷔페 11.95유로
Web www.daterra.pt

EAT

시장 구경과 든든하게 배 채우기, 일석이조!
메르카도 봄 수세소 Mercado Bom Sucesso

다양한 식재료를 사고팔 뿐 아니라 요리한 것을 즉석에서 먹어볼 수 있는 곳이다. 아무도 찾지 않던 대형 시장을 대대적으로 복원하는 프로젝트로 시작하여 성공적으로 부활한 맛있는 마켓. 3명의 건축가 포르투나투 레알Fortunato Leal, 쿠냐 레앙Cunha Leão, 모라이스 소아레스Morais Soares가 1940년 설계한 건물을 사용하고 있다. 같은 건물에는 호텔도 들어서 있으며, 길 건너편에는 대형 몰도 자리 잡고 있다. 시내와 조금 떨어진 곳에 위치해 있지만, 주변에 볼거리가 많고 시장이 워낙 방대해서 배부르게 구경할 수 있는 곳이다. 포르투에 오래 머문다면 주말 나들이를 하러 찾아볼 것을 추천한다. 든든한 한 끼 식사와 가벼운 간식, 따끈한 커피와 시원한 과일주스를 시장 곳곳에 놓인 벤치 또는 바 의자에 편히 앉아 즐길 수 있다. 트래블러 카페Traveller Caffe의 나타, 파우페리우Paupério의 홈메이드 쿠키, NY/슬라이더NY/Slider의 미니 버거, 버블스Bubbles의 샴페인 등이 인기. 종종 DJ나 가수들을 초청하여 공연을 열기도 한다.

Data Map 239F
Access 메트로 A, B, C, E, F선 카사 다 무지카Casa da Música역 하차, 도보 10분
Add Praça do Bom Sucesso 132, 4200-132 Porto
Tel 226-056-610
Open 일~목 10:00~23:00, 금·토 10:00~24:00
Web www.mercadobomsucesso.pt/home/

2012년 문을 연 다목적 공간
카신냐 부티크 카페 Casinha Boutique Café

레스토랑, 카페, 바, 라운지이자 다양한 포르투갈 제품을 판매하는 부티크. 특히 야외 정원에 마련된 라운지와 아기자기하게 꾸며진 실내 테이블 자리 모두 앉아 보고 싶은 욕심이 든다. 보아비스타 대로의 전망이 시원하게 보이는 실내 자리가 인기다. 음악과 관련된 인테리어 소품을 많이 사용하였다. 크레페, 키쉬, 페이스트리 등의 스낵류가 있어 오후에 커피 한 잔을 즐기러 찾는 사람들이 많다.
음식의 종류는 아메리칸 브런치부터 그리스식 간식까지 다양하다. 여름에는 아이스크림이 단연 인기 품목. 판매하는 상품들은 잼, 와인, 오일, 비스킷과 같은 식료품이 대부분이다.

Data **Map** 239F
Access 메트로 A, B, C, E, F선 카사 다 무지카Casa da Música역 하차, 도보 5분
Add Avenida da Boavista 854, 4100-112 Porto
Tel 934-021-001
Open 월~토 09:00~24:00, 일 10:00~22:00
Cost 치즈 크레페 4유로, 에스프레소 0.70유로, 아메리카노 1.80유로
Web www.facebook.com/casinhaboutiquecafe

우아하고 고풍스러운 티 룸
차 클루베 Chá Clube

적갈색 원목 벽, 붉은 벨벳 소파, 빳빳하게 풀을 먹인 냅킨, 은 주전자와 조금만 세게 쥐면 깨질 것만 같은 섬세한 찻잔 등 영국식 티타임 문화의 영향을 받아 사소한 부분까지 디테일하게 꾸며 놓았다. 차와 함께 내오는 스낵으로는 따끈한 스콘과 브리오슈가 있고, 터키식 초콜릿 케이크도 인기가 많다.
세계 각지의 차 중 50여 개를 엄선하여 구비하고 있어 티 셀렉션도 훌륭하다. 여름에는 차 대신 갓 내린 신선한 과일주스가 더 잘 팔린다. 식사는 점심에만 가능하며, 가격은 일괄적으로 11유로. 로스트 비프, 바카라우, 베지테리언 크레페 중 선택할 수 있다.

Data **Map** 239E
Access 메트로 A, B, C, E, F선 카사 다 무지카Casa da Música역 하차, 도보 35분
Add Avenida da Boavista 3477-Loja 19, 4100-139 Porto
Tel 226-178-459
Open 월~금 10:00~19:30, 토 16:30~19:30
Cost 오늘의 메뉴(수프, 오늘의 식사, 음료, 디저트, 커피) 11유로
Web www.facebook.com/cha.clube

SLEEP
포르투 숙박

히베이라에 위치한 강가의 숙소
1872 리버 하우스 1872 River House

쉼보다는 포르투라는 도시와 더 친해지고 싶은 여행자를 위한 부티크 호텔. 주변에 괜찮은 맛집은 어디인지, 이번 주말에 열리는 파티는 있는지, 히베이라에서 가장 문을 늦게 닫는 바는 어디인지 등 척척박사처럼 포르투를 속속들이 알고 있는 친절한 스태프들이 이곳의 예쁜 객실에 묵는 즐거움을 배가 시켜준다. 각각 다르게 꾸며진 1872 리버 하우스의 8개의 객실 중 몇 개는 시내를, 몇 개는 도우루 강을 바라보고 있다. 자전거를 대여해주니 강가를 따라 뻗어 있는 대로를 천천히 달려보자.

전 객실은 플랫 스크린 TV, 무선 인터넷을 구비하고 있다. 홈페이지를 통해 예약하면 공항 픽업 서비스와 웰컴 드링크를 무료로 제공한다. 체크인 12:00, 체크아웃 12:00.

Data Map 196J
Access 메트로 D선 상 벤투 São Bento역 하차, 도보 15분
Add Rua do Infante D. Henrique 133, 4050-080 Porto **Tel** 961-172-705
Cost 베이직 더블룸 132유로, 스탠더드 트윈룸 150유로
Web 1872riverhouse.com

포르투의 중심부에 위치한 5성급 호텔
호텔 인판트 사그레스 Hotel Infante Sagres

멋진 테라스와 스파 센터, 기념품 숍을 갖추고 있는 호텔이다. 시내 한가운데 위치하여 포르투의 여러 명소와 가깝고 교통도 편리하다. 객실마다 빨강, 남색, 흰색 등 특정 색 한 가지만을 사용하여 인테리어를 꾸며놓아 클래식한 유러피언 침실의 느낌이 물씬 난다. 영화 〈그레이의 50가지 그림자〉의 세트 인테리어를 맡은 보카 두 로부Boca do Lobo의 디자인은 세련되고 과하지 않은 화려함이 특징이다. 이곳에 영화에서 사용한 데코를 그대로 적용한 보카 두 로부 스위트룸이 있다.

호텔 바로 옆에 위치한 북 레스토랑Book Restaurant은 상호명에서 알 수 있듯 문학을 콘셉트로 한 지중해 메뉴를 선보이는 소문난 맛집이다. 테마 호텔스&리조트Thema Hotels&Resorts 체인 소속으로 70개의 객실을 갖추고 있다. 프런트 데스크 24시간. 체크인 24시간, 체크아웃 12:00.

Data **Map** 197G **Access** 메트로 D선 Aliados역 하차, 도보 3분
Add Praça Dona Filipa de Lencastre 62, 4050-259 Porto
Tel 223-398-500 **Cost** 클래식 더블룸 144유로 **Web** www.infantesagres.com

SINCE 1880
그란데 호텔 두 포르투 Grande Hotel do Porto

리노베이션을 거쳤음에도 연륜에서 묻어 나오는 무게감 있는 분위기는 숨길 수 없다. 오랫동안 보존된 서비스 마인드도 일품이다. 94개나 되는 객실과 상 벤투역에서 걸어서 5분이라는 점, 도시에서 가장 중요한 대로 중 하나인 산타 카타리나에 위치해 성수기에는 일찍 동이 난다. 전 객실은 금연이며 가죽으로 된 침대 헤드와 두툼한 커튼이 잠을 청하기 편안한 분위기를 연출한다.

헬스장, 베이비시팅, 세탁, 환전 서비스를 제공한다. 주차장도 마련해두고 있다. 옥상 테라스, 레스토랑, 음료가 맛있고 분위기가 좋기로 소문난 윈저 바Windsor Bar도 추천한다. 전 객실에 위성 TV와 바, 무선 인터넷 제공. 프런트 데스트 24시간. 체크인 14:00, 체크아웃 12:00.

Data **Map** 197D **Access** 메트로 D선 상 벤투São Bento역 하차, 도보 5분
Add Rua de Santa Catarina 197, 4000-450 Porto **Tel** 222-076-690 **Cost** 스탠더드 트윈룸 150유로
Web www.grandehotelporto.com

영감을 불러 일으키는 아름다운 호텔
아티스트 포르투 호텔&비스트로
The Artist Porto Hotel&Bistro

예술 학교로 사용되던 건물을 개조해 만든 호텔. 원목 가구, 심플한 조명, 스트라이프 침구로 꾸민 16개의 일반 객실, 응접실이 딸려 있는 1개의 스위트룸, 60명 수용이 가능한 연회장을 갖추고 있다. 연극, 영화, 무용, 음악회, 강연 등 다양한 문화 행사가 열리며, 설치미술도 곳곳에서 볼 수 있다. 투숙객에게는 현대식 포르투갈 요리 전문점 아티스트 비스트로The Artist Bistro에서 식사해볼 것을 권한다. 옆에 위치한 바 바티스트B'Artist는 칵테일로 유명하다. 주말에는 새벽 1시까지 문을 연다. 체크인 14:00, 체크아웃 12:00.

Data Map 197D
Access 메트로 D선 São Bento역 하차, 도보 10분
Add Rua da Firmeza49, 4000-228 Porto
Tel 220-132-700
Cost 싱글룸 60유로~
Web www.shotelscollection.com/theartistporto/home

현지인 기분 내기에 딱 좋은
포르투센스 Portosense

스튜디오 아파트 3개와 침실이 있는 듀플렉스 아파트 1개로 구성된 현대적이고 실용적인 포르투센스. 리노베이션 한 18세기 건물을 사용한다. 모든 아파트에는 엘리베이터가 설치되어 있으며 난방과 냉방도 빵빵하다. 플랫 스크린 위성 TV, 무선 인터넷, 냉장고, 식기세척기, 오븐과 조리대가 구비된 부엌, 세탁기와 다리미가 있다. 스튜디오 이용객은 싱글 침대 2개 또는 더블 침대 1개를 사용할 수 있다. 듀플렉스 아파트에는 더블 침대 1개와 소파 침대가 마련되어 있다. 아기용 침대는 추가 요금 지불 없이 요청 가능하다.
추가 요금 지불 시 크로아상을 비롯한 신선한 빵 배달, 공항 픽업 서비스, 자전거와 오토바이 렌트, 청소와 세탁 서비스를 이용할 수 있다. 체크인 15:00, 체크아웃 12:00.

Data Map 197K
Access 메트로 D선 São Bento역 하차, 도보 7분
Add Rua dos Mercadores 3, 4050-375 Porto
Tel 939-809-828
Cost 스튜디오 아파트 (최대 3인) 75유로
Web www.portosense.com

빌라 노바 드 가이아에 새로 생긴 파티 호스텔
호스텔 가이아 포르투 Hostel Gaia Porto

포트와인 한 잔을 웰컴 드링크로 제공하는 등 서비스 점수 100점의 호스텔이다. 강 건너 와이너리가 집결해 있는 빌라 노바 드 가이아에 위치해 있어 조용하며 전망도 훌륭하다. 깨끗하고 평온하지만 매일 밤 파티나 행사를 주최해 친구를 사귀거나 포르투 여행 정보를 여행자들과 공유할 수 있다. 주 단위로 요가 강사를 초빙하여 정원에서 요가 수업을 하는 등 다채로운 자체 프로그램을 운영한다.

포르투갈을 테마로 한 그림이나 타일 장식 등을 포인트로 하여 각각 다른 인테리어로 꾸며진 가이아 포르투의 모든 방은 정원으로 통한다. 세탁기를 구비하고 있으며, TV가 있는 라운지, 부엌도 자유롭게 이용 가능하다. 자전거 대여 서비스, 무선 인터넷 사용 가능, 조식 포함. 체크인 15:00, 체크아웃 12:00.

Data Map 227B
Access 메트로 D선 Jardim do Morro역 하차, 도보 7분 **Add** Rua Cândido dos Reis 374-376, 4400-070 Porto **Tel** 224-968-282 **Cost** 4인실·6인실 도미토리 18유로, 여성 전용 4인실·6인실 도미토리 20유로, 스위트룸 25유로 **Web** www.hostelgaiaporto.pt

먼저 예약하는 사람이 임자!
6 온리 6 Only

상 벤투 역에서 도보로 5분이면 찾을 수 있어 접근성이 훌륭하고, 관광 명소로 이동하거나 밤늦게 숙소를 찾아오기도 용이하다. 가벼운 산책에 안성맞춤인 정원과 TV가 있는 공동 공간 라운지가 있고, 각 방마다 금고와 욕조가 딸린 욕실과 어메니티가 있다. 자동차, 자전거, 세그웨이 렌탈을 도와주며 투어나 교통 등 투숙객이 필요로 하는 모든 면을 충족시키기 위해 정성을 다하는 스태프들이 있어 6 온리에서 머무는 시간이 더욱 특별하다. 푸짐하고 신선한 포르투갈식 조식, 무선 인터넷 제공. 추가 비용 지불 시 세탁, 드라이 크리닝, 공항 픽업 서비스를 요청할 수 있다. 체크인 14:30, 체크아웃 11:30.

Data Map 197H
Access 메트로 D선 São Bento역 하차, 도보 5분
Add Rua Duque Loulé 97, 4000-325 Porto **Tel** 926-885-187
Cost 객실 70~80유로, 스위트룸 80~90유로(성수기 기준)

Writer's Pick! 한국어 안내까지 제공하는 완벽한 호스텔
갤러리 호스텔 Gallery Hostel

봄 바르디아 대로에서 곁가지처럼 뻗어 나가는 거리에 위치한다. 간판이 눈에 잘 띄지 않아 찾기가 그리 쉬운 편은 아니지만 깨끗하고 친절해 모르는 포르투 사람이 없다. 포르투에서 인턴을 하던 한국인 직원이 만들어 둔 한글로 된 호스텔 지침과 규칙, 서비스를 알리는 브로슈어는 한국인 손님이 올 때 자랑스럽게 꺼내 보여준다. 홈페이지에도 한글 메뉴가 따로 있을 정도로 한국인 여행객에게 최적화된 호스텔. 직원들은 가족처럼 모든 손님들을 24시간 챙긴다. 갤러리에서 자체 제작한 지도는 유용하게 사용된다.

호스텔 안에는 작은 바와 라운지, 정원과 옥상에 태닝 베드가 있으며 누구나 자유로이 사용 가능한 큰 부엌이 있다. 모든 방에는 샤워실과 화장실이 구비되어 있고, 각 침대의 간격도 넓어 도미토리를 사용해도 불편하지 않다. 저녁을 같이 먹거나 워킹 투어를 나가는 등 호스텔 자체 프로그램도 다양하게 운영한다. 타월 제공. 체크인 15:00, 체크아웃 12:00.

Data **Map** 196B
Access 메트로 D선 São Bento역 하차, 도보 10분
Add Rua de Miguel Bombarda 222, 4050-377 Porto
Tel 224-964-313 **Cost** 6인실 도미토리 22유로, 더블룸 64유로 **Web** www.gallery-hostel.com/ko

포르투 최대 규모의 감각적인 호스텔
캣츠 호스텔 Cats Hostel

산스크리트어로 생명이 진화하는데 필요한 5가지 원소 (땅, 물, 공기, 불, 하늘)를 뜻하는 '타트바'. '디자인'이라는 이름이 무색하지 않도록 밝고 강렬한 색으로 치장하여 활기찬 분위기가 더욱 살아난다. 도미토리는 밝은 원목 침대를 놓아 환하고 깨끗해 보인다. 침대마다 작은 커튼이 달려 있어 개인의 프라이버시도 보장한다. 큰 수조가 있는 공동 공간과 바비큐가 가능한 정원, 116개의 침대와 2개의 개별 스위트룸을 갖추고 있다.

호스텔에서 운영하는 타트바 레스토랑&바 Tattva Restaurant &Bar는 일반 대중에게도 개방되어 있어 식사 시간이면 호스텔의 라운지나 거실보다 더 붐빈다. 세계 각국의 요리를 선보이는 폭 넓은 메뉴가 자랑. 호스텔 내 무선 인터넷 사용 가능. 조식, 워킹 투어 무료 제공. 포르투갈어 수업을 진행하는 날도 있어 간단한 회화를 배워볼 수 있다. 체크인 14:00, 체크아웃 12:00.

Data Map 197H
Access 메트로 D선 São Bento역 하차, 도보 10분
Add Rua do Cativo 22-28, 4000-160 Porto
Tel 939-887-070
Cost 10인 도미토리 15유로, 더블룸 47유로
Web catshostel.com/porto

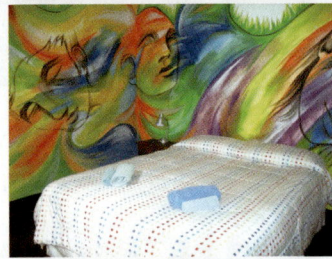

시크한 분위기의 경제적인 게스트하우스
화이트 박스 하우스 The White Box House

3명이 의기투합하여 오픈한 화이트 박스 하우스는 호텔과 호스텔의 중간쯤의 분위기를 풍기는 느낌 있는 게스트하우스이다. 푸르고 넓은 정원과 말끔한 흰 외벽이 게스트들을 단정한 모습으로 맞이한다. 아이보리 색의 벽과 포인트가 되는 조명, 아줄레주가 대비를 이루는 세련된 인테리어를 뽐내지만 내 집 같은 포근함과 아늑함도 느껴진다. 객실은 단 6개로 성수기에는 예약을 서둘러야 한다. 객실 수가 적은 만큼 개별 투숙객들에게 세심한 관심을 기울인다.
20세기 초반에 지어진 건물을 마룻바닥과 화강암 벽, 타일 장식과 미니멀한 가구 등을 사용하여 현대적으로 리노베이션 하였다. 램프나 책장 등 어느 하나 고심하여 고르지 않은 것이 없다. 손님들 중에는 가끔 가구 구매를 문의하는 사람들도 있다. 아침은 주인장 파티Fati가 손수 만든 잼과 파이 등을 내놓는다. 어디를 가도 똑같은 호텔 조식과는 차원이 다른 따뜻한 맛! 낭만적인 발코니가 있는 5번 방이 주인들이 가장 아끼는 객실이라고 한다. 프런트 데스크 08:00~24:00, 체크인 14:00, 체크아웃 12:00.

Data **Map** 197D
Access 메트로 A, B, C, E, F선 Bolhão역 하차, 도보 2분 **Add** Rua de Santa Catarina 575, 4000-453 Porto **Tel** 911-008-585
Cost 더블룸 75유로, 스위트룸 110유로

독특한 보헤미안 감성의
미스 오포 Miss'Opo

포르투에서 가장 트렌디한 게스트하우스. 레스토랑과 바 겸 게스트하우스가 모두 합쳐진 곳으로 회색 벽과 빈티지 목재 가구, 푸른 식물의 세련된 조화가 눈길을 끈다. 방이 2개 있는 T2 스튜디오 2개와 1~2인실 T0 스튜디오 4개로 이루어진 미스 오포는 각종 건축, 인테리어 매체에서 취재를 올 정도로 감각적이다. 유리를 많이 사용하여 채광이 좋다. 하루를 자더라도 특별한 숙소를 찾는 사람에게 추천. 자체적으로 운영하는 레스토랑도 게스트하우스와 비슷한 인테리어로 꾸며 놓았다. 뒤편에는 미니멀한 디자인의 의류를 판매한다. 음식과 스타일, 맛이라는 3가지 개념이 혼재된 다목적 공간. 식당 규모가 크지 않아 성수기 저녁 시간이라면 미리 예약할 것을 추천한다. 체크인 15:00, 체크아웃 12:00.

Data Map 197G
Access 메트로 D선 상 벤투São Bento역 하차, 도보 5분 **Add** Rua dos Caldeireiros 100, 4000 Porto
Tel 222-082-179 **Cost** T0 스튜디오 75유로~, T2 스튜디오 145유로~(성수기 기준) **Web** www.missopo.com

제각각으로 개성 넘치게 꾸며진
인파티오 게스트하우스 InPatio Guest House

히베이라 지역에 위치한 객실 6개를 갖춘 부티크 게스트하우스. 2년이라는 긴 리노베이션을 거쳐 지금의 모습으로 재탄생하였다. 석재와 목재의 질감을 잘 살린 인테리어가 게스트하우스보다 모델하우스 같은 고급스러운 분위기를 자아낸다. 건물 전체가 금연이며, 객실은 전부 제각각 다른 콘셉트로 꾸며져 있다. 위성 TV와 무선 인터넷, 미니바, 헤어드라이어, 금고, 어메니티, 냉난방이 제공된다. 추가 비용을 지불하면 공항 픽업 서비스를 요청할 수 있다. 근방에 유료 주차장도 있어 렌터카를 이용할 투숙객에게 유용하다.
스탠더드 객실에는 최대 2인이 묵을 수 있으며, 슈페리어 또는 트윈룸에는 추가 침대를 요청하여 최대 3인이 묵을 수 있다. 하루를 힘차게 시작할 수 있도록 든든하고 맛있는 조식을 제공한다. 1월 3, 4주와 2월 1, 2주 동안은 문을 닫는다고 하니 유의할 것.

Data Map 197K
Access 메트로 D선 São Bento역 하차, 도보 7분
Add Pátio de São Salvador 22, 4050-567 Porto
Tel 934-323-448 **Cost** 스탠더드룸 79유로~,
슈페리어룸 98유로~(침대 추가 시 35유로)
Web www.inpatio.pt

포르투 근교
PORTO SUBURBS

01 브라가
02 기마랑이스
03 아베이루&코스타 노바

포르투 주변에는 개성 강한 작은 도시들이 많다.
서로 이웃하고 있으나 각각의 역사와 문화가 크게 다르니
포르투에 머물며 당일치기로 다녀오거나 넉넉한 일정으로
각 도시에서 밤을 보내보자. 무한한 매력의 포르투갈
중북부 도시에서 '여행하는 맛'을 제대로 느낄 수 있을 것이다.

Porto Suburbs

01

브라가
Braga

포르투갈에서 3번째로 큰 도시인 브라가는 포르투갈에서 가장 먼저 만들어진 도시이다. 신석기 시대부터 사람들이 거주하였고, 기원전 136년에는 로마 제국에 속했다가 기원전 20년 브라카라 아우구스타라는 도시가 세워진 땅. 오랜 역사의 흔적이 골목마다 남아 있고, 역사와 전통을 보존해오면서도 학생들이 많이 거주하여 2012년에는 '유럽 젊은이들의 수도'로 임명되기도 하였다. 남녀노소 모두가 행복한 브라가를 여행해보자.

Braga
PREVIEW

포르투에서 잠깐 들렸다가 떠나기에는 아쉬움이 많이 남을 브라가.
브라가는 볼 것도 먹을 것도 많다. 배불리 먹고 발 아프게 돌아다니는
알찬 여행을 보장하는 멋진 도시, 브라가 여행을 놓치지 말자.

SEE

브라가의 아침과 밤은 정말 다르다. 부지런한 여행자만이 이 도시를 오롯이 즐길 수 있다. 아침 이슬을 머금은 꽃나무로 가득한 비스카이뉴스 박물관&정원과 브라가 대성당은 비교적 사람들이 많지 않은 오전에 구경하자. 늦은 시간까지 이어지는 헤푸블리카 광장의 나이트 라이프도 즐겨야 하니까!

EAT

브라가에서 여행자들이 가장 놀라게 될 것은 바로 식도락. 여행 중 먹는 것에 큰 비중을 두는 사람이라면 예상치 못한 높은 퀄리티의 식당, 카페, 바와 사랑에 빠질 것이다. 가장 추천하는 맛집은 메르카도 데 사우다드. 여름이라면 하루 한 번 이상 이곳에 들러 맥주를 마시게 될 것이다.

BUY

브라가에서 가장 눈에 잘 띄는 기념품은 빨간 벼슬을 단 나무로 만든 수탉이다. 포르투갈에서 수탉은 신의, 정의, 행운의 상징이다. 전설에 의하면 한 순례자가 브라가 바로 옆 동네인 바르셀로스Barcelos라는 지역을 지나다가 도둑으로 몰렸고, 그의 재판을 담당한 판사가 재판 전날 저녁으로 닭고기를 먹는데 이 순례자가 '내가 결백하다면 이 닭이 울 것이오!'라고 외쳤다고 한다. 순례자의 결백을 입증하기 위해 이미 요리가 된 닭이 일어나 '꼬끼오~'하고 울었다고! 이 이야기에서 비롯된 바르셀로스의 닭Galo de Barcelos 모형은 브라가를 비롯한 주변 동네의 대표적인 기념품. 길거리 가판마다 바르셀로스 수탉들이 있어 쉽게 구입할 수 있다.

SLEEP

브라가에서 제수스 두 몽테를 다녀오거나 FC 브라가의 경기를 보는 등 소화할 일정이 많다면 숙박할 것을 추천한다. 다른 도시에 비해 가격 대비 숙소 퀄리티도 훌륭하다. 고요하고 평화로운 밤은 브라가 시내의 수많은 훌륭한 바를 찾을 더없이 좋은 핑계거리가 되기 때문. 호텔도 좋지만 브라가에서는 깔끔하고 친절한 호스텔을 권하고 싶다.

Braga
GET AROUND

 어떻게 갈까?

1. 기차 Train

포르투공항에서 갈 경우 메트로 E선을 타고 캄파냐 Campanhã역으로 이동하여 도보 1분 거리에 있는 포르투 기차역에서 전차(포르투 우르바노스Porto Urbanos)를 탄다. 1시간에 1대 운행, 1회권 3.10유로, 1시간 소요. AP나 IC 열차를 타면 훨씬 빨리 도착하지만 가격은 14.20유로로 훨씬 비싸다. 기차의 시발점인 상 벤투역이 더 가깝거나 시내에서 출발하는 경우라면 상 벤투역에서 탑승하도록 하자. 시간표는 www.cp.pt에서 확인 가능하다. 브라가 기차역은 시의 서쪽 경계와 바로 맞닿아 있어 도보 5분이면 시내로 들어설 수 있다.

2. 고속버스 Express Bus

포르투 공항에서 브라가 직항 버스인 '겟버스GETBUS'를 이용하자. 편도 8유로, 왕복 14유로. 하루 8번 운행하며 약 50분 소요. 티켓은 정류장 매표소 또는 버스기사에게 구매하면 된다. 시내에서 갈 경우 포르투갈 전역을 이동하는 레데 익스프레소스Rede-Expressos는 포르투의 바탈랴Batalha 버스정류장에서 출발하여 브라가로 향한다. 시간표는 홈페이지(www.rede-expressos.pt)에서 확인 가능하며, 편도 요금 6유로, 1시간 소요.

3. 자동차 Car

포르투에서 오는 사람이라면 A3-IP1 고속도로를 타고 쉽게 올 수 있다. 약 40분 소요.

 어떻게 다닐까?

1. 도보 Walk

브라가는 도보 여행이 가능한 도시이다. 차가 있어도 일방통행 도로와 도보자전용 길이 많아 오히려 걸어 다니는 것이 편하다. 무료 주차장도 찾기 힘드니 렌터카 이용자들은 숙소에 주차장을 반드시 미리 문의하도록 하자.

2. 버스 Bus

브라가 시내만 돌아볼 예정이라면 대중교통을 이용하지 않아도 상관없다. 그러나 도시 외곽으로 나가거나 주변 지역으로 이동할 때는 버스를 이용한다. 평일에는 주기적으로 다니지만 토요일에는 배차 간격이 크고, 일요일, 공휴일에는 거의 다니지 않는다. 평일에도 시내버스는 오후 8시쯤이 막차 시간이라는 점을 염두에 두도록 하자. Web www.tub.pt

브라가 교통권
Cost 투어리스트 티켓 1일권 3.35유로, 2일권 6.05유로, 3일권 8.05유로, 1회권(환승 가능) 1.55유로

3. 옐로 버스 Yellow Bus

브라가&봉 제수 투어를 운영한다. 시내의 주요 명소들을 투어 버스로 돌아보고, 브라가에서 꼭 보고 가봐야 할 봉 제수 성당까지 여행한다. 55분 여정으로 자유롭게 여러 번 내리고 타며 온종일 브라가 구석구석을 즐길 수 있다. 오디오가이드는 포르투갈어, 스페인어, 영어, 프랑스어, 독일어, 이탈리아어를 제공한다. 옐로 버스 투어 혜택으로는 TUB 버스 무료 이용과 리스보아, 포르투, 푼샬, 코임브라, 기마랑이스 옐로 버스 투어 10% 할인이 있다.

Data Map 262D **Access** 브라가 기차역에서 도보 20분
Add 출발지 Avenida Central, 4710 Braga **Tel** 966-923-947
Open 10:00~17:00(1시간 간격)
Cost 오프라인 구입 12유로(온라인 구입 10.80유로), 4~10세 6유로
Web www.yellowbustours.com/en-GB/Braga/Circuits.aspx

INFO 브라가 투어리스트 관광안내소

브라가 카드를 구입하고 시내 지도, 숙박, 식당, 교통 등 관광과 관련한 정보를 얻을 수 있다. 특히 근교 도시 기마랑이스나 봉 제수스 두 몽테, 브라가 시립 경기장 등 시내 중심에서 떨어진 명소들을 찾아 가고자 할 때 실시간 교통 정보를 얻을 수 있다.

Data Map 262F
Access 브라가 기차역에서 33번 버스 타고 Liberdade(Igreja S Lázaro II) 정류장 하차 후 도보 2분. 브라가 기차역에서 도보 20분. 헤푸블리카 광장 옆
Add Avenida da Liberdade 1, 4710-305 Braga
Tel 253-262-550
Open 월~금 09:00~13:00, 14:00~18:30 / 토·일 09:00~13:00, 14:00~18:00
Web www.cm-braga.pt

PORTO SUBURBS 01
브라가

SEE

포르투갈에서 가장 오래된
브라가 대성당 Sé de Braga

Writer's Pick!

이베리아 반도에서 가장 먼저 가톨릭이 전파된 브라가는 다른 어느 도시보다 브라가 대성당을 찾아야 할 이유가 크다. 성당은 무어식 모스크로 사용되던 오래된 로마네스크 건물을 헐고, 엔리케 데 보르고냐Henrique de Borgonha 공작에 의해 11세기에 건조되었다. 이 공작은 포르투갈 최초의 왕인 아폰소 1세Afonso I의 아버지로, 그와 그의 부인 테레사의 묘가 대성당 안에 안치되어 있다. 2개의 바로크 종탑과 로마네스크 파사드가 특징적이며, 아줄레주도 볼 수 있다. 성당 북쪽 출입구 부근에는 작지만 알차게 꾸며진 성물 박물관이 있다. 10세기에 상아로 만든 관과 16세기 탐험가 페드로 아바레즈 카브랄Pedro Alvares Cabral이 브라질을 발견한 후 첫 미사를 기념하는데 사용했던 쇠로 만든 십자가 등을 전시한다. 15세기에 제작된 성가대 의자와 바로크풍 더블 오르간도 브라가 대성당의 자랑. 내부 사진 촬영은 금지된다.

Data **Map** 262E
Access 브라가 기차역에서 도보 10분 **Add** Rua Dom Paio Mendes, 4700-424 Braga
Tel 253-263-317 **Open** 09:30~12:30, 14:30~17:30(하절기 ~18:30)
Cost 성당 2유로, 예배당&성가대실 2유로, 성물 전시&박물관 3유로 **Web** se-braga.pt

수 세기 전 브라가 귀족의 모습을 엿볼 수 있는
비스카이뉴스 박물관&정원 Museu dos Biscainhos&Jardim da Casa dos Biscainhos

Writer's Pick!

16세기 말 완공된 아름다운 바로크 궁전. 정교하고 화려한 천장 회반죽 장식으로 포르투갈에서 제일 가는 바로크 건축물 중 하나로 꼽힌다. 한 가문이 300여 년 동안 이 건물을 사용해오며 수집해온 미술품, 조각, 가구 등을 1978년 박물관 개관과 함께 대중에게 개방하였다. 개관 시간에 맞추어 아침 일찍 도착해 고요한 정원을 거닐어보자. 꽃이 만개하는 봄, 초여름에 찾으면 가장 예쁜 모습의 정원을 만날 수 있다.

Data **Map** 262C **Access** 브라가 기차역에서 도보 9분
Add Rua dos Biscaínhos, 4700-415 Braga
Tel 253-204-650 **Open** 10:00~12:30, 14:00~17:30 **Cost** 2유로

브라가 시의 문화적 발전을 위한
이미지 박물관 Museu da Imagem

1999년 개관한 이미지 박물관은 사진의 역사와 브라가 지역의 생활상, 건축, 사회적인 발전을 조명한다. 현대미술에서 사진이 점점 큰 자리를 차지하게 되면서 포르투갈 사진의 발전을 더욱 장려하기 위해 만들어졌다. 사진뿐 아니라 포스터, 잡지, 삽화 등의 다양한 자료와 옛날 카메라 모델들이 보관 및 전시되어 있다. 가족의 초상화만 찍는 작가의 작품을 전시한다거나 포르투갈 유명 작가 개인전 등 다양한 주제로 여러 개의 특별전을 동시에 운영한다. 브라가에서 가장 오래된 사진 전문관인 '포토 알리안사Foto Aliança'와 '카사 펠리카노 Casa Pelicano'의 컬렉션도 이곳에서 전시한다. 세계적인 사진 축제 엔콘트로스 다 이마젬Encontros da Imagem-Photography International Festival도 매년 브라가의 이미지 박물관에서 열린다.

Data Map 262E
Access 브라가 기차역에서 도보 7분
Add Campo das Hortas 35-37, 4700-421 Braga
Tel 253-278-633
Open 화~금 11:00~19:00, 토·일 14:30~18:00
Cost 무료
Web museudaimagem.blogspot.com

브라가의 젊은이들을 위한 문화예술 공간
제너레이션 GNration

브라가 경찰청이 있던 18세기의 낡은 건물을 개조하여 탄생한 멋진 문화예술 공간. 21세기의 브라가를 대표하는 건축물 중 하나다. 콘서트, 영화, 연극, 워크숍 등 문화예술과 관련한 모든 행사를 주최한다. 2012년 브라가가 '유럽 젊은이들의 수도European Youth Capital'에 선정되며 이에 걸맞은 곳을 개관하고자 하는 프로젝트의 일환으로 설립되었다. 브라가 모든 예술 활동의 시발점이 되는 것을 목적으로 한다. 신진 밴드를 위한 공연, 브라가의 스타트업을 위한 6개의 상점, 클럽 공연, 레스토랑과 카페 등 제너레이션 내부에 있는 다양한 크기의 공간들은 각기 다른 행사를 열고 있어 방문객들이 다채로운 경험을 할 수 있다. 최종적으로는 끊임없이 진화하는 복합 문화공간이 되는 것이 목표다.

Data Map 262C
Access 브라가 기차역에서 도보 15분
Add Praça Conde de Agrolongo 123, 4700-312 Braga
Tel 253-142-200
Open 월~금 09:30~18:30(공연일은 공연 60분 전 개관) **Web** www.gnration.pt

꽃과 나무로 가득한
산타 바바라 정원 Jardim de Santa Bárbara

대주교 궁으로 사용하던 건물 바로 옆에 위치한 산타 바바라 정원은 헤푸블리카 광장과 같은 명소를 찾아가는 길에 들러볼 수 있는 소담한 정원이다. 정원의 꽃과 나무는 언제나 단정하다. 17세기에 처음 조성되었으나 현재의 산타 바바라 정원의 모습은 1955년의 조경을 거쳐 좀 더 현대적으로 변모하였다. 정원 중앙의 수호신인 성인 바바라 석상이 있는 분수는 17세기에 만들어진 이후 손을 대지 않은 것이다. 정원 바로 앞에 위치한 주스티누 크루즈 거리Rua Justino Cruz와 프란시스쿠 산체스 거리Rua Francisco Sanches는 버스커들이 종종 공연을 펼치는 곳으로, 운이 좋으면 정원을 거닐며 라이브 음악을 감상할 수 있다.

Data Map 262C
Access 브라가 기차역에서 도보 15분
Add Ruada Doutor Justino Cruz, 4700-317 Braga
Cost 무료

세계에서 가장 아름다운 축구장
브라가 시립 경기장 Estádio Municipal de Braga
Writer's Pick!

축구팬들 못지않게 건축학도들의 열렬한 관심을 받는 경기장. 약 3만 명을 수용 할 수 있는 이 경기장은 브라가를 대표하는 축구단 FC 브라가FC Braga의 홈구장으로, UEFA 유로 2004 경기를 위해 2003년에 완공되었다. '축구는 골대 뒤에서 보는 게 아니다.'라는 건축가 에두아르두 수투 데 무라Eduardo Souto de Moura의 확고한 신념으로 골대 뒤에는 자리가 없고 길게 뻗은 롱 사이드long side 자리만 갖추고 있다. 카스트로 산Monte Castro의 일부를 평평하게 만들어 지은 것으로 마치 산 속에서 축구를 보는 것 같다. 경기가 없을 때에는 인근 대학의 캠퍼스 파티나 가수들의 공연장으로도 사용된다.

Data Map 262A
Access 시내버스 5번 타고 S Martinho(Estádio) 정류장 하차, 도보 3분. 대부분의 경기는 저녁 8시 이후에 끝나므로 돌아갈 때는 택시를 타야 한다
Add Parque Norte Rua de Montecastro, 4700-087 Braga
Tel 253-206-860
Open 월~금 10:30~15:30
Cost 성인 6유로, 65세 이상 4유로, 4~18세 3유로
Web www.scbraga.pt

1세기에 조성된 것으로 알려진
이돌로 샘 Fonte do Ídolo

물과 관련한 의식으로 인해 만들어진 20세기도 더 된 긴 역사를 가진 샘이다. 브라가가 속해 있는 미뉴 주에 살던 브라카리Bracari 족들의 신(강과 물을 주관하는 여신 나비아Nabia, 이돌로 샘의 주인이라 알려진 통괴나비아구스Tongoenabiagus)에게 바치는 라틴어 문구가 새겨져 있는 것으로 유명하다. 토가를 입은 사람의 석상도 세워져 있다. 구체적으로 무엇을 위해 만들어진 샘이었는지에 대해서는 역사학자들의 의견이 분분하다. 그러나 이 지역에 사람이 오래 전부터 살았다는 증거가 되는 곳이라 브라가의 대표적인 관광 명소가 되었다. 샘과 관련한 자료들도 함께 전시해놓아 브라가의 역사를 더 깊게 알고 싶은 사람이라면 꼭 가봐야 할 곳.

Data Map 262F
Access 브라가 기차역에서 도보 15분
Add Rua doRaio, 4700-922 Braga
Open 화~금 09:00~12:30, 14:00~17:30, 토·일 11:00~17:00
Cost 성인 1.85유로, 학생 0.90유로

브라가의 심장!
헤푸블리카 광장 Praça da República

브라가의 과거와 현재를 이어주는 공간이자 도시에서 가장 역동적이고 활발한 곳이다. 르네상스 시대에 도시 계획의 일환으로 조성된 헤푸블리카 광장은 브라가의 긴 역사를 보여주듯 다양한 건축 양식의 건물들로 둘러싸여 있다. 광장 중앙에는 브라가의 오랜 세월을 짐작할 수 있는 비아나Vianna 분수가 있는데, 브라가 사람들은 헤푸블리카 광장을 '비아나'라고 부르기도 한다.
 분수와 같은 이름의 카페는 1858년 개점한 것으로 브라가에서 가장 오래된 카페다. 브라가의 다양한 행사들은 전부 헤푸블리카 광장에서 열린다. 여름밤에는 광장 주변의 테라스가 있는 자리에 앉아 맥주 한잔의 여유를 즐겨보자. 광장과 이어져 있는 긴 정원은 아베니다 센트럴 정원Jardim da Avenida Central 이다. 브라가 관광안내소도 헤푸블리카 광장 바로 옆에 위치한다.

Data Map 262D
Access 브라가 기차역에서 도보 15분 **Add** Praça da República, 4710-305 Braga

Writer's Pick! 시내의 번잡함에서 벗어난 고요한 성소
봉 제수스 두 몽테 Bom Jesus do Monte

봉 제수스 두 몽테는 '산에 계신 우리의 좋은 예수님'이라는 뜻으로, 브라가 외곽에 위치하여 마치 이 오랜 도시를 수호하는 듯하다. 십자가를 위해 지은 예배당 하나로 시작된 봉 제수스는 15~16세기에 재건되었고, 17세기에는 예수에게 바치는 6개의 예배당과 순례자 예배당이 추가로 지어졌다. 현재의 모습을 갖추게 된 것은 18세기로, 당시 브라가의 추기경이었던 로드리고 데 무아 테예스Rodrigo de Moura Telles의 지시와 유명 건축가 카를로스 아마렌테Carlos Amarante의 신고전주의적 설계로 완성되었다. 테예스가의 문양은 정문에 걸려 있다. 봉 제수스를 보기 위해 올라야 하는 긴 계단은 중간에 쉴 곳이 많아 힘들지는 않지만 푸니쿨라(편도 1.20유로, 왕복 2유로)를 타고 올라가는 사람들도 많다. 1882년 첫 운행된 푸니쿨라는 아직도 수많은 여행객들을 하루에도 수십 번씩 거뜬히 실어 나른다. 그러나 내려올 때만이라도 계단을 꼭 걸어 볼 것을 권하는 이유는 봉 제수스의 지그재그 형태의 계단에 있는 사람의 오감을 형상화한 분수 5개 때문. 건축미가 뛰어나 꼭 볼 것을 추천한다. 5개의 분수 외에도 계단 곳곳에는 예수에 헌정된 분수들이 몇 개 더 있다. 봉 제수스는 부활절 주간에 가장 인기가 높다. 봉 제수스의 계단을 손으로 짚고 올라오는 의식을 하고자 하는 순례자들이 세계 각지에서 찾아오기 때문.

Data **Map** 262F **Access** Rua do Raio와 교차하는 지점에 위치한 Avenida da Liberdade의 버스정류장에서 2번 버스 타고 마지막 정류장 Bom Jesus 하차. 브라가 시내에서 1시간에 2대 정도 운행하며 약 20분 소요
Add Estrada do Bom Jesus, 4715-261 Tenões **Tel** 253-676-636
Open 하절기 08:00~19:00, 동절기 09:00~18:00
Cost 무료 **Web** bomjesus.pt

맥주 장인들의 작품을 마실 수 있는
메르카두 다 사우다드 Mercado da Saudade

Writer's Pick!

와인 바 겸 맥주 가든 겸 식료품점을 운영하는 일석삼조의 공간이다. 이곳에서 판매하는 것은 모두 100% 포르투갈산으로 코카콜라나 버드와이저는 주문할 수 없다. 맥주와 안주 모두 굉장히 맛있어서 또 다른 안주를 먹어 보러 맥주를 시키는 것인지, 맥주 한 병을 더 마시기 위해 안주 한 접시를 더 시키는 것인지 모를 정도이다. 반드시 시도해볼 것은 이곳에서 판매하는 브라가 수제 맥주 '세르베야 아르테사날cerveja artesanal'로 종류가 다양하다. 한 병으로 가시지 않는 목마름은 오히려 고마울 것이다. 햄, 치즈, 커피콩, 리큐르, 올리브유 등 다양한 식료품과 CD, 책, 주얼리도 판매한다.

포르투갈산 제품만을 판매한다는 자부심이 대단해 상품에 대한 질문에도 정성껏 답해준다. 덕분에 처음 맛보는 와인과 처음 보는 브랜드의 잼과 소스라도 설명을 들은 후 구입하면 된다. 브라가 대성당이 바로 보이는 야외 테이블 좌석까지도 포르투갈산이라고. 새로 론칭하는 와인이나 식료품과 관련하여 행사를 열기도 한다.

Data Map 262E
Access 브라가 기차역에서 도보 10분 **Add** Rua Dom Paio Mendes 59, 4700-424 Braga **Tel** 253-088-232
Open 수~목 11:00~20:00, 금·토 11:00~01:00, 일 11:00~20:00 **Cost** 수제 맥주 3.80유로~, 안주 3유로~, 포르투갈식 햄버거&감자튀김+비뉴 베르데 와인 1잔 세트 7.50유로, 로우사 아 메르세이루Lousa à Merceeiro (치즈와 햄 모둠)+와인 1병 세트 22유로
Web www.facebook.com/mercadodasaudade

Writer's Pick!
이보다 더 맛있는 젤라토와 컵케이크는 없다
스피리토 컵케이크&커피 Spirito Cupcakes&Coffee

식사를 배불리 하지 않은 사람만 들어올 것! '젤라토 한 컵만 먹자!' 하고 들어서도 컵케이크 3개를 더 주문하게 된다. 오픈 시간에 맞추어 사람들이 문 앞에 줄을 서 있을 정도로 인기가 많다. 실내 테이블 자리를 비롯하여 야외에도 편안한 소파 자리가 마련되어 있다. 젤라토는 시즌에 따라 신선한 재료를 사용해 만들기 때문에 매일 종류가 바뀐다. 패션후르츠, 망고 등 상큼한 과일맛과 오레오, 티라미수와 같은 진하고 달콤한 맛 사이에서 갈등하고 있노라면 친절한 스피리토 직원들은 작은 스푼으로 여러 맛의 젤라토 시식을 권한다. 전문 바리스타도 상주하고 있으니 컵케이크와 잘 어울리는 훌륭한 에스프레소를 함께 시킬 것을 추천한다.

Data Map 262D
Access 브라가 기차역에서 도보 13분 **Add** Largo de São João do Souto 19, 4700-326 Braga **Tel** 253-268-374
Open 월~목 13:30~19:00, 금·토 13:30~19:00, 21:00~24:00
Cost 젤라토 작은 컵 2유로, 밀크셰이크 3유로
Web www.spiritocupcakes.com

리스보아에서 보았던 카페
아 브라질레이라 A Brasileira

리스보아에 있는 동명의 카페 주인이 1907년 브라가에도 아 브라질레이라 지점을 냈다. 30년 동안 운영해오며 커피콩 1kg를 구입하는 손님들에게 에스프레소 한 잔씩을 무료로 건네던 것이 현재 브라가에서 가장 바쁜 카페로 발전시켰다. 환한 유리창과 넓은 실내에 놓인 유리 테이블이 아 브라질레이라만의 밝은 분위기를 만들어준다. 아침 일찍 와도 금세 자리가 모두 차버릴 정도로 인기가 많다. 날씨가 좋다면 바깥 자리를 탐내보자. 카운터 쪽에는 나타를 비롯하여 그날그날 신선하게 굽는 각종 페이스트리를 판매한다. 큰 쟁반에 손님들에게서 받은 동전을 담아 돌아다니며 계산을 원하는 손님이 있으면 바로 그 자리에서 잔돈을 거슬러준다.

Data Map 262D
Access 브라가 기차역에서 도보 15분 **Add** Largo do Barão de São Martinho 17, 4700 Braga **Tel** 253-262-104
Open 08:00~24:00
Cost 에스프레소 0.70유로, 참치 샌드위치 3.30유로, 치킨 샌드위치 3.30유로
Web www.facebook.com/CafeABrasileiraBraga

브라가 성당 가는 길에 꼭 들러볼 맛집
코지냐 다 세 Cozinha da Sé

미슐랭 가이드에 추천된 맛집. 브라가 대성당 바로 앞에 있어 '대성당 식당'이라는 정직한 이름을 가지고 있는 이곳은 일찍 오거나 예약을 하지 않으면 기다려 들어가는 일이 허다하다. 브라가 대성당을 보러 가기 전에 들려 예약을 하고 다시 오는 편이 좋다. 육류 메뉴도 있지만 생선 요리를 주로 한다. 각종 채소와 함께 대구를 요리해 만드는 코지냐 다 세 바칼라우가 인기 메뉴이다. 와인 리스트도 훌륭하니 추천을 받아 곁들여보자.
아늑한 실내 자리는 45명 정도 수용하며, 탁 트인 공간이 아니라 기둥과 벽이 테이블 사이사이 위치하여 프라이빗한 분위기가 조성된다. 식당 내부에 걸려 있는 미술품은 모두 브라가 현지 아티스트들의 것이라고. 대부분의 경우 웰컴 드링크로 스파클링 와인 한 잔 내어준다.

Data Map 262E
Access 브라가 기차역에서 도보 9분 **Add** Rua Dom Frei Caetano Brandão 95, 4700 Braga
Tel 253-277-343 **Open** 화~일 12:00~15:00, 19:00~23:00 **Cost** 코지냐 다 세 바칼라우 12.50유로, 낙지구이 13.50유로, 스테이크 11.50유로 **Web** www.cozinhadase.pt

가볍게 한잔하기 딱 좋은
에스투디오 22 Estúdio 22

낮과 밤 모두를 위한 만남의 장소를 만들자는 취지로 2011년 문을 열었다. 때문에 아침 일찍 열고 자정이 넘어서 문을 닫는다. 맞은편의 메르카두 다 사우다드와 다른 특징은 분위기. 낮에 가도 꽤 어두운 실내는 재즈, 팝, 록, 보사노바 등 다양한 장르의 라이브 공연을 즐기기 좋은 분위기다.
미술 갤러리도 겸하는 에스투디오는 사진이나 회화 전시를 열기도 하고, 화요일 밤에는 손님들이 다 같이 퀴즈를 푸는 퀴즈 나이트 Quiz Night 시간을 갖는다. 간단히 식사로 먹을 수 있는 햄버거나 샌드위치뿐 아니라 바칼라우와 다양한 해산물 요리가 준비되어 있다. 맥주나 진gin 등 여러 종류의 다양한 술을 마셔볼 수 있다. 술이 약한 사람들을 위한 도수 낮은 사이다(사과 주류)나 맥주도 판매한다.

Data Map 262E **Access** 브라가 기차역에서 도보 10분
Add Rua Dom Paio Mendes 22, 4700 Braga
Tel 253-053-751 **Open** 08:00~01:00
Cost 모둠 타파스 9유로, 코포 ½ 햄버거 6유로, 브라가 스타일 바칼라우 12.50유로 **Web** www.facebook.com/Estudio-22cafebargaleria

BUY

브라가를 대표하는 대형 쇼핑몰
리베르다드 스트리트 패션 Liberdade Street Fashion

우체국으로 사용하던 건물을 개조하여 쇼핑몰로 재탄생한 리베르다드 스트리트 패션. 브라가에서는 최초로 사무실과 소매 상점, 거주지를 통합한 건물이지만 대부분의 사람들은 쇼핑을 목적으로 찾는다. 게스Guess, 마시모 두티Massimo Dutti, 버슈카Bershka, 아디다스Adidas, 판도라Pandora 등의 글로벌한 패션 브랜드와 포르투갈 패션 브랜드인 장난감 상점 이마지나리움Imaginarium, 카페 겸 서점 버트란드Bertrand, 헬스장도 있다.
총 28개의 상점들이 영업 중이며, 시즌마다 야외 패션쇼를 주최하는 등 여러 행사도 열린다. 브라가에서 가장 큰 대로에 위치하여 시민들이 가장 즐겨 찾는다.

Data Map 262F
Access 브라가 기차역에서 도보 17분
Add Avenida da Liberdade 14, 4700-000 Braga
Open 월~토 10:00~20:00 **Web** www.lsfregojo.pt

영화관과 편의 시설을 갖춘
브라가 쇼핑 Braga Shopping

리베르다드 스트리트 패션에 비하면 좀 더 저렴한 가격대의 의류와 잡화를 구입할 수 있는 곳. 향수 가게 시엔프라간시아스CienFragancias, 인테리어 데코 상점 카사Casa, 스포츠용품점 스포츠존Sportszone 등 여러 의류 상점이 입점되어 있다. 핑구 도체Pingo Doce 슈퍼마켓과 패스트푸드 체인점도 많아 브라가의 학생들이 방과 후 이곳 주변에 모여 있는 모습을 쉽게 볼 수 있다.
브라가 쇼핑 3층에 위치한 영화관도 큰 인기 요인. 홈페이지에도 영화와 관련한 소식이 가장 많이 업데이트 된다. 외화는 모두 원어로 방영하니 할리우드 블록버스터를 보며 휴식을 취하고 싶다면 브라가 쇼핑으로 가자.

Data Map 262D
Access 브라가 기차역에서 도보 15분
Add Avenida Central 33, 4710-228 Braga
Tel 253-208-000
Open 10:00~23:00
Web www.bragashopping.pt

손재주 좋은 마리아의 가게
로자 다스 마리아스 Loja das Marias

낭만적인 분위기의 주얼리를 좋아하는 사람이라면 쇼윈도 앞에서 이미 마음을 완전히 빼앗기게 되는 곳이다. 매장에 들어서면 마리아가 직접 바잉해오는 독창적이고 여성스러운 의상을 볼 수 있다. 특히 린넨과 면 소재의 옷이 많아 편안함을 제일로 추구하는 마리아의 패션 철학을 엿볼 수 있다. 파스텔 톤, 레이스 장식, 여성스러운 라인을 강조한 옷들이 많다.
친절한 서비스 덕분에 아이 쇼핑만 하고 나와도 무척 만족스러운 시간을 보낼 수 있다. 신상품, 할인 행사 등의 뉴스도 페이스북에 자주 업데이트 된다. 120유로 이상 구매 시 포르투갈 내륙에 한하여 배송 서비스도 제공한다.

Data **Map** 262E
Access 브라가 기차역에서 도보 7분
Add Rua Dom Paio Mendes 31, 4700-424 Braga
Tel 917-054-236
Open 화~토 12:00~20:00
Web www.facebook.com/ALOJADASMARIAS

브라가 럭셔리 쇼핑 1번지
자네스 Janes

브라가에서 가장 번화한 거리 중 하나인 소우투 Souto 거리에 여성복과 남성복 상점을 각각 가지고 있는 자네스. 서로 마주하고 있어 커플이라면 동시에 쇼핑을 즐길 수 있다. 자네스에서 판매하는 의류와 잡화는 프라다 Prada, 미우 미우 Miu Miu, 아르마니 Armani, 폴 스미스 Paul Smith 등 명품 브랜드의 컬렉션이 대부분이다. 전용 재단사가 있어 손님의 체형에 맞게 옷을 수선해준다. 들어서는 순간부터 전담 쇼퍼가 안내하며 편안한 쇼핑 시간을 갖도록 돕는다.
매장 자체도 구조가 독특하여 마치 갤러리에 옷과 가방, 구두, 시계 등을 전시해놓은 것처럼 꾸며놓아 눈이 무척 즐겁다. 자네스 여성복 상점의 경우 천장이 유리로 되어 있어 자연광이 상점에 가득 차고, 독특하게도 정중앙에 정원이 있어 시크한 마네킹들과 묘한 조화를 이룬다.

Data **Map** 262C **Access** 브라가 기차역에서 도보 12분 **Add** Rua do Souto 17/19-36, 4710 Braga
Tel 253-208-670 **Open** 월~금 10:00~13:00, 14:30~19:30, 토 10:00~13:30, 15:00~19:00
Web www.janes.pt, www.facebook.com/janes.conceptstore

SLEEP

시내 중심에 위치한 깔끔한 4성 호텔
호텔 머큐어 브라가 센트로 Hotel Mercure Braga Centro

밝고 경쾌한 인테리어가 특징인 아코르Accor 호텔 계열의 머큐어 호텔 브라가 지점이다. 케이블 TV와 미니바를 갖춘 쾌적한 객실, 맛있는 요리로 호평받는 레스토랑, 헬스장과 수영장을 갖춘 중형급 호텔로 전문적이고 신속한 서비스가 편안한 투숙을 약속한다. 시내 주요 명소들과 500m 정도 떨어진 곳에 위치해 있어서 도보만으로 여행이 가능하다는 것도 이 호텔의 큰 장점이다.
온라인 체크인을 할 수 있으며, 주차장 시설도 완비되어 있을 뿐만 아니라 장애인 시설도 갖추고 있다. 세탁, 얼리 체크인, 포터 서비스도 제공한다. 리셉션은 24시간 문을 열며 100% 금연 객실로 운영한다. 체크인은 낮 2시, 체크아웃은 낮 12시이다.

Data Map 262F **Access** 브라가 기차역에서 버스 2, 95번 타고 9분
Add Praceta João XXI, 4715-036 Brag **Tel** 253-206-000 **Cost** 스탠다드 트윈룸 76유로
Web www.accorhotels.com/gb/hotel-8308-mercure-braga-centro/index.shtml

잠이 솔솔 오는 포근한 숙소
브라가 벨스 게스트하우스 Braga Bells Guesthouse

브라가 대성당에서 불과 40m 떨어진 게스트하우스. 총 7개의 객실을 갖추고 있으며, 전 객실은 아이보리 톤으로 아늑하게 꾸며져 있다. 숙박비에 조식이 포함되어 있으며, 스튜디오에 묵는 손님은 방 안에 작은 부엌에서 요리를 해먹을 수도 있다. 다른 방에 묵는 경우 공용 부엌을 이용하면 된다. 무료로 자전거를 빌려줘 자전거로 브라가 시내를 돌아보는 것도 가능하다. 유료 공항 픽업 서비스와 주차장을 제공하며, 체크인 시 주인 크리스티나가 직접 만든 케이크 한 조각을 대접한다.
여러 호텔 예약 웹사이트를 주인이 직접 관리하기 때문에 투숙객들의 리뷰에 빠른 피드백을 남기며, 요청사항과 불만에 대한 개선도 굉장히 빠르다. 무선 인터넷 제공. 타월과 헤어드라이어 구비. 체크인 15:00~18:00, 체크아웃 11:00.

Data Map 262E
Access 브라가 기차역에서 도보 10분
Add Rua Dom Paio Mendes n° 55, Braga
Tel 910-135-493
Cost 디럭스 더블룸 55유로, 1~2인용 스튜디오 75유로

믿음직스럽고 경제적인
이비스 버짓 브라가 센트루 Ibis Budget Braga Centro

브라가 시내에 위치하며, 깔끔한 인테리어로 여행자들에게 인기 있는 이비스 체인이다. 가격이 저렴하여 이비스 호텔 중에서도 '버짓' 호텔로 구분된다. 호스텔 가격으로 더블룸에 묵을 수 있다. 브라가 지도를 배포하고 여행 조언도 아끼지 않는다. 24시간에 3.50유로인 유료 주차장을 운영하니 렌터카로 브라가를 찾는 여행자들도 불편함이 없다.
조식은 뷔페로 제공되며 전 객실에는 플랫 스크린 TV, A/C, 금고가 구비되어 있다. 무선 인터넷 제공, 100% 금연, 객실 82개. 가격대가 7~10유로 정도 더 높은 이비스의 다른 지점과 혼동하지 말 것(호텔 이비스 브라가 Hotel ibis Braga **Add** Rua Do Carmo 38, 4700-309 Braga). 체크인 14:00, 체크아웃 12:00.

Data **Map** 262F
Access 브라가 기차역 도보 3분 거리에 있는 Rua Dom Frei Caetano Brandão 정류장에서 41번 버스 탑승, Liberdade 정류장 하차
Add Avenida Da Liberdade 96, 4715-037 Braga **Tel** 253-614-500
Cost 더블룸 27유로
Web bit.ly/2OXJqQH

한국어로 방명록을 꼭 남기고 오세요
인브라가 호스텔 inBraga Hostel

미술에 조예가 깊은 주인이 직접 호스텔의 모든 부분을 꾸몄다. 주인은 호스텔 정원과 넓은 주방에서 종종 손님들과 함께 식사를 만들어 먹기도 한다. 일어나는 시간을 미리 물어보아 다음날 아침 부엌에 내려오면 따뜻한 아침을 먹을 수 있도록 하는 세심한 서비스가 감동스럽다. 도시 대부분의 명소들이 부근에 있어 편의성도 100점. 비스카이뉴스 박물관&정원은 불과 100m 떨어져 있으며, 브라가 대성당은 걸어서 3분이면 도착한다.
전 객실에는 창이 시원하게 나있어 브라가 시내 풍경을 감상할 수 있다. 그러나 방충망이 없어 여름밤에는 창문을 닫고 자야 모기에 물리지 않는다. 주방의 한쪽 벽은 떠나는 날 손님들이 남긴 메모로 채워지는 공간. 한국어도 몇 보인다. 무선 인터넷, 타월 제공. 체크인, 체크아웃 별도 문의.

Data **Map** 262C
Access 브라가 기차역에서 도보 10분
Add Rua da Boavista 21, 4700-416 Braga
Tel 253-033-546
Cost 6인실 도미토리 15유로, 더블룸 32유로
Web www.facebook.com/inbragahostel/

Porto Suburbs
02

기마랑이스
Guimarães

바다를 향해 펼쳐진 비옥한 토지 위에 세워진 기마랑이스.
포르투갈 왕국의 전신인 포르투갈 공국 수도이자 초대 왕
아폰수 엔리케Afonso Henriques의 탄생지이다. 포르투갈 태동기의
기억을 고스란히 간직하고 있는 기마랑이스는
당일치기로 돌아보기 좋은 작은 여행지이다.

Guimarães
PREVIEW

기마랑이스는 오랜 시간 동안 수 없는 변화와 개발을 피하였다. 그로 인해 수 세기 동안 축적된 다양한 건축, 예술, 문화를 자랑한다. 2012년에는 유럽 문화 도시로, 2013년에는 유럽 스포츠 도시로 선정된 바 있다. 크기는 작아도 다방면으로 뛰어나 '팔방미인'이라는 말이 가장 잘 어울리는 도시를 여행해보자.

SEE

포르투갈의 역사를 이야기할 때 빼놓을 수 없는 곳인 만큼 배경 이야기가 재미있고 아름답기까지 한 건축물이 많다. 걷다보면 자연스레 눈길을 잡아끄는 기마랑이스 성, 아름다운 꽃길처럼 펼쳐지는 브라질 헤푸블리카 광장과 상 구알테르 성당은 기마랑이스에서 꼭 보고 가야 하는 명소. 멋진 전망의 케이블카를 타고 페냐 성소에도 가보자. 종교가 없더라도 위엄 있는 예배당 건물과 주변의 자연 환경이 빼어나다.

EAT

포르투갈은 싱싱하고 맛있는 대구 요리 바칼라우로 대표되는 식사 메뉴 외에도 개성 강한 디저트로 유명하다. 특히 기마랑이스는 전통 레시피를 이용하여 만드는 쿠키, 케이크류가 많으니 디비나 굴라에 들러 꼭 한 번 맛보도록 하자. 대부분의 맛집은 시내 중심부에 위치한 투랄 광장이나 올리베이라 광장 주변에 위치한다.

BUY

포르투나 브라가를 여행한다면 기마랑이스에는 특별히 구입할 기념품은 없다. 앞서 말한 두 도시에서도 볼 수 있는 기념품들을 판매하며, 그 종류나 가격도 경쟁력이 없다. 달콤한 것을 좋아하는 여행자라면 기마랑이스 전통 과자점에서 간단한 스낵이나 잼 등을 구입하는 것을 추천한다.

SLEEP

기마랑이스는 브라가에서 당일치기 여행으로 다녀오기 충분한 작은 도시. 볼 것이 많지만 규모가 작아 반나절 정도면 관광을 마칠 수 있다. 그러나 포르투갈 건국의 역사를 되짚어 보는 등 도시를 천천히 음미하며 여행하고 싶다면 1박을 해도 좋다. 또 포르투 등 좀 더 먼 도시에서 이동해 왔다면 다음날 아침 일찍 다음 여정을 떠나는 것도 좋은 생각.

Guimarães
GET AROUND

 **어떻게 갈까?**

1. 고속버스 Express Bus
여러 버스 회사가 포르투와 브라가에서 기마랑이스로 가는 노선을 운행한다. 대부분 평일에는 한 시간에 한 대씩 버스가 있고, 주말에는 이보다 배차 간격이 더 길어진다. 배차 간격은 아래에서 확인 가능하다.

레데 익스프레소스
www.rede-expressos.pt
아리바 www.arriva.pt
로도노르테 www.rodonorte.pt

포르투 → 기마랑이스
포르투에서 레데 익스프레소스Rede Expressos 버스로 1시간 소요, 편도 6유로.
포르투 버스 정류장
Data Map 197H **Add** Rua Alexandre Herculano 366, 4000 Porto

브라가 → 기마랑이스
브라가에서 트랜스데브TransDev 버스로 약 25분 소요, 편도 3.20유로
브라가 버스 정류장
Data Add Avenida General Norton de Matos, 4700 Braga

2. 기차 Train
포르투 상 벤투 기차역에서 약 1시간 소요(편도 3.10유로). 브라가에서 기차를 타면 1회 환승해야 하고 시간도 배로 걸리므로(약 2시간 소요) 추천하지 않는다.

3. 자동차 Car
포르투에서 A3, A7 고속도로 타고 40분 소요. 브라가에서는 A11 고속도로 타고 15~20분이면 도착한다.

 어떻게 다닐까?

1. 도보 Walk
케이블카를 타고 오르는 페냐 성소에 갈 때를 제외하고는 교통수단을 이용할 필요가 전혀 없을 정도로 아담해 도보 이용이 용이하다. 기마랑이스를 순환하는 TUG 리냐 시다드TUG linha Cidade 시내버스를 이용하고 싶다면 홈페이지 tug.com.pt에서 노선과 시간표를 확인하자.

2. 옐로우 버스 Yellow Bus
기마랑이스 주요 시내 관광 명소를 돌아보는 버스 투어. 걸어 다니며 관광하는 것에 지쳤다면 투어 버스로 시내 경치를 편히 감상하자. 오디오 가이드는 포르투갈어, 스페인어, 영어, 프랑스어, 독일어, 이탈리아어로 제공된다. 옐로우 버스 투어 혜택으로는 리스보아, 포르투, 푼샬, 코임브라, 브라가 옐로우 버스 투어 10% 할인이 있다.

Data Map 280F **Access** 기마랑이스 기차역에서 도보 11분 **Add** 출발지 Alameda de São Dâmaso 4810 Guimarães
Tel 253-515-400, 939-626-350
Open 부활절 주간 목·금·토 09:30~12:30, 14:30~16:30(60분마다 출발), 6~9월 화~일 09:30~12:30, 14:30~17:30(60분마다 출발)
Cost 24시간 티켓 성인 오프라인 12유로, 온라인 10.80유로, 4~10세 6유로
Web www.yellowbustours.com/en-GB/Guimaraes/Circuits.aspx

INFO 기마랑이스 관광안내소
교통, 시내 관광 정보, 기마랑이스 시내 지도 등 관광 전반에 대한 정보를 얻을 수 있다. 홈페이지를 특히 잘 만들어 놓아 오디오 가이드, 워킹 투어 가이드, 도시 가이드 등을 다운로드 하여 여행 시 참고하자.
Data Map 280F **Access** 기마랑이스 기차역에서 도보 17분 **Add** Largo Cónego José Maria Gomes, 4800-419 Guimarães
Tel 253-421-221
Web www.guimaraesturismo.com

포르투갈 건국 이야기가 담긴
포르투갈 건국 도시 성벽 Aqui Nasceu Portugal

11세기 무렵 기마랑이스로 이주해온 엔리케 공작의 아들 아폰수는 포르투갈의 초대 왕이 된다. 때문에 기마랑이스는 아폰수 1세가 탄생한 지역이라서 '요람의 도시Cidade-berço라는 별명을 갖고 있다. 1112년, 부왕 동 엔리케가 죽었을 때 아들 아폰수 엔리케스는 겨우 4살이었다. 따라서 어머니인 테레사 포르투갈 백작부인의 섭정을 받았다. 그러나 백작부인은 고위 성직자들, 나아가서는 백성들과 갈등을 일으켰다. 아폰수는 왕위를 계승하고 나라를 통치하기 위해 1128년 기마랑이스 근교에서 마메드S. Mamede 전투라 불리는 전쟁을 일으키게 된다. 전쟁에서 승리한 아폰수는 스페인으로부터 포르투갈의 독립까지 쟁취한 후 1129년 수도를 코임브라로 옮긴다. 자랑스러운 국가의 탄생을 기념하기 위해 '포르투갈은 이곳에서 탄생했다Aqui Nasceu Portugal.'라는 문구가 새겨진 포르투갈 건국 도시 성벽을 찾아가보자.

Data **Map** 280F
Access 기마랑이스 기차역에서 도보 10분
Add Largo do Toural, 4810 Guimarães

> **Tip** **기마랑이스 역사지구** *Centro Historico de Guimarães*
> 이 책에 소개되는 기마랑이스는 도시 전체가 역사지구로서 유네스코 세계문화유산으로 등재되어 있다. 15~19세기, 즉 중세의 주거지가 현대 도시로 발달하는 시기에 발달한 건축 양식들을 고스란히 간직하고 있어 포르투갈의 건축 양식의 발전을 보여주는 살아 있는 거대한 박물관이다. 20세기부터 기마랑이스의 구시가지의 현대적인 변화에 대한 필요성을 절실히 느끼게 된 시 당국은 1980년대부터 집중적으로 이에 힘을 쏟았다. 성공적인 복원과 재건 덕분에 2001년 유네스코의 세계문화유산으로 등재되었다.

기마랑이스

언덕 위에서 도시를 내려다보고 있는

Writer's Pick! **기마랑이스 성** Castelo de Guimarães

포르투갈 초대 왕이 탄생한 성으로 이베리아 반도를 침입하는 수많은 세력으로부터 10세기 후반 세워진 산타 마리아 수도원Mosteiro de Santa Maria을 보호하기 위해 포르투갈 공국이 건국되기도 전부터 세워졌던 요새이다. 방어를 위해 성벽의 탑에 총안이 설치되어 있음을 볼 수 있다.
10세기 말 무마도나Mumadona 공작부인이 성 건축을 명하여 완공한 후 13세기 말 리모델링되었으며, 이후에도 기마랑이스에 거주하였던 여러 귀족들이 여러 차례 성을 수리하고 보완하였다. 20세기에 마지막으로 복원된 후 국보로 지정되었다. 성 앞에 위치한 작은 카르무 정원Jardim do Carmo은 이국적인 나무들로 가득하다. 정원을 구경하며 성을 찾아 오르면 하나도 힘들지 않다. 성 앞을 지키고 선 것은 알폰수 엔리케 공작의 동상이다.

Data Map 280B Access 기마랑이스 기차역에서 도보 25분
Add Rua Conde Dom Henrique, 4810-245 Guimarães
Tel 253-412-273 Open 10:00~18:00 Cost 2유로

기마랑이스 성의 서쪽 끝 편에 위치한 작은 예배당
상 미구엘 성당 Igreja São Miguel do Castelo

1664년 아폰수 1세가 세례를 받았을 때 사용했다는 분수가 내부에 있어 많은 여행자들의 발걸음이 끊이지 않는 로마네스크 양식의 성당. 그리 크지 않으니 기마랑이스 성을 돌아보다 잠시 들러보도록 하자. 19세기에 훼손되었으나 원래의 설계도를 따라 1920년대에 복원되었다. 이때 성당 주변의 조경도 함께 정리되었다. 매년 아폰수 1세의 생일을 기념하여 이곳에서 미사가 열린다. 분수 근처에는 아폰수 1세의 세례를 알리는 문구가 새겨져 있으나 성당은 아폰수 2세 통치 중 세워졌다고도 알려져 있어 진짜로 아폰수 1세가 이곳에서 세례를 받았는지는 확신할 수 없다. 성당 바닥에는 포르투갈 건국 공신들이 묻혀 있다. 이곳에 묻힌 기사들의 이름이 화강암으로 된 석판에 적혀 있다. 1910년 국보로 지정되었다.

Data Map 280B Access 기마랑이스 기차역에서 도보 25분
Add Rua Conde Dom Henrique, 4810-245 Guimarães Tel 253-412-273 Cost 무료

18세기 아줄레주 장식이 아름다운
상 프란시스쿠 성당 Igreja de São Francisco

본래 상 프란시스쿠 수도원의 일부였던 이 성당은 디니 왕의 명으로 1325년 파손되었다가 주앙 1세가 1400년 재건하였다. 그 후 1740년대에 상당한 복구 작업을 거쳤다. 이 성당에서 가장 아름다운 부분으로 꼽히는 성단소 Chancel을 장식하는 아줄레주. 성인 안토니우의 생애를 묘사하고 있으며, 주 예배당의 고딕 양식의 돔과 무척 잘 어울린다. 성당 내 신랑(성당의 중앙 회중석)을 장식하는 인상적인 판화 '트롱프 뢰유 trompe l'oeil(사람들이 실물인 줄 착각하도록 만든 그림)', 회화의 훌륭한 예로 꼽히는 목조 천장, 성단소와 고딕 양식의 가로 회랑을 구분하는 아치형 금장 목조 장식, 2층으로 된 예배당이 상 프란시스쿠 성당의 특징이다. 성당 내에는 이 지역의 최초의 프란시스코파 종교인이자 전도자인 성 구알테르 S. Gualter의 유해가 보관되어 있다.

Data Map 280E Access 기마랑이스 기차역에서 도보 11분 Add Largo de São Francisco, 4810-225 Guimarães
Tel 253-439-850 Open 화~토 09:30~12:00, 15:00~17:00, 일 09:30~13:00

아폰수 1세와 그의 두 번째 부인이 거주하던
브라간사 공작 저택 Paço Dos Duques De Bragança

15세기 초반 아폰수 1세가 브라간사의 자부심을 표현하기 위해 축조한 대형 석조 건물. 개방형 회랑과 커다란 문 여러 개로 이어지는 본관 발코니 등 프랑스 건축 양식을 좋아했던 아폰수 1세의 취향에 따라 꾸며졌다. 16세기 브라간사 가문이 빌라 비코사Vila Viçosa로 이주하며 한동안 사용되지 않다가 1933년 리노베이션을 거쳐 안토니우 살라자르António Salazar의 독재정의 공식 대통령궁으로 사용되었다. 현재는 17~18세기의 미술품을 보관하고 전시하는 박물관으로 사용된다. 주요 전시품으로는 페르시아 양탄자, 프랑스 직물품과 동양에서 가져온 도자기, 16세기 가구와 무기 등이 있다. 강렬한 색의 스테인드글라스 창으로 유명한 예배당도 있다.

Data Map 280B
Access 기마랑이스 기차역에서 도보 25분
Add Rua Conde Dom Henrique, 4810-245 Guimarães
Tel 253-412-273
Open 10:00~18:00(1/1, 12/25, 부활절, 5/1 휴관)
Cost 성인 5유로, 학생증 소지자·65세 이상 2.50유로
Web pdmas.guimaraes.pt/paco

> **통합권**
> • 공작 저택 + 알베르토 삼파이오 박물관=6유로
> • 공작 저택 + 기마랭이스성=6유로
> • 공작 저택 + 기마랭이스성 + 알베르토 삼파이오 박물관=8유로

볕이 잘 들어 따사로운
투랄 광장 Largo do Toural

17세기에 조성되었을 당시에는 기마랑이스 시 경계 바깥쪽에 위치했던 광장으로, 가축 행사와 투우가 열리던 곳이었다. 1878년 공원으로 지정되었으며, 현재는 기마랑이스에서 가장 번화한 곳이다. 광장을 둘러싼 건물에는 식당, 카페, 상점 등이 입주해 있으며, 광장이 넓고 벤치가 많아 한가롭게 시간을 보내기 좋다. 2011년 마지막으로 보수 공사를 거치며 1583년 이전되었던 르네상스 분수를 복구하고, 18세기 포르투갈 건축 양식인 폼발린Pombaline 풍의 파사드도 더해졌다. 포르투갈을 가는 사람이라면 모두 이곳을 거쳐간다.

Data Map 280F **Access** 기마랑이스 기차역에서 도보 10분 **Add** Largo do Toural, 4810 Guimarães

기마랑이스의 중심
올리베이라 광장&올리베이라 성모 성당 Largo da Oliveira&greja de Nossa Senhora da Oliveira

올리베이라 광장은 과거 기마랑이스의 중심부 역할을 했던 곳. 광장 한가운데 서서 한 바퀴 돌아보면 기마랑이스의 중요한 명소들을 한눈에 볼 수 있다. 광장 동편에는 올리베이라 성모 성당이 있다. 1342년 이곳에 리스보아의 한 상인이 가져와 심어 놓은 올리브나무가 말라 죽었다가 3일 뒤 갑자기 기적적으로 푸른 잎이 피고 열매를 맺었다. 이 놀라운 올리브나무의 생명을 기념하기 위해 광장과 성당의 이름을 '올리베이라'라고 새로 지었다. 나무는 1870년까지 자리를 지키다 옮겨졌으며, 현재 있는 것은 1985년 새로 심은 것이다. 나무 밑 석판에는 이를 기념하는 숫자 1342, 1870, 1985가 새겨져 있다. 성당은 알베르토 삼파이오 박물관으로 이어지고, 맞은편에는 현재 현대미술 박물관으로 사용되고 있는 구시청 관저Antiqos Pacos do Concelho가 있다.

Data **Map** 280F **Access** 기마랑이스 기차역에서 도보 14분 **Add** Largo da Oliveira, 4810 Guimarães

종교적 전시품으로 가득한
알베르토 삼파이오 박물관 Museu de Alberto Sampaio

수도원 컬렉션을 보관하기 위해 1928년 세웠다. 포르투갈의 대문호 주제 사라마구José Saramago가 〈포르투갈 여행Viagem a Portugal〉에서 기마랑이스를 방문할 때 꼭 들러야 하는 명소라고 극찬한 곳. 과거에 참사회 성당이 위치했던 곳으로 역사적인 의미가 상당한 건물을 이용하고 있으며, 주 전시품으로는 중세부터 18세기까지 이르는 다양한 시대별 조각상과 포르투갈에서 최고 중 하나로 꼽히는 방대한 보석 컬렉션이 있다. 1385년 알주바로타Aljubarrota 전투에서 주앙 1세가 입었던 갑옷과 세례자 요한의 참수를 묘사하는 16세기 프레스코화, 다양한 예배 의식용 물품도 볼 수 있다. 가이드 투어는 영어와 프랑스어로 진행되며 홈페이지를 통해 예약해야 한다.

Data **Map** 280F **Access** 기마랑이스 기차역에서 도보 13분
Add Rua Alfredo Guimarães, 4810-251 Guimarães **Tel** 253-423-910
Open 화~일 10:00~18:00, 부활절, 5/1, 12/25, 1/1 휴관
Cost 성인 3유로, 12세 이하 무료, 64세 이상·학생증 소지자 50% 할인 **Web** bit.ly/33v0F15

기마랑이스

Writer's Pick!

꽃향기로 가득한 광장
브라질 헤푸블리카 광장 Igreja de São Gualter

광장보다는 대형 꽃밭이라 할 정도로 탐스러운 꽃송이들로 가득하다. 광장 한가운데 다이아몬드 모양으로 길게 늘어선 정원을 멀리서 바라보면 형형색색의 꽃과 풀로 만든 보석이 줄을 지어 서있는 것만 같다. 광장 끝에 위치한 상 구알테르 성당을 목표로 이 꽃길을 산책해보자. 광장 양옆에는 카페, 상점들이 여럿 있으며, 광장 중앙 곳곳에는 분수와 조각상들이 세워져 있다. 긴 광장에서 벗어나고 싶다면 중앙을 가로지르는 파드레 가스파르 로리즈 거리Rua Padre Gaspar Roriz를 이용하면 된다. 그러나 꽃향기를 맡으며 일부러 광장을 빙 둘러 걷는 사람들이 대다수이다.

Data **Map** 280F **Access** 기마랑이스 기차역에서 도보 10분
Add Largo República do Brasil, 4820-142 Guimarães

뾰족한 탑으로 멀리서도 보이는
상 구알테르 성당 Igreja de São Gualter

브라질 헤푸블리카 광장 끝에 위치한 이 성당은 16세기 콘솔라상 성모에게 헌정된 작은 예배당을 1785년 새로 건조한 것. 19세기 성인 구알테르를 기리 '페스타스 구알테리아나스Festas Gualterianas' 축제의 중심지였기 때문에 구알테르 성당이라 부른다. 기마랑이스에는 예수가 십자가에 못 박혀 죽기까지의 과정을 나타낸 예배당이 7개 세워졌는데, 이 성당은 현재 남아 있는 5개 중 가장 첫 번째의 것이다.
십자가를 지고 걷다 쓰러졌던 성스러운 계단이라는 뜻의 이름인 노사 세뇨라 다 콘솔라상 에 산투스 파소스 성당Igreja de Nossa Senhora da Consolação e Santos Passos이라고도 불린다. 포르투갈 건축가 안드레 소아레스André Soares가 설계한 바로크풍 건축물로, 완성된 후 1세기가 지나 2개의 탑과 계단, 난간이 추가되었다. 귀처럼 뾰족하게 솟아 있는 두 개의 탑 덕분에 멀리서부터도 알아볼 수 있다.

Data **Map** 280F
Access 기마랑이스 기차역에서 도보 10분
Add Largo de São Gualter, 4810-531 Guimarães
Tel 253-416-310
Cost 무료

21세기 기마랑이스의 예술과 문화를 지원하는
예술과 창작 플랫폼 Plataforma das Artes e Criatividade

기마랑이스의 옛 장터를 다기능적인 공간으로 재창조하기 위한 프로젝트로 만들어진 공간. 예술, 문화, 경제, 사회 활동 전반을 지원하는 곳으로 다양한 프로그램과 행사를 주최한다. 이 플랫폼의 활동은 크게 3개의 프로젝트로 구분되어 운영된다.
영구 전시를 주관하고 특별전과 이벤트, 공연을 기획하는 주제 데 기마랑이스 국제 미술 센터Centro Internacional das Artes José de Guimarães · CIAJG, 젊은 문화예술인들의 성장을 도모하는 신진 아틀리에 Ateliers Emergentes, 창조적인 다양한 산업을 지원하기 위한 기업들이 모여 활동하는 크리에이티브 랩 Laboratórios Criativos이다. 영구 전시는 50년 전 완성된 아프리카 부족 미술, 중국 고고학 미술, 선사 콜롬비아 미술(멕시코, 페루, 과테말라, 코스타리카) 컬렉션, 기마랑이스 출신의 화가 주제 데 기마랑이스의 작품들로 이루어져 있다.

Data Map 280F Access 기마랑이스 기차역에서 도보 14분
Add Conde Margaride Avenue 175, 4810-535 Guimarães Tel 253-424-715
Open 화~일 10:00~19:00 Cost 전시, 공연마다 상이. 학생증 소지자, 65세 이상 할인 Web www.ciajg.pt

기마랑이스

Writer's Pick! 숲 속에 숨어 있는 성스러운 예배당
페냐 성소 Santuário da Penha

1947년 세워진 이 성소는 유명 건축가 안토니우 마르케스 다 실바António Marques da Silva의 작품이다. 안토니오는 성소가 완공되기 3개월 전 세상을 떠나 성소를 보지 못하고 눈을 감았다. 같은 해에 순례자들이 이곳을 처음 찾았고, 그 후로 세계 각지에서 성지 순례를 하는 사람들이 페냐 성소를 매년 찾고 있다. 1949년에는 종탑과 십자가가 설치되었고, 이 덕분에 페냐 성소는 포르투갈 북부에서 가장 큰 카리용Carillon(연주 가능한 종)을 갖게 되었다.

성소가 위치한 '기마랑이스의 폐'라고도 불리는 울창하고 푸른 60헥타르의 페냐 산Montanha da Penha은 수많은 동식물들이 살고 있는 보호지역이다. 사람의 손이 닿지 않은 자연 속에 위치하여 성스러운 분위기가 느껴진다. 성소 주변의 산책로를 따라 걸으며 맑은 공기를 들이 마시고, 600m 높이에서 내려다보는 기마랑이스 시가지의 모습도 구경하자. 성소 뒤편으로는 캠핑장, 호텔, 미니 골프장, 헬스장, 식당, 바, 산책로 등이 있다.

Data **Map** 281L **Access** 기마랑이스 기차역에서 도보 15분 거리의 케이블카 탑승 후 10분 소요
Add Monte da Penha, 4810 Guimarães **Open** 월~금 10:00~19:00, 토·일 09:00~20:00
Web www.penhaguimaraes.com

Tip *기마랑이스 케이블카Teleférico de Guimarães*

1994년부터 운행 중인 이 케이블카는 포르투갈 북부의 유일한 케이블카. 기마랑이스 도심에서부터 1,700m 떨어진 페냐 산을 잇는다. 10분에 걸쳐 400m 높이의 페냐 산꼭대기까지 오르는 동안 케이블카 바깥으로 점점 작아지는 기마랑이스 시내를 구경해보자. 시내에서 탑승장까지 걸어가는 길은 그리 멀지는 않으나 주변에 별 다른 명소가 없고 길만 나있다. 표지판 안내가 잘 되어 있으니 믿고 가볼 것!

Data **Map** 281G **Access** 기마랑이스 기차역에서 도보 15분
Add Rua Comendador Joaquim Sousa Oliveira 37, 4810-025
Guimarães **Tel** 253-515-085
Open 11~3월 금·토·일·공휴일 10:00~17:30, 4·5·10월 매일 10:00~18:30, 6·7·9월 월~금 10:00~19:00, 토·일·공휴일 10:00~20:00, 8월 매일 10:00~20:00(30분 간격)
Cost 성인 편도 3유로, 왕복 5유로 4~11세 편도 2유로, 왕복 2.50유로, 65세 이상 편도 2.50유로, 왕복 4유로
Web www.turipenha.pt

EAT

달콤한 기마랑이스 디저트의 집합소
디비나 굴라 Divina Gula

기마랑이스 전통 과자를 판매한다. 일부는 부근의 수도원에서 만든 것을 조달해온다. 예로부터 포르투갈의 수도원에서는 달걀흰자를 사용하여 직물에 풀을 먹였는데, 남은 수많은 달걀노른자를 버리지 않기 위해 달걀노른자를 주재료로 하는 디저트류가 발달했다. 디비나 굴라에서도 이러한 이유로 다채로운 노란색 쿠키와 빵을 찾아볼 수 있다. 대표 메뉴는 기마랑이스 파이Tortas de Guimarães.
기록으로 남은 레시피는 19세기가 최초이지만 그 전에도 만들었을 것으로 추정된다. '천국의 베이컨'이라는 뜻의 독특한 이름을 가진 보드라운 식감의 투치뇨 두 세우Toucinho do céu와 단호박과 빻은 아몬드 가루를 넣어 굽는 기마랑이스 도우라디냐Douradinhas de Guimarães를 추천한다. 일반 잼보다 설탕을 ⅓ 덜 사용해서 만드는 홈메이드 마멀레이드잼과 딸기, 사과와 계피, 고추, 무화과 배, 레몬, 복숭아, 키위로 만든 다양한 잼도 눈길을 끈다.

Data **Map** 280F **Access** 기마랑이스 기차역에서 도보 17분 **Add** Rua de Santa Maria 44, 4810 Guimarães **Tel** 253-097-725 **Open** 일~수 10:00~20:00, 목~토 10:00~22:00 **Cost** 쿠키 0.50유로~

육즙 가득한 햄버거
먼치 Munchie

Writer's Pick!

건강하고 든든한 햄버거가 먹고 싶다면 먼치로 가자! 도톰한 패티와 신선한 채소를 넣어 만드는 햄버거를 판매한다. 페스토, 베이컨, 버섯, 치즈, 나초 등 다양한 속 재료의 조합으로 다양한 메뉴를 제공한다. 매일 바뀌는 '오늘의 버거'는 보통 버거보다 좀 더 저렴한 가격에 판매한다. 모든 메뉴는 주문을 받은 후 만든다. 햄버거를 먹을 때 빠질 수 없는 감자튀김도 바로 튀겨 나와 따끈하고 맛있다. 햄버거만 먹고 돌아서기 아쉬운 사람들을 위해 달콤한 초콜릿 브라우니도 판매한다. 깔끔하고 모던한 인테리어 덕분에 패스트푸드가 아니라 '슬로 푸드' 식당이라 강조하는 먼치의 편안한 분위기가 더욱 살아난다. 한쪽 벽은 아예 대형 메뉴판처럼 꾸며져 이를 참조하여 주문하면 된다. 기마랑이스 외에도 포르투에 두 곳, 리스보아에 한 곳 지점이 있다.

Data Map 280F
Access 기마랑이스 기차역에서 도보 11분
Add Rua Dom João I 10, 4810-445 Guimarães
Tel 253-083-083 **Open** 12:00~24:00
Cost 햄버거 5유로~, 레모네이드 1,20유로
Web www.facebook.com/MunchieBK

기마랑이스에서 제일가는 맛집
솔라르 두 아르쿠 Solar do Arco

세계 각국의 다양한 음식을 요리하는 식당. 미슐랭 가이드를 비롯하여 수많은 여행, 식도락 매체에서 상을 받았다. 이는 알록달록한 스티커가 여럿 붙어 있는 음식점 문에서부터 알아볼 수 있다. 그날그날 시장에서 사오는 신선한 식재료를 이용하며, 전통 포르투갈 음식에 주력한다. 솔라르 두 아르쿠는 생선, 육류, 갑각류 등 모두의 입맛을 만족시킬 다양한 메뉴를 갖추고 있다. 넓은 실내는 약 70여 명을 수용할 수 있으나 성수기에는 금세 모든 테이블이 만석이 되니 예약할 것을 권한다.

Data Map 280F **Access** 기마랑이스 기차역에서 도보 17분
Add Rua de Santa Maria 48-50, 4810-443 Guimarães
Tel 253-513-072
Open 월~토 12:00~15:00, 19:00~23:00, 일 12:00~15:00
Cost 바칼라우 16.50유로, 스테이크 11.50유로, 후추소스를 곁들인 필레 미뇽 14.50유로 **Web** www.facebook.com/pages/category/Portuguese-Restaurant/RestauranteSnack-Bar-Solar-do-Arco-1107712472607159/

완벽한 위치
호텔 다 올리베이라 Hotel da Oliveira

올리베이라 광장에 위치해 친구를 사귀거나 늦은 시간 기마랑이스의 밤을 즐기고 싶을 때 더 없이 좋은 호텔이다. 각각의 객실이 기마랑이스의 역사와 관련한 테마로 조금씩 다르게 꾸며져 있다. 전체적으로 차분하고 편안한 스킨 톤으로 인테리어가 되어 있어 포근한 분위기가 감돈다. 자동차와 자전거 대여 서비스도 운영하고 있어 차나 자전거를 빌려 시내와 근교를 돌아볼 수 있다. 호텔 내 위치한 도서관에서 책을 빌려 라운지에서 시간을 보내는 것도 좋다. 아침은 뷔페식으로 제공되며, 요청 시 객실로 올려 보내준다.
호텔의 자체 레스토랑 훌HOOL도 훌륭한 전통 포르투갈 요리를 잘하는 것으로 소문난 맛집이다. 프런트 데스크 24시간, 전 객실 에어컨, 플랫 스크린 케이블 TV, 헤어드라이어 구비. 무선 인터넷 제공. 무료 주차. 체크인 14:00, 체크아웃 12:00.

Data **Map** 280F **Access** 기마랑이스 기차역에서 도보 14분 **Add** Rua de Santa Maria 4810-443 Guimarães **Tel** 253-519-390 **Cost** 더블룸 76.50유로 **Web** www.hoteldaoliveira.com

흠잡을 곳 없는 서비스
호텔 푼다도르 Hotel Fundador

현대적인 인테리어의 깔끔한 객실들은 시원하게 난 대형 창문과 LCD 위성 TV, 라디오, 금고, 미니바를 갖추고 있다. 1층과 10층에 위치한 객실은 바닥이 나무로 되어 있고, 나머지 객실들은 카펫으로 처리가 되어 있으니 선호하는 객실 스타일이 있다면 예약 시 요청하자. 친절한 호텔 스태프들은 시내 관광은 물론이고 근교 도시 여행을 계획하는 것까지 꼼꼼히 알아보고 도와준다. 조식은 뷔페 스타일로 제공되며 요청 시 객실로 올려 보내준다. 포르투갈 요리와 와인을 주로 하는 꼭대기 층의 레스토랑과 바에서 내려다보는 전망도 훌륭하니 들러 보도록 하자.

조식 포함 기본 패키지를 비롯하여 점심과 저녁까지 호텔에서 먹을 수 있는 경제적인 패키지도 있다. 무선인터넷, 무료 주차. 체크인 14:00, 체크아웃 12:00.

Data **Map** 280J
Access 기마랑이스 기차역에서 도보 3분
Add Avenida Dom Afonso Henriques 740, 4810-912 Guimarães
Tel 253-422-640 **Cost** 더블룸 55유로
Web www.hotelfundador.com

Porto Suburbs

03

아베이루&코스타 노바
Aveiro&Costa Nova

아베이루와 코스타 노바를 만든 8할은 폭풍이었다. 1576년 폭풍에 밀려온 모래가 만의 입구를 막아 바다와 분리된 석호가 생겨났다. 석호와 바다와 만나는 하구를 삶의 터전으로 삼은 아베이루 사람들은 이곳에서 채취한 수초를 바다로 나르기 위해 운하를 만들었다. 염전에서 소금을 채취해 운하 주변에 소금창고를 세웠다. 대서양으로 나가는 지름길을 찾아 파도와 씨름하던 어부들은 석호 너머 새로운 해변을 발견하고 코스타 노바라 이름 붙였다. 대자연의 선물 같은 아베이루와 코스타 노바 곳곳에는 옛 어부들의 이야기가 스며있다.

Aveiro & Costa Nova
PREVIEW

아베이루&코스타 노바는 포르투에서 당일치기 여행지로 다녀오기 부담 없는 거리에 있다. 시작은 아베이루부터! 몰리세이루를 타고 운하와 도시를 둘러보고, 맛있는 생선 요리를 맛본 후 코스타 노바로 가서 오후의 햇살을 만끽하면 알찬 코스가 완성된다. 순수한 자연과 아기자기한 집들이 더해진 다채로운 풍경에 여행이 더욱 풍성해진다.

SEE

포르투갈의 베니스라 불리는 아베이루의 볼거리는 단연 운하와 몰리세이루 그리고 운하 옆 아르누보풍의 건물들이다. 곤돌라보다 화려한 몰리세이루에는 19금 카툰 같은 그림이 그려져 있어 멀리서 보면 동화적인 모양에 반하고, 가까이서 보면 야한 그림에 깜짝 놀란다. 코스타 노바의 핵심은 일명 줄무늬 마을이라 불리는 오색찬란한 줄무늬 목조 주택들. 줄무늬 마을 앞으로는 푸른 호수가, 뒤로는 모래언덕과 드넓은 해변이 펼쳐져 볼거리를 더한다.

EAT

사실 아베이루는 로컬들 사이에서 커러너리 투어Culinary tour(그 지방 음식을 맛보는 여행)로 유명한 곳이다. 바다와 호수에서 나는 해산물이 풍부해 시푸드 레스토랑이 발달했다. 바칼라우는 물론 아베이루 호수에서 잡히는 장어를 튀김으로 즐겨 먹는다. 최근에는 감각 있는 요리를 선보이는 젊은 셰프들이 늘어나는 추세. 덕분에 눈과 입이 호강한다. 극강의 달콤함을 선사하는 디저트, 오부스 몰레스도 빼놓을 수 없다. 취향에 따라 호불호가 갈리는 맛이니 재미 삼아 시도해보자.

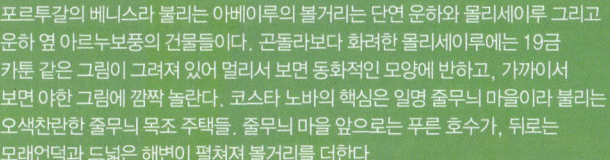

BUY

다들 아베이루의 명물 오부스 몰레스를 기념품으로 사간다. 패키지가 다양하며, 아베이루 풍경을 그려 넣은 오크통에 담긴 오부스 몰레스는 선물용으로 인기 아이템. 뼈대 있는 빵집의 오부스 몰레스를 선물로 장만하고 싶다면 M1882를 찾아보자.

SLEEP

아베이루에는 아직 포르투만큼 가성비 높은 호스텔이나 호텔이 많지 않고, 코스타 노바는 호텔보다는 월 단위 렌트 하우스가 많다. 숙소를 따로 잡기 보다는 포르투에 머물며 당일치기 여행으로 다녀오길 추천한다.

INFO

아베이루 관광안내소 Regional Turismo
아베이루의 몰리세이루, 부가 등의 정보를 얻을 수 있다.
Data Map 295D **Access** 아베이루 기차역에서 도보 17분 **Add** Rua João Mendonça 8, 800-200 Aveiro **Tel** 223-420-760
Open 월~금 09:00~19:00, 토·일 09:00~12:30, 13:30~18:00

코스타 노바 관광안내소 Turismo
코스타 노바 지도를 얻을 수 있다. 가끔 영어가 안 통하는 직원이 있다는 점은 함정.
Data Map 296E **Access** 코스타 노바 버스정류장 바로 앞 **Add** Avenida José Estevão 236, Costa Nova do Prado
Open 10:00~13:00, 14:00~17:00

PORTO SUBURBS 03
아베이루&코스타 노바

Aveiro&Costa Nova
GET AROUND

 어떻게 갈까?

포르투 ↔ 아베이루
포르투 상 벤투 기차역에서 아베이루까지 근교선 A 기차가 아침 6시부터 저녁 7시까지 매 시각 5분마다 출발한다. 소요 시간은 약 50분. 반대로 아베이루 기차역에서 상 벤투역까지는 아침 6시부터 저녁 5시까지는 매 시각 19분, 저녁 6시 이후에는 매 시각 23분마다 있다. 시간표는 포르투갈 철도청 홈페이지에서 조회 가능하다. 버스보다 빠르고 편리해 여행자들이 애용하는 교통편이다.
Data Cost 왕복 7.30유로 Web www.cp.pt/passageiros/en

포르투 ↔ 코스타 노바
직행 버스나 기차는 없다. 아베이루까지 가서 코스타 노바행 버스를 타고 이동해야 한다. 포르투에서 아베이루까지 가는 방법은 위와 동일하며 아베이루 기차역과 코스타 노바행 버스정류장(아베이루 운하 근처)은 도보로 약 15분 거리. 버스를 타면 포르투갈 최대의 등대가 있는 바라Barra를 거쳐 코스타 노바로 간다. 버스에서 내리면 줄무늬 마을이 바로 보인다. 소요시간은 약 30분. 코스타 노바가 종착역이니 긴장은 내려놓고 창밖 풍경을 즐겨도 좋겠다. 아베이루에서 코스타 노바행 버스는 아침 7시부터 밤 11시 10분까지 약 20~30분 간격으로 운행된다. 코스타 노바에서 아베이루는 아침 6시 15분부터 밤 10시 반까지 30분~1시간 간격으로 있으나 요일마다 운행 시간이 달라지니 반드시 아베이루에서 버스를 탈 때 그날의 시간표를 확인하고 이동할 것.
Data Cost 왕복 3.75유로

 어떻게 다닐까?

아베이루의 운하와 중심가는 생각보다 작다. 코스타 노바 줄무늬 마을은 더 작다. 아베이루 반나절, 코스타 노바 두어 시간이면 걸어서도 구석구석 돌아볼 수 있다. 아베이루는 운하를 따라 자전거를 타고 돌아봐도 상쾌하다. 고맙게도 무료로 빌려준다. 아베이루와 코스타 노바 여행 일정을 짤 땐 버스로 이동하는 시간을 염두해두자. 30분 거리지만 배차 간격이 넓어 기다리는 시간까지 넉넉하게 잡고 이동하는 게 낫다.

아베이루의 무료 자전거, 부가BUGA
CF 속 주인공처럼 여행지를 자전거 타고 달리고 싶다는 로망을 완성시켜줄 기특한 서비스. 국적, 나이 불문 신분증(여권)만 지참하면 누구나 무료로 대여 가능하다. 코주Cojo 운하 근처에 키오스크가 있다. 문 닫기 전에 반납만 하면 OK!
Data Open 월~금 09:00~18:00, 토·일 10:00~13:00, 14:00~18:00

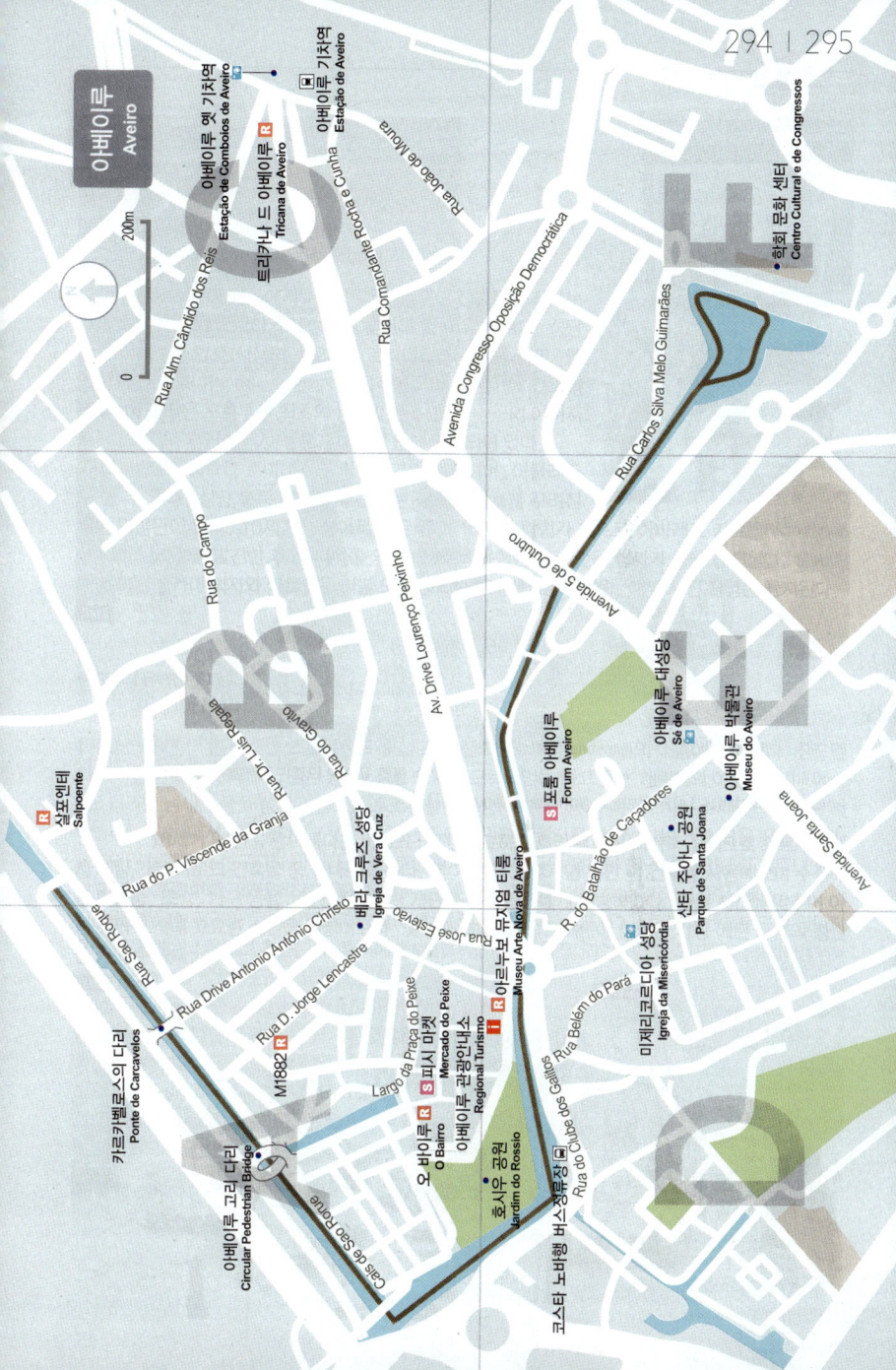

| 아베이루 |

아줄레주가 들려주는 옛 이야기
아베이루 옛 기차역 Estação de Comboios de Aveiro

기차를 타고 아베이루에 도착해 밖으로 나서면 눈이 시리게 희고 푸른 건축물이 시선을 끈다. 언뜻 보면 새하얀 건물을 캔버스 삼아 그린 벽화 같은데, 자세히 보면 푸르디푸른 아줄레주다. 건물의 정체는 1861년에 지은 옛 기차역. 더 이상 기차는 서지 않지만 존재 자체로 주변을 환하게 해준다. 운하 위의 몰리세이루, 염전을 일구는 사람들 등 아베이루의 옛 모습을 아줄레주로 그려놓아 감상하는 재미가 있다. 역에서 중심가로 가는 길의 칼사다 포르투게사(포르투갈 전통 자갈 바닥) 장식을 찾아보는 재미도 쏠쏠. 돛단배, 방향키 등 대항해 시대의 상징물이 대부분이다.

Data **Map** 295C
Access 아베이루 기차역에서 도보 1분
Add Rua João de Moura, Aveiro

아담하고 고즈넉한
아베이루 대성당 Sé de Aveiro

1423년 페드루 왕자가 세운 도미니칸 수도원 내에 위치한 아베이루 대성당은 규모는 작아도 위풍당당한 종탑과 바로크 양식이 돋보이는 외관이 발길을 멈추게 한다. 성당 파사드(정면) 조각은 희망과 자선을 표현한다. 내부는 순백의 석회암 천장과 금박을 씌운 나무 조각으로 유명하다. 경건한 분위기에 나도 모르게 두 손을 모으게 된다.

Data **Map** 295E **Access** 아베이루 기차역에서 도보 12분 **Add** Rua Batalhão Caçadores Dez 67, 3810-064 Aveiro
Tel 234-422-182 **Open** 화~일 10:00~13:00, 14:00~17:30 **Cost** 무료

은은한 아줄레주에 이끌려
미제리코르디아 성당 Igreja da Misericórdia

그리스 제우스 신전에 쓰인 코린트 양식의 화려한 석회암 기둥과 푸른 아줄레주가 조화를 이루는 파사드(정면)가 눈길을 끈다. 코린트 식 기둥 위 십자가와 천체를 관측하는 혼천의가 왕을 수호하는 역할을 했다. 내부도 아줄레주로 꾸며져 있다. 이탈리아 건축가 필리포 테르지의 작품으로 1585년에 착공해 1653년에 완공했다.

Data **Map** 295D
Access 아베이루 기차역에서 도보 15분
Add Rua de Coimbra 27, 3810-086 Aveiro
Tel 234-338-567 **Open** 월~금 09:00~17:00, 일 11:30~12:30 **Cost** 무료

운하 도시의 낭만
아베이루 운하&몰리세이루
Aveiro Canal&Moliceiro

아베이루의 운하를 즐기는 가장 좋은 방법은 몰리세이루를 타는 것. 빨강, 노랑, 초록색의 화려한 컬러의 몰리세이루가 유유히 운하를 오간다. 선착장에서 출발해 학회 문화 센터까지 갔다가 카르카벨로스 다리를 돌아보는 코스. 어두운 다리 아래를 지날 때는 부부젤라를 불어 배가 지나감을 알린다. 베니스의 곤돌라 뱃사공처럼 노래를 불러주진 않지만 입담 좋은 가이드가 동행해 아베이루에 대해 설명해준다. 아르누보 양식의 집들을 눈여겨보자. 운하에 아른아른 비치는 도시의 색감도 아름답다.

Don't Miss 황금빛 햇살이 쏟아지는 석양 무렵은 로맨틱 오브 로맨틱 몰리세이루 타임. 배 위에서 오부스 몰레스를 맛봐도 좋다.

Data Map 295D
Access 아베이루 관광안내소 앞 운하에 온다 클로살Onda Clossal, 비바 아 리아Viva a Ria 등 선착장이 2곳 있다. 아베이루 기차역에서 도보 18분
Add Rua João Mendonça, Aveiro **Tel** 914-171-014
Open 09:00~18:00(운행 약 45분 소요)
Cost 성인 10유로, 4~12세 5유로 (업체마다 가격 상이)

Tip 몰리세이루의 반전 과거 전격 공개!
말랑말랑 감성적인 청감의 몰리세이루에는 뜻밖의 의미가 숨어있다. 오래전, 아베이루 사람들은 몰리수 moliço(거름이 되는 수초)를 채집하는 남자를 몰리세이루 Moliceiro라 불렀다. 몰리세이루들은 호수에서 수초를 건져 배에 싣고 아베이루로 날랐는데, 그들이 탄 배도 몰리세이루라고 부르게 된 것. 지금도 호수 속에는 몰리수가 가득하다고.

| 코스타 노바 |

Writer's Pick! 오색 찬란한
코스타 노바 줄무늬 마을 Palehiros da Costa Nova

코스타 노바를 찾는 여행자들이 기대하는 풍경은 한결같다. 조르르 줄지어 있는 형형색색의 줄무늬 집들! 실제로 보면? 노랑, 빨강, 파랑 동화 속에서 툭 튀어 나온 것 같은 쨍한 색감에 마음까지 쨍해진다. 화창한 날이라면 파란 하늘은 덤. 그런데 유래를 알고 나면 마음 한구석이 찡해진다. 유난히 안개가 잦은 호수에서 고기잡이를 마치고 돌아오는 어부가 집을 잘 찾으라고 그들의 아내가 페인트칠을 한 것이 시초. 그렇게 남편을 아끼는 마음이 이웃으로 번져 온 마을의 집들이 줄무늬 옷을 입게 되었다.

세월이 흘러 그 집들은 카페, 기념품 숍, 누군가의 여름별장으로 바뀌었지만 코스타 노바는 세상 그 어디에도 없는 줄무늬 마을이 됐다. 소금기 탓에 매년 페인트칠을 새로 해야 그 모습이 유지된다고. 그림 같은 풍경 뒤에는 손수 집을 매만지는 동네 주민들의 부단한 노력이 숨어 있다. 그 정성어린 손길에 박수를!

Data Map 296E
Access 아베이루에서 버스로 30분 거리 **Add** Avenida José Estêvão , Costa Nova do Prado

Tip 입이 심심할 때 가볍게 찾아가보자!
코스타 노바에는 이름난 맛집보다 관광객들 상대로 운영되는 카페와 식당이 대부분이다. 커피가 마시고 싶을 땐 카페 아틀란티나Cafe Atlantida, 달콤한 아이스크림이 당길 땐 카페 아틀란티나 바로 옆 젤라테리아 리미니Gelataria Rimini를 추천한다. 출출해서 식사를 안하곤 못 배기겠다면 동 페르난두 레스토랑Restaurante D. Fernando으로 가보자.

어부의 바다에서 휴가용 해변으로
코스타 노바 해변 Praia da Costa Nova

코스타 노바 줄무늬 마을의 뒷길은 대서양으로 통한다. 모래언덕 위로 난 나무 데크 산책로 따라 걸으면 바다다. 모래언덕에 가려 보이지 않던 바다가 푸른 모습을 드러낸다. 세찬 파도 앞에 서면 세상 모든 근심 걱정은 먼지처럼 느껴지는 거대한 대서양 바다. 파도 소리에 귀 기울이며 마음의 광합성을 하기 좋은 해변이 끝도 없이 펼쳐진다. 드문드문 낚시꾼들은 바다를 향해 낚싯대를 드리운다.
파도가 밀려오는 날에는 서핑 천국으로 바뀌기도 한다. 파도만큼이나 바람이 좋아 패러글라이딩 하기 좋은 해변으로도 손꼽힌다. 때 묻지 않은 대자연 속에서 나를 위한 여유를 누려보기를!

Data Map 296E
Access 페르난두 레스토랑 Resturante D. Fernando 옆 Rua do Banho를 따라 걸으면 해변이 보인다
Add Prado do Costa Nova

펄떡펄떡 싱싱한 해산물 천국
코스타 노바 피시 마켓 Mercado do Peixe da Costa Nova

코스타 노바에서 피시 마켓을 빼놓으면 섭섭하다. 호수에서 갓 잡은 장어, 조개는 물론 바다에서 낚은 정어리, 문어, 새우, 게, 거북손 등 싱싱한 해산물이 가득하다. 새우와 게 종류도 다양하다. 우리나라에선 <삼시세끼 어촌편>에서 화제몰이를 하며 없어서 못 먹는 메뉴가 된 '거북손'을 수북이 쌓아놓고 판다. 거북이 손이 아니라 거위의 목을 닮았다고 해서 페르세베스Percebes라 부르는 점도 흥미롭다.
1kg에 12.50유로로 우리나라의 반값 수준. 눈요기만 해도 배가 불러오는 듯하다. 포르투갈에서도 보기 드물게 호수와 바다에서 잡은 해산물을 동시에 판매하는 곳이니 재미삼아 들러 보자.

Data Map 296E
Access 코스타 노바 버스 정류장에서 도보 2분
Add Avenida José Estevão 236, Costa Nova do Prado
Tel 234-394-512
Open 6~9월 08:00~20:00, 10~5월 화~금 08:00~13:30, 토·일 08:00~18:00

|Theme|
포르투갈의 소울 푸드를 찾아서, 바칼라우 로드

포르투갈은 방방곡곡, 가가호호 바칼라우를 즐겨 먹는다. 그런데 바칼라우는 사르디냐(정어리)처럼 포르투갈 앞 바다에서 잡을 수 있는 물고기가 아니다. 대체 언제부터 누가 어디서 바칼라우를 잡아온 걸까? 아베이루에서 8km 떨어진 어촌 일랴부Ílhavo에 가면 해답을 찾을 수 있다. 바칼라우는 어떻게 포르투갈의 소울 푸드가 되었는지, 그 역사와 문화의 흔적을 찾아 일랴부로 떠나보자.

거친 바다와 맞선 어부들의 대 서사시
일랴브 해양 박물관 Museu Marítimo de Ílhavo

15세기 말 심해에 사는 바칼라우를 잡기 위해 거친 바다와 사투를 벌인 어부들의 활약상을 보여주는 박물관이다. 첫 전시실 한가운데에는 당시 어부들이 노르웨이까지 타고 갔던 원양어선이 놓여 있다. 어부들은 한 번 나가면 최소 6~8개월간 매일 새벽 4시에 일어나 5시간씩 도리Dori라고 부르는 1인용 보트를 타고 낚싯줄 하나로 바칼라우를 낚았다. 레이더도 핸드폰도 없던 시절, 도리가 모선 Mother Boat과 멀어지면 망망대해서 홀로 남겨지는 위험천만한 일이었다.
전시실은 유난히 어두침침하다. 이는 칠흑처럼 어두운 새벽 바다에서 일하던 어부들을 기억하기 위함이다. 그렇게 잡은 바칼라우는 장인의 손을 거쳐 배의 아래 칸 염장실에 차곡차곡 쌓였다. 수천 명의 어부들이 목숨을 걸고 맹활약을 펼쳤기에 집집마다 바칼라우가 식탁에 오를 수 있었다. 전시실 곳곳에 당시의 생활상을 생생하게 재현해놓았다. 마지막 전시실에서는 살아있는 바칼라우가 노니는 수족관도 있다. 박물관을 나설 때쯤엔 포르투갈 사람들이 왜 바칼라우를 '믿을 수 있는 친구Fuel Amigo'라고 부르는지 고개가 끄덕여진다.

Data **Access** 아베이루에서 자동차로 30분 거리 **Add** Avenida Doutor Rocha Madahil, 3830-193 Ílhavo **Tel** 234-329-608 **Open** 10:00~18:00

EAT

Writer's Pick!

100살 넘은 소금창고의 이유 있는 변신
살포엔테 SalPoente

아베이루 운하 옆 100년이 넘은 소금창고가 핫한 레스토랑으로 변신했다. 모든 가구가 메이드 인 포르투갈이다. 누구나 살포엔테에 오면 처음엔 공간에 반하고, 차츰 맛에 매료된다. 두아르테 에이라Duarte Eira 셰프의 손끝에서 탄생하는 메뉴들은 하나같이 섬세하다. 똑같은 바칼라우도 차원이 다른 맛과 비주얼을 보여준다. 생크림처럼 입안에서 사르르 녹는 매쉬드 포테이토 위에 바칼라우와 수란을 올린 '오 바칼라우 콩 에스푸마 드 바타타 Bcalhau com Espuma de Batata'는 베스트 메뉴.
오부스 몰레스를 재해석한 디저트에서 정점을 찍는다. 오부스 몰레스 위에 레드베리와 아이스크림을 올려 새콤한 맛과 달콤한 맛이 입 안에서 왈츠를 추는 기분. 미소가 절로 지어진다.

Data **Map** 295B **Access** 아베이루 관광안내소에서 도보 11분
Add Canal de Saco. Roque 82183, 3800-256 Aveiro
Tel 234-382-674 **Open** 런치 12:00~15:00, 디너 19:30~22:30
Cost 코스 요리 39.50유로~ **Web** salpoente.pt

Writer's Pick!

피시 마켓 옆 모던 레스토랑
오 바이루 O Bairro

편안한 '이웃'을 모토로 젊은 셰프들이 꾸려가는 작은 식당. 바로 옆 피시 마켓에서 매일 공수해오는 싱싱한 해산물이 셰프의 손길을 거쳐 눈이 휘둥그레질만큼 멋진 비주얼의 요리로 변신한다. 인기 메뉴는 해산물 스튜 '칼데이라Caldeira'와 페이스트리 안에 오리고기를 채워 넣은 '폴라딘뇨스 드 파투Folhadinhos de Pato'. 둘을 함께 주문하면 한 접시에 근사하게 담아주는데, 처음엔 예뻐서 어떻게 먹지 하다가도 순식간에 싹 비우게 되는 마성의 맛이다. 든든한 식사를 원할 땐 리소토를 추천한다.
무엇을 주문하든 비장의 무기 같은 와인을 권해주니 한잔 곁들이면 금상첨화. 점심에는 단돈 9유로에 메인 요리와 음료를 모두 즐길 수 있다. 접근성, 신선한 재료, 맛, 모던한 분위기, 다정다감한 종업원까지 기대 이상이다.

Data **Map** 295A **Access** 아베이루 관광안내소에서 도보 3분
Add Largo da Praça do Peixe 24, 3800-105 Aveiro
Tel 234-338-567 **Open** 런치 12:00~15:30, 디너 19:30~23:00
Cost 폴라딘뇨스 드 파투 7.50유로, 오 포르투 엠 리소토 13.50유로, 칼데이다(33㎖) 6.50유로 **Web** obairro.pt

그윽하게 즐기는 티타임
아르누보 뮤지엄 티룸
Museu Arte Nova de Aveiro

아르누보 뮤지엄이 있을 정도로 아베이루는 보석 같은 아르누보 양식의 건물이 많이 남아 있는 도시다. 잉여로운 시간을 누리고픈 여행자들에겐 뮤지엄보다 1층 티룸이 더 인기다. 실내는 1920년대로 순간이동을 한 듯 고풍스러운 분위기, 화사한 뒷마당은 햇살 아래 향긋한 차 한잔을 즐기기 좋은 공간이다. 영국산 홍차는 물론, 중국 녹차, 대만 우롱차까지 메뉴도 다양하다. 도수 높은 음료를 좋아하는 여행자를 위한 칵테일도 준비돼 있다. 무얼 마시든 티룸에서 보내는 시간은 아베이루 여행의 쉼표를 찍어 준다. 몰리세이루 선착장도 가깝다.

Data **Map** 295D **Access** 아베이루 관광안내소에서 도보 1분 **Add** Rua Doutor Barbosa Magalhães, 3800-200 Aveiro **Tel** 234-406-485 **Open** 화~금 09:00~02:00, 토·일 09:~03:00 **Cost** 중국 녹차 4유로, 대만 우롱차 2유로~

달콤함의 결정판
트리카나 드 아베이루 Tricana de Aveiro

간판처럼 크게 쓰인 '오부스 몰레스' 글씨 탓에 한국여행자들 사이에 이름이 오부스 몰레스로 잘못 알려졌다. 달걀노른자와 설탕을 듬뿍 넣어 만든 오부스 몰레스를 비롯해 다양한 페이스트리를 판다. 아베이루의 명물 오부스 몰레스는 한 입 베어 문 순간 온몸에 퍼지는 달달한 기운에 몸을 부르르 떨게 되는 맛이다. 그 단맛에 적응이 되면 혀를 부드럽게 휘감는 부드러운 맛에 중독될 수도. 기차역과 가까워 오가며 들르기 좋다.

Data **Map** 295C **Access** 아베이루 기차역에서 도보 1분 **Add** Avenida Doutor Lourenco Peixinho 261, 3800-168 Aveiro **Tel** 234-428-792 **Open** 09:00~20:00 **Cost** 오부스 몰레스 1개 0.9유로

장인정신이 담긴 오부스 몰레스
M1882 M1882

로컬들이 줄 서서 사 먹는 오부스 몰레스 가게는 뒷골목에 숨어있는 M1882. 1882년 마리아Maria가 오픈한 이래 130년 넘게 전통적인 레시피를 우직하게 이어왔다. 특히 물고기 등 정교한 패턴이 예술이다. 장인의 손길로 만든 오부스 몰레스를 맛보고 싶다면 일단 벨을 누를 것. 독특하게도 벨을 누르는 손님에게 문을 열어주는 판매 방식을 고수한다. 낱개로도 팔지만 아베이루 풍경을 그려놓은 오크통 등 예쁜 패키지에 담아주니 선물용으로도 제격.

Data **Map** 295A **Access** 아베이루 관광안내소에서 도보 5분 **Add** Rua D. Jorge Lencastre 37, 3800-142 Aveiro **Tel** 234-422-323 **Open** 월~토 09:00~02:00, 일·공휴일 09:30~15:00 **Cost** 오부스 몰레스 1통 4~17유로(통 사이즈에 따라 다름) **Web** www.M1882.com

포르투갈 소도시
PORTUGAL SMALL TOWNS

01 오비두스
02 나자레
03 알쿠바사&바탈랴
04 투마르
05 파티마
06 에보라
07 코임브라
08 비제우
09 카스텔루 브랑쿠&몬산투

포르투갈 중부는 중세의 모습을 고스란히 간직하고 있으며, 저마다 다른 빛깔의 매력을 뿜어내는 소도시들이 점점이 이어진다. 눈이 번쩍 뜨일 만큼 아름다운 수도원을 품고 있거나 포르투갈에서 가장 오래된 대학의 위엄을 보여준다. 규모는 작아도 그 매력만은 거대한 소도시로 여행을 떠나보자. 기대 이상의 즐거움이 당신을 기다릴 테니.

Portugal Small Towns
01

오비두스
Óbidos

오비두스에선 누구나 로맨티스트가 된다. 음유 시인이자 왕이었던 동 디니스는 산타 이사벨라를 아내로 맞이하는 날 그녀에게 오비두스를 선사했다. 그 후로 오비두스는 여왕의 사랑을 한 몸에 받았고, 지금까지도 '여왕의 도시'라 불린다. 사랑하는 여인에게 바친 도시답게 중세의 아름다움을 고스란히 간직하고 있다. 닳아서 반질반질해진 돌길 옆 흰 벽 가장자리를 노랑, 파랑색으로 두른 집들이 꽃처럼 피어난다. 매년 여름이면 중세 시장 축제가 여행자들의 발길을 끈다.

Óbidos
PREVIEW

1148년 포르투갈이 탈환하기 전까지 무어인들이 살던 성곽마을이었던 오비두스.
성벽과 알록달록한 색을 칠한 집에는 무어인들의 흔적을 고스란히 남아있다. 중세의
성곽을 따라 거닐다 보면 여행의 속도는 느려지고, 마음에는 잔잔한 여유가 번진다.
리스보아에서 버스로 1시간 거리에 있어 부담 없이 다녀오는 반나절 여행지로 인기다.
짧은 여행의 마무리는 세상에 둘도 없는 달콤한 술, 진자 한 잔으로 진하게!

SEE

여행자들의 마음을 설레게 하는 아기자기한 마을 자체가 볼거리다. 세월의 더께가 내려앉은 중세의 성벽 안 원색으로 가장자리를 두른 하얀 집들에 눈이 화사해진다. 거창한 풍광을 기대했다면 '이게 다야?'라고 말할 수도 있지만, 소소한 풍경에 눈빛을 반짝이는 골목성애자라면 감탄을 연발하며 카메라 셔터를 누를 곳 투성이! 마을 한가운데 아폰수 5세와 이사벨이 결혼식을 올린 산타 마리아 성당도 놓치지 말자.

EAT

800명 남짓의 인구가 사는 작은 마을 오비두스에서는 소문난 맛집을 찾기 힘들다. 대신 앙증맞은 초콜릿 잔에 가득 따라주는 진자Ginja가 있다! 마을 입구에서부터 진자가게가 조르르 늘어섰다. 진자란 체리와 설탕을 리큐어에 담가 만드는 체리주로 집집마다 누구나 빚는 술이었는데, 초콜릿 잔에 담아 팔기 시작하며 오비두스의 전통주로 알려졌다. 초콜릿 잔에 마시니 진하고 달콤한 맛이 배가 된다. 게다가 1잔에 단돈 1유로. 도수가 높아 홀짝홀짝 마시다 보면 취할 수 있으니 살살 마실 것!

BUY

기념품 숍마다 다양한 모양의 병에 담은 진자를 판다. 가격은 크기에 따라 다르며 8~12유로로 선. 일단 한 잔 마셔보고, 입맛에 맞는다면 한 병쯤 사와도 좋고, 선물용으로도 손색이 없다. 그 밖에는 중세풍 인형이나 포르투갈의 상징 갈로Gallo 등 소소한 기념품이 대부분이다.

SLEEP

대부분 리스보아에서 반나절 여행으로 찾는 탓에 숙소까지 잡는 여행자는 많지 않다. 하루를 묵을 만큼 볼거리가 많지 않지만 오비두스 성곽 안에는 옛 성과 오래된 집을 개조한 숙소가 여럿 있다. 단, 가격에 따라 분위기가 천차만별. 고성에서 하룻밤 묵어갈 수 있는 고풍스러운 호텔은 포우자다 드 오비두스Pousada de obidos가 대표적이다. 카페와 레스토랑도 함께 운영하고 있어 머무는 것만으로 휴식이 되는 곳. 저렴한 숙소를 찾는 여행자들에겐 성벽 밖 호스텔 아르고나우타Hostel Argonauta도 인기다.

Óbidos
GET AROUND

🚗 어떻게 갈까?
오비두스로 가는 가장 빠르고 편리한 교통수단은 버스다. 기차로 갈 경우 버스보다 소요시간이 2배 이상 오래 걸리는데다 기차역과 마을과의 거리도 멀다.

버스 Bus
리스보아 캄푸 그란드 버스터미널에서(메트로 캄푸 그란드Campo Grande역)에서 테주Tejo 버스 라피다 베르드Rapida verde 노선이 오비두스를 오간다. 버스는 아침 7시부터 밤 12시 30분까지 15~30분 간격으로 자주 있으며, 소요시간은 1시간 정도. 단, 오비두스가 종점이 아니라 리스보아에서 칼다스 다 라인냐Caldas da Rainha를 왕복하는 버스이므로 오비두스에 도착했는지 잘 확인하고 내리자. 오비두스 버스정류소는 마을 바로 앞에 있는 임시 버스정류장이다. 리스보아로 돌아올 때는 맞은편 버스정류장에서 타면 된다. **Web** www.rodotejo.pt/rapidas

어떻게 다닐까?
오비두스 성곽마을 안 어디든 걸어서 돌아볼 수 있다. 느릿느릿 산책하듯 둘러보아도 1~2시간이면 충분하다.

INFO
오비두스 관광안내소 Turismo
오비두스 성 안으로 들어가는 서쪽 입구 포르타 다 빌라 Porta da Vila 앞에 있다. 성 안으로 들어가기 전 여기서 오비두스 지도부터 챙기자.
Data **Map** 308E
Access 오비두스 고속버스정류장rodoviária에서 도보 3분 **Add** Rua Direita, Óbidos
Tel 262-959-231 **Open** 월~금 09:30~18:00, 토·일 09:30~12:30, 13:30~17:30

오비두스
Óbidos

PORTUGAL SMALL TOWNS 01
오비두스

SEE

중세로의 시간여행
오비두스 성 Castelo de Óbidos

라틴어 'Oppidum'에서 이름을 딴 오비두스는 요새를 뜻한다. 어원에서 짐작 가능하듯 오비두스는 무어인들이 만든 성곽마을이다. 오비두스 성과 친해지는 방법은 2가지다. 성벽을 따라 한 바퀴 빙 돌거나 성벽 안 구석구석을 둘러보는 것. 두 사람이 서면 꽉 차는 성벽 위를 걷는 일은 생각보다 흥미롭다. 마을을 내려다보면 알록달록한 장난감 집을 촘촘히 심어놓은 듯 사랑스런 전망에 마음이 사르르 녹는다.
인형이 살 것 같은 알록달록 예쁜 집들에는 무어인들의 흔적이 고스란히 남아있다. 힌두교를 믿는 무어인들은 집 안에 다른 신이 들어오는 것을 막기 위해 문과 집 가장자리를 노랑, 파랑색으로 칠했다. 위용 넘치는 오비두스 성은 13세기에 동 디니스 왕이 남긴 유적이다. 군데군데 적의 동정을 살피기 위해 만든 망루가 한때 요새였음을 온몸으로 증명하고 있지만 이미 고급 호텔로 둔갑한지 오래다. 성벽 한 바퀴를 돌며 두루두루 섭렵했다면 운치 있게 빛바랜 골목 탐험에 나설 차례. 마을 중심을 가로지르는 디레이타 거리 Rua Direita를 따라 아기자기한 골목이 미로처럼 이어진다.

Data Map 309B
Access 오비두스 버스정류장에서 도보 3분
Add Praça de Santa Maria 12, Óbidos
Open 24시간
Cost 무료

Tip 성관 안의 길은 전부 반질반질 윤이 나는 돌길이라 미끄럽다. 그림 같은 마을에서 꽈당 넘어지는 비운의 주인공이 되고 싶지 않다면 운동화는 필수!

아폰수 5세가 결혼식을 올린
산타 마리아 성당 Igreja de Santa Maria

마을 중심에서 우뚝 서있는 하얀 성당. 아폰수 5세가 사촌 동생이자 코임브라의 공주 이사벨라의 결혼식을 위해 지었다. 내부는 아줄레주 와 나무 천장, 성모 마리아와 성녀 카타리나의 순교를 그린 제단화가 은은한 조화를 이룬다. 한편, 당시 아폰수 5세와 이사벨라의 나이는 고작 10살과 9살. 아폰수 5세는 어려서 즉위해 숙부 페드루 섭정하에 무예에 능한 왕으로 성장했다. 이후 십자군의 콘스탄티노플 함락 때 지원을 위해 해군을 북아프리카 세우타에 파병해 아프리카 왕이라는 별명을 얻었다.

Data **Map** 309D **Access** 오비두스 버스정류장에서 도보 7분
Add Praça de Santa Maria, 2510-217 Óbidos
Open 09:30~12:30, 14:30~17:00 **Cost** 무료

조세파 드 오비두스를 만나다
지방 박물관 Museu Municipal

18세기 영주의 주택을 개조한 박물관이다. 이곳을 들러야 하는 이유는 오비두스를 대표하는 여류 화가 조세파 드 오비두스 Josefa de Óbidos의 그림을 보기 위해서다. 화가 발타자르 고메스 피게이라의 딸로 세비야에서 어린 시절을 보낸 그녀는 포르투갈이 스페인으로부터 독립하자 포르투갈로 건너와 수도원에서 수녀 수업을 받았다. 하지만 그림을 그리고 싶은 열정에 수녀의 길을 포기하고 오비두스에 자리를 잡고 그림을 그리며 17세기를 풍미하는 화가가 되었다.

Data **Map** 309D **Access** 산타 마리아 성당 옆
Add Rua Direita, Praça de Santa Maria, Óbidos 2510-060
Tel 262-955-957 **Open** 10:00~13:00, 14:00~18:00 **Cost** 무료

> **Tip** 오비두스의 중세 시장 축제, 메르카도 메디빌 Mercado Medeival
> 매년 여름, 중세의 시장을 테마로 한 축제가 열린다. 중세의 음유 시인, 상인, 귀족, 거지 등으로 분장한 배우들의 공연이 펼쳐지며, 중세 코스튬을 입은 여행자들이 자연스레 어우러져 '중세 놀이'를 한판 벌인다. 포르투갈 전국 각지의 요리와 술을 파는 장터도 흥을 돋운다. 이 기간에는 티켓을 구입해야 오비두스 성곽 안으로 입장이 가능하다. 매년 개최 시기와 프로그램이 조금씩 달라지니 홈페이지에서 일정을 확인한 후 방문하자.

Data **Cost** 입장료 6유로,
중세풍 의상 대여 7유로
Web mercadomedievalobidos.pt

Portugal Small Towns
02

나자레
Nazaré

포르투갈에서도 지역색 짙은 어촌마을이자 서퍼들이 즐겨 찾는 휴양지 나자레는 어느 각도에서 보느냐에 따라 표정이 달라진다. 110m 절벽 위 수베르코 전망대에서 보면 초승달 모양의 해변이 장대하게 펼쳐지고, 해변을 거닐어 보면 평온하다. 드문드문 7겹치마를 입은 할머니들이 노점에서 장사를 하고, 오밀조밀한 골목 안에서는 생선 굽는 냄새가 진동한다. 낯선 풍경이지만 볼수록 푸근해져 자꾸만 머물고 싶어진다.

Nazaré
PREVIEW

나자레는 크게 나자레 해변과 절벽 위의 시티우Sitio로 나뉜다. 해변가에는 레스토랑, 카페, 바가 즐비하고, 시티우에는 성당과 전망대가 숨어 있다. 오전에는 푸니쿨라를 타고 시티우로 올라가 전망과 성당을 둘러본 후 느긋한 점심식사를 즐기고, 오후에는 해변의 여유를 만끽해보자. 여행의 마무리는 해변의 맛집 탐방과 노을 감상으로 잡으면 로맨틱 지수가 올라가는 심쿵 코스 완성!

SEE

옛 정취를 고스란히 간직하고 있는 어촌마을과 해변 자체가 볼거리다. 무릎까지 내려오는 7겹치마, 무릎까지 올라오는 양말에 구두를 신고 노점에서 장사를 하거나 거리를 오가는 할머니들은 나자레의 살아있는 명물이다. 나자레 해변은 해변을 거닐며 한 번, 110m 절벽 위 수베르쿠 전망대에서 한 번, 총 두 번은 봐야 제대로 보인다. 절벽 위에는 성지 순례지로 유명한 메모리아 소성당과 노사 세뇨라 성당도 있다.

EAT

어부들이 바다에서 갓 잡아 올린 해산물이 나자레의 식탁을 풍성하게 한다. 소박한 생선구이 가게부터 모던한 시푸드 레스토랑까지 선택의 폭이 넓다. 어디서 먹을까 행복한 고민에 빠진 여행자라면 주목하자. 나자레 해변 옆 소우사 올리베라 광장의 주변 레스토랑 중에서는 토스카, 시티우에서는 카사 피레스 아 사르디냐를 강력 추천한다. 와인 애호가라면 450여 종의 와인을 선보이는 타베르나 도 8 오 80이 진리!

BUY

수공예품 말고는 딱히 살만한 아이템이 없다. 아기자기한 미니어처 마니아라면 꺅 소리를 지를 전통 고깃배 칸딜Candil을 놓치지 말자. 손으로 한 땀 한 땀 만든 팔찌, 목걸이 등 액세서리를 나자레 해변의 기념품 숍이나 자판에서 쉽게 찾아볼 수 있다.

SLEEP

버스에 내리기가 무섭게 전통의상을 입은 할머니 호객꾼이 난무한다. 생각 없이 따라갔다가는 허름한 민박집에서 후회막심한 밤을 보내기 십상이다. 금쪽같은 여행을 감쪽같이 날리고 싶지 않다면 숙소 예약은 하고 가자. 비수기에는 해변의 호텔들도 저렴한 편이다.

Nazaré
GET AROUND

 어떻게 갈까?

1. 고속버스 Express Bus

리스보아의 세트 히우스Sete Rios 버스터미널(메트로 자르딩 주로지쿠Jardim Zoológico역)에서 나자레까지 하루 평균 6~8회 레데 익스프레소스Rede Expresoss가 오간다. 평일과 주말의 운행 시간이 다르니 미리 확인하자. 소요시간은 약 1시간 50분. 빙 돌아가는 버스를 타면 2시간 10분까지 걸린다. 티켓을 살 때 출발과 도착시간을 함께 확인하자. 나자레에 도착했을 때 버스터미널이라 부르기 민망한 버스정류장 비주얼에 당황하지 말 것. 나자레 고속버스와 시외버스가 함께 서는 정류장으로 로두비아리아Rodoviária 또는 이스타사웅Estação이라 부른다. 정류장에서 몇 블록만 걸어가면 나자레의 해변이 짠하고 나타난다. Web www.rede-expressos.pt

리스보아 ↔ 나자레 레데 익스프레소스 버스시간표

월~금	
리스보아 출발	나자레 도착
09:00	10:50
10:00	11:50
11:00	12:45
12:00	13:50
14:00	16:10
17:00	18:50
17:30	19:25
19:00	20:25
나자레 출발	리스보아 도착
06:50	08:40
09:20	11:10
12:20	14:10
14:20	16:10
15:15	16:55
18:40	20:30

토·일	
리스보아 출발	나자레 도착
10:00	11:50
12:00	13:50
14:00	16:10
17:00	18:50
20:00	21:50
나자레 출발	리스보아 도착
06:50	08:40
09:20	11:10
12:20	14:10
14:20	16:10
16:40	18:40
18:40	20:30
20:00	22:10

2. 자동차 Car

리스보아, 포르투 등 어느 도시에서 오든 A8 고속도로를 타고 오다 나자레 방향으로 나오면 된다. 국도 E.N 8-5 또는 A1 고속도로가 A8과 연결된다.

나자레 버스정류장

어떻게 다닐까?

나자레 고속버스정류장에서 해변은 걸어서 이동할 만하다. 해변에서 시티우는 걸어서 이동할 수 있지만 절벽을 오르는 언덕길이니 나자레 푸니쿨라를 추천한다.

Tip 나자레+a 여행 만들기

나자레에서 테주Tejo 버스를 활용하면 근교 여행도 가능하다. 나자레에서 리스보아로 돌아오는 길에 오비두스를 경유해도 되고, 나자레에서 1박 할 경우 알쿠바사로 당일치기도 가능하다. 시기와 요일마다 버스 스케줄이 달라지니 나자레 고속버스정류장에서 운행 시간을 확인할 것.
Web www.rodotejo.pt

나자레에서 출발하는 근교 버스 노선

행선지	소요시간	운행 간격
오비두스	1시간 15분	1일 4~5회
알쿠바사	20분	1일 10회 이상

INFO 나자레 관광안내소 Turismo
지도, 푸니쿨라 위치 등 주변 정보를 얻기 좋다.
Data **Map** 316E **Access** 나자레 고속버스정류장rodoviária에서 도보 4분
Add Avenida Manuel Remigo 70, Nazaré **Tel** 262-561-194 **Open** 10:00~17:00

SEE

Writer's Pick! 자연이 빚어낸 풍경
나자레 해변 Praia da Nazaré

많은 여행자들이 나자레를 찾는 이유! 햇살이 따사로운 날이면 비키니를 입은 아름다운 여인들과 눈을 반짝이며 서핑을 배우는 서핑스쿨 수강생들, 모래 위의 축구를 즐기는 나자레의 소년들이 한데 어우러진다. 나른한 오후 해변을 그저 어슬렁거리기만 해도 '행복'이란 단어가 떠오른다. 긴 해변을 따라 걷다보면 항구 중간쯤 전통 그물 낚시를 했던 마지막 고깃배가 전시돼 있다. 그 옆으로 페네이루Peneiro라는 전통 그물을 바지랑대로 받치고 전갱이, 고등어 등 각종 생선을 말리는 풍경이 우리네 어촌을 닮았다.
Don't Miss 노을의 서막을 알리는 황금빛 햇살이 쏟아지면 해변으로 가야 한다. 붉은 태양이 하얀 레이스 드레스를 입은 파도에 아른거리다 수평선 아래로 낙하하는 풍광을 보면 누구든 황홀경에 빠지곤 한다.

Data Map 316E
Access 나자레 고속버스정류장rodoviária에서 도보 2분
Add Avenida Manuel Remígio 87, 2450-106 Nazaré

PORTUGAL SMALL TOWNS 02
나자레

Writer's Pick!

해발 110m 절벽 위로 껑충 오르는
나자레 푸니쿨라 Ascensor da Nazaré

나자레 해변과 110m 높이 절벽 위의 시티우를 잇는 푸니쿨라. 1889년 구스타프 에펠의 제자이자 리스보아의 산타 주스타 엘리베이터를 만든 라울 메스니에르 드 퐁사르Raoul Mesnier du Ponsard가 만들었다. 처음에는 증기 푸니쿨라였으나 1968년 전기 푸니쿨라로 진화했다. 지금의 모던한 케이블카는 2002년 업그레이드 버전. 42° 각도는 볼수록 절묘하고, 절벽을 오르내리는 승차감은 놀이기구 저리 가라 할 만큼 아찔하다.

Data Map 316B Access 나자레 해변의 아베니다 다 헤푸블리카Avenida da Republica 대로을 따라 직진하다가 호텔 쿠바타Hotel Cubata가 있는 Rua do Elevador길로 우회전하면 골목 안에 있음
Add 나자레 정거장 Rua do Elevador, 2450-200 Nazaré, 시티우 정거장 Travessa do Elevador, 2450-282 Nazaré Tel 262-561-153 Open 07:30~20:30(15분 간격으로 운행)
Cost 성인 편도 1.20유로, 왕복 2.40유로, 2일권 6.45유로

Tip 푸니쿨라 옆길로 새면 산책로!
오르막길은 푸니쿨라를 이용하고, 내리막길은 산책을 즐겨보자. 초록 언덕 위의 산책로를 내려오며 바라보는 마을과 해변 풍경도 평화롭기 그지없다.

이스라엘에서 온 성모 마리아
노사 세뇨라 성당 Igreja de Nossa Senhora

멀리서도 시선을 끄는 2개의 바로크식 첨탑은 노사 세뇨라 성당의 상징이다. 노사 세뇨라는 성모라는 뜻. 8세기경 이스라엘에서 모셔온 성모상을 수백 년 뒤에야 발견하였고, 그 자리에 노사 세뇨라 성당을 세웠다. 이스라엘 성모 마리아상 덕에 메모리아 소성당에 버금가는 성지 순례지로 꼽힌다. 예배당 안으로 들어가 아줄레주 터널을 지나면 이스라엘 나자레에서 온 성모상을 볼 수 있다. 주말에는 종종 나자레 사람들의 결혼식이 열린다. 운이 좋으면 포르투갈식 성당 예식을 볼 수 있는 행운이 따를 수도.

Data Map 316B
Access 나자레 푸니쿨라 시티우 정류장 하차 후 도보 3분
Add Largo Nossa Senhora, 2450-065 Nazaré
Open 10~5월 09:00~18:30, 6~9월 09:00~19:00
Cost 성당·박물관 무료, 성모상 관람 0.50유로

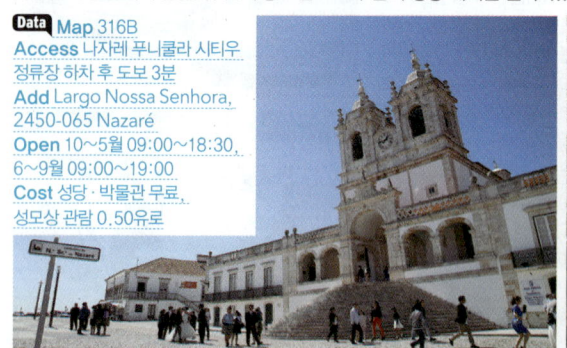

110m 절벽 위에서 바라본 절대비경
수베르쿠 전망대 Miradouro do Suberco
Writer's Pick!

메모리아 소성당 옆 수베르쿠 전망대에 서면 초승달 모양의 나자레 해변이 시원스럽게 펼쳐진다. 마치 하늘을 나는 한 마리의 갈매기가 되어 땅을 내려다보는 느낌이랄까. 이래서 포르투갈 해안선 중에서도 아름답기로 손꼽히는구나 싶다. 전망대 담장 벤치에 걸터앉아 바닷바람과 햇살을 온몸으로 즐기는 것도 이곳만의 묘미. 거대한 파도가 하얀 물거품을 일으키며 해변을 쓰다듬는 청량한 풍경은 온종일 바라봐도 전혀 지루하지 않다.

관광객을 실은 대형버스가 도착할 때마다 눈을 반짝이며 다가오는 노점상 할머니들 역시 7겹치마를 곱게 차려입고 있다. 주로 파는 메뉴는 견과류. 한 봉지 사드리면 기념사진도 흔쾌히 찍어준다.

Data Map 316B
Access 나자레 푸니쿨라 시티우 정류장 하차 후 도보 3분. 메모리아 소성당 바로 옆
Add Largo do Elevador Sitio do Promontorio, 2450-065 Nazaré **Cost** 무료

신비로운 이야기가 깃든
메모리아 소성당 Ermida da Memória

성지 순례자들의 필수 코스로 꼽히는 이 성당은 성모 마리아 발현지로 유명하다. 그 유래는 12세기로 거슬러 올라간다. 1182년 11월 14일 안개 낀 이른 아침 사냥에 나선 귀족 푸아스 로피뇨Fuas Roupinho가 맹렬히 사슴을 쫓고 있었다. 그런데 시티우 절벽에 다다른 순간 사슴은 온데간데없이 사라지고 말은 멈출 줄 모르는 게 아닌가. 그때 어디선가 성모 마리아가 나타나 말을 세웠단다. 천 길 낭떠러지에서 기적적으로 살아남은 그는 생명의 은인 성모 마리아를 기리며 그 자리에 '기억의 사원'이란 뜻의 메모리아 소성당을 지었다. 그리고 그 이야기를 성당 안에 아줄레주로 남겼다. 바스쿠 다 가마도 인도 항해를 떠나기 전 성모 마리아의 기운을 얻기 위해 이곳을 다녀갔다고 전해진다.

Data Map 316B
Access 나자레 푸니쿨라 시티우 정류장 하차 후 도보 2분
Add Rua do Horizente P 2450, 2450-065 Nazaré
Open 09:00~18:00 **Cost** 무료

PORTUGAL SMALL TOWNS 02
나자레

EAT

Writer's Pick!

소문난 정어리구이 맛 좀 볼까
카사 피레스 아 사르디냐 Casa Pires A Sardinha

문 밖까지 솔솔 풍겨오는 생선 굽는 냄새에 자석처럼 끌려가게 되는 생선구이 전문점. 안은 손님들로 바글바글, 야외에선 쉴 새 없이 석쇠에 생선을 구워 나른다. 정어리구이 Sardinha Assada를 시키면 정어리 5마리에 흰 쌀밥, 구운 감자, 샐러드를 입이 떡 벌어지게 차려준다. 기름지고 고소한 맛이 전어와 비슷해, 잘 구운 생선 한 마리면 밥 한 그릇 뚝딱하는 한국인들 입맛에도 딱! 여기에 국물이 자작한 해물밥까지 곁들이면 금상첨화. 해물밥 중에서도 큼직한 아귀와 새우를 듬뿍 넣은 아로즈 탐보릴 Arroz Tamboril을 추천한다. 아구찜을 좋아하는 사람들이라면 쉽게 반할 맛. 노사 세뇨라 성당 바로 옆이라 찾기도 쉽다.

Data Map 316B
Access 나자레 푸니쿨라 시티우 정류장 하차 후 도보 3분. 노사 세뇨라 성당을 바라보고 왼편에 위치
Add Largo de Nossa Senhora da Nazaré 44, 2450-065 Nazaré
Tel 262-553-391
Open 런치 12:30~15:30, 디너 19:30~22:30
Cost 정어리구이(1인분) 10유로~, 아로즈 탐보릴 12유로~

Tip 정어리구이 맛있게 먹는 법
'왜 이렇게 소금을 많이 뿌렸지?'라는 말은 몰라서 하는 얘기다. 소금을 솔솔 뿌려야 즙이 빠져나오지 않고 살이 단단해져 풍미가 좋아진다. 포르투갈 사람들은 손으로 정어리 껍질을 스르륵 벗겨내고 먹는다고. 맨손이 어색하다면 포크로 소금투성이 껍질을 벗겨내고 맛볼 것.

절벽 위의 여유 한잔
타베르나 아피시온 Taverna Afficion

시티우의 전망 좋은 카페 어디 없나 두리번거리다 이곳을 발견하고 쾌재를 불렀다. 전망 좋은 노천카페에서 망중한을 즐기고 싶은 당신을 위해 자신 있게 추천한다. 빨간 테이블에 엉덩이를 붙이고 앉으면 눈앞은 온통 푸른 바다! 배경이 좋으니 맥주, 커피, 뭘 마셔도 꿀맛. 커피 한 모금에도 감성이 한없이 촉촉해진다. 그 감성 그대로 그리운 이에게 엽서 한 장 끄적여도 좋겠다.

Data Map 316B
Access 나자레 푸니쿨라 시티우 정류장 하차 후 도보 3분 **Add** Rua do Horizonte, 2450-065 Nazaré **Open** 12:00~22:00 **Cost** 생맥주 1.20유로~, 글라스 와인 1유로~

나자레 최고의 와인&타파스바
타베르나 두 8 오 80 Taverna do 8 ó 80

나자레에서 이곳의 존재감은 독보적이다. 보유하고 있는 포르투갈 와인 종류만 약 450가지. 그것도 포르투갈 와인을 산지별로 분류해놓았다. 와인과 함께 먹기 좋은 안주로는 타파스나 치즈는 물론 생선 요리도 다양하게 갖추고 있다. 추천 메뉴는 바칼라우 아 카사! 전통 음식을 재해석한 프란세지냐 드 바칼라우 메뉴도 눈길을 끈다. 크렘 브륄레, 티라미수 등이 담겨진 트레이에서 먹고 싶은 것만 쏙쏙 골라 먹는 재미가 있는 디저트도 빼먹으면 아쉽다.
석양 무렵 야외 테이블에 앉으면 노을에 취하고 와인에 반하는 로맨틱 분위기가 무르익는다. 나자레의 중심가와 다소 떨어져 있지만 해변을 쭉 따라 걸어갈 가치가 충분하다. 얼마나 좋으면 하와이안 서퍼 가렛 맥마라Garrett McNamara가 여기서 결혼식 피로연을 했을까.

Data Map 316E **Access** 나자레 고속버스정류장rodoviária에서 도보 11분. 시티우 반대 방향 해변가에 위치
Add Avenida Manuel Remígio, 2450-106 Nazaré **Tel** 262-560-490
Open 12:00~23:00 **Cost** 바칼라우 아 카사 12.50유로, 글라스 와인 1.50~4유로

나자레

안가면 후회하는 모던 키친
토스카 TOSCA

Writer's Pick!

싱싱한 재료와 셰프의 창의력으로 승부하는 곳. '나자레에 이렇게 모던한 데가 있었어?'라는 놀람은 '문어다리가 팔뚝만 해!'라는 감탄으로 바뀐다. 토스카에서 꼭 맛봐야할 폴보 그렐라두 Polvo Grelhado(문어구이)는 게맛살처럼 결 따라 스르르 찢어지며 입에서 살살 녹는다. 여기에 파프리카, 망고 등 채소를 송송 썰어 넣은 상큼한 소스가 더해지니 문어구이의 신세계를 발견한 기분.
토스카가 자랑하는 또 하나의 메뉴는 포르투벨루 헤셰아두 Portobello Recheado. 거대한 포르투벨루 버섯(양송이버섯의 일종) 위에 소시지와 치즈를 올려 굽는다. 소시지의 짭짤함과 버섯의 담백함을 치즈가 부드럽게 감싸주는 맛의 3중주가 환상이다. 하나같이 와인을 부르는 요리들이다. 취향에 따라 향긋한 와인 한잔 곁들이면 금상첨화!

Data **Map** 316B
Access 나자레 고속버스정류장 rodoviária에서 도보 10분. 소우사 올리베이라 광장 안쪽에 위치
Add Rua Mouzinho de Albuquerque 4, 2450-255 Nazaré
Tel 262-562-261
Open 런치 12:00~15:00, 디너 19:00~12:00
Cost 폴보 그렐라두 13.90유로, 포르투벨루 헤셰이두 5.20유로

세계적인 서퍼, 가렛 맥마라의 단골집
셀레스테 Celeste

약 31m 높이의 파도를 타며 이름을 온 세상에 널리 알린 하와이안 서퍼, 가렛 맥마라 Garrett McNamara 단골집으로 소문이 자자하다. 가족들이 운영하는 식당 특유의 친근함이 멀리서 온 여행자들의 마음을 무장해제 시킨다. 메뉴는 바칼라우, 조개, 새우, 오징어, 문어, 로브스터 등 각종 해산물부터 스테이크까지 없는 게 없다. 나자레 해변가 레스토랑 중 한 끼 푸짐한 식사를 해결할 곳을 찾는다면 괜찮은 대안이다.

Data **Map** 316E
Access 나자레 고속버스 정류장 rodoviária에서 도보 5분. 시티우로 향하는 해변가에 위치
Add Avenida da Republica 54, 2450-106 Nazaré
Tel 262-551-695
Open 12:00~24:00
Cost 셀레스테 스타일 오징어 10.50유로, 정어리구이 7.50유로

SLEEP

해변의 작지만 알찬 호텔
마르 브라보 Mar Bravo

바로 앞이 해변이고, 몇 분만 걸어가면 나자레 푸니쿨라다. 작지만 모던한 인테리어의 객실은 대부분 테라스가 딸려 있어 휴양지 호텔 분위기가 물씬 난다. 바다 전망이 아닌 부분 바다 전망(파셜 오션뷰) 객실에서도 바다가 제법 잘 보인다. 1층 레스토랑에서 보이는 전망도 근사해 레스토랑에서 하는 아침식사는 여행에 활기를 더한다.
투숙객이라면 언제든지 이용할 수 있는 2층 응접실에서 바라보는 노을도 놓치지 말자. 무료 와이파이는 기본, 비치타월 무료 대여처럼 소소하지만 기분 좋은 서비스와 친절한 직원들이 만족감을 더해준다. 체크인 15:00, 체크아웃 12:00.

Data Map 316B
Access 나자레 고속버스 정류장 rodoviária에서 도보 11분. 해변과 맞닿은 소우사 올리베이 광장 코너에 위치
Add Praça Sousa Oliveira 71, 2450-159 Nazaré
Tel 262-569-160
Cost 더블룸 70유로~
Web www.marbravo.com

실속파를 위한
호텔 마레 Hotel Maré

마르 브라보 호텔보다 조금 더 저렴한 알뜰형 숙소다. 토스카 등 레스토랑과 카페가 즐비한 소우사 올리베라Sousa Oliveira 광장 안쪽에 있다. 해변 바로 앞은 아니지만 해변에서 5분 거리로 나자레 푸니쿨라와도 가깝다. 발코니와 욕실이 딸린 깔끔한 객실 역시 가격 대비 훌륭한 편이다. 와이파이도 호텔 전 구역에서 무료. 전망 좋은 레스토랑에서의 아침식사도 칭찬할 만하다. 단, 호텔 예약 사이트에서 특가로 예약할 경우 아침식사가 포함되지 않는 경우가 있으니 미리 확인하고 예약하자.

Data Map 316B
Access 나자레 고속버스 정류장rodoviária에서 도보 9분
Add Rua Mouzinho de Albuquerque 10, 2450-901 Nazaré
Tel 262-550-180
Cost 더블룸 50유로~

Portugal Small Towns
03

알쿠바사 & 바탈랴
Alcobaça & Batalha

알쿠바사와 바탈랴는 수도원을 위한 도시다. 알쿠바사에는 포르투갈의 로미오와 줄리엣이라 불리는 동 페르두 왕과 도나 이네스 왕비가 묻힌 산타 마리아 드 알쿠바사 수도원이, '전투'라는 이름의 도시 바탈랴에는 '승리의 성모 마리아 수도원' 뜻을 품은 산타 마리아 드 비토리아 수도원이 있다. 두 곳 다 유네스코 세계문화유산으로 등재될 만큼 가치를 인정받은 고색창연한 유적으로 그 존재감이 대단하다.

Alcobaça&Batalha
PREVIEW

알쿠바사와 바탈랴 여행의 핵심 키워드는 '중세 수도원 건축 투어'다.
두 도시의 거리가 가까워 하루만 투자하면 각기 다른 수도원의 매력에
흠뻑 빠져들 수 있다. 리스보아에서 아침 일찍 떠나 중세의 흔적을 고스란히
품고 있는 수도원을 거닐어보고 전통 요리도 맛보며 느긋한 하루를 보내보자.

SEE

'산타 마리아 드 알쿠바사 수도원'과 '산타 마리아 드 비토리아 수도원'을 비교해보는 재미가 있다. 비운의 사랑 이야기가 깃든 산타 마리아 드 알쿠바사 수도원이 여성적인 아름다움을 뽐낸다면, 골격이 탄탄한 산타 마리아 드 비토리아 수도원은 웅장한 남성미가 묻어난다. 수도원의 규모가 크고 세세한 볼거리가 많으니 시간을 넉넉히 잡고 찬찬히 감상해보길 추천한다.

EAT

바탈랴보다는 알쿠바사의 산타 마리아 드 알코보사 수도원 근처에 레스토랑이 많다. 알쿠바사에서 꼭 맛봐야할 메뉴는 '프랑구 나 푸카라Frango na Pucara'. 항아리에 수탉, 토마토, 감자, 당근, 마늘, 겨자, 월계수, 브랜디 등을 넣고 뭉근히 끓이는 요리. 알쿠바사 레스토랑의 흔한 메뉴지만 제대로 맛보려면 안토니우 파데이루가 제격이다.

BUY

알쿠바사는 전통 그릇이 유명하다. 기념품 숍마다 프랑구 나 푸카라 요리에 쓰이는 황토색 항아리나 올리브를 담기 좋은 그릇 등을 판다. 무거워서 들고 다니기 힘들다는 게 함정. 그릇 다음으로 알아주는 아이템은 대항해 시대에 인도에서 들여온 원단. 스프라이트에 꽃무늬가 목가적으로 어우러지는데 가격이 비싸다. 알쿠바사 전통 원단으로 만든 앞치마가 45~50유로선. 대부분의 기념품 숍은 수도원 앞에 있어 찾기 쉽다. 바탈랴에서는 살 만한 기념품이 딱히 없는 편이다.

SLEEP

1박 2일 여행을 계획한다면 도시의 규모나 교통의 편의성을 고려해 알쿠바사에 묵으며 바탈랴에 다녀오길 권한다. 특히, 머무는 곳이 여행의 품격을 좌우한다고 믿는 여행자라면 알쿠바사의 아름다운 숙소 '살레 폰테 노바'에 주목하자. 잠자리보다 여행이 중요한 알뜰파를 위한 '블루 하우스 호스텔'도 있다.

Alcobaça & Batalha
GET AROUND

어떻게 갈까?

1. 고속버스 Express Bus

리스보아 세트 히우스 Sete Rios 버스터미널(메트로 자르딩 주로지쿠 Jardim Zoológico역)에서 알쿠바사나 바탈랴까지 직행 버스를 타고 간다. 알쿠바사와 바탈랴 간은 시외버스로 이동하면 된다. 리스보아의 세트 히우스 Sete Rio 버스터미널에서 알쿠바사까지는 하루 평균 4~7회, 바탈랴까지는 5회 레데 익스프레소스가 오간다. 소요시간은 각각 약 1시간 50분, 2시간. 요일별 운행시간이 다르니 미리 확인하자. 알쿠바사와 바탈랴 간은 하루 7회 테주 Tejo 버스가 오가며, 소요시간은 약 30분이다.
Cost 리스보아 → 알쿠바사 10.90유로, 알쿠바사 → 바탈랴 3.20유로 **Web** www.rede-expressos.pt

리스보아 ↔ 알쿠바사 레데 익스프레소스 버스시간표

월~금	
리스보아 출발	알쿠바사 도착
09:00	11:20
11:00	13:00
12:00	13:50
15:00	16:35
16:30	18:20
19:00	20:25
알쿠바사 출발	리스보아 도착
06:30	08:20
08:30	10:20
12:30	14:20
14:00	15:50
15:00	16:55
16:45	18:20
17:45	20:00

토·일	
리스보아 출발	알쿠바사 도착
09:30	11:20
12:00	13:50
16:30	18:20
19:00	20:50
21:15 *(일)	23:05
알쿠바사 출발	리스보아 도착
06:50 *(토)	08:20
08:30	10:20
14:00	15:50
15:00 *(토)	16:55
17:45 *(토)	20:00
19:15	21:05

*(토), (일)은 해당 요일만 운행하는 버스

알쿠바사 버스터미널

바탈랴 고속버스 정류장

리스보아 ↔ 바탈랴 레데 익스프레소스 버스시간표

월~일			
리스보아 출발	바탈랴 도착	바탈랴 출발	리스보아 도착
07:00	09:00	07:15	09:15
12:00	14:00	08:15	10:15
14:30	16:30	11:15	13:15
17:30	19:30	16:00	18:00
19:00	21:00	18:15	20:15

2. 자동차 Car

리스보아와 알쿠바사 거리는 111km 거리로 약 1시간 30분, 알쿠바사에서 바탈랴는 24km 거리로 약 20분이 걸린다. 렌터카의 내비게이션을 반드시 사용할 것.

어떻게 다닐까?

알쿠바사, 바탈랴 모두 도보 여행하기 좋은 소도시다. 알쿠바사 버스터미널에서 수도원은 도보 8분, 바탈랴 고속버스 정류장에서 산타 마리아 드 비토리아 수도원은 도보 5분 거리.

INFO

알쿠바사 관광안내소 Turismo
알쿠바사 지도 한 장 받아서 둘러보면 유용하다.
경우에 따라 영어가 잘 안 통할 수 있다.

Data Map 328D
Access 산타 마리아 드 알쿠바사 수도원에서 도보 4분
Add Praça 25 de Abril, 2460 Alcobaça **Tel** 262-582-377
Open 5~7·9월 10:00~13:00, 15:00~19:00,
8·10~4월 10:00~13:00, 14:00~19:00

바탈랴 관광안내소 Turismo
산타 마리아 다 비토리아 수도원만 둘러볼 경우 굳이 찾아갈 이유는 없지만 바탈랴에 묵거나 다른 도시로 이동할 경우 유용하다.

Data Map 329A
Access 산타 마리아 다 비토리아 수도원에서 도보 2분
Add Rua infante D. Fernando, 2440-118 Batalha
Tel 244-769-110 **Open** 09:00~13:00, 14:00~18:00

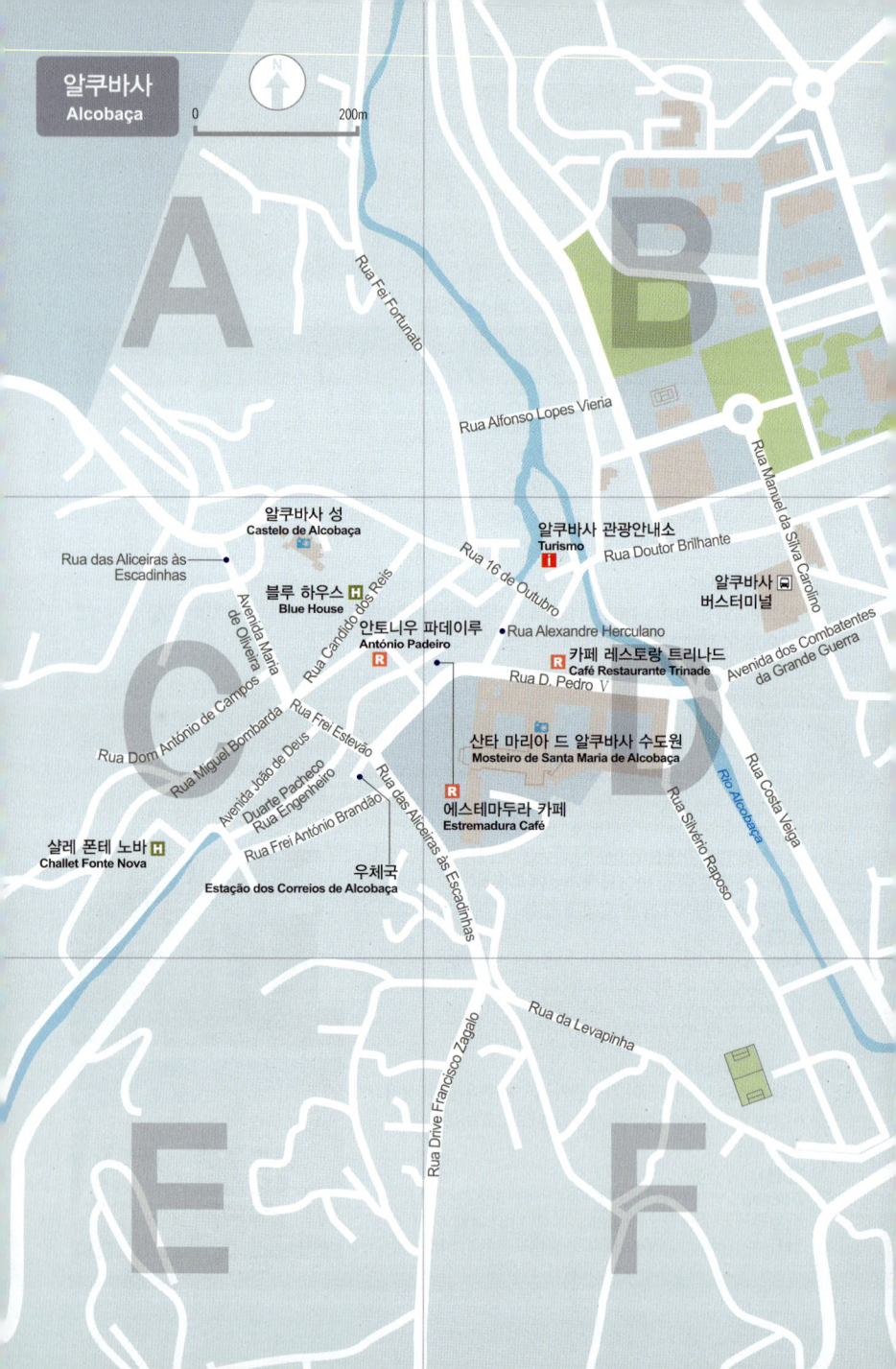

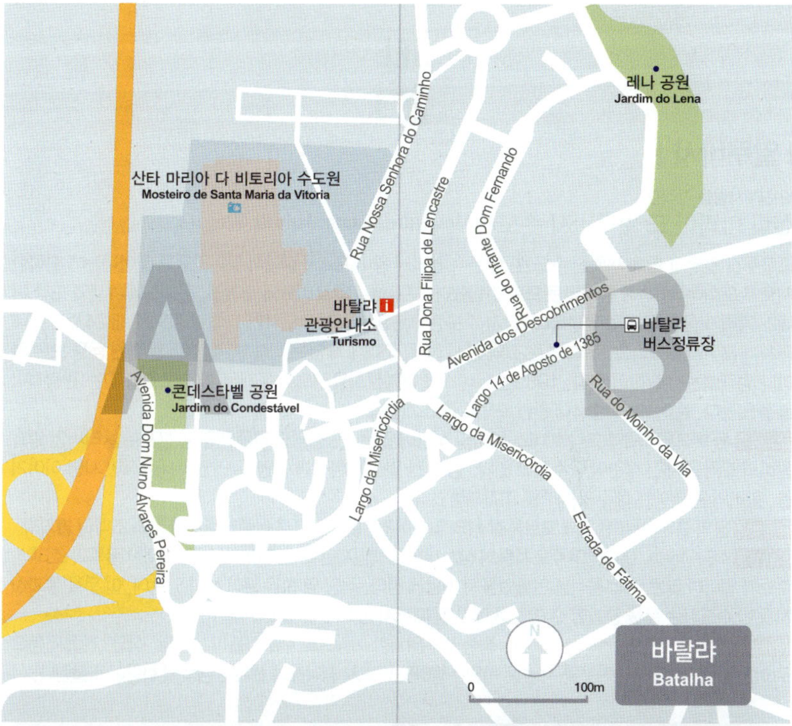

레나 공원
Jardim do Lena
Rua Nossa Senhora do Caminho
산타 마리아 다 비토리아 수도원
Mosteiro de Santa Maria da Vitoria
Rua Dona Filipa de Lencastre
Rua do Infante Dom Fernando
Avenida dos Descobrimentos
바탈랴
관광안내소
Turismo
바탈랴
버스정류장
Largo 14 de Agosto de 1385
A
B
콘데스타벨 공원
Jardim do Condestável
Avenida Dom Nuno Álvares Pereira
Largo da Misericórdia
Largo da Misericórdia
Rua do Moinho da Vila
Estrada de Fátima
N
0
100m
바탈랴
Batalha

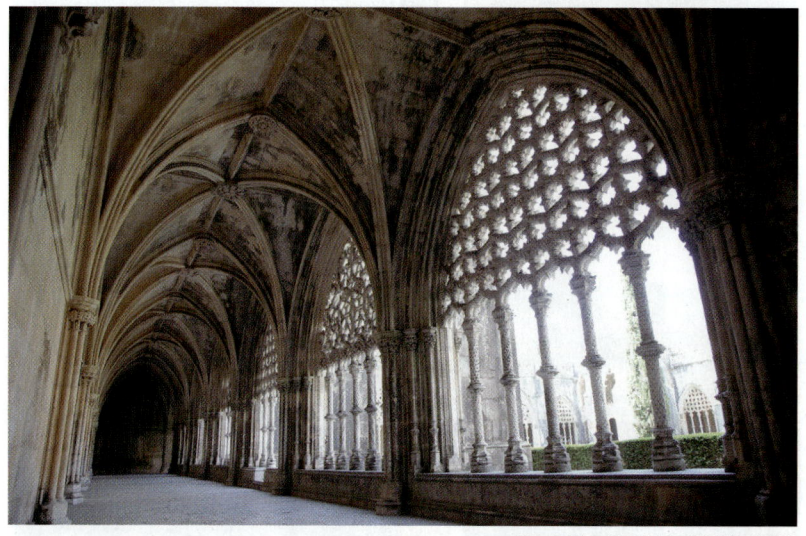

산타 마리아 드 알쿠바사 수도원의 침묵의 화랑

| 알쿠바사 |

비운의 사랑을 간직한
산타 마리아 드 알쿠바사 수도원 Mosteiro de Santa Maria de Alcobaça

포르투갈 건국과 함께 세워진 수도원. 아폰수 엔리케 왕이 포르투갈에서 무어인들을 쫓아내는데 협력한 시토 수도회Cistercian에 감사의 뜻으로 건립했다. 포르투갈의 로미오와 줄리엣, 동 페드루 1세와 도나 이네스 왕비가 묻힌 곳으로 유명하다. 당시 수도원에는 999명의 수도사가 교대로 기도를 해 24시간 내내 미사가 끊이지 않았다고. 폭이 좁은 고딕 양식 성당, 군더더기 없는 기숙사, 잘 정돈된 정원 등을 보면 얼마나 엄격했는지 짐작이 간다. 1989년 유네스코 세계문화유산으로 등재된 후 수도원을 찾는 관광객이 줄을 잇는다. 눈여겨봐야할 4대 관람 포인트를 소개한다.

Point 1 동 페드루 1세와 도나 이네스 왕비의 석관이 있는 곳. 성당의 양쪽 익랑에 천사로 둘러싸인 왕과 왕비의 조각을 새긴 석관이 마주보고 있다. 왕의 관 옆면에 환생과 운명 두 연인의 비극적인 사랑 이야기를, 왕비의 관 옆에는 예수의 생애를 조각해놓았다.

Point 2 왕의 홀Sala dos Reis. 역대 포르투갈 왕의 입상이 전시된 곳. 푸른 아줄레주부터 왕의 조각이 볼거리.

Point 3 식당Cozinha. 999명의 수도사들의 삼시세끼를 책임지던 주방. 20m가 넘는 거대한 굴뚝과 조리대, 수로가 얼마나 많은 양의 음식을 만들었을지 가늠케 한다. 식당 옆 좁은 문이 하나 있는데, 이 문을 통과하지 못한 수도사는 문을 통과할 수 있는 몸매가 될 때까지 굶어야 했다고.

Point 4 침묵의 회랑Claustro do Silencio. 정중앙에 위치한 회랑으로 수도사들이 예배당, 식당, 기숙사 등으로 이동할 때 거쳐 갔다. 이곳을 지날 땐 묵언수행하듯 반드시 침묵해야 했기에 침묵의 회랑이라 불린다.

Data **Map** 328D **Access** 알쿠바사 터미널에서 도보 8분
Add Praça 25 de Abril, 2460-018 Alcobaça
Tel 262-505-120, 128 **Open** 4~9월 09:00~19:00, 10~3월 09:00~18:00(1/1, 부활절, 5/1, 12/25 휴관)
Cost 성인 6유로(매월 첫째 주 일요일 무료)
Web www.mosteiroalcobaca.pt

Tip *세계문화유산 통합 티켓*
알쿠바사, 바탈랴, 투마르 수도원을 묶어 15유로에 판매한다. 3곳을 하루에 모두 둘러볼 경우 유용하다.

Point 1 동 페드루 1세와 도나 이네스 왕비의 석관

Point 2 왕의 홀

| Talk |
사랑과 복수, 잔혹한 러브 스토리

14세기 아폰수 4세의 아들 동 페드루 1세 왕자는 아버지의 강요로 스페인 콘스탄자 공주와 정략결혼을 했다. 그런데 정작 그가 마음을 뺏긴 여인은 공주가 아닌 공주 옆의 갈리시아인 시녀 이네스. 콘스탄자 공주가 병으로 세상을 떠나자 페드루 왕자는 이네스에게 청혼했다. 하지만 갈리시아인과 혼사로 포르투갈과 스페인의 세력 다툼을 우려한 아폰수 왕은 철벽같이 반대 입장을 고수했다. 이미 페드루 왕자와 이네스 사이에는 남몰래 낳은 자식이 4명 있는데도 불구하고 이네스 암살을 명했다.

결국, 코임브라로 추방당한 이네스는 잔혹하게 살해당하고 말았다. 복수의 칼날을 간 페드루 왕자는 왕좌에 앉자마자 이네스 암살에 가담한 신하들을 죽이고 심장을 도려냈다. 그리고 관에서 이네스의 시신을 꺼내 왕관을 씌우고 왕비임을 선포했다. 신하들에게는 왕비의 손에 입을 맞추게 함으로써 충성을 다짐 받았다. 잔혹한 복수 후 평생 왕비를 그리워하며 살았고, 죽어서도 자신과 똑같은 석관을 함께 묻어달라는 말을 남겼다. 그의 유언에 따라 페드루 왕과 이네스 왕비는 산타 마리아 드 알쿠바사 수도원에 함께 묻혔다. 두 석관은 나란히 놓이지 않고 마주 보고 있다. 이는 죽은 자가 모두 깨어나는 심판의 날이 왔을 때 제일 먼저 서로를 보고 싶다는 바람을 담은 관 배치라고 전해진다.

Point 3 식당

Point 4 침묵의 회랑

| 바탈랴 |

포르투갈 고딕 양식의 걸작
산타 마리아 드 비토리아 수도원 Mosteiro de Santa Maria da Vitoria

1385년 8월 14일, 카스티야(스페인)와의 알주바로타Aljubarrota 전쟁에서 대승을 거둔 주앙 1세가 그의 간절한 기도를 들어준 성모 마리아에게 그 영광을 돌리며 건축한 수도원이다. 200년에 걸쳐 완성한 덕에 고딕과 르네상스, 마누엘 양식이 켜켜이 더해지며 이베리아 반도에서 가장 매혹적인 고딕 양식의 수도원으로 손꼽힌다. 천사, 성인, 예언자들을 정교하게 조각해놓은 정문으로 들어서면 주앙 1세의 예배당과 주앙 1세의 회랑, 무명용사의 방, 알폰소의 회랑이 꼬리에 꼬리를 물고 연결된다. 차례로 둘러본 후 밖으로 나가 수도원의 하이라이트인 미완성 예배당을 관람하면 된다. 알고 보면 더 감동적인 수도원의 관람 포인트 4곳을 자세히 짚어본다.

Point 1 주앙 1세의 예배당Capel de João I. 스테인드글라스에 오후 햇발이 스며들면 오색영롱한 빛과 그림자가 햇살의 리듬에 맞춰 춤을 춘다. 입구와 바로 연결된다.

Point 2 마누엘 양식의 미학을 보여주는 주앙 1세의 회랑Claustro de João I. 회랑 끝자락에 있는 분수는 수도사들이 식사 전 몸과 마음을 경건하게 하는 의식으로 손을 씻던 곳.

Point 3 무명용사의 방Sala do Capítulo. 프랑스와 아프리카 모잠비크에서 전사한 용사들이 잠들어 있는 방. 훈남 근위병들이 미동도 않고 마네킹처럼 지키고 있다. 근위병 교대식도 볼거리.

Point 4 미완성 예배당 Capelas Imperfeitas. 16세기 초 마누엘 양식의 화려한 건축 기법이 응축돼 있다. 예배당을 완성하지 못하고 갑자기 세상을 떠난 두아르테 왕과 그의 아내 레오노르 왕비가 잠들어 있는데, 마치 영원한 사랑을 약속하듯 두 손을 꼭 잡고 있는 모습이 인상적이다. 비록 천장은 없어도 내부는 7개의 예배실로 이뤄져 있다.

Data Map 329A **Access** 바탈랴 고속버스정류장에서 도보 5분
Add Largo Infante Dom Henrique, 2440 Batalha **Tel** 244-765-497
Open 4~9월 09:00~18:00, 10~3월 09:00~18:00(1/1, 부활절, 5/1, 12/25 휴관) **Cost** 성인 6유로 (매월 첫째 주 일요일 무료) **Web** www.mosteirobatalha.pt

Point 1 주앙 1세의 예배당

Point 2 주앙 1세의 회랑

| Talk |

포르투갈의 위대한 승리, 알주바로타 전쟁!

알주바로타 전쟁은 왜 일어났나?

전쟁에서 이긴 기쁨이 얼마나 컸기에 '산타 마리아의 승리'라는 뜻의 수도원을 지었을까? 당시 페르난두 1세가 세상을 떠나고, 직계 후계자로는 딸인 베아트리스가 유일했다. 그러자 베아트리스의 남편이자 카스티야(스페인)의 후안 왕은 포르투갈을 흡수하겠다는 야욕을 드러냈다. 나라를 빼앗길 것이 두려워진 포르투갈 귀족들은 페르난두 1세의 서자이자 아비스 기사단의 단장인 주앙을 지지하고 나섰다. 그리하여 주앙은 영국을, 후안 왕은 프랑스를 등에 업고 전쟁을 시작했다.

전쟁을 승리로 이끈 주앙 1세

1385년 8월 14일 포르투갈 중부 알주바로타에서 주앙을 모시는 장군 누노 알바레스 페레이라 중심에 보병을 두고, 측면에 궁수, 진영 앞쪽에 수로를 파는 전략으로 기병대를 막아내며 결정적 승리를 거두었다. 카스티야와 프랑스 군을 모조리 내쫓은 주앙은 나라를 구한 영웅이 되었고, 1385년 국민의회의 선거로 왕위에 올랐다.

아비스 왕조의 시작

그렇게 포르투갈 역사에 획을 긋는 아비스 왕조가 시작됐다. 주앙 1세의 첫째 아들 두아르테 왕자가 왕위를 이어 받아 아프리카 탐험을 도모했고, 아버지를 이어 산타 마리아 드 비토리아 수도원의 예배당을 건설하다 미완성으로 남긴 채 세상을 떠났다. 한편, 장남보다 진취적이었던 둘째 아들 엔리케 왕자는 포르투갈의 대항해 시대를 열었다.

Point 3 무명용사의 방

EAT

Writer's Pick!

세월의 내공이 묻어나는
안토니우 파데이루
António Padeiro

알쿠바사에서 맛봐야할 전통 요리를 망라하는 유서 깊은 레스토랑. 1938년 오픈 이래 지금까지 대표 맛집 자리를 지켜왔다. 자리에 앉자마자 기다렸다는 듯이 올리브, 치즈 등 각종 쿠베르트 Cuvert를 고르게 한 후 메인 요리를 주문받는다. 흑돼지, 치킨 등 육류가 주 종목. 꼭 맛봐야할 메뉴는 항아리 안에 든 수탉 요리 '프랑구 나 푸카라Frango na Pucara'로 우리나라 닭볶음탕과 비슷한 맛이다. 감자튀김과 하얀 쌀밥까지 함께 주니 한 끼 식사로 든든하다. 베이컨을 돌돌 말은 흑돼지 안심에 달콤한 포트와인소스에 졸인 사과를 올려주는 '롬비뉴스 드 포르쿠 프렛Lombihos de Porco Pret'도 인기. 빈티지하면서도 아늑한 인테리어도 음식 맛을 배가 시킨다.

Data **Map** 328C **Access** 산타 마리아 드 알쿠바사 수도원에서 도보 4분 **Add** Rua Dom Maur Cocheril, Alcobaça **Tel** 262-582-295 **Open** 런치 12:00~15:30, 디너 19:00~20:00 **Cost** 프랑구 나 푸카라 9.50유로, 롬비뉴스 드 포르쿠 프렛 13.50유로 **Web** www.antoniopadeiro.com

친근한 로컬 밥집
카페 레스토랑 트리나드 Café Restaurante Trinade

산타 마리아 드 알쿠바사 수도원 주변 레스토랑 중 로컬들도 많이 찾는곳. 프랑구 나 푸카라 같은 지역 전통 요리는 물론이고 알렌테주 지방 요리까지 선보인다. 알렌테주 지방 전통 요리인 알렌Alen은 숭덩숭덩 썬 돼지고기에 조개, 채소, 고수와 양념을 넣고 익히는데, 돼지고기와 조개의 낯선 궁합이 의외의 감칠맛을 선사한다. 큼직한 새우 등 해산물을 아낌없이 넣은 하우스 스타일 마리스쿠도 한 끼 식사로 충분하다. 고수를 싫어한다면 미리 빼달라고 얘기하자. 맛보다는 수도원 바로 옆이라 찾아가기 쉽고 편안한 분위기가 강점.

Data **Map** 328D **Access** 산타 마리아 드 알쿠바사 수도원에서 도보 2분 **Add** Praça Dom Afonso Henriques 22, 2460 Alcobaça **Tel** 262-582-397 **Open** 런치 12:00~15:30, 디너 19:00~22:30 **Cost** 아스르다 마리스쿠 12.50유로, 알렌 13.50유로

SLEEP

Writer's Pick!
말로는 다 표현할 수 없는 낭만
샬레 폰테 노바 Challet Fonte Nova

샬레 폰테 노바의 문을 연 순간부터 19세기 저택으로 시간여행이 시작된다. 19세기에 지은 별장의 외부는 그대로 두고, 내부만 모던 클래식 스타일의 숙소로 탈바꿈시켰다. 고풍스러운 소파와 테이블로 꾸민 응접실에 앉으면 책이 술술 읽힐 것 같다. 햇살이 스며드는 창가에서 앤티크한 식기에 아침식사를 먹노라면 귀족이 되어 집사의 시중을 받는 듯하다. 기품 있는 객실의 가구와 인테리어 용품 하나하나 디테일이 살아있다. 방마다 딸린 욕실도 매우 크고 쾌적하다. 아침이면 수도원 종소리가 알람이고, 새 지저귀는 소리가 배경 음악이 돼준다. 분수가 아름다운 정원도 샬레 폰테 노바의 자랑. 투숙객들이 다음엔 더 오래 머물고 싶다는 평을 남길 정도로 만족도가 높은 숙소다. 체크인 15:00, 체크아웃 12:00.

Data **Map** 328C **Access** 산타 마리아 드 알쿠바사 수도원에서 도보 6분
Add Rua da Fonte Nova 8, 2460-046 Alcobaça **Tel** 262-598-300 **Cost** 더블룸 100유로~
Web www.challetfontenova.pt

실속파를 위한 호스텔
블루 하우스 Blue House

주머니가 가벼운 여행자들에게 이보다 반가운 소식이 있을까. 산타 마리아 드 알쿠바사 수도원과 불과 400m 거리에 착한 가격의 호스텔이 숨어있다. 6인실 도미토리뿐 아니라 더블룸, 쿼드 더블룸도 갖추고 있다. 단, 어느 객실에 묵든지 공용 욕실을 사용해야 한다. 공용욕실을 불편함을 상쇄해주는 공용 공간이 이점이다. 소파와 TV가 놓인 라운지, 조리 도구는 물론 큼직한 식탁이 놓인 주방, 작은 테라스는 맘껏 누리는 사람이 임자. 게다가 창밖으로 산타 마리아 드 알쿠바사 수도원이 펼쳐지는 전망은 백만 불짜리. 체크인 15:00, 체크아웃 12:00.

Data **Map** 328C **Access** 산타 마리아 드 알쿠바사 수도원에서 도보 5분
Add Rua Almirante Candido dos Reis11, 2460 Alcobaça **Tel** 918-622-893
Cost 도미토리 12유로~, 더블룸 20유로~ **Web** alcobacahostel.com

Portugal Small Towns

04

투마르
Tomar

올리브, 소나무, 무화과나무가 무럭무럭 자라는 투마르의 비옥한 땅에는 포르투갈에서 가장 화려하고 웅장한 수도원이 있다. 무려 5세기에 걸쳐 용맹한 기사단과 외부와 단절되어 살았던 수도사들의 흔적이 축적된 투마르. 그 모습을 보고자 언제나 수많은 관광객들로 가득한 신비로운 도시다.

Tomar
PREVIEW

투마르에서는 걸음을 느리게! 포르투갈을 수호하던 기사들의 기상이 서려 있는 수도원과 성채를 돌아볼 때는 절로 숙연해진다. 도시가 하나의 거대한 명소와 같아 언덕에 올랐다 내려와 시가지를 돌아보면 건축미와 역사에 압도당하는 하루가 끝이 난다. 알차고 보람된 소도시에서의 하루를 보장하는 기사단의 고향, 투마르.

SEE
수도원의 '끝판왕'이라 불리는 크리스투 수도원 하나만으로 투마르를 찾을 이유가 된다. 수도원을 둘러싼 투마르 성채와 언덕을 내려가면 구경할 수 있는 소박한 시가지도 놓치지 말 것.

EAT
수도원과 성이 있는 언덕을 오르락내리락하면 허기가 질 수밖에 없다. 투마르에서 가장 성업 중인 카사 다 라타스에서 배불리 먹고, 100년이 넘는 역사를 자랑하는 카페 파라이소에서 디저트를 먹으면 더 이상 바랄 것이 없다.

BUY
투마르에서는 살 만한 기념품은 없다. 크리스투 수도원에서 깊이 감명 받았다면 수도원 기념품 숍을 구경하는 정도가 전부. 쇼핑은 잠시 접고 관광과 식도락에 집중하도록!

SLEEP
역사와 건축에 관심이 많은 여행자라면 투마르를 그냥 스치듯 구경하고 떠나기 아쉬울 것이다. 특히 건축학도라면 하루 종일 크리스투 수도원과 투마르 성채만 둘러보아도 성에 차지 않을 것이 분명하니 1박을 하고 여유롭게 투마르를 구경하도록 하자. 특히, 축제 기간과 방문 일정이 일치하는 경우에도 1박을 하며 이틀 일정으로 흥겨운 축제 분위기를 찬찬히 즐길 것을 권한다.

INFO 투마르 관광안내소
관광 명소 위치, 숙박, 맛집 정보, 각종 축제 안내 등 투마르 시내 지도를 비롯하여 전반적인 투마르 관광 정보를 얻을 수 있다.
Data Map 340A
Access 투마르 기차역에서 도보 10분 **Add** Praça da República, 2300-550 Tomar
Tel 249-329-800 **Web** www.cm-tomar.pt

PORTUGAL SMALL TOWNS 04
투마르

Tomar
GET AROUND

 어떻게 갈까?

1. 기차 Train
투마르 기차역은 시내에 위치하여 리스보아 산타 아폴로니아Santa Apolonia역과 오리엔테Oriente역에서 기차편으로 오가기 용이하다. 리스보아에서 약 2시간 소요되며, 2시간에 한 번씩 기차가 있다. 포르투에서는 캄파냐Campanha 기차역에서 탑승, 엔트론카멘투Entroncamento 기차역에서 1회 환승하여 투마르를 찾을 수 있다. 약 3시간 30분이 소요되고, 2~3시간 간격으로 운행한다. 환승 횟수와 관계없이 운행 시간이 상이하니 표 구매 전 잘 살펴볼 것.

2. 고속버스 Express Bus
리스보아에서 하루 5번 정도 운행하며, 약 1시간 45분 소요된다. 레데 익스프레소스는 메트로 자르딩 주로지쿠Jardim Zoológico역 앞에 위치한 세트 히우스Sete Rios 정류장에서 탑승한다. 포르투에서 하루 1회(14:00~17:35) 운행하며, 약 3시간 35분 소요된다. 바탈랴 광장 옆에 위치한 레데 익스프레소스 버스정류장(**Add** Rua Alexandre Herculano 366, 4000 Porto)은 상 벤투 기차역에서 도보 3분이면 찾을 수 있다.
Web www.rede-expressos.pt

3. 자동차 Car
리스보아에서 135km, 포르투에서 190km 떨어진 곳에 위치한 투마르는 리스보아, 포르투에서 A1 고속도로를 이용해 손쉽게 찾아올 수 있다. 각각 1시간 반, 2시간 소요.

어떻게 다닐까?

도보로 모두 돌아볼 수 있을 정도로 작은 도시이다. 시내와 근교를 좀 더 쉽게 돌아볼 수 있도록 버스가 다니지만 외곽으로 나가는 경우가 아니라면 굳이 탈 일이 없다. 투마르의 시내버스 투투마르 TuTomar 정류장과 시간표는 홈페이지에서 확인 가능하다. 종점 정류장은 투마르 기차역 길 건너편이라 찾기 쉽다.
Web www.cm-tomar.pt/index.php/transportes-urbanos

INFO 투마르 운행 정보
Data **Open** 파란선Linha Azul 월~금 07:10~19:05(20분 간격으로 운행), 토 08:10~13:05, 일 14:20~17:50(공휴일 포함 40분 간격으로 운행, 일요일에는 몇몇 정류장에 정차하지 않음), 녹색선Linha Verde 월~금 07:00~18:50(45분 간격으로 운행)
Cost 1회권 1유로, 1일권 2.80유로, 3일권 5.50유로, 5일권 9.50유로

포르투갈 분위기가 물씬 풍기는 파란색 타일의 건축물을 곳곳에서 만날 수 있다.

SEE

포르투갈 최대 규모의 수도원과 견고한 성채
크리스투 수도원&투마르 성채 Convento da Ordem de Cristo&Castelo de Tomar

1983년 유네스코 세계문화유산으로 지정된 크리스투 수도원. 유럽의 시토회 수도원 중 가장 보존 상태가 뛰어나다. 제로니무스 수도원, 바탈랴 수도원과 함께 마누엘 양식을 대표하는 건축물로 손꼽힌다. 사제단실 위로 솟아오른 위엄 있는 2층 성가대석과 고딕과 무어 양식의 영향을 받은 점, 아큘러스(둥근 창) 등이 마누엘 건축물의 특징이다. 12세기 중반, 템플 기사단의 초대 단장인 구알딩 파이스Gualdim Pais의 명으로 그리스도교 순례자들을 보호하는 성당 기사단의 성채로 쓸 목적을 위해 건설되었다. 지리적인 이점을 취하기 위해 언덕 위, 나바오 강과 가까운 곳에 세워졌다.

수도원 내 성당은 16각형 모양이며, 그 안에 8각형의 성가대석을 갖추고 있다. 이러한 독특한 구조로 인해 템플 기사단 건축물의 전형인 로톤다rotunda의 훌륭한 예시로 꼽힌다. 수도원 안에 있는 여러 개의 회랑은 12~16세기까지 다양한 건축 양식으로 세워졌다. 15세기 초 증축한 '깨끗한 물의 회랑'과 '무덤의 회랑'은 우아한 아치가 돋보이는 고딕 양식으로 지어져 특히 주목할 만하다. 수도원과 함께 돌아볼 수 있는 견고한 투마르 성채는 무어족으로부터 투마르 지역을 방어하기 위한 것이다. 템플, 크리스투 기사단의 행정 본부와 주거지로도 사용되었으며, 그들이 정복한 세계 각지의 특징들을 따온 꽃, 사슬, 산호 등 화려한 마누엘 양식 장식이 돋보인다. 세계문화유산 통합 티켓을 이용하면 알쿠바사, 바탈랴, 투마르 수도원을 묶어 15유로에 볼 수 있다. 유효기간은 7일이다.

Data Map 340A Access 투마르 기차역에서 도보 18분 Add Colina do Castelo, 2300-000 Tomar Tel 249-315-089 Open 6~9월 09:00~18:30, 10~5월 09:00~17:30(1/1, 부활절, 5/1, 12/25 휴관) Cost 성인 6유로, 65세 이상 · 학생증 소지자 · 가족(성인 2명+아동) 50% 할인 Web www.conventocristo.gov.pt

> **Tip** 템플, 크리스투 기사단 이야기
>
> 12세기부터 이 지역은 템플 기사단에 헌정되었다. 투마르 성에 머물며 템플 기사단은 포르투갈 중앙부를 수호했다. 14세기에 공식적인 와해가 있었지만 포르투갈 왕궁의 비호를 받으며 명맥을 이어와 이름만 '크리스투'로 바꾼 채 활동을 지속했다. 템플, 크리스투 기사단과 뜻을 함께 한 인물로는 15세기 기사단의 수장이었던 항해왕 엔리케가 있으며, 그와 함께 기사단은 포르투갈의 영역을 넓히는 것에 일조하였다. 엔리케의 수많은 업적은 기사단이 수집한 정보와 기술력에서 발발한 것이라는 이야기도 있다. 1834년 크리스투 기사단도 와해되며 이들의 역사는 종지부를 찍었다.

투마르 시민들이 매일같이 찾는
상 주앙 바티스타 성당 Igreja de São João Baptista

도시 정중앙의 헤푸블리카 광장 Praça da República에 위치한 성당. 12세기 템플 기사단이 투마르에서 활동했을 때부터 만남의 장소이자 예배당으로 사용되었다. 현재의 건물은 16세기에 항해왕 엔리케에 의해 재건된 것이다. 최근 복원 작업을 거쳐 마누엘 양식의 파사드와 정문을 갖추게 되었으며, 1910년 국보로 지정되었다. 종탑과 3개의 신랑, 8각형의 탑, 화려하게 치장된 북쪽과 서쪽 문 등 정교한 외관과 단정한 내부가 특징이다. 성당의 시계는 투마르를 지켜주는 성채를 향해 있도록 만들어졌다. 성당 내부에는 흑백 모자이크와 흰색과 금색으로 꾸며진 바로크풍의 제단이 있다. 투마르 중심에 위치하여 시민들이 언제나 찾는 성당답게 소박하고 심플하다. 성당이 위치한 헤푸블리카 광장은 페스타 두스 타뷸레이루스를 포함하여 시의 다양한 행사가 치러지는 곳으로, 시청사도 이곳에 있다. 광장 중앙에 서 있는 것은 템플 기사단 초대 수장인 구알딩 파이스의 동상이다.

Data Map 340B **Access** 투마르 기차역에서 도보 10분
Add Praca da Republica, 2300-568 Tomar
Tel 249-312-611
Open 08:00~19:00 **Cost** 무료

Tip 쟁반 축제, 페스타 두스 타뷸레이루스 *Festa dos Tabuleiros*

투마르에서 4년에 한 번, 7월 중 약 열흘간 열리는 성대한 축제로 투마르 사람들이 가장 정성 들여 준비하는 행사. 2015년 7월에 축제가 열렸으니 다음 축제는 2019년에 있을 예정. 축제의 이름은 '쟁반 축제'라는 뜻으로, 축제 기간 수백 명의 투마르의 소녀들이 넓고 둥근 큰 빵을 30층을 쌓아 머리에 이고 행진하는 것이 축제의 하이라이트. 빵으로 된 탑에는 화려한 색의 꽃으로 장식하는데, 그 무게가 상당하고 균형을 잡는 것도 쉽지 않아 투마르 소녀들은 축제를 위해 수많은 연습을 한다. 지금까지 넘어지거나 중도 포기하는 소녀가 한 명도 없었다고 한다. 성공적으로 치러지는 페스타 두스 타뷸레이루스는 투마르의 신부들이 축복을 내린 빵 '페자Pêza'와 와인을 동네 사람들과 함께 나누어 먹는 것으로 끝맺는다. 음악과 공연, 폭죽놀이 등 다양한 볼거리가 함께 한다.

Web www.tabuleiros.org

투마르에 머물던 유대인들이 남기고 간
투마르 시나고그 Synagogue de Tomar

1430년 항해왕 엔리케의 명으로 세워진 포르투갈에서 가장 오래된 시나고그. 1492년, 스페인의 대대적인 유대인 추방이 있었다. 그 후 유대인들은 포르투갈의 투마르로 모여들었다. 상인과 장인들이 모여 이 도시의 상업을 번영하게끔 하였고, 아프리카로 이어지는 새로운 무역로를 열었다.

당시 이 부근은 유대인 지구라는 뜻의 주데아리아 Judearia라고 불렸으며, 그 중심에 이 시나고그가 있었다. 투마르 시나고그는 1497년까지 실제 예배당으로 사용되었다. 4개의 탑과 고딕 양식의 아치형 천장이 특징이며, 바스쿠 다 가마의 항해 장비를 제작하는데 도움을 준 15세기 유대인 천문학자 겸 수학자 에이브라함 자쿠토 Abraham Zacuto의 이름을 딴 작은 박물관을 포함하고 있다. 15세기의 묘와 세계 각지의 유대인 사회에서 기증해온 성물을 전시하고 있다.

Data Map 340B **Access** 투마르 기차역에서 도보 10분
Add Rua Drive Joaquim Jacinto 73, 2300 Tomar
Tel 249-329-823 **Open** 4~9월 화~일 10:00~13:00, 14:00~18:00, 10~3월 화~일 10:00~12:00, 14:00~17:00 (1/1, 5/1, 12/25 휴관) **Web** www.cm-tomar.pt/index.php/sinagoga

길이 6km, 높이 30m의
페고스 수도교 Aqueduto dos Pegões

크리스투 수도원에 물을 대주기 위해 필리페 1세 Filipe I의 명으로 16~17세기에 걸쳐 지은 수도교. 투마르 시내로부터 2km 정도 떨어진 위치에 있으며, 투마르 외곽 지역의 4개의 샘에서 물을 운반하는데 사용되었다. 건축가 필리페 테르지 Filipe Terzi의 설계를 바탕으로 하였고, 페드루 페르난데스 토레스 Pedro Fernandes Torres가 완공을 감독하였다.

아치가 18개나 되는 엄청난 규모의 수도교다. 중간에 급격하게 방향을 트는 구조가 특징이며, 수도교 중간에 있는 감독관은 수도교를 타고 흘러오는 물에 불순물이 있는지를 검사하기 위한 것이다. 투마르에서 걸어가는 것도 그리 어려운 것은 아니나 약 50분이 소요되니 시간을 넉넉히 잡아야 한다. 수도교 위에 올라 걸어보는 것도 가능하며, 이 위에서 내려다보는 경치가 무척 빼어나다.

Data Map 340A
Access 투마르 기차역에서 도보 50분. Rua Leiria를 따라 걷는다. 또는 시외버스 녹색선 Linha Verde가 Rua Leiria 정류장에 하차한다. 버스 17분 소요, 하차 후 도보 15분
Add Aqueduto dos Pegões, 2305 Tomar **Tel** 249-329-823

EAT

이름에 속지 마세요
카사스 다스 라타스 Casas Das Ratas

'쥐의 집'이라는 의미의 이름을 가진 식당이지만 정갈한 포르투갈 요리를 낸다. 실제로 한때 쥐가 많이 살던 집이라 그렇게 이름을 붙였다고 전해진다. 현재는 굉장히 청결해 과거를 짐작할 수 있는 것은 이름뿐이다. 커다란 와인 배럴 몇 통을 마주하고 앉아 이곳에서 직접 양조하는 와인을 반주로 식사를 하노라면 작게 흘러나오는 파두 음악과 어두운 조명이 만들어 내는 분위기에 금세 취하게 된다. 바칼라우와 오징어튀김 등이 대표 요리. 바로 맞은편에는 이 집의 주인이 운영하는 카사 마트레누 Casa Matreno가 있다. 메뉴도 동일하고 서비스도 똑같지만 카사 마트레누의 인테리어가 좀 더 현대적이다.

Data **Map** 340B **Access** 투마르 기차역에서 도보 12분 **Add** Rua Drive Joaquim Jacinto 6, 2300-577 Tomar **Tel** 249-315-237 **Open** 화~토 10:00~24:00, 일 10:00~18:00 **Cost** 메인 코스 6유로 **Web** www.facebook.com/pages/Casa-das-Ratas-Casa-Matreno/137791128911

100년 넘게 투마르 최고 카페의 자리를 지켜온
카페 파라이소 Café Paraíso

높은 천장의 아르데코풍 건물에 위치한 파라이소 카페는 투마르 사람들이 거의 매일 찾는 곳이다. 거울과 기둥이 많은 고전적인 인테리어가 '파라다이스'라는 뜻의 이름과 잘 어울린다. 1911년 5월 20일 창업 때부터 지금까지 같은 가문이 가업으로 운영해오고 있다. 낮에는 한가로이 커피 한잔을 마실 수 있는 여유로운 곳이며, 밤이 되면 칵테일과 위스키를 마시러 오는 사람들로 가득 찬다. 버터를 바른 바삭한 토스트는 출출한 오후에 가볍게 먹기 좋은 인기 만점 메뉴. 파라이소는 투마르에서 가장 번화한 세르푸 핀투가 Rua Serpo Pinto에 위치해 시가지를 구경하다 들르기 좋다. 2000년 새 단장을 하며 좀 더 스타일리시하고 트렌디한 분위기로 변모하였다.

Data **Map** 340B **Access** 투마르 기차역에서 도보 10분 **Add** Rua Serpa Pinto 127, 2300-592 Tomar **Tel** 249-312-997 **Open** 09:00~02:00 **Cost** 에스프레소 0.70유로, 토스트 2유로~ **Web** www.facebook.com/cafeparaisotomar

SLEEP

투마르에서 가장 좋은 전망을 가진
호텔 도스 템플라리우스 Hotel dos Templários

모두가 입을 모아 투마르의 숙박업소 중 1등 호텔로 꼽는 곳이다. 우아하게 장식한 117개의 객실을 비롯하여 비즈니스 룸만 14개가 있다. 프레지덴셜 스위트룸 1개, 듀플렉스 스위트룸 5개, 주니어 스위트룸 4개, 슈페리어룸 4개가 있으며 나머지는 스탠더드룸이다. 톤 다운되어 아늑한 분위기로 연출한 전 객실에는 전망을 볼 수 있는 테라스도 있다.

특히 프레지덴셜 스위트룸에서 보는 투마르 시내와 나바웅 강의 모습은 그림엽서 같다. 실외 수영장, 테니스 코트, 게임 룸, 정원, 피아니스트의 연주를 감상하며 식사를 할 수 있는 식당도 갖추고 있다. 주차장도 있어 차를 가지고 이동하는 투숙객이 편리하게 이용할 수 있다. 다른 도시의 4~5성급 호텔과 비교하여 가격도 경쟁력 있다. 체크인 14:00, 체크아웃 12:00.

Data Map 340B
Access 투마르 기차역에서 도보 20분 **Add** Largo Cândido dos Reis 1, 2304-909 Tomar
Tel 249-310-100 **Cost** 스탠더드룸 69유로, 슈페리어룸 99유로 **Web** www.hoteldostemplarios.pt

창문을 열면 크리스투 수도원이 보이는
플래터드 투 비 인 투마르 Flattered to be in Tomar

투마르에 머무르며 떨리는 마음을 감출 수 없는 여행자의 설렘을 표현한 상호명이 인상적이다. 오래된 1940년대 아파트를 개조하여 내 집처럼 쉴 수 있는 공간을 탄생시켰다. 최근에 추가로 리노베이션을 하여 따스한 가정집의 분위기를 잃지 않으면서 더욱 세련되고 현대적인 인테리어를 뽐낸다.

플래터드는 침실 1~3개가 있는 아파트 7채로 구성되어 있다. 플랫 스크린 위성 TV, DVD 플레이어, iPod 거치대, 식기 세척기와 전자레인지를 포함하는 부엌, 헤어드라이어와 어메니티가 딸린 욕실, 발코니를 갖추고 있다. 비용을 지불하면 조식도 제공한다. 무선인터넷 제공. 체크인 15:00, 체크아웃 12:00.

Data Map 340C
Access 투마르 기차역에서 도보 10분
Add Rua de Santa Iria 11-21, 2300-475 Tomar
Tel 939-146-262
Cost 원베드룸 아파트 140유로
Web flatteredapartments.com/en/tomar/presentation

Portugal Small Towns
05

파티마
Fátima

가톨릭교회가 공식 인정한 성모 발현지. 수많은 사람들이 직접 목격한 성모의 출현으로 세계 각지에서 성지 순례를 하러 찾아 오는 성스러운 땅이다. 회개와 감사, 간절한 바람과 신실한 신앙이 이곳 파티마에 모두 모인다.

Fátima
PREVIEW

매년 400만여 명이 찾는 세계 최대의 순례지 중 하나인 파티마. 그저 관광을 목적으로 파티마를 찾아가기엔 꽤 긴 여정이다. 교통편도 여의치 않다. 그러나 종교적인 목적이 있어 순례를 위해 여행을 감행한다면 기대했던 것보다 훨씬 더 마음의 위안과 기쁨을 얻어갈 수 있는 곳이다. 고뇌를 멈추고 평안을 얻고자 하는 자, 길을 떠나라!

SEE
매일 밤 파티마 대성당 앞 광장에는 순례자들이 초를 켜고 행진을 한다. 추기경과 주교들이 길을 리드하고, 순례자들은 낮보다 환하고 밝은 밤을 밝힌다. 많은 순례자들은 신앙을 보여주기 위해 무릎으로 파티마까지 기어 오는데, 이 역시 파티마에 도착하면 볼 수 있는 광경으로 절로 탄복하게 된다.

EAT
순례를 목적으로 파티마를 찾는 여행자들은 대부분 최소 1박 이상을 한다. 이 때문에 성당 주변에는 식당과 숙소들이 많지만 맛으로 소문난 곳은 찾기 힘들다. 대부분 종교적인 목적을 위해 사람들이 찾아오는 곳이기에 식사와 쇼핑에 관하여는 크게 주력하지 않는다.

BUY
파티마 대성당 앞 광장 주변에는 수많은 종교 관련한 기념품 숍이 많다. 이외에는 특별히 쇼핑할 것이 없다.

SLEEP
성지 순례를 위해 파티마를 찾는 사람이라면 숙박을 반드시 하자. 밤에 열리는 촛불 집회를 보고 이동하기에는 교통편도 여의치 않고, 몸도 피곤하다. 또 5~10월 중 매달 13일에 열리는 성모 발현 기념집회에 참석한다면 숙소부터 빨리 알아보자. 이 시기에는 전 세계의 수많은 인파가 몰리기 때문에 파티마 대성당과 인접한 숙소들은 예약이 일찍 마감될 수 있다.

INFO 파티마 관광안내소
관광 명소 위치, 숙박, 맛집 정보, 각종 축제 안내 등 파티마 시내 지도를 비롯하여 전반적인 파티마 관광 정보를 얻을 수 있다.
Data Map 349E
Access 파티마 버스정류장에서 도보 3분 **Add** Apartado 31, 2496-908 Fátima
Tel 249-539-623 **Open** 5~10월 월~토 09:00~18:30, 일 09:00~18:00, 11~4월 월~토 09:00~18:00, 일 09:00~17:30 **Web** www.fatima.pt

Fátima
GET AROUND

 어떻게 갈까?

1. 고속버스 Express Bus
리스보아 메트로 자르딩 주로지코Jardim Zoológico역과 연결되어 있는 세트 히오스Sete Rios 버스정류장에서 레데 익스프레소스Rede Expressos 버스 타고 약 90분 정도 걸린다. 오전 7시부터 오후 7시 30분까지 약 20번 정도의 버스가 운행된다. 편도 12유로. 포르투에서는 2시간 정도 소요된다. 바탈랴 광장 옆에 위치한 레데 익스프레소스 버스정류장(**Add** Rua Alexandre Herculano 366, 4000 Porto)은 상 벤투 기차역에서 도보 3분이면 찾을 수 있다. 편도 17.50유로. 오전 7시부터 오후 5시 30분까지 1시간에 1대 정도 운행한다. 미리 버스 홈페이지에서 시간표를 확인하자.
Web www.rede-expressos.pt

2. 기차 Train
리스보아 오리엔테 기차역(1시간 15분~2시간 소요), 포르투 캄파냐 기차역에서(1시간 50분 소요) 탑승 가능하나 파티마에는 전용 기차역이 없다. 파티마와 가장 가까운 역인 카사리아스Caxarias 기차역 또는 샤오 데 마세이스Chão de Maçãs역에서 하차해야 한다. 두 역 모두 파티마와는 약 20km 떨어져 있어 이곳에서 택시를 타고 이동해야 하는 번거로움이 있다.

3. 자동차 Car
리스보아 북쪽으로 125km 떨어져 있는 파티마는 자동차로 약 75분 정도 걸린다. 파티마가 목적인 여행자들은 리스보아 공항에서 바로 차를 렌트하여 공항과 이어져 있는 A1번 고속도로를 타면 된다. 리스보아에서 택시를 이용하는 경우 최소 70유로.

어떻게 다닐까?
파티마 대성당과 그 주변의 다른 성당, 박물관을 돌아보는 일정은 모두 걸어서 가능하다. 중심부와 조금 떨어진 명소인 루시아의 집과 프란시스쿠와 자신타의 집을 가보고 싶다면 택시 또는 렌터카를 이용해야 한다.

순례자들의 발걸음이 멈추는 곳
파티마 대성당 Basilica de Nossa Senhora do Rosario de Fátima

파티마를 찾는 순례자들을 위해 지어진 신고전주의 양식의 웅장한 성당. 공사는 1928년 시작되었지만 수도원과 병원 건물 등 규모가 워낙 커서 1953년에야 완공되었다. 성모가 목동들에게 묵주 rosário를 들고 기도하라고 청했다는 이야기에서 유래하여 '로사리우 성당'이라고도 불린다. 바티칸에 위치한 성 베드로 광장보다 약 2배나 더 넓은 코바 다 이리아 Cova da Iria 광장에 위치한다. 약 100만 명의 사람들이 모일 수 있는 엄청난 규모의 이 광장은 5~10월 동안 매달 13일에 몰려드는 순례자들로 꽉 찬다.

특히 성모의 발현을 처음 보았던 5월과 수많은 사람들을 감격시켰던 마지막 발현이 있었던 10월에 가장 많은 사람들이 파티마를 찾는다. 큰 십자가를 꼭대기에 꽂은 65m의 탑이 있으며, 내부에는 성모 발현을 처음 접하고 이를 파티마 사람들에게 알린 자신타와 프란시스쿠의 묘가 안치되어 있다. 1952년 설치된 12,000여 개의 파이프도 볼만하다. 파티마의 기적에 관한 내용도 성당 내 스테인드글라스로 표현되어 있다.

Data **Map** 349B **Access** 파티마 버스정류장에서 도보 3분
Add Cova da Iria, 2495-438 Fátima **Web** www.fatima.pt

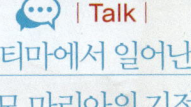

파티마에서 일어난 성모 마리아의 기적

성모를 만난 3명의 아이들

1917년 5월부터 10월까지 매달 13일이 되면 성모 마리아가 파티마 부근에 살던 3명의 어린 목동 앞에 나타나 회개와 기도를 권했다. 당시 10살 정도였던 어린 목동들은 천사라는 것의 개념조차 알지 못해 '태양보다 빛나는 여자'를 만났다고 증언했다. 전쟁의 폭력으로 고통받던 시기에 아이들을 찾아와준 성모 마리아는 기도를 열심히 하면 평화를 주겠노라 약속했다.

성모가 남기고 간 예언

아이들의 말을 믿지 않은 경찰이 엄중히 조사까지 진행했지만 아이들은 계속해서 성모 마리아를 보았다고 진술하였다. 특히 3명 중 유일하게 성모 마리아를 보고, 듣고, 이야기를 나눈 루시아는 성모의 비밀 3가지를 듣고, 이를 성모와 약속한 날까지 비밀로 지킬 것을 약속했다고 털어 놓았다. 제2차 세계대전과 구소련의 공산주의가 첫 번째와 두 번째 비밀이다. 세 번째 비밀은 교황에게만 털어 놓았다. 2000년 교황 요한 바오로 2세는 1981년 그의 암살 시도에 대한 예견이 이 세 번째 비밀이었다고 밝혔다.

온 마을이 성모 발현을 목격하다

매달 아이들을 찾아와 기도를 청한 성모 마리아의 이야기를 동네 사람들이 알게 되었고, 1917년 10월 13일 파티마에 모여든 약 6만 여 명의 사람들이 함께 목격했다. 하늘에서 태양이 빙글빙글 돌아 성모 마리아가 파티마에 강림하였음을 수많은 사람들이 믿게 되었다. 가톨릭에서는 이 날을 '태양이 춤을 춘 날'이라 부른다. 1930년 포르투갈 주교들이 파티마의 성모 발현을 공식적으로 인정했다.

세계에서 4번째로 큰 성당
산티시마 트린다데 바실리카 Basilica da Santissima Trindade

비교적 지은지 얼마 되지 않은 성당으로 파티마 대성당 맞은편에 자리 잡고 있다. 너무 많은 사람들이 파티마를 찾아와 파티마 대성당만으로는 이들을 모두 수용할 수 없게 되자, 1973년부터 산티시마 트린다데 바실리카 성당에 대한 계획을 세웠다. 파티마의 기적 90주년을 기념하여 2007년 완공되었으며, 같은 해 10월 12일 성삼위에 봉헌하였다. 공사 비용 8,000만 유로는 모두 순례자들의 기부금으로 충당하였다. 교황 요한 바오로 2세가 기증한 초석은 바티칸에 위치한 성 베드로 성당을 지을 때 나타난 예수의 제자 베드로의 무덤에서 나온 돌의 일부다.

공모전을 통해 그리스 건축가 알렉산드로스 톰바지스Alexandros Tombazis의 설계를 채택하여 지은 이 성당은 약 8,500명을 수용한다. 그리스 건축의 영향을 받은 비잔틴 양식과 정교회 양식으로 장식된 내부는 현대적인 분위기이다. 건물 외관에는 세계 각국의 언어로 성경 구절을 새겨놓았다. 물론 한글도 있으니 찾아볼 것! 제단 위에 걸려 있는 동으로 만든 십자가는 무교인 아일랜드 예술가 캐서린 그린 Catherine Green의 작품이라는 점에서 흥미롭다. 성당 앞에는 요한 바오로 2세의 상이 세워져 있다.

Data Map 349E
Access 파티마 버스정류장에서 도보 3분
Add Avenida de Dom José Alves Correia da Silva, 2496-908 Fátima

독일의 통일에 감사하며 보내온 선물
베를린 장벽 Muro de Berlin

코바 다 이리아 광장 오른편, 교구 목사관 남쪽에 위치한 유리관 속 큰 돌은 베를린 장벽의 일부이다. 목동 루시아에게 성모가 알려 주었던 두 번째 비밀은 공산주의의 해체였다. 독일로 이주한 포르투갈 사람 비르질리오 카시미루 페레이라Virgilio Casimiro Ferreira가 이에 대한 감사의 표시로 베를린 장벽의 일부를 1991년 기증하였다. 높이 3.6m, 무게 2,600kg의 벽은 건축가 J. 카를로스 루헤이루J. Carlos Loureiro가 설계한 기념관에 보관되어 1994년 대중에게 공개되었다. 벽 옆의 머리말에는 교황 요한 바오로 2세가 1991년 5월 파티마를 두 번째 방문했을 때 '좋은 사람들을 자유로 인도하여 주심에 감사합니다'라고 외친 말들이 새겨져 있다.

Data Map 349B **Access** 파티마 버스정류장에서 도보 3분, **Add** Cova da Iria, 2495-438 Fátima

성모 마리아를 보았던
루시아의 집 Casa de Lucia

성모 마리아를 본 3명의 아이 중 가장 어린 루시아 두스 산투스Lucia dos Santos와 그녀의 사촌이 살던 '프란시스쿠와 자신타의 집' 역시 순례자들의 필수 코스이다. 3명의 아이들 중 성모 마리아를 온전히 보고 이야기를 들을 수 있었던 루시아는 2005년 세상을 떠나기 전까지 코임브라에 있는 수도원에서 생애를 보냈으며, 이 집은 그녀가 아이였을 때 가족과 함께 살던 곳이다. 그 당시 파티마 사람들의 생활양식을 보여주는 집안 구조, 침대, 책상 등 집의 모든 부분이 가족들이 살던 모습 그대로 보존되어 있다. 루시아의 집 바로 옆에 위치한 관광안내소에서 주는 브로셔를 보면서 구경하거나 궁금한 점을 문의할 수 있다.

Data **Access** 파티마 버스정류장에서 차량으로 5분, 도보 40분 **Add** Rua Dos Pastorinhos, 2495 Fátima **Tel** 239-781-638 **Open** 5~10월 화~금 10:00~12:00, 14:00~18:00, 토·일·공휴일 15:00~18:00, 11~4월 화~금 10:00~12:00, 16:00~19:00, 토·일·공휴일 16:00~19:00 **Cost** 12세 이상 1.50 유로 **Web** www.lucia.pt

순례자들을 맞이하는 두 목동의 집
프란시스쿠와 자신타의 집 Casa De Francisco&Jacinta Marto

루시아의 집과 얼마 떨어지지 않은 곳에 있다. 프란시스쿠와 자신타는 성모 발현 후 얼마 지나지 않아 전염병으로 목숨을 잃었으며, 2000년 파티마를 찾았던 교황 요한 바오로 2세에 의해 시복(교회가 공경할 복자로 선포)되었다. 루시아의 집과 프란시스쿠와 자신타의 집은 좁은 골목길을 따라 들어가야 한다. 렌터카를 이용해서 찾아간다면 코바 다 이리아 광장에 위치한 관광안내소에 들러 자세한 길 안내를 받고 출발하도록 하자. 또는 투어를 요청하여 차로 이동을 시켜줄 가이드를 안내받아 가는 방법도 있다. 파티마에 숙소를 잡는 경우 숙소에 또는 관광안내소에 문의하거나 홈페이지를 통해 예약을 요청하도록 하자.

Data **Access** 파티마 버스정류장에서 차량으로 5분, 도보로 40분
Add Rua Dos Pastorinhos, 2495 Fátima

Tip 파티마 자동차 개별투어를 원한다면 포르투갈 관광청이 추천하는 투어 에이전시 마도미스 투어스 Madomis Tours를 이용해보자. 파티마뿐 아니라 코임브라, 포르투, 도우루 강변 와이너리 등 다양한 포르투갈 중북부 맞춤 투어 코스를 제공한다.
Data **Tel** 914-216-777 **Web** www.madomistours.pt, www.facebook.com/MadomisTours

작은 성모 마리아 상이 모셔져 있는
성모 마리아 발현 예배당 Capela das Aparições

파티마 대성당을 바라보고 서면 코바 다 이리아 광장 왼편에 마련된 성모 마리아 발현 예배당을 볼 수 있다. 이 광장에서 가장 먼저 세워진 예배당이다. 1981년, 교황 요한 바오로 2세를 향했던 총알이 박힌 왕관을 쓰고 있는 성모 마리아 상을 보관한다. 2010년 5월 12~13일에는 교황 베네딕트 16세가 이 예배당을 찾아 많은 순례자들의 영혼을 어루만져 준 성모에게 감사를 표하기 위해 황금 장미를 선물했다. 이곳에서 베네딕트 16세는 요한 바오로 2세의 암살을 떠올리며 '우리의 즐거움과 희망의 금과 은으로 장식된 것이 아니라 우리의 불안과 고난의 총알로도 장식되어 있어 엄청난 위안이 된다.'고 기도하였다. 파티마에 도착하는 사람들은 파티마 대성당에 들어가기 전 이곳을 가장 먼저 찾아 성모를 만난다.

Data Map 349B
Access 파티마 버스정류장에서 도보 3분
Add Cova da Iria, 2495-438 Fátima
Web www.fatima.pt

PORTUGAL SMALL TOWNS 05
파티마

EAT

편안하고 즐거운 분위기의
마냐스 Manhas

육류와 생선 요리, 채식 메뉴, 애피타이저, 디저트로 심플하게 구성된 마냐스의 요리는 주인의 인심만큼이나 푸짐하다. 관광객이 주 손님인 파티마의 식당들은 다른 지역에 비해 가격대가 조금 높은 편이다. 하지만 음식의 양과 질을 보았을 때 다른 도시에서도 경제적인 식당이라 할 수 있을 정도로 가성비가 좋다. 올리브오일을 뿌려 먹는 바칼라우가 가장 인기가 많고, 그날그날 직접 만들어 판매하는 디저트도 추천한다.

전채, 수프, 메인, 디저트로 구성된 4코스 메뉴는 양도 맛도 무척 훌륭하여 가장 인기가 많다. 개별 메뉴에 대한 자세한 설명을 해주는 것은 물론이고, 어울리는 와인도 섬세하게 골라준다. 주인 로베르토Roberto는 손님들의 여행 일정까지 상담해준다. 무선 인터넷 사용 가능.

Data Map 349F Access 파티마 버스정류장에서 도보 5분
Add Avenida D. Jose Alves Correia Da Silva 114B, 2495-402 Fátima
Tel 249-534-327 Open 수~월 10:00~15:00, 18:30~22:00
Cost 4코스 메뉴 17유로 Web www.manhas.pt

간단하지만 맛있는 한 끼
텔헤이로피자 Telheiropizza

파티마 대성당 근처에 자리한 텔헤이로피자. 신선한 재료만을 사용해 다양한 종류의 피자를 판매한다. 도우가 얇은 이탈리아 스타일과는 달리 한국인들이 좋아하는 토핑이 넉넉하게 올려진 두툼한 피자가 주를 이룬다. 빵이나 케이크 등 간단한 스낵도 판매하여 식사 시간이 아닐 때 찾아 출출함을 달래기에도 좋다. 직접 담그는 상그리아와 함께 먹으면 피자가 끝이 없이 들어가니 여름 밤 저녁식사를 먹으러 들른다면 꼭 함께 주문해보자. 파티마에 대한 이야기를 상세히 해주는 웨이터와 주인 덕분에 더욱 알찬 여행을 할 수 있다. 디저트로 젤라토도 먹어야 하니 '디저트 배'는 남겨둘 것. 서비스도 신속하고 정확하다.

Data Map 349A
Access 파티마 버스정류장에서 도보 5분
Add Rua Anjo de Portugal, 2495-415 Fátima
Tel 249-102-188
Open 일~금 09:00~23:00
Cost 스몰 사이즈 피자 6.20유로, 물 0.55유로

SLEEP

연중 내내 인기 만점인 4성급 디자인 호텔
호텔 앙주 데 포르투갈 Hotel Anjo de Portugal

파티마 대성당과 200m 떨어져 있어 순례를 목적으로 파티마를 찾는 이들이 밤을 보내고 가기에 더 없이 좋다. 넓고 쾌적한 객실에는 플랫 스크린 TV, 헤어드라이어, 개인 금고, 전기 주전자가 비치되어 있다. 야외 라운지와 자체 레스토랑, 바도 갖추고 있다. 별이 4개나 붙어 있는 만큼 서비스도 나무랄 데 없다. 성수기인 5~10월 동안에는 파티마에서 가장 먼저 숙박 예약이 끝나는 인기 호텔이니 일찌감치 예약을 해두는 편이 좋다.
더블룸부터는 복층으로 되어있어 마치 넓은 펜션을 이용하는 것 같은 기분이 든다. 무선 인터넷 제공, 총 객실 수 45개, 프런트 데스크 24시간 운영. 체크인 15:00, 체크아웃 12:00.

Data Map 349A **Access** 파티마 버스정류장에서 도보 12분
Add Rua Anjo de Portugal 24, 2495-415 Fátima
Tel 249-530-240 **Cost** 싱글룸 80유로, 더블룸 88유로
Web hotelanjodeportugal.pt

파티마 대성당과 도보 5분 거리
럭스 파티마 파크 Lux Fátima Park-Hotel, Suites&Residence

현대적인 아파트와 호텔 객실을 모두 제공한다. 규모가 상당하여 단체로 여행하는 사람들이 함께 묵어가기 좋다. 큰 창이 시원하게 나 있는 객실과 아파트는 에어컨, 플랫 스크린 케이블 TV를 갖추고 있다. 스위트룸은 개별 출입구가 있어 매우 프라이빗하다. 전통 포르투갈 요리를 전문으로 하는 자체 레스토랑 팔라투스 Palatus와 바가 있다. 아파트에는 오븐, 냉장고, 식기 세척기, 주방용품이 딸린 부엌이 있다.
각 객실과 아파트마다 옵션 사항이 조금씩 차이가 있으니 예약 시 미리 꼼꼼히 체크하자. 푸짐하게 차려지는 조식과 주차장은 따로 요금을 받지 않는다. 무선 인터넷 제공, 총 객실 수 121개, 주차장 제공, 프런트 데스크 24시간 운영. 체크인 14:00, 체크아웃 12:00.

Data Map 349E **Access** 파티마 버스정류장에서 도보 12분
Add Avenida D. José Alves Correia da Silva Urb.das Azinheiras Lt.4, 2495-402 Fátima
Tel 249-530-690 **Cost** 스위트룸 105유로~, 원베드룸 아파트 202유로~ **Web** www.luxhotels.pt

Portugal Small Towns
06

에보라
Évora

리스보아 남동쪽으로 약 110km 떨어진 곳에 위치한 에보라는 별명이 '박물관 도시'일 정도로 로마 시대부터 축적된 역사와 그 흔적이 대단하다. 황금기는 포르투갈 왕들이 거주하던 15세기. 로마 시대에 쌓아 올린 6km에 이르는 성벽이 아직도 남아있으며, 이 안에 에보라 시가지가 있다. 1986년, 그 역사와 풍부한 유산으로 인해 유네스코 세계문화유산으로 지정되었다.

Évora
PREVIEW

에보라는 1755년 지진으로 리스보아가 파괴된 이후 포르투갈의 황금시대를 열어준 도시다. 독특한 도시건축은 브라질에 뿌리 내린 포르투갈 건축의 시초로 16~18세기에 지은 에보라의 건물들은 온통 하얗고 노랗다. 좁은 골목에 칠해진 하얀색, 노란색의 잔상은 에보라 여행을 마친 후에도 꽤 오래 남는다.

SEE
견고한 성벽 안에 보호받듯 존재하는 에보라의 작은 골목들은 걷는 것만으로 즐거운 하루가 된다. 약간의 스릴을 원한다면 수천 개의 유골로 만들어진 뼈 예배당을 찾아가자. 에보라의 역사를 가늠케하는 로마 신전과 하늘까지 닿을 듯 솟아 있는 멋진 고딕 양식의 에보라 대성당도 반드시 보고 가야할 랜드마크.

EAT
에보라에 가능한 오래 머무르라 조언하는 가장 큰 이유는 가봐야할 레스토랑이 많기 때문이다. 책에서 추천하는 맛집이 아니더라도 에보라에 있는 많은 카페와 식당들은 전부 한결같이 맛있다. 에보라는 포르투갈 가정식을 맛볼 수 있는 식당들로 가득하다.

BUY
에보라는 쇼핑을 위한 도시는 아니다. 기념품이나 엽서를 사고 싶거나 급히 간단한 의류나 잡화를 구입해야 한다면 책에서 소개하는 쇼핑 거리를 찾아보자.

SLEEP
에보라와 리스보아 간 교통편이 용이하여 부지런히 움직이면 아침 일찍 도착해서 시내를 돌아보고 저녁에 돌아갈 수 있다. 하지만 리스보아가 아닌 다른 도시들을 돌아보려는 여행자라면 에보라에서 하루를 묵으며 여유롭게 둘러보는 것도 좋은 방법. 에보라의 예쁜 노란 건물들에 둘러 싸여 밤을 보내고 다음 일정을 떠나자.

어떻게 갈까?
리스보아에서 출발할 경우 자동차, 기차, 버스 모두 1시간 30분 정도 소요된다. 오리엔테역에서 평일에 하루 4번 정도, 주말에 3번 운행하며 편도 12.20유로, 왕복 22유로. 버스편이 더 많기 때문에 버스를 타는 것이 가장 일반적이다. 보통 08:00~22:00 중 한 시간에 1번 꼴로 버스가 있다. 메트로 자르딩 주로지쿠Jardim Zoológico역 앞에 위치한 세트 히우스Sete Rios 정류장에서 탑승하며, 편도 11.90유로.

어떻게 다닐까?
성벽 안에 위치한 도시인 에보라는 성벽 밖에만 주차장이 마련되어 있다. 주차 공간도 협소하고 길도 좁기 때문에 도보 여행을 추천한다.

INFO 에보라 관광안내소
관광 명소 위치, 숙박, 맛집 정보, 각종 축제 안내 등 시내 지도를 비롯하여 전반적인 에보라 관광 정보를 얻을 수 있다.
Data Map 360C **Access** 에보라 버스터미널에서 도보 10분 **Add** Praça do Giraldo 73, 7000-508 Évora **Tel** 266-777-071 **Open** 11~3월 09:00~18:00, 4~10월 09:00~19:00 **Web** www.cm-evora.pt

구시가지 한가운데 위치한
에보라 대성당 Sé Catedral de Évora

로마네스크와 고딕 양식이 혼재된 에보라 대성당은 12세기에 공사를 시작하였다. 예수의 사도들로 석상을 장식한 입구부터 방문객들을 압도한다. 리스보아 대성당과 유사하게 핑크색, 검은색, 흰색 대리석으로 치장한 내부도 외관 못지않게 화려하다. 2개의 통로가 있는 신랑(성당의 중앙 회중석)과 18세기 제단, 16세기에 더해진 2개의 높은 탑이 위엄 있다.

이곳은 임신을 원하는 여성들이 많이 찾는다. 성당 내부에 있는 15세기에 만들어진 아이를 밴 마리아 상 때문. 임신한 성모상이 있는 포르투갈의 유일한 성당으로, 임신과 순산을 기원하는 사람들이 오래 전부터 이곳을 성지 순례하듯 찾았다고 전해진다. 1,000개 이상의 유색 보석과 종교 작품들을 보관 및 전시하는 성물 박물관이 남쪽 탑 부근에 있으니 대성당을 둘러본 후 찾아가보자.

Data Map 360D **Access** 에보라 버스터미널에서 도보 12분
Add Largo do Marquês de Marialva, 7000 Évora
Tel 266-759-330 **Open** 화~일 09:00~17:00(박물관은 ~16:00) /
1/1, 12/24 · 25 오후 폐관 **Cost** 성당&회랑 2.50유로, 성당&회랑&
파노라마 뷰 3.50유로, 성당&박물관 4유로, 성당&회랑&파노라마뷰&
박물관 4.50유로, *학생증 소지자 · 65세 이상 · 12세 이하는 할인
Web www.evoracathedral.com

아름다운 고딕 성당과 뼈로 장식한
상 프란시스쿠 성당&뼈 예배당 Igreja de São Francisco&Capela dos Ossos

1475~1550년대에 걸쳐 건설된 고딕 양식의 상 프란시스쿠 성당과 그 옆의 뼈 예배당을 찾아가보자. 나무에 새긴 조각과 성경 구절을 그려 넣은 아줄레주, 플레미시Flemish 프레스코화로 아름답게 꾸며진 상 프란시스쿠 성당 옆에는 에보라에서 가장 많은 사람들을 끌어모으는 으스스한 명소가 있다. 상 프란시스쿠 성당에서 기도를 드리던 프란체스코회 수도사들이 인생의 덧없음을 되새기고자 지었다.

뼈 예배당의 길이는 18.7m, 너비는 11m로, 3개의 작은 창문과 8개의 기둥으로 이루어져 있다. 약 5,000구의 시신에서 추린 유골로 추정된다. 역병으로 죽었거나 전쟁의 피해자라는 말이 있을 뿐 어디에서 조달한 뼈인지는 확실하게 알려지지 않았다. 건조된 두 구의 시신도 매달려 있어 오싹한 분위기를 더한다. 흰 벽돌로 만든 천장에는 죽음과 관련한 그림들이 그려져 있고, '우리 뼈들은 이곳에서 그대의 뼈를 기다리고 있다Nos Ossos Que Aqui Estamos Pelos Vossos Esperamos'라는 글귀가 새겨져 있다. 뼈 예배당을 지은 수도사들의 유골은 예배당 내 하얀 관에 안치되어 있다.

Data **Map** 360E **Access** 에보라 버스터미널에서 도보 15분
Add Praça 1 de Maio, 7000-650 Évora **Tel** 266-704-521
Open 6~9월 09:00~18:30, 10~5월 09:00~17:00(1/1, 부활절 일요일, 12/24·25 휴관) **Cost** 성인 5유로, 25세 이하·65세 이상 3.5유로
Web igrejadesaofrancisco.pt

2천 년 전 세워진 신전의 흔적
로마 신전 Templo Romano de Évora, Templo de Diana

아크로폴리스 언덕에 위치한 신전으로 에보라가 군대의 요충지로 전성기를 누리고 있었던 2세기 말, 로마 시대에 세워진 것이다. 달, 사냥, 순결을 상징하는 고대 로마의 여신 디아나에게 헌정된 곳으로 디아나 신전이라고도 부른다. 14개의 코린시안Corinthian 양식의 기둥이 거의 손상을 입지 않은 채 보존되어 있다.

포르투갈에 남아 있는 로마 시대의 건축물 중 가장 중요한 것 중 하나로 꼽힌다. 현재는 콜로네이드(돌기둥)만 남아 있는데 몸통은 화강암, 기둥 받침은 대리석으로 만들었다. 주변에 유사한 신전들이 많았을 것으로 예측되나 나머지 것은 모두 사라지고 로마 신전만이 남았다. 역사학자들은 한때 이곳이 처형장, 그후에는 도살장으로 쓰였을 것이라 추정한다. 도시의 가장 높은 곳에 세워져 에보라 대성당을 포함하여 시내의 전경을 내려다볼 수 있다. 신전이 위치한 광장에 에보라 박물관이 있어 함께 돌아보기 좋다.

Data **Map** 360D
Access 에보라 버스터미널에서 도보 15분
Add Largo do Conde de Vila Flor, 7000-863 Évora

에보라 사람들이 오후의 여유를 즐기는
지랄두 광장 Praça do Giraldo

에보라는 12세기 무슬림의 지배하에 있다가 한 포르투갈 기사의 지혜로 전쟁 없이 되찾게 되었다. 이 기사의 이름을 딴 광장이 에보라 관광의 중심인 지랄두 광장이다. 스페인 종교 재판 때는 처형장으로 쓰였다. 현재는 무시무시한 과거를 떠올릴 수 없을 정도로 밝고 활기 넘치는 만남의 광장이다.
이곳에는 16세기의 아름다운 건축미를 뽐내는 산투 안타웅 성당Igreja de Santo Antão이 있다. 산투 안타웅 성당 외에도 이베리아 반도에서 최고로 꼽히는 고딕과 로마네스크 양식의 건축물들이 광장을 둘러싸고 있다. 가장 눈길을 끄는 것은 16세기에 만들어진 광장 중앙의 분수이다. 분수 상단의 청동 장식은 광장으로 이어지는 8개의 거리를 상징한다.

Data Map 360C **Access** 에보라 버스터미널에서 도보 10분
Add Praça do Giraldo, 7000 Évora

포르투갈에서 두 번째로 오래된 대학
에보라 대학 Universidade de Évora

플라톤이 제자들을 가르치는 모습, 아리스토텔레스가 알렉산더 대왕을 가르치는 모습 등을 표현한 아줄레주로 꾸며진 교실이 인상적인 에보라 대학. 1559년 당시 추기경의 명으로 설립된 학교로, 같은 해에 교황 바오로 4세로부터 대학 칭호를 수여받았다. 에보라 대학에서 수학한 유명인들로는 스페인(당시 에스파냐) 신학자 루이스 몰리나Luis de Molina, 브리토의 성 주앙João de Brito 등이 있다.
포르투갈 최고의 대학이라 일컬어지는 코임브라 대학과 어깨를 나란히 할 정도로 명성이 자자했다. 그러나 대학 교육을 예수회가 맡았던 것이 화근이 되어 18세기 폼발 장관의 예수회 박해로 핍박을 받았고, 이는 대학과 함께 에보라가 쇠퇴하는 계기가 되었다. 1759년의 예수회 박해로 인해 에보라 대학의 교수들은 사형당하거나 추방당했고, 200년이나 지난 1973년에 다시 문을 열었다.

Data Map 360D
Access 에보라 버스터미널에서 도보 20분 **Add** Largo dos Colegiais 2, 7004-516 Évora
Tel 266-740-800 **Web** www.uevora.pt

 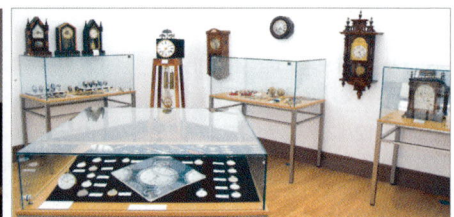

시계 마니아들이 열광할
시계 박물관 Museu do Relógio

시계를 좋아하는 사람들에게 추천하는 박물관. 1972년, 안토니우 타바레스 달메이다António Tavares d'Almeida가 조부모의 고장 난 포켓 시계를 물려받은 후 시계와 사랑에 빠지며 시계 박물관 구상이 시작되었다. 그때부터 세계 각국의 수많은 시계를 수집하였고, 1995년 400여 개의 개인 시계 컬렉션으로 박물관을 개관하였다. 현재 그의 아들이 박물관 소장으로 있으며, 부친의 열정을 이어받아 희귀한 시계를 찾아 수집하는 데 힘쓰고 있다. 야거 르 쿨투르Jaeger Le Coultre, 파텍 필립Patek Philippe, 율리시스 나르딘Ulysse Nardin 등 유명 시계 브랜드의 오래된 컬렉션이 10개의 전시관에 전시되어 있다. 전체 전시품의 개수는 약 2,300여 개로 1630년에 만들어진 시계부터 최신 모델까지 시공간을 망라한다. 박물관 내에는 작은 정원과 카페, 시계를 주제로 한 600여 권이 넘는 서적들이 있다.

Data Map 360C **Access** 지랄두 광장 바로 옆
Add Rua Serpa Pinto 6, 7000-537 Évora **Tel** 266-751-434
Open 화~금 14:00~18:00, 토·일·공휴일 10:00~12:30, 14:00~18:00, 마지막 입장 17:30
Cost 2유로 **Web** www.museudorelogio.com

다양한 문화권의 예술품들이 모여 있는
에보라 박물관 Museu de Évora

과거에 대주교의 궁으로 사용되던 16세기 건물에 자리한 우아한 에보라 박물관. 1804년, 에보라의 주교였던 마누엘 세나큘로Manuel Cenáulo의 서재와 예술품, 고고학 유물 컬렉션을 시작으로 대중에게 개방하였다. 내부에 위치한 작은 정원과 플레미시 회화가 전시되어 있는 갤러리 있으며, 주교가 몇 세기 전 사용하던 가구와 생활품 등 곳곳에 비치되어 있다. 전시되어 있는 2만여 개의 회화, 조각, 고고학 유물 중 가장 주목할 전시품은 에보라 대성당 제단의 일부였던 13개의 패널로 구성된 '성모의 생애Vida da Virgem Maria'라는 플레미시화이다. 개별 작품들이 모여 하나의 큰 작품을 이루는 걸작으로 한 벽을 전부 다 차지하고 있다.

Data Map 360D
Access 에보라 대성당 옆
Add Largo do Conde de Vila Flor, 7000-804 Évora
Tel 266-702-604
Open 화~일 10:00~18:00
(1/1, 부활절, 5/1, 12/25 휴관)
Cost 성인 3유로, 12세 이하·매달 첫 번째 일요일 무료

EAT

부부가 운영하는 소규모 가정식 레스토랑
타스키냐 두 올리베이라 Tasquinha do Oliveira

손님들을 맞이하고 그날 가장 맛있는 요리를 추천하는 마누엘 Manuel과 요리를 담당하는 카롤리나 Carolina 부부의 식당. 테이블은 5개뿐. 총 14명의 손님만을 수용하는 아늑한 식당이다. 흰 벽에는 수많은 상장이 걸려 있어 이곳이 얼마나 소문난 맛집인지 단박에 알 수 있도록 하였다. 에보라에서 오랫동안 흥했던 사냥 문화 덕분에 꿩 요리 메뉴가 올라 있으며, 돼지고기와 갑각류, 오징어 요리도 대표적이다. 포르투갈 전역에서 모은 수많은 빈티지 와인이 준비되어 있으며, 가격대 역시 다양하다. 저녁식사를 원한다면 예약은 필수. 메일로도 가능하다.

Data **Map** 360C
Access 에보라 버스터미널에서 도보 10분
Add Rua Cândido dos Reis 45, 7000-582 Évora
Tel 266-744-841 **Open** 화~토 09:00~15:00, 19:00~24:00(8/1~15 휴무)
Cost 게 요리 16유로
Web www.facebook.com/Tasquinha-do-Oliveira-213581948661490/

믿고 주문하는 전통 포르투갈 식당
비스트로 바라우 Bistro Barao

후추와 간단한 소스로만 구운 페퍼 스테이크와 이와 잘 어울리는 와인 한 잔이면 가장 만족스러운 식사를 끝낼 수 있을 것이다. 친구 집에 초대받아 식사를 하는 듯한 친밀한 분위기를 원한다면 꼭 찾아야할 곳. 비스트로 바라우는 포르투갈 요리와 함께 스페인 타파스를 먹을 수 있다는 점이 특징이다. 배가 많이 고프지 않다면 상그리아 한 잔과 작은 타파스 두어 개만 주문하면 된다. 반대로 배가 많이 고프다면 4코스로 된 오늘의 메뉴로 든든하게 배를 채울 수 있어 누가 언제 찾아도 좋은 곳. 친절하고 유쾌한 웨이터와 셰프 덕분에 즐거운 시간을 보낼 수 있다.

Data **Map** 360C
Access 에보라 버스터미널에서 도보 10분 **Add** Rua da Zanguela 8, 7000-610 Évora
Tel 963-007-760
Open 12:00~15:00, 18:00~24:00
Cost 페퍼 스테이크 11유로, 오늘의 요리 20유로
Web www.facebook.com/Bistro-Barão-266175696919234

에보라 식도락의 끝판왕
레스토란테 피알료 Restaurante Fialho

에보라에서 가장 유명한 식당으로 전통 포르투갈 요리를 주로 선보인다. 1948년 마누엘 피알료Manuel Fialho에 의해 고기 전문 음식점으로 시작했으며, 육류 메뉴가 가장 인기가 많다. 1960년대에는 정부 고위직들이 즐겨 찾던 식당으로 이름을 날렸다. 리노베이션을 거쳐 에보라 사람들과 미식가 여행자들을 대상으로 성업 중이다. 가장 유명한 메뉴는 사과를 곁들인 멧돼지구이다. 양구이와 꿩 요리도 인기가 있으며, 모든 디저트는 직접 만들어 신선하고 맛있다.

Data Map 360C
Access 에보라 버스터미널에서 도보 10분 Add Travessa das Mascarenhas 16, 7000-557 Évora Tel 266-703-079 Open 화~일 12:00~16:00, 19:00~23:00 Cost 멧돼지구이 15.50유로, 양구이 15유로, 꿩 요리 14.50유로 Web www.restaurantefialho.com

BUY

에보라의 대표적인 쇼핑 스폿
친쿠 드 아우투브루 거리 Rua 5 de Outubro

지랄두 광장 바로 옆에 위치한 친쿠 드 아우투브루 거리에는 작은 상점들이 많다. 특히 타일, 도자기를 판매하는 상점들이 즐비하며 포르투갈 특산물인 코르크로 만드는 상품들과 기념품 숍도 여럿 찾아볼 수 있다. 코르크 상점 중 가장 유명한 것은 몬트소브루Montsobro. 코르크로 만들 수 있는 모든 것을 만들어 낸다. 와인 병마개만 생각하고 들어갔다가는 놀라움을 경험할 것이다. 지랄두 광장과 맞닿아 있는 파펠라리아 나자레스Papelaria Nazareth는 에보라 최초로 지도를 판매하기 시작한 곳이다. 장난감, 기념품, 영어 서적도 판매한다.

Data Map 360D
Access 에보라 버스터미널에서 도보 10분
Add Rua 5 de Outubro, 7000 Évora

SLEEP

경제적이고 고급스러운 2성급 호텔
무브 호텔 에보라 Moov Hotel Évora

물, 전기, 쓰레기를 친환경적으로 관리하고, 효율성이 높은 전구를 사용한다. 무브는 과거 투우장으로 사용하던 곳에 자리해 둥근 외벽이 경기장을 연상케 하는 형태를 하고 있지만 막상 호텔에 들어서면 매우 현대적이고 푸르른 모습에 깜짝 놀라게 된다. 지랄두 광장에서 300m 떨어져 있어 관광 명소와의 인접성도 좋다. 밝은 색의 벽지와 어두운 색의 가구가 세련된 분위기를 고취시킨다. 전 객실은 방음 처리가 되어 있으며, 에어컨, LCD TV, 전화기가 구비되어 있다. 추가 금액 5.95유로만 지불하면 알렌테주Alentejo 지방 전통 빵과 함께 서빙하는 푸짐한 조식을 식당 또는 정원에서 먹을 수 있다. 무선 인터넷 제공, 총 객실 수 80개, 프런트 데스크 24시간. 체크인 14:00, 체크아웃 12:00.

Data **Map** 360E **Access** 에보라 버스터미널에서 도보 9분 **Add** Rua Do Raimundo 99, 7000-661 Évora **Tel** 220-407-000 **Cost** 더블룸 90유로 **Web** www.hotelmoov.com/en/hoteis/moov-hotel-evora

호텔이 부럽지 않은
임브레이스 에보라 호스텔 Embrace Évora Hostel

에보라 대성당에서 불과 400m 떨어진 최적의 위치를 자랑하는 호스텔. 8개의 객실은 호텔 못지않게 깔끔하게 꾸며져 있다. 공동 공간으로는 거실과 예쁜 테라스가 있어 새 친구들을 사귀거나 혼자만의 시간을 보내기에도 좋다. 헤어드라이어가 구비되어 있는 욕실은 공용으로 사용해야 한다. 오래 묵어간다면 부엌에서 직접 요리를 해먹거나 간단한 야식을 준비해 즐길 수도 있다.
혼자 방을 쓰는 것을 원한다면 도미토리 대신 더블룸을 예약할 수 있어 호텔과 호스텔의 장점을 모두 누릴 수 있다. 도미토리는 조금 작은 편이나 친절하고 배려심이 돋보이는 서비스로 보상받는 기분이 든다. 건물 전체가 금연이며, 외부에 지정 흡연 구역이 따로 있다. 무선 인터넷 제공, 프런트 데스크 24시간. 체크인 15:00, 체크아웃 11:00. 예약은 호텔 예약 사이트를 이용하자.

Data **Map** 360E **Access** 에보라 버스터미널에서 도보 13분 **Add** Rua Romão Ramalho 37, 7000-671 Évora **Tel** 926-914-903 **Cost** 6인실 도미토리 30유로, 더블룸 90유로 **Web** www.embraceevorahostel.com

Portugal Small Towns

07

코임브라
Coimbra

포르투갈 중부 몬데구 강가에 자리한 코임브라는 꿈꾸는 청춘들의 도시다. 언덕 위에는 포르투갈 최초의 대학이자 세계유네스코 문화유산으로 등재된 코임브라 대학이 있고, 오밀조밀 미로 같은 골목 안에는 기숙사, 성당, 파두 하우스가 숨어있다. 코임브라 시계탑 종소리에 귀 기울이고, 학생들의 발걸음에 맞춰 도시를 걷다 보면 청춘의 에너지가 여행자의 마음속까지 스며든다. 그저 책을 읽고, 노래하고, 사랑하고 싶어지는 곳, 그곳이 코임브라다.

Coimbra
PREVIEW

코임브라는 포르투갈의 학문과 예술을 꽃피운 '대학 도시'다. 700여 년의 역사를 품은 코임브라 대학의 캠퍼스를 거닐어보고, 코임브라 특유의 파두 선율에 취해보자. 캠퍼스 주변 언덕길의 유서 깊은 성당도 볼거리를 더한다.

SEE
코임브라의 대표 볼거리는 단연 코임브라 대학. 그중에서도 구 대학을 둘러본다는 것은 일생일대의 도서관을 만날 수 있는 기회라는 얘기. 조아니나 도서관을 둘러본 후 오밀조밀한 퀘브라 코스타스 계단과 미로 같은 골목을 구석구석 누벼보자. 신 대성당, 구 대성당, 산타 크루즈 수도원, 망가 정원 등 멋스러운 유적들이 속속 그 모습을 드러낸다.

EAT
코임브라 여행자라면 누구나 코임브라 대학 내 학생식당 '칸티나'에서 점심을 먹곤 한다. 나이가 많든 적든 그 순간만은 코임브라 대학의 유학생이 된 듯 풋풋한 한 끼 식사를 즐길 수 있다. 맛과 분위기를 따지는 여행자라면 칸티나보다 로기아를 추천한다.

BUY
페라이라 보르게스 거리나 퀘브라 코스타스 계단에 기념품 숍이 몰려있다. 자석이나 아기자기한 도자기 등이 선물용으로 인기. 코임브라의 소울이 담긴 아이템을 찾는다면 파두 하우스나 코임브라 대학에서 판매하는 파두 CD를 추천한다. 여자친구를 위한 선물용으로도 굿.

SLEEP
어디서 묵을까 하는 고민은 고이 접어 날려버리자. 웬만한 숙소는 코임브라 A 기차역 주변에 몰려있다. 기차역에 내려 숙소에 짐을 풀고 코임브라 탐방에 나서기 딱 좋은 위치. 대학 도시 특성상 호스텔 가격도 저렴한 편이다.

INFO

포르타젬 광장 관광안내소 Turismo Largo da Portagem
코임브라 A 기차역에서 가까운 포르타젬 광장에 있는 관광안내소. 이곳에 코임브라 지도를 얻어 돌아보면 요긴하다. 파두 공연에 관한 정보도 미리 확인 가능하다.

Data **Map** 372D
Access 코임브라 A 기차역에서 도보 5분 **Add** Largo da Portagem, Coimbra
Open 월~금 09:00~18:00, 토·일 09:30~12:30, 13:30~17:30
Tel 239-488-120 **Web** turismodecoimbra.pt

Coimbra
GET AROUND

어떻게 갈까?

리스보아와 포르투 사이에 있는 코임브라는 고속버스와 기차로 갈 수 있다. 리스보아에서 갈 경우 세트 히우스 Sete Rios 터미널(메트로 자르딩 줄로지쿠 Jardim Zoológico역)에서 레데 익스프레소스 Rede espressos, 포르투에서 갈 경우 상 벤투역에서 기차를 타면 편리하다.

---

1. 고속버스 Express Bus

리스보아에서 코임브라까지 레데 익스프레소스로 약 2시간 30분, 포르투에서는 약 1시간 30분이 걸린다. 두 도시 모두 하루 평균 25대 이상의 버스가 오간다. 코임브라 버스터미널은 중심가까지 도보로 약 15분 거리. 터미널 옆에는 맥도날드가 있다.
Add 코임브라 버스터미널 Avenida Fernão de Magalhães 667, Coimbra
Web www.rede-expressos.pt

---

2. 기차 Train

코임브라 A, B 2개 역이 있다. A역은 도심과 도보 5분 거리, B역은 1.5km 이상 떨어져 있다. 리스보아와 포르투에서 오는 기차는 A역보다 B역에 좀 더 많이 선다. B역에 도착할 경우 A역까지 운행하는 기차를 타고 이동하거나 시내버스 27, 28, 29번을 타고 헤푸블리카 광장 Praça da República까지 이동하면 된다.

코임브라 A 기차역

| 리스보아 → 코임브라 |
리스보아 산타 아폴로니아 기차역과 오리엔테역에서 코임브라 A역까지 하루 18회 오가며, 소요시간은 1시간 50분~2시간 10분, B역까지는 하루 20회 이상 1시간 30분~50분 걸린다.

| 포르투 → 코임브라 |
포르투 상 벤투 기차역에서 코임브라 A역까지 1일 20회 이상 기차가 오간다. 소요시간은 기차 종류에 따라 1시간 30분~2시간 15분. 포르투 상 벤투 기차역에서 코임브라 B역까지도 4종류의 기차가 오가며 하루 평균 25회, 소요 시간은 1시간 15분~56분.

어떻게 다닐까?

코임브라는 몬데구 강을 가운데 두고 구 도심과 신도심으로 나뉜다. 산타 클라라 신수도원을 제외한 주요 볼거리는 구 도심에 집중되어 있다. 코임브라 대학이 있는 구시가지는 느릿느릿 산책하듯 걸어도 충분히 둘러볼 수 있다. 단, 언덕길이라 체력 소모가 큰 편이다. 강 건너 신 산타 클라라 성당은 포르타젱 광장 기준으로 언덕길을 10분 이상 올라가야 한다.

체력이 따라 주지 않거나 더운 여름이라면 구 도심을 둘러볼 때에는 아줄 라인Linha Azul 미니 버스와 엘레바도르 Elavador를 이용해보자. 미니 버스는 포르타젱 광장 앞을 시작으로 산타 크루즈 수도원, 구 대성당 등 주요 관광지(신 산타 클라라 성당 제외)를 한 바퀴 빙 돈다. 요금은 1.20유로. 엘레바도르는 망가 정원과 코임브라 대학 초입 언덕을 오르내리며 요금은 1.60유로.

미니 버스
엘레바도르

> **Tip** 옐로우 버스 타고 코임브라 정복하기!
> **펀타스틱 코임브라 투어** *Funtastic Coimbra Tour*
> 24시간 동안 자유롭게 타고 내리며 코임브라의 명소들을 돌아보는 버스 투어. 할인 혜택이 알차서 평소 투어 버스를 애용하지 않는 사람이라도 타볼만하다. 한 시간 정도면 도시 전역의 살펴볼 수 있다. 오디오 가이드는 포르투갈어, 스페인어, 영어, 프랑스어, 독일어, 이탈리아어 제공.
> **Data Map** 372D
> **Access** 코임브라 A 기차역에서 도보 5분
> **Add** 출발지 Largo da Portagem, 3000-337 Coimbra **Tel** 239-801-100
> **Open** 3/24~4/5 매일, 4/10~5/24(5/10 제외) 금·토·일, 5/26~10/11 화~일 10:00, 11:00, 12:00, 13:00, 14:00, 15:00, 16:00, 17:00 정각 출발
> **Cost** 24시간 티켓 성인 12유로, 4~10세 6유로
> **Web** www.yellowbustours.com/en/cities/coimbra/funtastic-coimbra

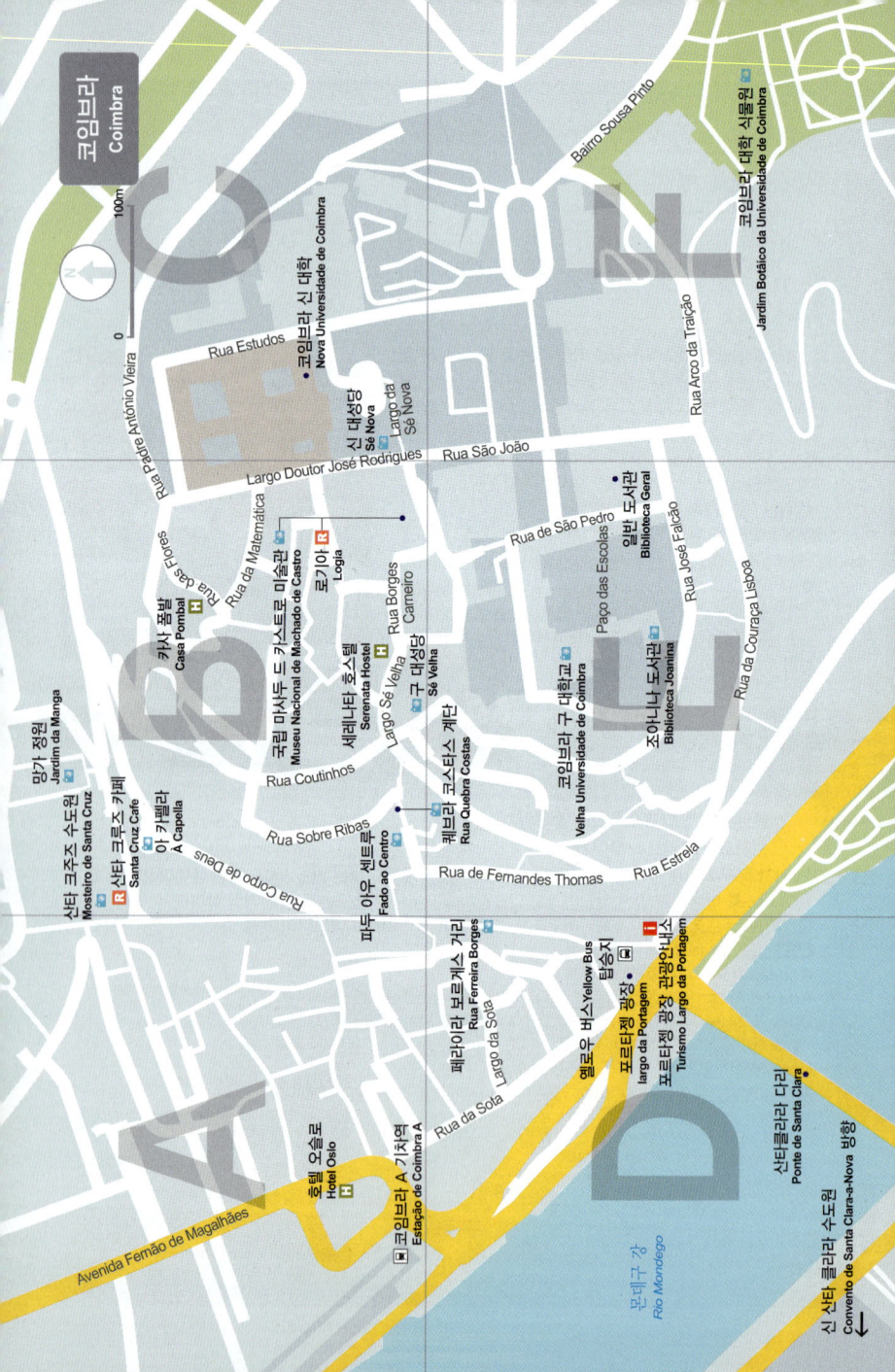

포르투갈 건국 왕이 묻힌
산타 크루즈 수도원 Mosteiro de Santa Cruz

Writer's Pick!

로마네스크와 마누엘 양식의 오묘한 조화가 아름다운 산타 크루즈 수도원은 그 역사도 깊다. 1132년 포르투갈을 건국한 아폰수 엔리케 왕이 세우고, 16세기 마누엘 1세가 대대적인 증축을 했다. 그래서 한 건물에 12세기 유럽을 풍미한 로마네스크 양식과 대항해 시대 이후 마누엘 1세에 의해 완성된 마누엘 양식이 공존한다. 특히 내부의 천장 장식과 푸르고 흰 아줄레주로 치장한 벽은 마누엘 양식의 미학을 보여준다. 그 밖에 수도원 옆으로 이어지는 침묵의 회랑, 성물실 등을 둘러볼 수 있다. 아폰수 엔리케 1세도 이곳에 잠들어 있다. 수도원 바로 옆에는 수도원인 듯 수도원 아닌 산타 크루즈 카페가 있어 커피 한 잔의 여유를 즐기기 좋다.

Data Map 372B **Access** 코임브라 A 기차역에서 도보 9분
Add Praça 8 de Maio, 3001-801 Coimbra **Tel** 239-822-941
Open 월~토 09:00~12:00, 14:00~17:00, 일 16:00~17:30
Cost 성인 2.50유로, 학생 1.50유로

여유가 흐르는 번화가
페레이라 보르게스 거리 Rua Ferreira Borges

포르타젬 광장Largo da Portagem부터 산타 크루즈 수도원이 있는 5월 8일의 광장을 잇는 보행자 전용도로. 대로 양쪽에 패션 숍, 기념품 숍, 약국, 카페가 즐비해 코임브라의 쇼핑가라 불린다. 이 거리를 즐기는 가장 좋은 방법은 산책 후 마음에 드는 노천카페에 앉아 진한 커피 한 잔 마시기. 광장을 둘러싼 건축미를 감상하기에는 5월 8일의 광장, 산타 클라라 다리가 놓인 몬데구 강변 풍경을 눈에 담기에는 포르타젬 광장의 노천카페가 제격이다.

Data Map 372D **Access** 코임브라 A 기차역에서 도보 5분
Add Rua Ferreira Borges, Coimbra

PORTUGAL SMALL TOWNS 07
코임브라

Writer's Pick!

위험천만? 낭만천국!
퀘브라 코스타스 계단
Rua Quebra Costas

코임브라 대학생들 사이에서 '등 브레이커 Back Breaker'로 악명이 높다. 코스타스Costas는 등back, 퀘브라Quebra는 브레이커Breaker라는 뜻. 아직 감이 안 온다면 새 학기 선배들이 주는 술을 넙죽 받아 마시고 취해 계단을 내려오는 신입생을 떠올려보라. 계단에서 발을 헛디디는 순간 아래로 데굴데굴 굴러 '아이고, 허리야!'라는 외마디 비명을 지르지 않았을까.

대낮의 퀘브라 코스타스는 알록달록 파스텔 빛 건물들이 빼곡한 낭만 골목이다. 코임브라 대학으로 가는 첫 관문 같은 '알메디나 문Arco de Almedina'을 지나면 구 대성당 Sé Velha 앞까지 오르막이 이어진다. 매일 저녁 파두 공연을 선보이는 파두 아우 센트루도 계단 중간에 있다. 소소한 풍경을 좋아하는 여행자라면 골목 안에 둥지를 튼 서점, 카페, 아기자기한 가게들에 반해 한참을 서성이게 되는 곳이다.

Data Map 372B
Access 코임브라 A 기차역에서 도보 10분. 또는 산타 크루즈 수도원에서 도보 3분
Add Rua Quebra Costas, 3000-230 Coimbra

로마네스크 양식의 걸작
구 대성당 Sé Velha

원래는 무어인들의 요새였으나 포르투갈을 건국한 아폰수 엔리케 왕이 12세기에 성당으로 재건했다. 꼭대기의 총안(몸을 숨긴 채로 총을 쏘기 위해 성벽에 뚫은 구멍)은 포르투갈이 이슬람 세력에 대항해 국토 회복 운동을 벌였던 레콩키스타Reconquista 시대에 요새로 사용했던 흔적이다. 내부의 반원통형 천장, 궁륭의 로마네스크풍 장식들이 아름답다. 교황이 잠들어 있는 고딕 양식의 무덤과 그 주변을 장식한 밝고 화사한 스페인 안달루시아 스타일 타일도 볼거리다. 퀘브라 코스타스 계단 끝자락에 있으니 놓치지 말 것.

Data Map 372B
Access 코임브라 A 기차역에서 도보 12분. 또는 산타 크루즈 수도원에서 도보 5분
Add Largo da Sé Velha, 3000-383 Coimbra
Tel 239-825-273
Open 월~토 10:00~17:30 **Cost** 2유로

작지만 독특한
망가 정원 Jardim da Manga

포르투갈 15대 국왕 주앙 3세의 봉긋한 소매를 본떠 만든 아주 작은 정원이다. 뭐 그럼 망가는 소매란 뜻이냐고 묻는다면 맞다! 주앙 3세는 얼마나 어깨에 힘이 들어간 왕이기에 이런 건축물이 남았을까? 마누엘 1세의 아들로 포르투갈의 황금기에 금수저를 물고 태어나 19세의 나이에 왕위에 올랐다. 재위 중 아시아, 아프리카로 영토를 확장시켰으며, 리스보아에 있는 대학을 코임브라로 옮기게 했다. 정원 뒤편에는 정원을 바라보며 식사를 즐길 수 있는 레스토랑도 있다.

Data **Map** 372B
Access 코임브라 A 기차역에서 도보 10분. 또는 산타 크루즈 수도원에서 도보 3분
Add Rua Olímpio Nicolau Rui Fernandes, 3000-303 Coimbra
Tel 239-829-156
Open 정원 24시간, 레스토랑 08:00~23:00
Cost 정원 무료

멋진 전시와 전망을 겸비한
국립 마사두 드 카스트루 미술관 Museu Nacional de Machado de Castro

11세기 교황이 살던 궁을 코임브라 출신 천재 조각가, 마사두 드 카스트루의 이름을 딴 미술관으로 개조했다. 조각, 회화, 도자기 등 다양한 분야를 아우르는 전시도 볼만하지만 로마의 건축 양식인 크립토포르티코Cryptoportico가 남아 있는 건물 자체도 인상적이다. 한편, 미술관 내 레스토랑 로기아Logia는 전망이 끝내준다. 가벼운 점심식사나 나른한 오후를 깨워줄 커피 한 잔하기 더할 나위 없는 곳.

Data **Map** 372B **Access** 코임브라 구 대학에서 도보 3분
Add Largo Doutor José Rodrigues, 3000-236 Coimbra **Tel** 239-853-070
Open 화~일 10:00~18:00 **Cost** 성인 6유로 **Web** www.museumachadocastro.pt

Writer's Pick! 포르투갈 학문의 역사
코임브라 구 대학 Velha Universidade de Coimbra

포르투갈 최초의 대학이자 유럽에서 3번째로 오래된 대학이다. 1537년 포르투갈 15대 국왕 주앙 3세가 코임브라 궁전을 대학으로 개조할 것을 명하며 1290년 리스보아에 설립된 대학을 코임브라로 옮겨왔다. 이후 포르투갈 국민 시인 루이스 드 카몽이스, 1949년 노벨의학상 수상자이자 신경학자 에가스 모니스 등 문인과 학자를 배출하며 학문을 꽃피웠다.

캠퍼스는 구 대학과 신 대학으로 나뉜다. 구 대학으로 입성하려면 티켓을 구입한 후 철의 문Porta Férrea을 통과해야 한다. 문을 지나면 도서관, 법대, 시계탑 등이 있는 ㄷ자형 건물이 파티우 다스 에스콜라Patio das Escola 광장을 빙 두른다. 중앙에는 주앙 3세의 동상이 우뚝 서 있다. 언덕 위에 있어 광장에서도 도시가 훤히 내려다보인다. 시계탑에 오르면 몬데구 강과 코임브라 구 시가지를 360도로 조망할 수 있다. 시계탑은 염소Cabra라고도 불리는데, 수업이 끝나는 종소리가 울리면 신입생들이 선배들의 괴롭힘을 피해 염소처럼 급히 집으로 돌아갔다고 해서 붙여진 애칭이다. 매년 10월 둘째 주 학위 수여식을 여는 사도의 방Sala dos Capelo도 볼거리. 예전에는 왕이 머물던 곳으로 왕과 왕비의 초상화가 걸려있다. 구 대학은 2014년 유네스코 세계문화유산으로 등재됐다.

Data Map 372E **Access** 코임브라 A 기차역에서 도보 15분
Add Patio das Escola da Universidade de Coimbra, 3004-531 Coimbra **Tel** 239-859-900
Open 4~10월 09:00~19:00, 11~3월 09:00~17:30 (1/1, 12/25 휴관)
Cost 성인 12유로, 학생 10유로 (조아니나 도서관 포함한 구 대학 관람 요금) **Web** www.uc.pt

Tip *5월이 오면 '퀘이마 다스 피타스'*
코임브라 대학의 졸업시즌은 5월이다. 매년 5월이면 리본 태우기라는 뜻의 퀘이마 다시 피타스 Queima das Fitas 이색 축제가 열린다. 졸업생들이 전공서에 묶는 리본을 태우는 의식에서 생겨난 전통인 셈. 법학과는 빨간색, 약학과는 보라색, 의대는 노란색 등 전공별 리본이 가지각색이다.

|Theme|
코임브라 구 대학의 백미! 조아니나 도서관

금빛 찬란한 고서들의 숲, 조아니나 도서관Biblioteca Joanina은 주앙 5세가 남긴 위대한 유산이다. 입구에 줄을 서서 기다리면 20분 간격으로 입장하게 된다. 안은 밖과는 완전히 다른 세계가 펼쳐진다. 정교한 프레스코 천장화와 금으로 중국풍 그림을 그려 넣은 흑단 책장을 가득 채운 고서들에 입이 딱 벌어진다.
커튼을 드리운 창 너머로 햇살이 스며들면 책 향기가 더 그윽하게 느껴진다. 법학, 철학, 신학 등 라틴어 고서가 무려 3만권. 테이블 위에는 주앙 5세가 책을 읽다 하인을 부를 때 쓰던 황금종도 그대로 남아있다. 도서관을 지은 18세기는 브라질에서 대량으로 금이 유입되던 때라는 시대적 배경을 알면 고개가 끄덕여진다. 도서관을 지을 때부터 벽 두께를 2.2m로 만들어 최상의 온도와 습도를 유지해왔다. 책들을 보호하기 위해 사진 촬영은 엄격히 금지한다. 밤이면 도서관에 숨어사는 박쥐들이 나타나기 때문에 피해를 최소화하기 위해 일일이 책과 테이블을 덮어두고 청소를 구석구석 한다. 도서관 지하 1층은 책을 유지 보수하는 곳, 지하 2층은 옛 학생 감옥이 있다.

Tip 코임브라 대학생의 교복 패션
우리나라는 중, 고등학생들이 교복을 입지만 포르투갈은 대학생들만 교복을 입는다. 검정 외투에 남자는 바지, 여자는 치마가 기본. 여기에 망토Cape를 두르면 교복 패션이 완성된다. 그 마법의 망토 하나면 곧 수석 졸업할 수재 같은 아우라를 풍기기도 한다. 교복을 매일 입느냐, 특별한 날만 입느냐는 입는 학생의 자유. 법대가 있는 구 대학 주변에는 망토를 두른 학생들을 자주볼 수 있다. 망토를 빌려 입고 기념사진을 찍으면 행운이 찾아온다니 훈남 망토맨을 발견한다면 잠시만 빌려달라고 부탁해보시라.

PORTUGAL SMALL TOWNS 07
코임브라

장미보다 아름다운 성녀 이사벨의 기억
신 산타 클라라 수도원 Convento de Santa Clara-a-Nova

코임브라의 수호성인 성녀 이사벨을 기리는 수도원. 이사벨은 드니스 왕의 왕비였다. 왕 몰래 많은 백성들을 돕던 그녀는 어느 날 백성들을 도울 금화를 들고 나서다 왕에게 들키게 되었다. 왕이 손에 든 것이 무엇이냐고 묻자, 이사벨은 장미라고 둘러댔는데 금화가 장미로 변해 있었다는 일화가 전해진다. 그래서인지 그녀의 묘에는 장미만 바친다고. 1286년 몬데구 강가에 세워졌으나, 잦은 홍수로 근처 언덕 위로 옮겼다. 수도원 앞마당에는 이사벨 동상이, 벽에는 이사벨의 일화가 그려진 벽화가 있다. 예배당에는 홍수 때 물에 잠긴 14세기의 석관과 신 수도원으로 옮긴 후 만든 17세기의 은관이 있다.

Data Map 372D Access 코임브라 A 기차역에서 도보 18분
Add Calçada de Santa Isabel, Alto de Santa Clara, 3040-270 Coimbra Tel 239-441-674
Open 4~9월 08:30~13:00, 14:15~18:45, 10~3월 09:00~17:00 Cost 성당 1유로, 성당+수도원 2유로

100년 동안 지은 걸작
신 대성당 Sé Nova

가톨릭교회 사제 수도회 중 하나인 예수회에서 상 비센테 드 포라 성당을 벤치 마켕해서 지었다. 1598년 이래 100년에 걸쳐 성당을 완성했다. 황금 제단 옆에는 신고전주의 양식의 파이프 오르간 한 쌍이 우아함을 더한다. 화려한 기교를 뽐내는 조각들도 시선을 끈다. 성당 정면에는 4인의 예수회 성인이 조각돼 있다.

Data Map 372C Access 코임브라 구 대학에서 도보 5분 Add Largo da Sé Nova, 3000-214 Coimbra Tel 239-823-138 Open 09:00~12:00, 14:00~18:00(월, 일, 공휴일 휴무) Cost 무료

고요한 초록 오아시스
코임브라 대학 식물원
Jardim Botânico da Universidade de Coimbra

코임브라 대학에서 운영하는 식물원. 1772년 베네딕트 수도사들이 기부한 4만 평의 대지를 공원으로 조성했다. 바로크 양식의 분수, 산책로, 온실을 16세기풍으로 꾸몄다. 공원 입구 맞은편에는 로마 시대의 수로로 추정되는 상 세바스티안 수교교가 서있다.

Data Map 372F Access 코임브라 구 대학에서 도보 5분 Add Bairro Sousa Pinto 3000-393 Coimbra Tel 239-855-233 Open 4~9월 09:00~20:00, 10~3월 09:00~17:30 Cost 무료

|Theme|
코임브라의 파두

리스보아의 파두가 삶의 애환을 노래한다면 코임브라의 파두는 삶의 기쁨을 노래한다.
오직 코임브라 남자 대학생들 사이에서 전승되어온 파두의 주제는 주로 사랑이다.
보컬 1명, 기타 2명 총 3인이 1조가 되어 부드럽고, 감미롭게 파두를 불러준다.
실제로 코임브라 대학생들이 고백을 할 때 여학생의 기숙사 창문 아래서 세레나데를 바친다.
파두를 들은 여학생이 방의 불을 3번 깜빡이면 승낙의 의미가 된다.
SNS로 '썸'타는 시대에 노래로 사랑을 고백하는 순수함이라니 이 얼마나 로맨틱한가!
100% 코임브라 파두를 만날 수 있는 매력만점 공연장 2곳을 소개한다.

아, 감미로워라!
파두 아우 센트루
Fado ao Centro

코임브라의 목소리를 대표하는 파두 하우스. 월요일부터 일요일까지 하루도 빠짐없이 저녁 6시, 약 50분간 정통 파두 공연을 선보인다. 숨소리가 다 들릴 듯 관객석과 무대가 가까워 그 감동은 배가 된다. 다른 곳보다 공연을 일찍 시작하니 코임브라 당일치기 여행자들에게 강력 추천! 달콤한 포트와인 한 잔 손에 그러쥐고 듣는 파두 선율이 얼마나 감미로운지 초저녁부터 파두에 흠뻑 취하게 되는 곳이다. 낮에는 단체 관광객을 위한 짧은 공연을 하기도 한다. 파두 공연 CD도 구매할 수 있다.

Data **Map** 372B **Acccess** 코임브라 A 기차역에서 도보 11분
Add Rua do Quebra Costas 7, 3000-340 Coimbra **Tel** 239-837-060
Open 10:00~02:00, 파두 공연 21:30 **Cost** 입장료 10유로~ **Web** www.fadoaocentro.com/pt

운치 있는 공연장
아 카펠라 À Capella

14세기 성당을 파두 하우스로 탈바꿈시켰다. 이 멋진 공간의 주인장은 파두에 인생을 바친 베테랑 파티스트. 규모는 크지 않아도 천고가 높아 울림이 크다. 객석은 1, 2층으로 나뉘는데, 1층은 테이블석, 2층은 의자만 있는 자리로 채워진다. 매일 밤 10시에 공연을 시작한다. 공연 시간은 약 1시간 30분.

Data **Map** 372B **Access** 코임브라 A 기차역에서 도보 13분
Add Rua Corpo de Deus-Largo da Vitória Capela Nossa Srª da Victória, 3000-122 Coimbra
Tel 239-833-985 **Open** 5~10월 매일 22:00, 11~4월 화~토 22:00 **Cost** 입장료 10유로~
Web www.acapella.com.pt, www.facebook.com/aCapella.Coimbra

Tip 파두 공연 에티켓
노래가 마음에 들면 박수 대신 '음, 음'하고 헛기침을 하는 것이 코임브라 파두 공연에 대한 예의다.

EAT

고풍스러운 분위기에 취하는
산타 크루즈 카페 Santa Cruz Cafe

포르투갈 사람들은 말한다. 리스보아에 가면 아 브라질리아, 포르투에 가면 마제스틱 카페, 코임브라에 가면 산타 크루즈 카페에 가보라고! 코임브라를 대표하는 산타 크루즈 카페는 산타 크루즈 수도원 건물 일부를 카페로 개조해 수도원 특유의 경건하고 우아한 분위기를 자아낸다. 커피 한잔도 클래식한 테이블에 앉아 마시니 더 향기로운 느낌. 화장실로 통하는 나무 문마저 고풍스럽다. 학기가 시작되면 학생들이 몰려와 코임브라 대학생들의 사랑방이 된다. 코임브라를 찾는 여행자들을 위해 일주일에 1번 무료 파두 공연도 열린다. 공연 일정은 카페 내에 붙여 놓는다.

Data Map 372B
Access 코임브라 A 기차역에서 도보 13분 **Add** Praça 8 de Maio, 3000-300 Coimbra **Tel** 239-833-617 **Open** 07:00~02:00
Cost 카푸치노 1.60유로~, 맥주 2유로~
Web www.cafesantacruz.com

코임브라 최고의 전망
로기아 Logia

Writer's Pick!

국립 마사두 드 카스트루 미술관 내에 자리하고 있는 로기아는 근사한 전망과 맛있는 식사로 두 마리 토끼를 잡을 수 있는 곳이다. 특히, 코임브라 구 대학 시계탑에 버금가는 전망을 자랑하는 야외 테라스가 명당자리. 느긋하게 머물 수 있는 분위기라 연인들에게도 인기다. 전시를 보지 않고 식사만 해도 OK. 점심에는 7유로에 뷔페를 선보인다. 빵, 샐러드, 메인 요리, 감자튀김, 밥 등 입맛대로 양껏 골라 담으면 된다. 2유로만 더 내면 디저트도 추가할 수 있다. 단, 커피는 별도로 주문해야 한다. 나른한 오후 차가운 화이트와인 한잔의 여유를 즐기기도 그만이다. 가만히 앉아 몬데구 강에서 불어오는 바람을 느끼며 와인 한잔 홀짝이면 온 세상이 아름다워 보이는 마법의 공간.

Data Map 372B **Access** 코임브라 구 대학에서 도보 3분
Add Largo Doutor José Rodrigues, 3000-236 Coimbra **Tel** 239-853-076
Open 07:00~02:00 **Cost** 점심 뷔페 7유로, 디저트 2유로~ **Web** www.loggia.pt

SLEEP

속이 꽉 찬 숙소
세레나타 호스텔 Serenata Hostel

코임브라 주요 볼거리와 가까운 위치, 깔끔한 인테리어, 저렴한 가격 등 여러모로 후한 점수를 주고 싶은 호스텔이다. 4~12인실 도미토리와 더블룸 등 객실 타입이 다양하다. 아침식사, 무료 와이파이, 컴퓨터룸, 요리를 할 수 있는 부엌, 거실, 야외 테라스 등 다 나열하려면 입이 아플 정도의 공용 공간도 잘 갖췄다. 구 대성당 바로 옆 오래된 건물로 가득한 골목 안에 이토록 모던한 호스텔을 저렴하게 묵을 수 있다는 건 행운!

Data **Map** 372B **Access** 코임브라 A 기차역에서 도보 15분 **Add** Rua das Flores 18, 3000-442 Coimbra **Tel** 239-835-175 **Cost** 4~8인실 도미토리 17유로~ **Web** www.casapombal.com

전망 좋은 모던 호텔
호텔 오슬로 Hotel Oslo

코임브라가 한눈에 들어오는 전망, 모던한 객실, 코임브라 기차역 및 관광지와 가까운 위치까지 좋은 숙소가 갖춰야할 3대 요소를 고루 갖췄다. 특히, 폭신한 소파에 앉아 코임브라의 풍경을 누릴 수 있는 루프톱 바는 오슬로 호텔의 자랑. 슈페리어룸에 묵을 경우 전용 테라스가 있어 루프톱 바에 갈 필요 없이 객실 테라스에서 아름다운 전망을 만끽할 수 있다.

Data **Map** 372A **Access** 코임브라 A 기차역에서 도보 2분 **Add** Avenida Fernão de Magalhães 25, 3000-175 Coimbra **Tel** 239-829-071 **Cost** 스탠더드 더블룸 80유로~, 슈페리어 더블룸 115유로~ **Web** www.hoteloslo-coimbra.pt

가족 같은 게스트하우스
카사 폼발 Casa Pombal

포르투갈 가정집에 한 번쯤 머물러봤으면 하는 상상을 해본 사람이라면 주목하자! 언덕 위 좁은 골목 안 오래된 주택을 개조한 게스트하우스다. 아늑한 룸과 옥상 테라스가 매력 포인트. 20년째 게스트하우스를 운영해온 주인장의 친절한 서비스와 포르투갈식 아침식사는 하루를 기분 좋게 시작하게 해준다. 객실이 많지 않으니 미리미리 예약하는 편이 낫다.

Data **Map** 372B **Access** 코임브라 A 기차역에서 도보 15분 **Add** Rua das Flores 18, 3000-442 Coimbra **Tel** 239-835-175 **Cost** 더블룸 37유로~ **Web** www.casapombal.com

Portugal Small Towns
08

비제우
Viseu

포르투와 코임브라의 중간쯤, 중부 내륙의 다웅와인 산지 시작점에 비제우가 있다. 고대 성벽으로 둘러싸인 구시가지에는 중세 도시의 흔적이 오롯하다. 고색창연한 대성당, 미로처럼 구불구불한 골목, 반질반질한 자갈길, 녹음이 우거진 공원, 고풍스러운 분수가 평온한 분위기를 자아낸다. 그 사이를 걷는 것만으로도 운치 있는 여행이 시작된다. 여기에 꿈결처럼 부드러운 다웅와인 한잔 곁들이면 오감만족 비제우 여행에 화룡점정을 찍는다.

Viseu
PREVIEW

비제우의 주요 볼거리, 먹거리, 숙소 모두 고대 성벽 안 구시가지에 옹기종기 모여 있다. 그 덕에 대성당을 기점으로 성벽을 따라 한 바퀴 빙 돌면 비제우의 주요 관광지는 모두 섭렵할 수 있다. 그저 유유자적 걷고, 느긋한 식사를 즐기기에 안성맞춤이다.

SEE

비제우의 양대 볼거리는 비제우 대성당과 그라웅 바스쿠 미술관이다. 깊고 고요한 세월을 머금은 비제우 대성당 바로 옆에 그라웅 바스쿠 미술관이 있어 함께 둘러보기 좋다. 그라웅 바스쿠 미술관에는 중세 종교 미술 황금기의 흔적이 고스란히 남아 있으며, 비제우 출신 르네상스 화가 바스크 페르난디스의 작품을 감상할 수 있다.

EAT

비제우 여행에선 먹는 즐거움을 빼놓을 수 없다. 미처 알지 못했던 향기로운 다웅와인과 미식의 향연에 오감이 깨어난다. 로컬들처럼 골목 안 치즈 가게에서 치즈 한 조각을 안주 삼아 와인을 홀짝여도 좋고, 레스토랑에서 벨벳처럼 부드러운 DOC급 레드와인에 어울리는 전통 요리를 음미해도 좋다. 어떤 와인을 골라도 기대 이상의 다웅와인이 혀를 즐겁게 한다.

BUY

포르투에서는 포트와인을 장만했다면 비제우에서는 다웅와인을 사는 게 남는 장사다. 그중에서도 DOC급 레드와인을 최고로 친다. 프랑스 와인과 비교하자면 우아하고 섬세한 풍미를 느낄 수 있는 부르고뉴의 피노 누아 스타일! 레드보다 화이트와인 취향이라면 사과, 레몬, 파인애플향이 풍성한 엔크루자두Encruzado를 찜해보자.

SLEEP

과거로 시간여행을 떠난 듯 중세풍 호텔에서 하룻밤! 비제우야말로 그 로망을 이룰 수 있는 곳이다. 100유로 안팎의 가격에 18세기 건물을 리노베이션한 부티크 호텔, 카사다 세 또는 19세기 병원을 럭셔리 호텔로 탈바꿈 시킨 포우자다 드 비제우에 묵을 수 있는 행운을 놓치지 말지어다.

PORTUGAL SMALL TOWNS 08
비제우

Viseu
GET AROUND

어떻게 갈까?

1. 고속버스 Express Bus
리스보아보다는 포르투에서 가깝다. 포르투의 바탈랴 광장Praça da Batalha에 위치한 레데 익스프레소스 Rede Expressos 버스터미널에서 비제우 버스터미널Rodoviária까지 하루 11~13회, 리스보아의 세트 히우스Sete Rios 버스터미널(메트로 자르딩 주로지쿠Jardim Zoológico역)에서 비제우 버스터미널까지 하루 평균 16~19회 레데 익스프레소스가 오간다. 소요시간은 각각 약 1시간 45분, 약 3시간 30분.
Add 비제우 버스터미널 Rua Bombeiros Voluntários E, 3510-054 Viseu
Web www.rede-expressos.pt

> **Tip** 비제우 +α 여행 만들기
> 버스 노선을 잘 활용하자. 포르투와 리스보아를 기점으로 여행할 때 포르투를 시작으로 비제우를 거쳐 가며 포르투갈 중부를 둘러보는 여행 코스를 짤 수 있다. 포르투 → 비제우 → 코임브라 → 리스보아 또는 포르투 → 아베이루 → 비제우 → 코임브라 → 리스보아로 이동할 경우 각 도시 간 이동시간이 평균 1시간 30분 정도 걸린다.

비제우에서 출발하는 근교 버스 노선

행선지	소요시간	운행 간격(1일)	버스 종류
포르투	1시간 45분	13~14회	레데 익스프레소스, 시티
코임브라	1시간 20분	13~14회	
아베이루	1시간 10분	7~8회	

2. 자동차 Car
비제우와 근교의 다옹 와이너리를 함께 여행하려면 렌터카는 필수다. 포르투에서 올 경우 A1을 경유해 A25 고속도로를 타고 오다 비제우 방향으로 나오면 된다.

어떻게 다닐까?

비제우 구시가지는 걸어서 충분히 돌아볼 수 있다. 고대 로마 시대의 성문과 성벽을 따라 걷는 재미는 덤.

> **INFO**
> **비제우 관광안내소** Welcome Center Viseu
> 비제우 대성당 가까이 있어 찾기 쉽다. 영문 지도를 받아 구시가지를 둘러보면 요긴하다.
> **Data Map** 385D **Access** 비제우 대성당에서 도보 2분
> **Add** Adro da Sé Viseu **Tel** 232-420-950
> **Open** 월~목 09:00~18:00, 금~일 09:30~13:30, 14:00~17:30

PORTUGAL SMALL TOWNS 08
비제우

세월의 흔적이 켜켜이 쌓인
비제우 대성당 Sé de Viseu

12세기에 아폰수 엔리케 왕이 포르투갈을 건국하며 세운 성당. 2개의 종탑과 수호성인들을 조각해놓은 르네상스식 외벽에서 엄숙한 분위기가 감돈다. 한때 폭풍으로 파손된 내부는 16세기 마누엘 양식으로 꾸몄다. 포르투갈 특유의 마누엘 양식 천장과 창문이 중세풍 대성당 건물과 오묘하게 어우러진다. 이오니아식 기둥이 있는 회랑 가장자리의 푸른 아줄레주 벽화가 은은한 아름다움을 더해준다.
대성당 회랑의 2층에는 파세이우 두스 코네구스 Passeio dos Cónegos라 불리는 주랑(지붕을 떠받치도록 일렬로 세운 돌기둥)에서는 비제우 구시가지의 전망이 파노라마처럼 펼쳐진다.

Data Map 385D Access 비제우 관광안내소에서 도보 1분
Add Adro da Sé, 3500-195 Viseu
Tel 232-436-065
Open 월~금 08:00~12:00, 14:00~19:00, 토·일 09:00~12:00, 14:00~19:00
Cost 무료

비제우가 낳은 화가, 바스쿠에 대한 찬가
그라웅 바스쿠 미술관 Museu Grão Vasco

오래전 주교가 머물던 곳이 비제우 출신 화가, 바스쿠 페르난데스의 애칭을 딴 미술관으로 탈바꿈했다. 바스쿠 페르난데스는 15~16세기에 플랑드르의 브뤼헤, 겐트에서 활동한 플랑드르파의 영향을 받은 르네상스 화가로 〈성 베드로〉, 〈성신 강림〉 등의 포르투갈 종교화의 걸작이라 불리는 작품들을 남겼다. 이름보다 '위대한 바스쿠'란 뜻의 '그라웅 바스쿠'라는 애칭으로 더 많이 불린 덕에 미술관 이름도 그라웅 바스쿠다. 세월을 머금은 건물은 그대로 두어 경건한 분위기가 묻어나는 공간이 종교화와 절묘하게 어우러진다.

Data Map 385D
Access 비제우 관광안내소에서 도보 1분
Add Adro da Sé, 3500-195 Viseu
Tel 232-422-049
Open 화 14:00~18:00, 수~일 10:00~18:00
Cost 무료

로코코풍 성당의 미학
미제리코르디아 성당 Igreja da Misericórdia

18세기에 지어진 자비의 성당. 로코코 양식의 일종인 입체적인 부조 로카이유rocaille 장식이 있는 외벽이 고풍스러운 아름다움을 뽐낸다. 내부에는 신부님이 상주하는 본당과 예배당이 있다. 흰색과 황금색으로 그린 3가지 네오 고딕 양식의 제단벽화가 눈길을 끈다. 중앙의 제단에는 성모 마리아 상이 있다.

Data Map 385C
Access 비제우 대성당 맞은편
Add Adro da Sé, 3500-069 Viseu
Open 09:00~17:00 Cost 무료

산책할 맛 나는 중심가
호시우 Rossio

18세기에 조성된 헤푸블리카 광장에서 시작해 거리 양옆으로 아기자기한 상점들과 노천카페가 모여 있는 산책로가 이어진다. 라임나무가 싱그러운 어머니 공원이나 커다란 나무가 시원한 그늘을 내주는 아퀼리노 히베이루 공원에서 잠시 쉬어가기도 그만이다. 비제우 출신 화가, 주제 드 알메이다 에 실바José de Almeida e Silva의 벽화나 컬러풀한 타일로 장식한 시청 건물도 볼거리. 걸을수록 초록의 기운과 아름다운 아줄레주에 안구정화가 되는 상쾌한 산책로다.

Data Map 385C Access 비제우 대성당에서 도보 5분
Add Praça República Viseu

고대로의 시간여행
로마 시대 성벽 Roman Wall of Viseu

야외 박물관 같은 성벽을 따라 걷는 일은 구시가지 산책의 또 다른 재미다. 비제우 대성당에서 호시우로 가다보면 동화 속에서 툭 튀어나온 것 같은 성문을 지나게 된다. 이는 그저 오래된 성문 아니라 고대 로마 시대가 남긴 유물이다. 고대 로마 시대부터 요충지였던 비제우는 무려 1세기부터 오랫동안 '언덕 위의 요새' 역할을 해왔다. 도시의 규모가 커지면서 성벽도 점점 확대됐지만 언제부턴가 관리가 소홀해졌다. 2004년 비제우와 건축가 엔리케 토레스Henrique Torres의 노력으로 3세기에 만든 고대 성벽을 고스란히 재현했다.

Data Access 비제우 대성당에서 호시우 광장으로 가는 길에 보이는 성벽

EAT

요리도 와인도 엄지 척!
마리아 시카 레스토랑 Maria Xica Restaurant

다웅 지역에서 생산되는 수많은 와인과 그 와인에 잘 어울리는 페티스쿠스Petiscos(전채 요리)를 즐길 수 있는 레스토랑. 하나같이 군침 도는 비주얼에, 한 입 맛보면 폭풍 흡입을 부르는 요리들이다. 페티스쿠스로 입맛을 적당히 돋운 후엔 바칼라우나 고기 요리 등 주 요리에 와인을 제대로 즐길 차례. 기대이상의 와인을 홀짝이다 보면 한 잔 더 하고 싶어지는 마음을 아는지 2층은 아예 DJ부스가 있는 바Bar로 꾸몄다.

Data **Map** 385C **Access** 비제우 대성당에서 도보 2분
Add Rua Chão do Mestre, 3500-000 Viseu
Tel 232-435-391 **Open** 런치 12:30~15:30, 디너 19:30~22:30
Cost 페티스쿠스 4~6유로, 바칼라우 나 텔라 14.90유로~

> **Tip** **알고 마시면 더 맛있는 다웅와인**
> 비제우의 서남쪽에 포르투갈의 부르고뉴라 불리는 다웅이 있다. 2000년 전 고대 로마 시대부터 와인을 재배해온 포르투갈 레드와인의 대표 산지. 다웅의 레드와인은 벨벳처럼 부드럽고 섬세한 맛으로 호평을 받는다. 특히, DOC급 레드와인은 토리가 나시오날, 자엥, 틴토 카웅, 엔크루자두 등의 토착 품종만을 사용해 깊은 맛을 낸다.

투박하고 푸짐한 시골밥상
카사 두스 퀘이조스 Casa dos Queijos

'치즈의 집'이란 간판을 내건 아담한 가게. 언뜻 보면 치즈가게 같지만 계단을 오르면 소박한 레스토랑이 모습을 드러낸다. 무뚝뚝한 주인장이 투박하고 맛있는 시골밥상을 푸짐하게 한 상 차려주는 곳이다. 전통 소시지와 콩이 들어간 스튜 '코지두스Cozidos'가 간판 메뉴. 점심에는 오늘의 메뉴만 시키면 수프부터 커피까지 풀코스로 맛볼 수 있다. 매일 오후가 되면 약속이라도 한 듯 동네 어르신들이 모여 다웅와인과 치즈 타임을 즐기는 풍경을 볼 수 있다.

Data **Map** 385D
Access 비제우 대성당에서 도보 2분 **Add** Travessa das Escadinhas da Sé, 9 Viseu
Tel 232-422-643
Open 런치 12:00~15:00, 디너 19:00~22:00
Cost 오늘의 메뉴 8유로

SLEEP

품격 있는 부티크 호텔
호텔 카사 다 세 Hotel Casa da Sé

Writer's Pick!

이름 그대로 대성당Sé 바로 앞, 구시가지 한가운데 우아한 자태를 뽐내는 18세기 건물이다. 문 밖을 나서면 주요 관광지, 안으로 들어서면 앤티크&빈티지 스타일로 공들여 꾸민 객실의 기품이 남다르다. 어느 객실에 머물더라도 호사스런 침대에서 꿀잠을 잘 수 있다. 옛 귀족이 부럽지 않은 공용 응접실과 아담한 다이닝룸에서의 아침식사도 만족스럽다. 비제우 여행을 위한 최적의 위치에 있다. 참고로 거리의 소음을 차단하려면 이중 창문을 꼭 닫고 자자.

Data **Map** 385C **Access** 비제우 대성당에서 도보 3분
Add Rua Augusta Cruz 12, 3500-088 Viseu
Tel 232-468-032 **Cost** 스탠더드룸 89유로~, 스위트룸 115유로~
Web www.casadase.net

과거와 현재를 넘나드는 럭셔리 호텔
포우자다 드 비제우 Pousada de Viseu

포우자다란 고풍스러운 성이나 유서 깊은 건물의 외부는 최대한 옛 모습 그대로 유지하면서 내부는 멋스러운 호텔로 개조한 숙소를 말한다. 포우자다 드 비제우는 19세기 병원 건물을 개조해 럭셔리 호텔로 거듭났다. 병원에 있던 고풍스러운 옛 약국은 아늑한 로비 라운지로, 병실은 바와 레스토랑 변신했다. 원래는 3층 건물이었는데 4층을 증축해 파노라믹 테라스가 있는 스위트룸까지 마련했다. 스위트룸은 스탠더드 스위트, 스페셜 스위트 2가지로 나뉜다. 구조는 비슷해도 스페셜 스위트룸에만 선 베드가 놓인 테라스가 있다. 모든 객실의 천장이 높고, 공간이 넓어 쾌적하다. 모던하고 심플한 인테리어도 감각적. 실내외 풀장과 스파 등 부대시설도 리조트만큼이나 훌륭하다.

Data **Map** 385E **Access** 비제우 대성당에서 도보 10분 **Add** Rua do Hospital, 3500-161 Viseu
Tel 210-114-433 **Cost** 스탠더드 스위트룸 115유로~, 스페셜 스위트룸 128유로 **Web** www.pousadas.pt

Portugal Small Towns
09
카스텔루 브랑쿠&몬산투
Castelo Branco&Monsanto

포르투갈 중부 동쪽 끝에는 오랜 세월 국경을 지켜온 중세 마을들이 남아있다. 스페인과 불과 15~20km 거리에 있는 몬산투가 대표적인 역사 마을. 여행의 기점이 되는 카스텔루 브랑쿠에서 시작해 수백 년 전 풍경 속으로 시간여행을 떠나보자. 여정마저 여행이 된다. 차창 밖을 스치는 광활한 들판에는 올리브나무와 코르크나무가 지천이다.

Castelo Branco&Monsanto
PREVIEW

카스텔루 브랑쿠는 그 자체로 매력적인 여행지는 아니다. 하지만 대중교통으로 몬산투에 가려면 꼭 거쳐야 하는 관문 같은 도시다. 몬산투행 버스를 갈아타기 전 카스텔루 브랑쿠의 구시가지에서 싱그러운 산책을 즐겨보자. 몬산투는 1~2시간이면 다 둘러볼 만큼 작지만 마을의 진면목을 느끼고 싶다면 하룻밤 묵어도 좋다.

SEE
카스텔루 브랑쿠 대표 관광지는 포르투갈에서 가장 아름다운 바로크식 정원으로 꼽히는 파수 에피스코팔 정원이다. 시간적 여유가 있다면 컨템퍼러리 컬처 센터와 카스텔루 브랑쿠 성을 함께 둘러봐도 좋다. 반면, 몬산투는 1983년 포르투갈에서 가장 포르투갈다운 마을로 뽑힌 아담한 마을 자체가 볼거리. 마을 구석구석 골목 탐방은 긴 여운으로 남는다.

EAT
몬산투 전통 가옥을 개조한 레스토랑에서 로컬처럼 먹고 마셔보자. 맛과 양에 초점을 맞춘다면 몬산투 대표 맛집 '페치스쿠스 에 그라니토스', 전망 좋은 곳에서 신선놀음을 즐기고 싶다면 '타베르나 루시타나'를 추천한다.

BUY
가방을 가득 채울 쇼핑보다는 주머니 속에 담아오고 싶은 예쁜 풍경을 눈에 꼭꼭 눌러 담기를. 기념품으로는 몬산투 할머니들이 손수 만드는 전통 인형 '마라포나'가 있다. 전통 치마를 입고 양팔을 벌리고 있는 모양의 인형으로 눈코입이 없다. 이 인형을 머리맡에 두고 자면 액운을 물리칠 수 있다고 전해진다.

SLEEP
세상 어디에도 찾아보기 힘든 몬산투 돌집에서의 하룻밤을 권한다. 마을이 워낙 작아 어느 위치에 묵어도 별 차이가 없지만 전망과 분위기 요모조모 따져봤을 때 카사 두 미라도우로와 칸치뇨 다 코쉬자는 숨은 보석 같은 숙소다. 단, 객실이 많지 않으니 성수기에 머물 계획이라면 예약을 서두르자.

INFO 몬산투 관광안내소 Turismo
몬산투 영문 브로셔를 얻을 수 있다.
Data Map 395F **Access** 몬산투 버스정류장에서 도보 4분
Add Rua do Sol Velho 7, 6060-091 Monsanto Monsanto
Tel 262-561-194 **Open** 10:00~17:00

Castelo Branco & Monsanto
GET AROUND

 어떻게 갈까?

| 카스텔루 브랑쿠 Castelo Branco |

포르투에서는 직행 기차나 버스가 없다. 대중교통으로 카스텔루 브랑쿠를 여행 코스에 넣을 땐 리스보아에서 출발하자.

1. 기차 Train
리스보아에서 갈 경우 오리엔테 Oriente 기차역에서 IC 기차를 타는 것이 최선이다. 하루 평균 3회 운행하며 소요시간은 약 3시간. 기차 시간표는 홈페이지에서 미리 확인하자. **Web** www.cp.pt

2. 고속버스 Express Bus
리스보아의 세트 히우스 Sete Rios 버스터미널(메트로 자르딩 주로지쿠 Jardim Zoológico역)에서 카스텔루 브랑쿠 버스터미널 Terminal Rodoviário까지 하루 평균 5~11회 레데 익스프레소스 Rede Expresos 또는 시티 Citi 버스가 오간다. 소요시간은 약 2시간 50분~3시간 30분. **Web** www.rede-expressos.pt

리스보아 ↔ 카스텔루 브랑쿠 버스시간표

월~금	
리스보아 출발	카스텔루 브랑쿠 도착
08:00	10:47
09:50	12:20
13:00	16:35
13:15	16:02
14:00	16:30
16:30	19:19
17:15	20:50
18:45	21:25
19:00	22:35
20:00 *(금)	22:47
22:30 *(금)	01:30
카스텔루 브랑쿠 출발	리스보아 도착
05:00	08:30
07:00	09:45
08:00	11:45
08:42	11:31
10:06	12:53
13:00	16:45
14:42	17:31
15:51	18:38
18:36	21:23

토·일	
리스보아 출발	카스텔루 브랑쿠 도착
08:00	10:47
09:50	12:20
13:00	16:35
16:30	19:19
17:15 *(일)	20:50
18:45 *(일)	21:25
19:00	22:35
22:30 *(일)	01:30
카스텔루 브랑쿠 출발	리스보아 도착
08:00	11:45
10:12	13:01
12:10	14:55
13:00	16:45
15:51 *(일)	18:38
15:57 *(토)	18:46
18:00 *(일)	21:45
18:36 *(일)	21:23
21:06 *(일)	23:53

*(금), (토), (일)은 해당 요일만 운행하는 버스

| 몬산투 Monsanto |

몬산투에 가려면 일단 카스텔루 브랑쿠까지 가서 몬산투행 버스로 갈아타야 한다.

버스 Bus

대중교통으로 몬산투를 가는 길은 멀고도 지루하다. 카스텔루 브랑쿠 버스터미널에서 몬산투까지 RBI Rodoviaria da Beira Interior 버스가 하루 1~2회 오간다. 소요시간은 약 1시간. 몬산투 버스정류장에 내리면 바로 마을 입구가 나온다.

카스텔루 브랑쿠 ↔ 몬산투 버스시간표

월~금	
카스텔루 브랑쿠 출발	몬산투 도착
12:25	13:30
17:15	18:20
몬산투 출발	카스텔루 브랑쿠 도착
07:15	08:15

토~일·공휴일	
카스텔루 브랑쿠 출발	몬산투 도착
11:40	12:40
몬산투 출발	카스텔루 브랑쿠 도착
14:22	15:30

어떻게 다닐까?

카스텔로 브랑쿠 주요 볼거리는 구도심에 집중돼 있어서 걸어서 이동할 수 있다. 몬산투 마을을 샅샅이 둘러보기 위해서는 두 발만 있으면 된다. 단, 언덕이 많아서 조금만 걸어도 숨이 차오른다.

- 몬산투 성터
  Castelo e Muralhas de Monsanto
- 산 미구엘 성당터
  Ruínas da Igreja de São Miguel
- 타베르나 루시타나
  Taverna Lusitana
- 페치스쿠스 에 그라니토스
  Petiscos e Granitos
- 칸티뇨 다 쿠쉬쟈
  Cantinho da Coxixa
- 카사 두 미라도우로
  Casa do Miradouro
- 몬산투 관광안내소
  Turismo
- 십자가
  Cruzeiro
- 상 살바도르 본 성당
  Igreja Matriz de São Salvador
- 자비의 성당
  Igreja da Misericórdia
- 주차장

Rua do Castelo
Rua da Sarça
Rua da Lajinha
Rua do Sol Velho
Rua da Soenga
Rua do Relógio
Rua Fernando Namora
Avenida Fernando Ramos Rocha

몬산투
Monsanto

| 카스텔루 브랑쿠 |

바로크식 정원의 매력 총집합!
파수 에피스코팔 정원 Jardim do Paço Episcopal

카스텔루 브랑쿠의 속살을 제대로 보려면 파수 에피스코팔 정원으로 향해야 한다. 포르투갈에서 제일 아름다운 정원이라 찬사받는 곳으로 원래는 옛 주교의 겨울별장에 딸린 정원이었다. 1912년 대중에 개방되며 카스텔루 브랑쿠의 랜드마크로 자리매김하였다. 전형적인 바로크 양식으로 인공적인 정원의 미학을 보여준다. 기하학적 울타리와 하나하나 심오한 의미가 깃든 조각상, 그 시대에 찾아보기 힘든 스프링클러 등 구성이 독창적이고, 구석구석 볼거리가 풍부하다. 주교가 뱃놀이를 즐기던 연못에서 물을 끌어 정원의 분수에 사용하는 에코 시스템도 놀랍다. 정원 한편의 연못가에는 역대 포르투갈 왕의 동상이 있는데, 스페인 출신 왕 펠리페 1세를 다른 왕보다 작게 만들어 애국심 깃든 소심한 복수가 피식 웃음을 자아낸다. 정원의 벽 아줄레주에는 주교의 초상화와 성곽 도시 카스텔루 브랑쿠의 옛 모습을 담았다.

Data **Map** 394B **Access** 카스텔루 브랑쿠 기차역에서 도보 15분
Add Rua Bartolomeu da Costa, 6000-000 Castelo Branco **Tel** 272-348-320
Open 5~9월 09:00~19:00, 10~4월 09:00~17:00 **Cost** 2유로

룰루랄라 무랄랴 산책
카스텔루 브랑쿠 성 Castelo e Muralhas Branco Castel

랄라라 노래하듯 경쾌한 단어 '무랄랴Muralhas'는 성곽이란 뜻. 카스텔루 브랑쿠의 높은 언덕 위에 무랄랴의 한 토막이 남아 있다. 지금은 일부뿐이지만 12세기 템플 기사단(십자군 전쟁 때 성지 순례자 보호를 위해 설립된 수도회)이 짓고, 13세기 동 디니스 왕에 의해 확장했다. 성곽을 따라 걸으면 시시각각 다른 풍광이 눈을 즐겁게 한다. 도시에 물을 공급하는 물탱크를 성 안 분수대가 있는 공원으로 감쪽같이 둔갑시켰다. 이곳에서 바라보는 전망도 시원스럽다.

Data **Map** 394C
Access 카스텔루 브랑쿠 기차역에서 도보 15분 **Add** Rua do Mercado, 6000-108 Castelo Branco
Tel 272-330-339
Open 24시간
Cost 무료

현대미술의 새 바람
컨템퍼러리 컬쳐 센터
CCC, Center of Contemporary Culture

마치 구도심 한가운데 우주선이 착륙한 듯 이질감이 느껴지는 모던한 건물의 정체는 현대미술 작품을 전시하는 컨템퍼러리 컬쳐 센터. 리스보아 벨렝에 있는 베라도 컬렉션 미술관과 파트너십을 맺고 있다. 디에고 리베라Diego Rivera, 다비드 알파루 시퀘이로스David Alfaro Siqueiros 등 다양한 라틴 아메리칸 아티스트들의 작품을 선보인다. 미술관 앞에는 얼음 없이 스케이트를 탈 수 있는 스케이트장도 있다.

Data **Map** 394D **Access** 카스텔루 브랑쿠 기차역에서 도보 10분 **Add** R. do Campo dos Mártires da Pátria, 6000-097 Castelo Branco **Tel** 272-330-330 **Open** 화~일 10:00~18:00

| 몬산투 |

포르투갈에서 가장 포르투갈다운
몬산투 마을 Monsanto Village

지붕 위에 코끼리만한 바위를 얹고 있는 마을의 풍경. 한 번 본 순간 뇌리를 파고드는 그 한 장의 사진에 꽂혀 언젠가 몬산투에 가리라 맘먹는 사람들이 많다. 눈으로 직접 보기 전에는 믿기 어려운 그 풍경 속 마을로 가는 길은 꽤나 번거롭다. 포르투갈 어느 지역에서 출발하든 일단 카스텔루 브랑쿠까지 간 다음 버스로 갈아타고 한 시간을 더 가야하기 때문이다.

천공의 섬 라퓨타를 닮은 돌산 위 버스정류장에 내려 오르막길을 오르면 화강암을 운명처럼 껴안고 살아가는 몬산투 마을이 비로소 모습을 드러낸다. 바위를 벽 삼고 지붕 삼아 집을 지었다. 암석과 암석 사이를 막아 그루타Gruta라 부르는 서늘한 창고도 고안해냈다. 예부터 맥주나 와인 저장고로 애용해온 자연산 냉장고다. 그렇게 척박한 산비탈 위에 삶을 꽃피웠다. 온기가 느껴지는 아담한 돌집과 이끼가 낀 바위가 어우러져 동화적인 분위기를 자아낸다. 이방인들을 맞이하는 몬산투 마을 사람들의 미소도 따스하다. 그저 바라보는 것만으로도 뾰족했던 마음이 동글동글해지는 신비로운 골목 안에 마냥 머물고만 싶어진다. 이 동화 같은 마을은 1983년 포르투갈에서 가장 포르투갈다운 마을로 선정되며 세계 각국의 여행자들이 찾는 마을이 됐다.

Data **Map** 395E, D, F **Access** 카스텔루 브랑쿠에서 버스로 1시간 거리
Add Avenida Fernando Ramos Rocha 25, 6060-091 Monsanto

> **Tip 몬산투를 한눈에 담는 전망대**
>
> 마을이 언덕인 몬산투에는 전망대가 군데군데 있다. 가장 찾기 쉬운 곳이 마을 어귀의 시계탑과 작은 교회 사이로 난 길을 쭉 따라가면 나오는 전망대. 동네 어르신들도 산책하던 발걸음을 멈추고 잠시 쉬어 가는 곳이다. 마을 을과 초록의 들판이 시원스럽게 펼쳐지는 전망에 가슴이 탁 트인다.

전쟁의 흔적
몬산투 성터 Castelo e Muralhas de Monsanto

산 정상 위의 성터는 몬산투에서 가장 오래된 건축물이다. 화강암 위에 세운 성과 지하 감옥, 성벽의 일부가 겨울을 맞은 나무들처럼 검게 변한 채 묵묵히 제 자리를 지키고 있다. 성 안에는 망루와 산타 마리아 성당도 남아있다. 성 옆으로는 세월의 잔해를 그대로 껴안은 산 미구엘 교회와 종탑이 이어진다. 바위에는 자리를 양보해도, 침략자들 앞에선 물러서지 않았던 몬산투 사람들이 이겨낸 오랜 전쟁의 흔적들인 것이다. 이 토박한 땅에서 물러서지 않았기에 이곳은 여전히 포르투갈의 영토다. 성곽에서 바라보면 푸른 평원 너머로 스페인 땅이 아스라이 펼쳐진다. 단, 마을에서 성터에 이르는 길은 오르막길의 연속이니 편한 신발과 가벼운 등산을 하겠다는 마음의 준비가 필요하다. 특히, 비 오는 날에는 미끄러우니 주의하자.

Data Map 395A Access 몬산투 마을 입구에서 도보 15분
Add Rua do Castelo 32, 6060-091 Monsanto

> **Tip** 트레킹 애호가라면 주목하자!
> **몬산투 트레킹 코스** Monsanto Trekking Course
> 마을을 걷다 보면 지팡이를 들고 백팩을 맨 트레커의 그림 문자가 그려진 나무 표지판을 쉽게 발견할 수 있다. 코르크와 올리브나무가 지천인 트레킹 코스를 안내해준다. 초록의 향연을 즐기며 몬산투에서 이단야 아 벨랴까지 가는 4시간 코스와 수르텔랴까지 17시간 대장정 코스가 있다. 4시간 코스까지 즐기지 않더라도 마을 옆 숲길을 걷는 묘미가 있다. 코르크 채취를 위해 껍질이 반쯤 벗겨진 채 서 있는 키 큰 코르크나무는 세계 최대 코르크 수출국인 포르투갈에서 원 없이 볼 수 있는 이국적인 풍경 중 하나다.

PORTUGAL SMALL TOWNS 09
카스텔루 브랑쿠&몬산투

|Theme|
국경의 서쪽, 포르투갈 역사 마을 기행

스페인의 국경과 인접한 곳에 포르투갈의 역사 마을 12곳이 있다. 세계지도에서 보면 작은 점에 불과할지라도 대대로 국경선을 지켜낸 충성스러운 마을들이다. 중세의 성곽과 집들이 남아 있는 것이 특징. 그중 카스텔루 브랑쿠, 몬산투와 함께 둘러보기 좋은 마을 3곳을 엄선했다. 단, 외딴 지역인 만큼 대중교통으로는 가기 어렵다. 렌터카로 여행한다면 한결 수월하다.

걸어서 중세 속으로
수르텔랴 Sortelha

깎아지른 절벽 위 둥근 성곽이 마을을 폭 감싸고 있는 수르텔랴. 이곳은 13세기 중세 성곽도시의 원형이 가장 잘 보존돼 있는 마을이다. 고딕 양식의 성문 안으로 들어서는 순간 과거로 시간여행을 온 기분! 800여 년의 세월의 더께가 쌓인 자갈길과 언덕을 따라 작은 돌집이 옹기종기 모여 있다. 놀랍게도 일부는 사람들이 살고 있는 집.

마을 구경하는 제일 좋은 방법은 성곽을 따라 한 바퀴 빙 돌아보기. 입구에서 왼편 성곽을 따라가면 포르노 거리 Rua do Forno와 괴물 석상과 들어 올리는 문이 있는 망루가 나온다. 마을 중간에는 종탑과 교회가 있어 한층 고풍스러운 분위기를 더한다. 입구에는 로컬 요리를 맛볼 수 있는 동 산초 D. Sancho 레스토랑도 있다. 요리하는데 시간이 꽤 걸리니 미리 주문을 한 후 마을 구경을 다녀오면 타이밍이 잘 맞는다. 워낙 스페인과 가까워 여행객들은 포르투갈 사람 반, 스페인 사람 반. 목소리가 큰 사람의 국적이 스페인일 확률이 더 높다.

Data Access 카스텔루 브랑쿠, 몬산투에서 자동차로 1시간 거리
Add Rua do Corro, 6320-536 Sortelha

Tip 성문을 통과하면 바로 보이는 관광안내소에서 지도부터 챙기자. 지도의 설명을 읽으며 둘러보면 알차다.

언덕 위의 그림 같은 중세 마을
벨몬테 Belmonte

한가로이 풀을 뜯는 양이 있는 초원 뒤로 봉긋 솟은 언덕 위에 벨몬테가 있다. '아름다운 언덕'이란 뜻의 이름은 지리적인 위치와 포르투갈에서 가장 높은 '세하 다 에스트렐라Serra da Estrela' 산이 바라다보이는 아름다운 전망에서 유래했다. 벨몬테는 대항해 시대에 브라질을 발견한 탐험가 '페드로 알바레스 카브랄Pedro Álvares Cabral'의 고향으로도 유명하다. 주된 볼거리는 중세 분위기가 물씬 나는 마을과 마누엘 양식이 아름다운 벨몬테 성Castelo de Belmonte이다. 성 창문 밖으로 보이는 목가적인 풍경 또한 눈을 즐겁게 한다. 그 밖에 산티아고 교회, 대항해 시대 박물관, 유대인 박물관, 올리브오일 박물관 등 소소한 볼거리가 제법 포진해있다.

Data **Access** 카스텔루 브랑쿠에서 자동차로 45분, 수르텔랴에서 25분 거리
Add Rua Castelo, 6250-048 Belmonte
Open 벨몬테 성 10:00~12:30, 14:00~17:00(월요일, 1/1, 부활절, 5/1, 12/25 휴무)

고요한 성곽을 거닐다
카스텔루 노부 Castelo Novo

수르텔랴만큼은 아니지만 중세 성곽마을의 흔적이 제법 남아 있는 곳이다. 일부러 찾기보다는 카스텔루 브랑쿠에서 벨몬테로 가는 길에 들러볼 만하다. 성곽 위에 서면 푸른 산, 오렌지 빛 지붕이 옛 모습을 그대로 간직한 늠름한 종탑이 한 폭의 그림처럼 어우러진다. 특히 성곽에 빌트인 가구처럼 달려 있는 돌로 만든 벤치는 한 번 앉으면 마냥 머물고 싶어지는 마법의 장소. 가만히 앉아 귓가에 흘러드는 샘물 소리와 새소리에 절로 힐링이 된다.

Data **Access** 카스텔루 브랑쿠에서 자동차로 25분, 벨몬테에서 30분 거리
Add 6230 Rua do Castelo 2, 6230 Castelo Novo **Open** 카스텔루 노부 성 10:00~12:30, 14:00~17:00(월요일, 1/1, 부활절, 5/1, 12/25 휴무)

EAT

몬산투에서 이집 모르면 간첩
페치스쿠스 에 그라니토스 Petiscos e Granitos
Writer's Pick!

화강암 식당이란 뜻의 이름처럼 지붕에 집채만 한 돌덩이를 무심하게 얹고 있다. 가만 보니 인터넷에 떠도는 몬산투 사진 속 바로 그 집! 이곳은 10년째 한자리를 지켜온 레스토랑이다. 야생 식재료를 메인으로 요리의 다양한 변주를 보여준다.

특히, '크리아딜랴Criadilha'라는 생경한 이름의 야생 버섯 달걀 볶음은 꼭 맛 봐야할 메뉴. 보들보들한 달걀과 담백하고 쫄깃한 버섯의 조화가 혀를 즐겁게 한다. 싱싱한 야생 아스파라거스 볶음을 곁들인 바칼라우 크로켓 '티보르나 드 바칼라우Tiborna de Bacalau' 또한 상큼하게 입맛을 돋궈주는 전채 요리. 주방 셰프 추천 메인 요리는 '폴비뇨 두 포르노Polvinho no Forno'. 문어구이에 명품 치즈로 꼽히는 세하 다 에스트렐라Serra da estela 치즈를 올려 내는 요리로 와인을 부르는 맛이다.

Data **Map** 395D
Access 몬산투 관광안내소에서 도보 5분
Add Rua da Pracinha 16, 6060-087 Monsanto
Tel 277-314-029
Open 런치 12:00~16:00, 디너 17:00~24:00
Cost 티보르나 드 바칼라우 12.50유로, 폴비뇨 두 포르노 17.50유로

Tip 레스토랑 뒷마당으로 가면 커다란 바위 아래 그루타가 있다. 단순 저장고가 아닌 단체 손님을 위한 시원한 식사 장소로 쓰인다. 단체가 아니라도 구경하고 싶다고 하면 안을 보여준다.

전망 좋은 선술집
타베르나 루시타나 Taverna Lusitana

몬산투의 아름다운 마을 풍경을 안주 삼아 차가운 맥주를 홀짝이고 싶다면 타베르나 루시타나로 향하자. 마을에서도 높은 곳에 있어 부러울 게 없는 전망을 자랑한다. 페치스쿠스 에 그라니토스에서 조금만 더 위로 올라가면 나오니 찾아가기도 쉽다. 언제가도 싱그러운 쉼표가 되어 주는 야외 테라스는 늘 인기다.

특히, 하늘이 붉게 물드는 석양 무렵이면 로맨틱한 분위기가 무르익는다. 맥주뿐 아니라 와인과 치즈, 소시지, 쿠키 등 스낵 메뉴도 다양하다. 루시타나의 시그니처 메뉴, 마법의 묘약이라는 뜻의 칵테일 '포사웅 마지카Poção Mágica'도 인기.

Data **Map** 395D **Access** 몬산투 관광안내소에서 도보 6분
Add Rua Principal, 6060-089 Monsanto
Tel 277-314-009 **Open** 12:00~22:00
Cost 맥주 2유로~ **Web** tavernalusitana.com/en

SLEEP

전망 좋은 게스트하우스
카사 두 미라도우루 Casa do Miradouro

몬산투의 전통 돌집을 개조해서 만든 게스트하우스. 마을 한가운데 자리해 전망, 넉넉한 객실 크기까지 흠잡을 데가 없다. 벽난로가 있는 아늑한 거실과 주방, 테라스까지 딸린 객실이 강점이다. 별장을 빌린 듯 편안함을 선사한다. 넓어서 여럿이 함께 쓰기도 굿. 내 맘대로 요리할 수 있는 부엌도 요긴하다. 요리파가 아니라도 걱정 없다. 몬산투의 대표 맛집 '페치스쿠스 에 그라니토스'가 지척이다. 이름처럼 전망대(미라도우로)와 가까워 전망은 또 얼마나 근사한지. 몬산투 마을의 전망이 파노라마처럼 펼쳐지는 테라스에서 맛보는 아침식사는 진정 감동이다.

Data Map 395F
Access 몬산투 버스정류장에서 도보 5분
Add Rua da Soenga 7, 6060-091 Monsanto
Tel 963-438-810
Cost 더블룸 55유로
Web www.casa-do-miradouro.com

언덕 위 그림 같은 오두막
칸티뇨 다 코쉬쟈 Cantinho da Coxixa

몬산투 관광안내소의 반대편 언덕길을 오르면 그림 같은 오두막이 눈길을 끈다. 몬산투 돌집 특유의 아늑함을 느낄 수 있는 숙소다. 몬산투의 주요 관광지 반대편에 있어 평온하고 고요한 하룻밤을 묵어갈 수 있다는 게 장점. 마을 초입의 상 미구엘São Miguel 성당과 500m 거리다.
모든 객실은 프라이빗 화장실이 딸린 더블룸. 아침식사를 원하면 5유로를 추가하면 된다. 투숙객이라면 누구나 공용 부엌을 맘껏 사용할 수 있다. 테라스에서 바라보는 몬산투의 전망도 근사하다. 단, 구불구불 가파른 골목길은 짐이 많은 여행자에겐 난이도 상 코스. 골목 안에 있는 만큼 찾아가는데도 어려움을 겪을 수 있으니 구글맵을 활용하자.

Data Map 395E
Access 몬산투 버스정류장에서 도보 8분
Add Rua da Azinheira 11-13, 6060-085 Monsanto
Tel 277-314-025
Cost 더블룸 50유로~
Web www.casa-do-miradouro.com

포르투갈 해안가 마을&섬
PORTUGAL COASTAL TOWNS&ISLAND

01 알가르브 라구스
02 알가르브 파루
03 마데이라 푼샬

따뜻하고 맑은 날들을 포르투갈에서 보내려는 사람들을 위한 특별한 여행지! 꽃과 열대 과일로 가득한 섬 마데이라와 포르투갈에서 가장 인기 있는 여름 휴양지 알가르브 해안가이다. 독특한 역사와 문화로 가득한 반도의 도시와는 달리 시원하고, 역동적이고, 상쾌한 매력의 해안가 마을과 섬을 여행해보자.

PORTUGAL COASTAL TOWNS&ISLAND

01

알가르브 라구스
Algarve Lagos

라구스는 알가르브 해안가 제1의 관광지. 포르투갈에서 맑은 날이 가장 많은 도시이다. 한국에는 상대적으로 많이 알려지지 않았으나 보드라운 모래사장과 훌륭한 식도락, 다양한 레저 활동을 경험할 수 있다. 신나는 여름을 보내고 싶은 유러피안들이 해마다 많이 찾고 있는 추세다. 쇼핑과 나이트 라이프까지 갖추어 여행자들의 편의를 100% 보장한다.

|Theme|
알가르브 해안가

포르투갈 사람들이 여름에 가장 가고 싶어 하는 여행지 1순위는 160km에 달하는 꼬부랑 해안가 지역 알가르브다. 아랍어로 'Al-Gharb'라는 뜻의 Al-Gharb라는 말에서 유래하였으며, 이베리아 반도 최서단에 위치한 포르투갈의 최남단에 위치한다.

위치와 기후

면적 4,960㎢의 알가르브는 여러 해안가 마을로 구성되어 있으며, 바다와 인접하여 연중 내내 온화한 날씨를 유지한다. 특히 여름에는 습기 없고 태양이 작열하는 맑은 날씨를 자랑한다. 환상적인 기후 덕분에 여름 성수기를 피해 초봄이나 늦가을에 찾아도 좋다. 바닷물에 젖어 햇살에 닿으면 반짝반짝 빛나는 모래, 깎아 지르는 높은 절벽, 맛있는 해산물, 여행자들의 편의를 위한 교통과 숙박은 포르투갈 사람들로 하여금 매년 알가르브로 떠날 수 있는 여름을 고대한다.
총 16개의 지방자치구로 이루어져 있으며, 이 장에서는 알가르브에 위치한 여러 훌륭한 바닷가 마을들 중 가장 인기가 많은 라구스와 파루를 소개한다.

알가르브 역사, 문화와 경제

구석기 시대부터 사람이 살던 것으로 알려진 알가르브는 포르투갈의 국토 회복 운동 중 가장 마지막에 통합된 지역이다. 8세기 초부터 오랫동안 이 지역을 통치했던 무어인들의 영향이 건축이나 의상 등에 많이 남아 있다. 알가르브 어느 동네를 가도 쉽게 볼 수 있는 짧고 둥근 굴뚝이 있는 하얀 건물들이 바로 이 무어식 건축의 흔적이다.
포르투갈의 다른 지역보다 더욱 풍부한 종류의 해산물과 바다와 친숙하여 발달한 해양 레포츠도 알가르브 해안가의 대표적인 문화적 특징. 관광지로 각광받기 시작한 후 관광업에 주력하여 리조트, 해변가 맛집, 서핑 센터 등이 계속해서 생겨나고 있다.

* 알가르브 해안가는 수많은 해변으로 빼곡히 이루어져 있으며 본 지도에는 대표적인 곳들만 표시하였다.

티바리 Tavira
일랴 데 타비라 Ilha de Tavira
상 브라스 데 알포르텔 São Brás de Alportel
올량 Olhão
파루 Faro
파루 공항 Faro Airport
파루 해변 Praia de Faro
룰레 Loulé
알부페이라 Albufeira
알부페이라 해변 Albufeira
실베스 Silves
라고아 Lagoa
포르티마오 Portimão
로샤 해변 Praia da Rocha
메이아 해변 Meia Praia
도나 아나 해변 Praia Dona Ana
폰타 다 피에다드 해변 Ponta da Piedade
포르투 데 모스 Porto de Mós
라구스 Lagos
카라파테이라 Carrapateira
빌라 두 비스푸 Villa do Bispo
자비알 Zavial
잉그리나 Ingrina
바랑카 Baranca
보르데이라 Bordeira
아마두 Amado
폰타리바 Pontariva
사그레스 Sagres
토넬 Tonel
마레타 Mareta
벨리체 Beliche

Algarve Lagos
PREVIEW

생동감이 흘러넘치는 라구스는 놓칠 수 없는 재미로 가득한 곳이다. 아침 일찍부터 서핑을 하러 나가는 사람들은 새벽 늦게까지 바에서 맥주병을 부딪히며 시간을 보낸다. 해양 레포츠를 즐기러 라구스를 찾는다 하더라도 나이트라이프가 흥겨워 꼭 밤을 보내고 가라고 붙잡고 싶은 젊고 생기발랄한 알가르브의 별, 라구스를 소개한다.

SEE

라구스는 카약과 스카이다이빙과 같이 역동적인 여행을 하고 싶은 사람들에게 최적의 휴양지이다. 어느 하나 놓칠 수 없는 해변에서 시간을 보내려면 최소 2박 3일은 머물러야 한다. 라구스는 자연 그 자체를 즐기기 위한 여행객들의 천국이다.

EAT

라구스에서도 역시 삼시세끼 생선을 먹을 수밖에 없다. 그러나 포르투갈 중북부에 비해 남부에는 생선의 종류가 훨씬 다양해 바칼라우 외에도 참치나 도미구이 등을 먹어 볼 수 있다. 별 다른 소스 없이 신선한 생선을 구워 주기만 하는데도 끝없이 입에 넣게 된다. 오 카밀루의 요리는 라구스 여행 중 반드시 한 번은 찾아가 볼 맛집. 시내에는 오데옹, 미마르, 곰바 등 여러 카페와 베이커리들이 있어 아침 걱정도 할 필요가 없다.

BUY

서핑 용품, 수영복 등 바다와 관련한 의류와 스포츠용품을 유독 많이 판매하는 것을 볼 수 있다. 리스보아, 포르투보다 더 싸게 포트와인을 살 수 있는 주류 상점 소아레스도 꼭 들러보자.

SLEEP

라구스는 당일치기로 오기 어려운 지역. 리스보아나 포르투에서 이동해 오는 데에도 상당한 시간이 소요될 뿐더러 라구스에 도착하여 구경해볼 것, 경험해볼 것, 먹어볼 것도 굉장히 많기 때문이다. 깊은 밤 조명이 켜진 아름다운 야경도 놓칠 수 없는 라구스. 찰싹이는 파도소리를 들으며 편안히 잠들 수 있는 라구스의 호텔, 호스텔에서 꼭 밤을 보내도록 하자.

INFO

라구스 관광안내소

관광 명소 위치, 숙박, 맛집 정보, 각종 축제 안내 등 시내 지도를 비롯하여 전반적인 라구스 관광 정보를 얻을 수 있다.

Data **Map** 410E **Access** 라구스 기차역에서 도보 13분 **Add** Praça Gil Eanes, 8600 Lagos **Tel** 282-763-031 **Open** 09:30~13:00, 14:30~18:00 **Web** www.visitalgarve.pt

Algarve Lagos
GET AROUND

어떻게 갈까?

리스보아 오리엔테 기차역에서 탑승하여 투네스Tunes역에서 1회 환승, 3시간 45분 소요. 버스로 이동 시 메트로 자르딩 주로지쿠Jardim Zoológico역 앞에 위치한 세트 히우스Sete Rios 정류장에서 탑승, 4시간 소요. 하루 15대 이상 운행하여 가격은 편도 19.50유로.
포르투의 경우 기차는 최소 2번 환승하여 7시간 남짓 소요되며, 비용도 70유로를 웃돈다. 포르투 공항에서 알가르브의 파루Faro 공항으로 이동하는 비행은 하루에도 여러 차례 있으며, 1시간 10분 밖에 소요되지 않는다. 가격도 비슷하다.

어떻게 다닐까?

라구스의 기차역과 버스정류장 모두 라구스 시내와 무척 가깝다. 택시를 타도 5분이면 도착한다. 라구스 시내 안에서는 걸어서 모든 곳을 다 가 볼 수 있다. 알가르브 해안가의 다른 마을들을 가보고 싶다면 시외버스를 이용하자. 표 값은 1~2유로 정도이며, 배차 간격이나 운행 시간은 홈페이지를 참조하자.
Web www.algarvebus.info/lagos.htm

라구스 해안가
Praias de Lagos

라구스 제1의 성당
산타 마리아 데 라구스 성당 Igreja de Santa Maria de Lagos

1755년 대지진으로 무너진 산타 마리아 다 그라사 성당Igreja de Santa Maria da Graça을 대신하여 라구스를 대표하는 성당. 15~16세기에 지어진 이 성당의 현재 모습은 18세기의 지진과 화재로 소실된 후 19세기에 복구한 것이다. 단일 신랑(성당의 중앙 회중석)과 3개의 작은 예배당, 파사드 왼편의 성구 보관실은 신고전주의 건축 양식의 훌륭한 예로 꼽힌다. 대칭의 미가 돋보이는 정문을 열고 들어가면 18세기 후반의 종교 장식품으로 화려하게 장식된 내부가 공개된다. 회랑 뒤에 높이 걸려 있는 벽화는 주황색, 보라색을 사용한 것이 포인트. 성당이 위치한 인판테 엔리케 광장Praça Infante D. Henrique 정중앙에는 항해왕 엔리케의 상이 있다. 항해왕 엔리케는 1419년 알가르브 지역의 총독으로 임명된 후 라구스를 기지로 삼아 아프리카로 항해하였다. 그가 사망한지 500년이 되던 1960년에 엔리케 광장그의 동상이 크게 세워졌다.

Data **Map** 410D **Access** 라구스 기차역에서 도보 20분
Add Praça Infante D. Henrique, 8600-525 Lagos
Tel 282-762-723
Open 09:00~12:00, 14:00~19:00
Web www.paroquiasdelagos.pt

수세기 동안 라구스를 지켜온 튼튼한 성벽
폰타 다 반데이라 성채 Fortaleza da Ponta da Bandeira

라구스의 구시가지를 에워싸고 있는 성벽은 16세기에 세워졌으며, 17세기에는 폰타 다 반데이라 성채가 추가로 건축되어 도시의 방어를 더욱 견고히 하였다. 복구, 보수 작업을 거쳐 포르투갈 항해에서 발견한 물건들을 전시하는 전시관으로 사용되고 있다. 파도로부터 사람들을 지켜주는 수호성인 산타 바바라Santa Bárbara에게 헌정된 작은 예배당도 있다. 주변의 연못 위에 도개교를 놓은 점, 높이는 낮지만 매우 두꺼운 벽으로 되어 있는 점이 건축 당시 알가르브 지역에서 가장 발달한 기술로 지어진 벽으로 높이 평가되었다. 원통형의 탑은 1960년 보수 작업 중 추가된 것이다. 옥상에는 조각가 조제 마리아 페레이라JoséMaria Pereira의 작품이 전시되어 있다.

Data **Map** 410D
Access 라구스 기차역에서 도보 20분 **Add** Cais da Solaria, 8600-645 Lagos
Tel 282-761-410
Open 화~일 10:00~13:00, 14:00~18:00(1/1, 부활절, 4/25, 5/1, 12/1, 12/24, 12/25 휴관)
Cost 성인 2유로, 12~18세 · 65세 이상 · 학생증 소지자 1유로, 12세 이하 무료

황금빛으로 빛나는
산투 안토니오 성당 Igreja de Santo António

1707년 세워져 1755년의 대지진 후 1769년에 재건되었다. 포르투갈에서 가장 훌륭한 바로크풍 나무 장식을 뽐낸다. 내부는 전부 목재로 만든 궁륭형 천장으로 덮여 있으며, 벽은 18세기 아줄레주로 장식되어 있다. 이 성당의 수호성인 산투 안토니오가 아기 예수를 안고, 횃불을 든 두 천사의 비호를 받고 있는 상이 신랑(성당의 중앙 회중석) 중앙에 위치한다. 보기 드문 엘로이 성인 Santo Elói의 상도 찾아볼 수 있다. 화려한 금빛 성당과 어울리는 산투 안토니오는 금세공인들의 수호성인이라고 한다. 산투 안토니오는 물고기에게 복음을 전하거나 절단된 다리를 다시 붙이는 등 수많은 기적을 행해 '기적의 성인'이라고도 불리웠으며, 그의 기적들을 묘사한 6개의 회화도 성당 내부에 걸려 있다.

Data **Map** 410D **Access** 라구스 기차역에서 도보 20분 **Add** Rua General Alberto da Silveira, 8600-594 Lagos **Tel** 282-762-301 **Open** 화~일 09:30~12:30, 14:00~17:00 **Cost** 3유로

수없이 파손되고 보수를 거쳐 여전히 건재한
총독의 성 Castelo dos Governadores

아랍인들이 지은 성이 있던 자리에 세운 성으로, 14세기에 있었던 국토 되찾기 움직임의 알가르브 지부로 사용되었다. 라구스 대부분의 건축물과 마찬가지로 1755년 대지진에 상당 부분이 무너져 현재는 성벽만이 남아 있다. 기록에 따르면 이 성에는 마누엘 양식의 아름다운 창문이 있었으며, 1578년 아프리카 모로코 전쟁을 떠나기 전 세바스챠오 Dom Sebastião 왕이 마지막으로 기도를 올린 곳이 이 창 앞이었다고 한다. 야외 미사를 열고 모여든 귀족들에게 승리를 다짐했으나 처참히 패했다. 이 전쟁에서 세바스챠오 왕을 포함한 8,000여 명의 병사들이 모로코에서 목숨을 잃었다.

Data **Map** 410D **Access** 라구스 기차역에서 도보 17분 **Add** Jardim da Constituição, 8600 Lagos

|Theme|
라구스에서 경험할 수 있는 짜릿한 액티비티

해양 레포츠를 즐기러 라구스를 찾는 여행자들이 많은 만큼 라구스에는 다양한 액티비티 센터가 있다. 특별한 경험을 해보고 싶다면 아래의 액티비티들을 예약하자!

라구스에서 놓칠 수 없는 재미
카약투어스 Kayaktours

시내에서 바라다보는 항구의 모습도 충분히 아름답지만 바다 한가운데서 라구스를 구경하고 파도에 몸을 맡기는 기분은 비교할 수 없을 정도로 신나고 감격스럽다. 하루 2번, 오전 오후로 나누어 서너 시간 동안 카약을 저으며 바다 멀리까지 나가보자. 지리와 역사에 해박한 가이드가 리드하며 알가르브 주변에 관한 다양한 이야기를 들려준다. 동굴이나 작은 곳 등 사진이 예쁘게 찍히는 곳에서 포토타임을 갖기도 한다.

구명조끼를 입기 때문에 안전하다. 그러나 카약에 얌전히 앉아서 팔만 놀릴 것이라는 생각은 오산. 물에 꽤 젖게 되고 해변에 쉬어가는 자유시간이 주어지니 수영복을 반드시 입고 가야 한다. 날씨 상황에 따라 갑작스럽게 취소될 수 있다. 라구스에서의 마지막 날에 하기보다는 하루 정도 미루어져도 괜찮을 일정으로 투어를 예약할 것을 추천한다.

Data **Map** 410D **Access** 라구스 기차역에서 도보 20분 **Add** Cais da Solaria, 8600 Lagos **Tel** 969-330-214 **Open** 10:00, 13:00 **Cost** 카약 투어 3시간 25유로 **Web** www.facebook.com/kayak.tours.5

Writer's Pick! 알가르브 해안 위 하늘을 날아보자
스카이다이브 알가르브 Skydive Algarve

상공 14,000피트 높이에서 낙하산 하나만 매고 뛰어 내리는 짜릿함! 스카이다이빙 역시 초보라도 겁낼 필요 없다. 수천 번의 점프 경험이 있는 전문가가 안고 함께 뛰어내리기 때문. 지상에서 안전 교육을 철저히 받은 후 작은 비행기를 타고 여럿이 함께 올라가 차례로 뛰어내린다. 하늘 위에서의 스릴을 즐기다 낙하산이 펼쳐지면서부터는 여유롭게 해안가 풍경을 감상하면 된다.

평생 잊지 못할 특별한 경험을 선사해줄 스카이다이브 알가르브는 라구스에서 조금 떨어져 있지만 버스편이 잘 되어 있어 찾아가는 것이 어렵지 않다. 30유로(편도)를 지불하면 라구스 시내에서부터 픽업 서비스를 요청할 수 있다.

Data **Access** 2번 버스 타고 20분(알가르브 센터Alvor Centro 정류장에 하차하여 택시로 이동 또는 픽업 요청, 버스시간표 www.algarvebus.info/002e.htm) **Add** Aeródromo Municipal de Portimão, 8500-059 Alvor **Tel** 914-266-832 **Open** 개별 문의 **Cost** 7.5K 탄뎀점프 119.99유로, 탄뎀점프 + 사진과 영상 194.99유로 **Web** www.skydivealgarve.com

라구스 해안가를 따라 촘촘히 자리한 아름다운 해변들

끝없이 펼쳐지는
메이아 해변 Meia Praia

라구스에서 시작하여 약 4km 길이로 뻗어 있는 메이아는 황금빛 모래사장과 깨끗한 물로 하루 종일 해수욕을 하기 안성맞춤인 곳이다. 라구스에서 메이아까지 걸어가는 길이 쾌적해 날씨가 맑으면 시내에서의 일정을 일찍 마무리하고 천천히 메이아까지 걸어가 해가 질 때까지 해수욕을 즐겨보자.

Data **Map** 407A
Access 라구스 기차역에서 도보 15분
Add Meia Praia, 8600 Lagos

비밀스러운
피나우 해변 Praia do Pinhão

구불거리는 돌계단을 내려와야 만날 수 있는 해변. 조명 설비가 잘 되어 있지 않아 어두운 밤에는 위험하니 아침에 찾을 것을 추천한다. 비밀스럽고 평온한 분위기 덕분에 연인들에게 인기가 좋다. 상점도, 식당도, 선 베드도 없다. 사람 손때가 묻지 않은 자연스러움이 피나우의 매력이다.

Data **Map** 407A
Access 라구스 기차역에서 도보 28분
Add Rua José Formosinho, 8600 Lagos

시가지와 가장 가까운
바타타 해변 Praia da Batata

라구스 도심과 가장 가까워 인접성이 좋다. 따라서 사람들도 많이 모여드는 인기 해변이다. 반데이라 성채 바로 옆에 위치하여 걸어가는데 부담이 없다. 크지 않아 주말이나 성수기에는 자리를 잡고 해수욕을 하기가 쉽지 않으니 이른 시간 또는 피크 시간인 오후 2~3시 경을 피하는 게 좋다. 여름에는 구조요원이 상주한다. 동쪽을 향해 펼쳐진 바타타 곶은 대서양을 막아 주는 역할을 한다. 파도가 심하지 않아 아이들과 함께 여행 오는 가족들에게 인기가 좋다.

Data **Map** 409B
Access 라구스 기차역에서 도보 20분
Add Cais da Solaria, 8600 Lagos

바다에서 많은 시간을 보내는 라구스. 아무것도 하지 않고 비치 타월 위에 누워 태닝을 해도 좋고, 바닷물에 뛰어 들어 신나게 물장구를 쳐도 좋고, 투어를 신청해 해양 레포츠를 즐겨도 좋다. 젖는 것이 싫거나 시간적 여유가 없다면 해안가를 따라 마냥 걸으며 바닷가 경치를 감상해보자. 바로 옆에 자리하고 있으나 각각 모습과 특징이 다른 라구스의 여러 해변들을 자세히 살펴보자.

라구스에서 가장 예쁘기로 소문난
도나 아나 해변 Praia Dona Ana

라구스뿐 아니라 알가르브 전역을 통틀어 가장 예쁜 해변으로 꼽히는 도나 아나. 세월의 풍파로 멋지게 깎인 절벽 앞에 조성된 해변이다. 주변에 바, 카페, 식당 등의 편의 시설도 많이 들어서 있다. 도나 아나 뒤로 숙소가 많이 생기나 일어나 자마자 시내 구경을 하기도 전에 먼저 해변으로 달려오는 사람들이 많다.

Data Map 409A
Access 라구스 기차역에서 도보 38분
Add Praia Dona Ana, 8600-500 Lagos

등대로 가는 해변 산책로 마지막에 위치한
카밀루 해변 Praia do Camilo

200여 개의 나무 계단을 따라 내려가면 만날 수 있는 해변. 나무 계단과 해변의 조화가 독특하면서도 자연스럽다. 해안가 움푹 파인 곳에 위치하여 카밀루의 고운 모래에 앉아 있으면 주변 해변이 보이지 않아 숨어 있는 듯한 기분이 든다.

Data Map 409A
Access 라구스 기차역에서 도보 43분
Add Praia do Camilo, 8600 Lagos

들어가 볼 수는 없어도 직접 보길 추천하는 아름다움
폰타 다 피에다드 등대 Farol da Ponta da Piedade

자연이 만들어낸 멋진 절벽의 절경을 가장 잘 감상할 수 있는 곳으로 라구스 해변 산책로의 최종점이다. 개방되어 있지 않아 들어가 볼 수는 없지만 등대 앞의 해변은 언제든지 열려 있다. 라구스 항구에서 등대까지 오는 보트 투어로 찾아 가도 좋지만 걸어오는 길이 그리 험하지 않아 반나절을 계획하고 차례로 해변을 들러 보며 등대까지 걸어오는 편을 추천한다.

Data Map 409A **Access** 라구스 기차역에서 도보 48분 **Add** Estrada Ponta da Piedade, Lagos

> **Tip** 보트 투어 신청하기
> 라구스 항구 옆 봄 디아 보트 트립스Bom Dia Boat Trips에서 여러 종류의 보트 투어를 신청할 수 있다. 폰타 다 피에다드 등대까지 가는 코스가 가장 인기 있다.
> **Data** Map 410F **Access** 라구스 기차역에서 도보 3분 **Add** Marina de Lagos Loja 10, 8600 Lagos **Tel** 282-087-587 **Open** 13:00~17:00 **Cost** 1시간 간격으로 운행하는 그로토 트립(1시간 15분 소요) 성인 20유로, 10세 이하 10유로 **Web** www.bomdia-boattrips.com

EAT

라구스에서 가장 맛있는 아침을 요리하는
카페 오데옹 Cafe Odeon

미국식, 호주식, 영국식 아침식사를 완벽하게 재현해내는 신통방통한 카페. 가격도 저렴하고, 양도 푸짐해 배고픈 여행자에게 최고로 꼽힌다. 토스트, 달걀프라이, 베이컨, 해시 브라운 또는 팬케이크로 구성된 대표 메뉴 오데옹 블랙퍼스트는 둘이 먹어도 될 정도로 한 접시 가득 다양한 요리가 서빙된다.

낮에도 아침식사 메뉴를 제공하니 하루 중 언제 찾아도 좋다. 넓지는 않지만 자리 회전이 빨라 만석이어도 금방 자리가 난다. 채식주의자를 위한 메뉴도 있다.

Data Map 410D **Access** 라구스 기차역에서 도보 18분
Add Rua do Castelo dos Governadores 10, 8600-597 Lagos
Tel 282-082-160 **Open** 수~일 08:00~19:00
Cost 오데옹 블랙퍼스트 3유로, 채소버거 3유로, 칠리 치즈 랩 3.50유로
Web www.thecafeodeon.com

푸른 정원이 있는
레스토란테 도스 아르티스타스 Restaurante dos Artistas

15년 넘게 맛과 서비스 모두 인정받은 도스 아르티스타스는 시가지 한가운데 위치한 목 좋은 맛집이다. 미슐랭 가이드에서 추천하는 라구스의 고급 식당으로, 실내도 광장히 넓고 정원 테이블도 여럿이다. 육류, 해산물, 채식주의자를 위한 요리까지 다양한 메뉴를 보유하고 있다. 정갈한 테이블 세팅과 음식에 대한 해박한 지식으로 조언과 설명을 아끼지 않는 웨이터의 서비스도 흠잡을 곳 없이 훌륭하다. 널찍하고 푸른 정원 테이블 자리를 추천한다.

Data Map 410E
Access 라구스 기차역에서 도보 16분
Add Rua Cândido dos Reis 68, 8600-567 Lagos
Tel 282-760-659
Open 월~토 11:00~14:00, 18:00~24:00
Cost 테이스팅 메뉴(저녁만 가능) 2코스 21.50유로, 3코스 26.50유로
Web www.artistasrestaurant.com

라구스 최고의 해산물 식당
오 카밀루 O Camilo
Writer's Pick!

카밀루 해변가에 위치한 소문난 맛집으로 해변과 동떨어진 곳에 자리 잡고 있다. 해변에서 오 카밀루로 가는 길이 매우 한적하므로 천천히 산책하듯 여유로운 시간을 보내기 좋다. 메뉴에는 없지만 당일 잡은 생선으로 만든 요리는 건강한 식재료 만들었을 뿐만 아니라, 양도 매우 푸짐하다. 생선요리와 찰떡궁합을 자랑하는 화이트 와인도 다양하게 갖추고 있으니, 반주를 좋아하는 사람이라면 한 잔 즐겨보는 것도 좋겠다.
성수기 식사 시간에는 항상 많은 사람으로 북적이는 인기 맛집이므로, 해변을 찾을 때 먼저 들러 자리를 예약한 후 해수욕을 먼저 즐기고 오자. 테라스 자리는 선선한 바람이 불어오며, 밤이 되면 한층 더 낭만적인 분위기가 흐른다.

Data Map 409A
Access 라구스 기차역에서 도보 35분
Add Estrada da Ponta da Piedade, 8600-544 Lagos
Tel 282-763-845
Open 10:00~22:00
Cost 도마구이 12.50유로, 칼라마리 9.50유로, 소고기 스테이크 13유로, 오믈렛 6.50유로
Web restaurantecamilo.pt/en

신선도 100점의 햄버거
아로마스 Aromas

주문을 받은 후 조리를 시작한다. 두꺼운 패티를 그릴에 구워 도톰한 햄버거 빵 사이에 각종 채소와 베이컨, 치즈와 함께 끼워주니 맛이 없을 수 없다. 함께 먹는 도톰한 감자튀김도 맛있다. 패스트푸드점과는 비교할 수 없는 건강하고 든든한 맛. 낮에도 실내가 어두운 편. 안으로 들어서면 넓고 환한 정원 테이블 자리가 있으니 걱정하지 말자. 아로마스 햄버거는 포르투갈의 대표 맥주 사그레스 Sagres 또는 수퍼 보크 Super Bock 와 함께 먹으면 더 맛있다.

Data **Map** 410E
Access 라구스 기차역에서 도보 15분 **Add** Rua Candido Dos Reis 19, 8600-681 Lagos **Tel** 917-735-255
Cost 베이컨 치즈 버거와 감자튀김 5.99유로, 수프 1.50유로, 치킨 샐러드와 음료 세트 6.50유로

아침 일찍 문을 여는 달콤한 카페
곰바 Gomba

1964년부터 커피와 맛있는 케이크를 판매해온 인기 베이커리 겸 카페. 곰바의 커피와 빵으로 하루를 시작하는 라구스 사람들이 많다. 입에 넣자마자 녹는 전통 포르투갈 베이커리류는 에스프레소와 함께 먹지 않으면 견딜 수 없을 정도로 매우 달콤하다. 여행 중 당이 떨어질 때 급격한 슈거 충전을 하기 위해 들리기 좋은 곳.

Data **Map** 410E
Access 라구스 기차역에서 도보 15분
Add Rua Cândido dos Reis 56, 8600 Lagos
Tel 282-762-188
Open 08:00~19:00
Cost 토스트 1.10유로~, 오믈렛과 샐러드 2.80유로, 카푸치노 1.80유로

라구스 최고의 베이커리
파다리아 센트럴 Padaria Central

상호명 그대로 라구스 시내 중심에 위치한 베이커리. 먹고 가기도 애매한 실내는 빵을 만드는 기계 외엔 별 다른 장식 없이 휑하지만 손님들의 발걸음이 끊이질 않는다. 그날 먹을 빵을 사러 오는 라구스 주민들은 단골답게 파다리아 센트럴의 직원들과 정답게 인사를 나누고는 빵을 한 아름씩 안고 간다. 아침 일찍 문을 여니 이곳에서 아침식사 하는 것을 추천한다.

Data **Map** 410E
Access 라구스 기차역에서 도보 15분 **Add** Rua de Maio 27, 8600-757 Lagos **Tel** 282-763-994
Open 월~금 06:00~20:00, 토 06:00~13:30
Cost 나타 0.80유로, 에클레어 1.20유로
Web padariacentral.pt

맥주가 생각날 땐
도이스 이르마오스 2 Irmaos

'두 형제'라는 이름의 이 식당은 2012년 라구스의 인판테 광장 Praça do Infante 앞에 문을 열었다. 라구스 주민들이 광장을 지나가다 목이 타면 편하게 들러 식당 사람들과 인사를 나누고 농담을 주고받으며 맥주 한잔하고 가는 편안한 곳이다. 내부는 넓어도 테라스 자리는 넉넉하지 않으니 식사 시간이 한창일 때 가면 바깥 자리를 차지하기가 쉽지 않다.

다양한 종류의 포르투갈식 타파스, 페스티쿠스 pesticos가 있어 맥주와 함께 주문하기 부담이 없다. 해산물이 주인 식사 메뉴도 방대하다. 잔 단위로 와인도 판매하여 식사 시간이 아닐 때 찾아 가벼운 스낵과 함께 한잔하기 안성맞춤이다.

Data Map 410D
Access 라구스 기차역에서 도보 17분
Add Praça Infante Dom Henrique 5, 8600-315 Lagos **Tel** 282-181-100
Cost 포르투갈 스테이크 15.40유로, 홍합찜 6.90유로, 연어 샐러드 7.60유로

> **Tip** *라구스의 밤을 책임지는 거리, 4월 25일 거리 Rua 25 de Abril*
>
> 수많은 카페, 식당이 있어 낮에도 바쁜 거리. 소문난 맛집들이 다닥다닥 붙어 있어 오전부터 라구스에서 가장 먼저 붐비기 시작하는 골목이다. 밤이 되면 카페들은 커피 대신 술을 팔고 라이브 음악 또는 DJ가 흥을 돋워 완전히 다른 모습으로 탈바꿈한다. 젊은 백패커들이 약속이라도 한 듯 해가 지면 술을 이 거리로 모여든다. 4월 25일 거리의 대표적인 바는 에디스 Eddie's와 봉 비방 Bon Vivant. 봉 비방의 경우 오후 4시가 되어야 문을 열고 새벽 4시에 문을 닫아 아쉬울 때 숙소로 돌아가야 할 걱정 없이 신나게 놀 수 있다. 3층 건물에 테라스까지 있지만 성수기 여름밤에는 발 디딜 틈 없이 꽉 찬다. 에디스는 서퍼들과 백패커들이 시원한 맥주를 마시기 위해 거의 매일같이 찾는 곳이다.
>
> **Data** Map 410D **Access** 라구스 기차역에서 도보 15분 **Add** Rua 25 de Abril, 8600 Lagos

BUY

초보자도 환영! 서프의 모든 것
자 샤카 서프숍 Jah Shaka Surfshop

전문적인 서핑용품부터 초보를 위한 기본적인 수영복까지 모두 취급하는 대형 서프숍. 알가르브 해안가에 여러 지점이 있다. 수많은 서핑, 카약 에이전시, 투어 사무소와 연계가 잘 되어 있어 이곳을 통해 서핑, 카약, 패들보드 등 다양한 해양 레포츠를 예약할 수 있다. 자 샤카에 예약금을 일부 지불한 후 액티비티 업체에 잔금을 투어 당일 치르면 된다. 예약 변경은 가능하나 예약을 하고 취소 연락 없이 안온 경우 환불은 못받는다. 물론 기후 상의 이유로 취소가 되는 경우에는 환불해준다. 오랫동안 서핑을 해온 지역 토박이들이 직원으로 있어 해양레포츠에 대한 유용한 팁뿐만 아니라 여행 전반에 대한 이야기도 나눌 수 있다. 취급하는 브랜드는 오클리Oakley, 립 컬Rip Curl, 반스Vans, 퀵실버Quiksilver, 허쉘Herschel 등이 있다. 서핑 외에도 스케이트보드, 롱보드, 자전거도 대여해주며 관련 투어도 진행한다.

Data Map 410D
Access 라구스 기차역에서 도보 20분
Add Rua Cândido dos Reis 112, 8600-681 Lagos
Tel 282-798-006
Cost 그룹 서핑 레슨 1일(하루 레슨 2회, 회당 2시간) 50유로, 개인 서핑 레슨 1회 110유로(레슨비는 서핑복과 서핑보드, 점심식사, 보험 등 포함), 서핑보드 대여 1일 15유로, 3일 45유로, 서프복 대여 1일 5유로, 3일 15유로, 자전거 대여 4시간 10유로, 1일 15유로, 스케이트보드 대여 4시간 10유로, 1일 20유로
Web jahshakasurf.com, www.facebook.com/jahshakasurfshop

축구용품 끝판왕
포르자 포르투갈
Força Portugal Official Store

1999년부터 알가르브 지역의 섬유, 가죽으로 만드는 스포츠용품과 액세서리를 판매해온 상점으로 라구스 지점을 포함하여 알가르브에 총 15개의 지점이 있다. 나이키, 아디다스, 푸마 브랜드의 공식 유니폼을 판매하는 직영점이며, 포르투갈 국가대표와 포르투갈 리그의 3개 클럽 벤피카 SL, 스포르팅 CP, 포르투 FC의 유니폼을 판매한다.
남성, 여성, 아동복을 모두 판매하여 기념품을 사려는 축구 팬들로 언제나 문전성시. 식당과 상점들로 가득한 여러 골목들이 모이는 라구스의 주요 광장 중 하나인 길 이네스 광장에 위치하여 찾기도 쉽다.

Data Map 410E
Access 라구스 기차역에서 도보 13분
Add Praça Gil Eanes 1, 8600-668 Lagos
Web www.forcaportugal.com/pt

세계 각국의 주류를 취급하는
소아레스 Soares

아몬드, 멜론, 레몬, 오렌지로 만든 이탈리아산 주류, 스페인, 칠레, 프랑스 와인 등 세계 주류 정상 회담을 방불케하는 곳이다. 알가르브에 라구스를 비롯하여 15개의 지점이 있다. 잘 모르는 희귀 리큐어도 많으니 궁금하면 물어보자. 친절하게 설명해준다. 미니어처 사이즈로 판매하기도 하여 다양한 주류를 접해보고 싶다면 작은 병들을 여러 개 구입하자. 포르투에 위치한 포트와인 브랜드 테일러와 그라함이 포르투보다 더 저렴한 가격에 판매되고 있다.
직영점인데다 자체 할인 행사도 자주하여 그렇단다. 소아레스 상점과 연계된 식당도 있어 이곳에서 주류를 구입하면 10% 할인권도 준다. 라구스를 여행할 예정이라면 포트와인 쇼핑은 미뤄 두었다 이곳에서 해결하는 것이 가장 경제적이다.

Data Map 410E
Access 라구스 기차역에서 도보 14분
Add Rua Marreiros Neto 4, 8600-754 Lagos
Tel 282-767-213 **Web** www.garrafeirasoares.pt

트렌디한 스포츠용품 상점
에리세이라 서프 앤 스케이트 Ericeira Surf and Skate

서핑과 스케이트용품을 판매한다. 전문적인 스포츠용품보다는 캐주얼 의류와 액세서리 상점이라 하는 편이 더 어울린다. 포르투갈 전역에 22개의 지점이 있으며, 온라인으로는 유럽 전역에 판매한다. 다양한 브랜드의 서핑, 스케이트 상품들을 주로 판매하고 테니스화, 런닝화 등 일반 스포츠용품도 취급한다.
아디다스, 빌라봉, DC 슈즈DC Shoes, 립 컬Rip Curl, 스크루 스케이트보즈Screw Skateboards, 자체 제작 브랜드 에리세이라 서프 스케이트Ericeira Surf Skate 등이 이곳의 대표 브랜드.

Data Map 410E
Access 라구스 기차역에서 도보 14분
Add Rua Lima Leitão 27, 8600-748 Lagos
Tel 282-760-583
Web ericeirasurfshop.pt, www.facebook.com/Ericeirasurfskate

시원한 자연주의 의류
나센티아 Nacentia

2007년 설립된 브랜드로 제작과 생산을 포르투갈에서 하는 고급 의류 브랜드. 나센티아의 상품은 S부터 4XL까지 다양한 사이즈로 제작되며 유기농 섬유만을 이용한다. 곱게 색을 물들인 옷도 예쁘지만 추천하는 것은 순백의 셔츠이다. 100% 순면 또는 린넨으로 만들어져 통풍이 좋고, 몸에 감기는 느낌도 편안하다.

Data Map 410D **Access** 라구스 기차역에서 도보 15분 **Add** Rua Cândido dos Reis 37-39, 8600-315 Lagos **Tel** 282-768-474 **Open** 10:00~24:00 **Web** www.facebook.com/pages/Nacentia-AlbufeiraLagos/138804526190921

휴양지 필수품 총집합
알레 홉 Ale-hop

익살스러운 얼룩소가 대표 캐릭터인 알레 홉은 10대부터 20대 초중반이 가장 즐겨 찾는 저가 상점. 모자, 선글라스, 의류, 가방, 필기구, 수영복, 인테리어 소품 등 수많은 상품군을 취급한다. 가격이 저렴한 만큼 물건의 품질은 다소 떨어진다. 그러나 깜빡 잊고 비키니를 챙겨오지 않았거나 우산이나 비치 타월 등 라구스 여행 중 반드시 또 갑작스럽게 필요할 수 있는 물건들을 구매하기 좋다.

Data Map 410F
Access 라구스 기차역에서 도보 12분
Add Rua Porta de Portugal 9, 8600-998 Lagos
Tel 910-783-425 **Web** en.ale-hop.org

SLEEP

내 집처럼 편안하고 넓은
빌라 도리스 Villa Doris

도나 아나 해변에서 불과 50m 떨어져 있는 아파트. 최신 설비를 갖춘 부엌과 넓은 욕실은 아파트에 들어서는 순간 여름 내내 머물고 싶은 생각이 든다. LCD TV, 어메니티, 헤어드라이어, 금고도 준비되어 있다. 매일 메이드 서비스를 제공하여 집처럼 편히 쓰지만 호텔 서비스도 누릴 수 있다는 것이 최대 장점이다. 자쿠지가 있는 야외 수영장과 헬스장도 1층에 위치하여 관광 이외의 시간을 보내기에도 좋다. 시내까지는 걸어서 10분 남짓.
베이비 시팅, 세탁 서비스, 자전거, 자동차 대여, 파루 공항까지의 픽업 서비스도 요금을 지불하고 이용 가능하다. 총 객실 수 23개, 프런트 데스크 24시간. 무선 인터넷, 무료 주차장 제공. 체크인 15:00, 체크아웃 12:00.

Data Map 409A **Access** 라구스 기차역에서 도보 35분. 라구스 기차역에서 1번 버스 타고 J. Fialho Retirement home(South) 정류장 하차, 도보 5분 **Add** Rua Ana Rosa Monteiro, 8600-500 Lagos **Tel** 282-760-261 **Cost** 원 베드룸 아파트(최대 3인) 127유로 **Web** http://www.sonelhotels.com/en/villadoris.php

라구스 항구와 시가지의 멋진 뷰를 자랑하는
라구스 태그호스텔 Lagos Taghostel

1865년부터 민박으로 이용하던 건물을 2013년 완전히 개조하여 이름을 바꾸고 새로 문을 열었다. 높은 천장과 나무로 된 마룻바닥, 큰 창문과 빈티지한 가구로 인테리어를 꾸몄다. 개인실과 도미토리 모두 갖추고 있는 이 호스텔은 도미토리 공간도 넉넉해 편안한 숙박을 보장한다. 기차역과 거리가 가까워 찾아오기에도 어려움이 없다. 2층에 위치한 라운지에는 케이블 TV, 플레이스테이션, 대형 조식 테이블이 있다. 메이아 해변이 보이는 넓은 테라스에서는 야경을 보기 딱 좋다. 개별 라커, 샴푸와 샤워 젤 등의 어메니티도 준비되어 있다. 조식 포함, 무선 인터넷 제공. 프런트 데스크 24시간. 체크인 15:00, 체크아웃 12:00.

Data Map 410E **Access** 라구스 기차역에서 도보 11분 **Add** Rua da Porta de Portugal 63, 8600-701 Lagos **Tel** 918-780-198 **Cost** 4인실 도미토리 19유로, 더블룸 60유로 **Web** http://www.taghostel.com

PORTUGAL COASTAL TOWNS&ISLAND
02

알가르브 파루
Algarve Faro

1755년 포르투갈 대지진의 여파로 발생한 쓰나미로 가장 많은 피해를 입은 지역은 남부 알가르브 해안가였다. 그러나 파루의 모래사장은 30m 높이까지 일었던 파도로부터 도시를 단단히 보호하여 거의 피해를 입지 않았다. 따라서 가장 발달된 도시임에도 불구하고 파루의 번화함과 세련됨의 배경에는 역사가 오랜 건물들이 자리하고 있다. 연륜이 느껴지는 해안가 마을 파루의 다채로운 매력을 느껴보자.

Algarve Faro
PREVIEW

해안가 동네 여행은 바다가 8할을 차지하지만 파루는 예외적으로 시내가 굉장히 발달되어 있어 바다 없이도 좋은 시간을 보낼 곳이 참 많다. 알가르브 해안가 마을 중 중심이 되는 도시로, 관광지와 쇼핑몰, 식당의 종류가 다양하고 그 수도 많다.

SEE

파루 관광은 대성당과 대성당이 위치한 세 광장에서 시작한다. 오렌지나무가 많아 멀리서도 노란 그 빛깔로 알아보게 된다. 예쁜 시가지의 중심부에서 달팽이 모양으로 좁은 골목을 빙글빙글 돌아 나가며 파루를 탐험해보자. 시내 중심부는 볼 것은 많고 면적은 그리 넓지 않아 지도를 접고 잠시 헤매어도 좋다.

EAT

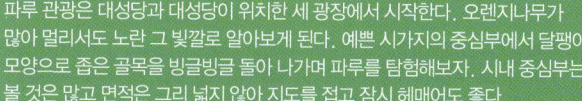

알가르브 해안 어디에서와 마찬가지로 파루에서도 역시 해산물을 추천한다. 그러나 교통이 용이하여 세계 각지에서 관광객들이 가장 많이 찾는 알가르브 도시 중 하나인 만큼 이들을 대접하기 위해 마련된 다양한 종류의 요리를 찾아볼 수 있다. 무엇보다 가르디, 바이샤카페와 같은 카페가 많아 오후 시간을 보내거나 책 한 권을 들고 여유 부릴 곳이 많다.

BUY

다른 알가르브 도시에 비해 월등히 쇼핑이 발달되어 있다. 낯선 포르투갈 패션 브랜드와 눈에 익은 SPA 브랜드 상점, 대형 쇼핑몰 등 쇼퍼홀릭들의 지갑을 열게 만드는 파루의 다양한 상점과 쇼핑 거리들을 돌아보자.

SLEEP

라구스와는 또 다른 분위기의 파루. 알가르브의 역사와 유적지를 더 알아보고, 당일치기 여행으로 다녀오기 좋은 주변 작은 도시들도 여행하고 싶다면 파루에서의 숙박은 필수! 바닷가 전망이 훌륭한 여러 숙소들 중 마음에 드는 위치와 적당한 가격대의 숙소를 골라보자.

> **Tip** 6~8월 사이에는 평균적으로 하루 12시간 해가 나는 곳이나 밤에는 조금 쌀쌀할 수 있으니 한여름에 파루 여행을 하더라도 얇은 겉옷을 챙기도록 하자. 1~2월은 강우량이 가장 많은 달이니 가능하면 피하는 것이 좋다.

Algarve Faro
GET AROUND

 어떻게 갈까?

포르투갈의 주요 도시에서 알가르브 파루까지는 버스 및 기차, 저가항공을 이용해 갈 수 있다.

리스보아 → 파루
버스
메트로 자르딩 주로지쿠Jardim Zoológico역 앞에 위치한 세트 히우스Sete Rios 정류장에서 탑승, 총 4시간 정도 소요된다. 하루 15대 이상 운행하며, 가격은 편도 19.50유로.

리스보아, 포르투 → 파루
저가항공
파루 공항은 시내와 불과 7km 떨어져 있어 이동하는 것이 수월하다. 포르투는 물론이고 유럽 전역에서 알가르브로 여행 오는 사람들은 저가항공을 이용한다. 택시 정류장을 비롯하여 렌터카 사무소, 편의 시설이 마련되어 있고, 포르투갈 기념품과 로컬 브랜드 상품들을 판매하는 면세점도 갖추고 있다. 리스보아에서는 45분, 포르투에서는 1시간 10분이면 도착한다. 공항에서 시내까지는 도착 층 바로 밖에 있는 버스정류장에서 버스(1.90유로)를 타거나 택시(10유로 정도)를 이용한다. 버스는 파루 시내까지 약 20분 소요, 파루 항구 옆에 내려준다.

라구스 → 파루
라구스 기차역에서 국철(1시간 40분 소요, 7.20유로)을 이용하거나 버스(2시간 10분 소요, 5.85유로)를 타도 좋다. 파루의 버스정류장은 파루 항구 옆에 있다. 택시로 이동하면 100유로 안팎이다. 파루 공항에서 파루 시내까지는 택시로 10유로면 이동 가능하다.

라구스 기차역
Data Map 410F
Add Estrada de São Roque, 8600 Lagos

라구스 버스정류장
Data Map 409B
Add Largo Rossio de S.João, 8600-701 Lagos
Tel 282-762-944
Open 매표소 06:15~20:30

파루 기차역
Data Map 428C
Add Largo da Estacao, 8000-133 Faro

파루 버스정류장
Data Map 428C
Add Avenida da República, 8000 Faro
Tel 288-899-740, 288-899-760
Open 매표소 월~금 06:00~23:00,
토·일·공휴일 07:00~23:00

어떻게 다닐까?

도시 중심부에 위치한 주요 명소들을 돌아보는 데에는 도보로 충분히 가능하다.

> **INFO**
> **파루 관광안내소**
> 관광 명소 위치, 숙박, 맛집 정보, 각종 축제 안내 등 지도를 비롯하여 알가르브 해안가의 여러 도시들에 대한 관광, 교통 정보를 얻을 수 있다.
>
> **알가르브 관광안내소**
> Região de Turismo do Algarve
> **Data** Map 428D
> **Access** 파루 기차역에서 도보 16분 **Add** Avenida 5 de Outubro 18, 8000 Faro **Tel** 289-800-400
> **Web** www.turismodoalgarve.pt
>
> **파루 관광안내소**
> Região de Turismo do Faro
> **Data** Map 428F
> **Access** 파루 기차역에서 도보 10분
> **Add** Rua da Misericórdia 8-12, 8000-269 Faro **Tel** 289-803-604

SEE

Writer's Pick! 오렌지나무가 무성한 광장
대성당 Sé

시다데 벨랴Cidade Velha 성벽 안에 위치한 대성당. 로마 시대 성이 있던 자리에 세워진 것으로 대성당이 건축되기 전에는 이 자리에 서고트식 성당, 무어식 모스크가 있었다고 한다. 대성당이 위치한 세 광장Largo da Sé 곳곳에 오렌지나무가 우뚝 심어져 있다. 오렌지가 열리고 익는 여름에 파루를 여행하게 되면 대성당으로 가까이 갈수록 향긋한 오렌지 냄새가 난다. 탑으로 된 성당 정문과 몇 개의 예배당은 본래의 로마네스크 고딕 양식 건물 그 모습 그대로 보존되어 있다. 나머지 부분은 1755년 대지진 때 파손되어 고딕, 르네상스, 바로크 양식을 혼합하여 복원하였다. 섬세한 타일 장식과 바로크 오르간이 유명하며, 옥상의 전망대에서 아름다운 파루 시내를 꼭 한 번 내려다볼 것을 추천한다.

Data **Map** 428E **Access** 파루 기차역에서 도보 13분 **Add** Largo da Sé, 8000 Faro **Tel** 289-823-018 **Open** 월~금 10:00~17:00(6~8월 10:00~18:00), 토 10:00~13:00 **Cost** 3유로

고고학과 건축에 관심이 있다면 꼭 들려야할
파루 박물관 Museu Municipal de Faro

항해왕 엔리케를 기념하는 박물관으로 설립되었다가 파루 박물관으로 바뀌었다. 파루 박물관은 아순사오 수도원이 있었던 곳으로 16세기 수도원 건축의 훌륭한 본보기로 꼽힌다. 엔리케 기념 박물관의 전시품을 전시하고 있어 고고학 관련한 컬렉션이 주가 된다. 선사 시대부터 고대 로마와 중세 시대의 기록들이 남아 있어 파루의 오래전 모습을 되짚어볼 수 있다. 2세기의 로마 모자이크화, 16~19세기 회화 컬렉션이 방대하다. 1948년부터는 국보로 지정되어 관리되고 있다.

Data **Map** 428F **Access** 파루 기차역에서 도보 13분 **Add** Praça Dom Afonso III 14, 8700-767 Faro **Tel** 289-870-827 **Open** 10~3월 화~금 10:00~18:00, 토·일 10:30~17:00, 4~9월 화~금 10:00~19:00, 토·일 11:30~18:00 **Cost** 일반 2유로, 13~25세·65세 이하 1유로, 12세 이하·10~3월 일요일 14:30~ 무료입장, 4~9월 일요일 15:30~ 무료입장 **Web** www.cm-faro.pt/menu/215/museu-municipal.aspx

|Theme| 파루의 구시가지

파루 시내 중심부는 좁고 구불거리는 길들로 이루어진 파루의 시가지를 시다데 벨라cidade velha라 한다. 파루 전체는 무척 넓지만 시다데 벨라에 대부분의 관광 명소와 주요 랜드마크가 모여 있고 건축미도 뛰어나, 이를 하나의 큰 야외 관광지처럼 취급하기도 한다. 지도를 보고 정확한 길을 찾아 이동하는 것도 괜찮지만 그리 넓지 않아 헤매며 돌아보는 것도 좋다.

파루의 아르쿠 Arcos

파루의 구시가지를 둘러싼 벽에는 3개의 문(아르쿠arco)이 있다. 그리 화려하지는 않지만 파루 시내 곳곳에 위치하여 랜드마크처럼 길잡이 역할도 한다. 파루 역사에 대한 이야기도 서려 있어 파루를 방문하는 사람들은 꼭 3개의 문을 찾아본다.

1. 아르쿠 다 빌라 Arco da Vila

1755년 지진 이후 파루의 재건을 총괄하였던 주교 프란시스쿠 고메즈Francisco Gomes의 명으로 지어진 신고전주의 아르쿠 다 빌라. 이름 그대로 '도시의 문'이라는 뜻으로 3개의 문 중 가장 대표적인 곳이다. 문 위에 있는 작은 동상은 아퀴나스 성 토마스의 동상으로 알가르브에서는 보기 드문 이탈리아 신고전주의 조각상이다.

Data **Map** 428D **Access** 파루 기차역에서 도보 10분
Add Rua da Misericórdia, 8000-269 Faro

아르쿠 다 빌라

2. 아르쿠 다 포르타 노바 Arco da Porta Nova

대성당이 위치한 광장의 남쪽 끝에 있는 아르쿠 다 포르타 노바. 문을 나서면 항구로 이어져 눈앞에 펼쳐지는 바다의 모습에 감탄하게 된다. 새로운 뜻이라는 뜻의 'nova'로 미루어 볼 수 있듯 가장 늦게 만들어졌다.

Data **Map** 428D **Access** 파루 기차역에서 도보 13분
Add Rua da Porta Nova, 8000 Faro

아르쿠 다 포르타 노바

3. 아르쿠 데 헤파우수 Arco de Repouso

'쉼의 문'라는 뜻. 마누엘 비바르 정원Jardim Manuel Bivar에 위치하여 공원 구경도 할 겸 찾아보기 좋은 파루의 명소. 파루를 무어인들로부터 되찾고 난 뒤 아폰수 3세Afonso III가 이 문 앞에서 휴식을 취하며 근처에서 들려오는 미사 소리에 평안을 찾았다 하여 이러한 이름을 갖게 되었다.

Data **Map** 428D **Access** 파루 기차역에서 도보 12분
Add Jardim Manuel Bivar, 8000-076 Faro

아르쿠 데 헤파우수

버스 타고 찾아갈 만한 아름다운 모래사장
파루 해변 Praia de Faro

파루에서 해수욕을 하려면 버스를 타고 파루 공항을 지나가야 한다. 파루 해변의 버스정류장은 바다 한가운데 있는 작은 섬 위의 다리에 있어 버스에서 내려서 150m는 걸어야 한다. 파도가 잘 일어 서핑족들에게 특히 인기가 많으며, 성수기 시즌에는 안전 요원들이 상주한다. 6~9월 사이에는 파루 항구Porta Nova에서 출발하는 페리가 있다. 해수욕을 원하지 않는다면 바닷가 풍경을 돌아볼 수 있는 보트 투어만 이용해도 좋다. 항구에 여러 투어 회사들이 있어 편한 시간대에 맞추어 다양한 코스의 투어를 신청해 이용할 수 있다.

Data **Access** 버스 14, 16번을 타고 파루 공항을 지나 Praia 정류장에 하차하면 바로 해변이 보인다
Add Praia de Faro, 8005-520 Faro

쌍둥이 탑으로 멀리서도 알아볼 수있는
카르무 성당&뼈 예배당
Igreja de Nossa Senhora do Carmo & Capela dos Ossos

노란색의 외관이 돋보이는 아름다운 성당. 성당 뒤편에는 19세기에 지어진 뼈 예배당이 자리하고 있다. 이는 1,000명이 넘는 수도사들의 뼈와 두개골로 만들어졌다. 정문에 '이곳에 와 멈추어 서서 생각해보라. 당신도 곧 이렇게 될 것이다Pára aqui a considerar que a este estado hás-de chegar.'라는 문구가 새겨져 있다. 현생에서의 덧없음을 기억하고 운명에 대한 고찰을 촉구하기 위해 세워진 것이다. 뼈만으로 완벽한 대칭을 이루어 감탄을 자아낸다.

Data **Map** 428D **Access** 파루 기차역에서 도보 8분
Add Largo do Carmo, 8000 Faro **Open** 월~금 10:00~13:00, 14:00~18:00, 토 10:00~13:00
Cost 성당 무료, 뼈 예배당 1유로

화려한 목재 장식으로 유명한
상 프란시스쿠 성당 Igreja de São Francisco

오랜 시간 공들여 지은 예배당으로 여러 번의 추가 공사와 보수 공사가 있었다. 주목할만한 것은 18세기 알가르브에서 가장 유명했던 석공 디오구 타바레스Diogo Tavares와 아타이드Ataíde가 이 성당 건축 작업에 참여했다는 것이다. 성인 프란시스쿠의 생애를 묘사해놓은 아줄레주와 이탈리아풍의 조각상 컬렉션으로 유명하다. 1792년 당시 알가르브의 주교였던 프란시스쿠 고메즈의 명으로 제작한 4개의 이탈리아 회화도 눈여겨보자. 로마의 마르셀루 레오파르디Marcello Leopardi가 그린 〈성 프란시스쿠의 죽음A Morte S. Francisco〉이 가장 훌륭하다.

Data **Map** 428F
Access 파루 기차역에서 도보 15분
Add Largo de São Francisco, 8000-142 Faro

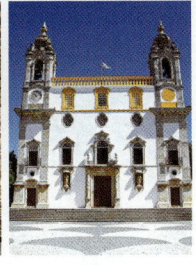

|Theme|
알가르브 해안가의 다른 마을들

라구스와 파루로는 성에 차지 않아 더 오랜 시간을 보내려는 여행자들을 위해 알가르브 해안가에 위치한 매력 넘치는 동네들을 소개한다. 서로 나란히 위치하여 찾아가는데 오래 걸리지 않고, 각기 다른 모습을 하고 있어 해안가를 따라 이동할 때마다 완전히 다른 여행을 하는 기분이 든다. 라구스와 파루 다음으로 알가르브 해안가를 대표하는 여행지들이 여기 있다.

갖출 것은 다 갖춘 경제적인 휴양지
포티마요 Portimão

라구스 옆 동네인 포티마요는 알가르브 해안가에서 2번째로 큰 도시로, 편의 시설, 쇼핑몰 등 여행자가 원하는 모든 것을 갖추고 있다. 라구스와 파루보다 물가가 싸 장기로 알가르브 해안을 여행하는 사람들이 베이스로 삼는 곳이다. 로샤 해안Praia da Rocha을 비롯하여 부근에 해변도 여럿 있어 포티마요의 한적한 분위기를 좋아하는 사람들은 포티마요에만 머무르기도 한다.

Data Map 407A
Access 라구스에서 국철로 17분, 버스로 25분. 파루에서 국철로 1시간 15분, 버스로 1시간 40분
Add 8500 Portimao

> **Tip** 포티마요 버스정류장
> **Data** **Add** Largo do Dique, 8500-802 Portimão
> **Tel** 282-418-120 **Open** 매표소 월~금 06:10~20:30, 토·일·공휴일 07:00~20:30

나날이 인기가 높아지는
알부페이라 Albufeira

라구스와 파루보다 물가가 저렴하다. 사람들이 덜 몰리면서 편의 시설과 아름다운 해변, 레저 활동이 갖추어져 있어 점점 더 많은 사람들이 찾고 있는 인기 휴양지이다. 특히 수족관 겸 테마파크 주마린 Zoomarine과 아쿠아쇼 Aquashow가 부근에 있어 가족 단위 여행객들에게 인기가 좋다.

Data **Map** 407B
Access 라구스에서 국철로 1시간, 버스로 1시간 15분, 파루에서 국철로 20분, 버스로 55분
Add 8200 Albufeira

 알부페이라 버스정류장
Data **Add** Rua Paul Harris 63, 8200 Albufeira
Tel 289-580-611 **Open** 매표소 월~금 06:30~20:30, 토 · 일 · 공휴일 07:00~20:30

생선 시장으로 유명한
올량 Olhão

무어식 건물들이 많은 독특한 모습의 올량은 어업으로 유명하다. 규모가 큰 생선 시장이 볼만하여 알가르브의 다른 지역에서 일부러 찾아와 시장을 구경하고, 신선한 해산물을 구입해 요리해먹는 여행자도 많다. 페스카도르 두 올랴넨제 정원 Jardim Pescador do Olhanense 등 볼거리도 많아 다양한 매력을 가진 동네. 생선 시장은 월~토 07:00~13:00에 열리며, 월요일에는 판매하는 생선 종류나 양이 적으니 다른 날 찾아가 보도록 하자. 아침 일찍 갈수록 활기찬 시장의 모습을 볼 수 있다.

Data **Map** 407B
Access 라구스에서 국철로 2시간 (버스편 없음), 파루에서 국철로 10분, 버스로 20분 **Add** 8700 Olhão

 올량 버스정류장
Data **Add** Rua General Humberto Delgado, Olhão **Tel** 289-702-157
Open 매표소 월~금 07:00~19:15, 토 07:30~12:40, 13:30~18:30, 일 · 공휴일 07:45~13:00, 14:00~18:30

허름해 보이지만 맛으로 승부하는
파스텔라리아 코엘료 Pastelaria Coelho

치장에는 별로 신경을 쓰지 않은 듯한 이 카페에는 항상 사람이 많다. 큼직하게 구워 판매하는 포르투갈 과자류가 맛있기로 소문이 났기 때문이다. 시내 중심에 있으며, 동네 사람들이라면 코엘료가 어디 있는지 모두 알아 길을 물어 가는 것도 쉽다.
커피도 맛있게 뽑아 나타와의 환상 궁합을 자랑한다. 재료를 아낌없이 사용하여 만든 해산물 수프나 스테이크 덮밥 등 식사를 할 수 있는 메뉴도 많다. 실내는 좀 어두운 편이나 안으로 더 들어가면 햇빛 가득한 테라스 자리가 있다. 브런치를 먹고 가려면 테라스 자리로 나올 것을 추천한다. '오늘의 메뉴'를 가게 밖 작은 칠판에 적어 안내하니 살펴보고 들어가자. 친절한 직원에게 직접 물어도 괜찮다.

Data Map 428F
Access 파루 기차역에서 도보 16분 **Add** Rua Brites Almeida 2/4-r/c, 8000-234 Faro **Tel** 289-829-660
Open 일~금 07:30~00:30 **Cost** 수프 1.25유로, 샐러드 3.90유로, 파루 나타 1.10유로 **Web** www.facebook.com/Pastelariacoelho

파루에서 가장 바쁜 카페
가르디 Gardy

주문을 하려 해도 케이크 하나로 끝나지 않는 앞 사람의 긴 주문 덕분에 줄을 서서 기다리는 시간이 상당하다. 하지만 가르디에서 직접 만들어 판매하는 케이크 한 입이면 모든 노고가 잊혀질 것이다. 분쇄한 아몬드와 설탕을 혼합한 고소하고 달콤한 디저트, 마지팬 marzipan과 다양한 종류의 나타가 유명하다. 신선한 과일과 아낌없이 쏟아 넣는 치즈로 만든 페이스트리도 먹음직스럽다. 주문을 하고 자리를 잡으면 고른 메뉴를 음료와 함께 가져다준다. 손님이 찾으면 바로 와 원하는 메뉴를 신속히 가져다주는 숙련된 서비스도 일품이다.

Data Map 428D **Access** 파루 기차역에서 도보 13분
Add Rua de Santo Antonio 33, 8000-283 Faro **Open** 월~토 08:00~19:30
Cost 에스프레소 0.85유로, 코코넛 나타 1.70유로

 젊은이들이 많이 찾는
바이샤카페 Baixacaffé

올 블랙 외관에서부터 밝은 에너지가 느껴진다. 넓은 실내는 환하고 유쾌하다. 나타와 같이 포르투갈 여느 카페에서 볼 수 있는 페이스트리류를 판매하며, 먹기 아까울 정도로 예쁜 컵케이크를 손수 만든다. 다른 카페에 비해 가격대가 살짝 높은 것이 유일한 단점. 오랫동안 머무르다 가는 손님들이 대부분이라 비싼 가격이 전혀 아깝지 않다. 바깥 테라스 자리도 있으나 실내가 무척 예뻐 나가지 않게 된다. 무선 인터넷도 제공하니 여행자들에게는 더 없이 좋다. 항상 웃고 있는 직원들도 이곳을 다시 찾게 되는 매력 포인트.

Data Map 428D
Access 파루 기차역에서 도보 13분 **Add** Rua de Santo Antonio 54/56, 8000 Faro
Tel 919-691-093 **Cost** 에스프레소 0.70유로, 카페라테 1.30유로, 샌드위치 6.50유로~
Web www.facebook.com/baixacaffe.pt

간단하면서도 든든한 한 끼 식사
카코 Caco

마데이라에서 온 4명의 친구들이 2014년 파루에 카코의 맛을 전파하고자 개점한 레스토랑. 속 재료가 무엇이든 포르투갈 마데리아의 전통 빵인, 마늘 버터로 만드는 고소한 카코 안에 끼워주면 훌륭한 샌드위치가 완성된다. 이곳에서는 그냥 뜯어 먹어도 무제한으로 먹을 수 있을 것 같은 카코를 여러 속재료를 넣은 다양한 메뉴로 개발하여 판매한다. 다양한 소스와 식재료를 함께 넣어 구워 주는 카코 메뉴 중 가장 인기가 좋은 것은 햄과 치즈를 넣은 카코. 식사대용으로 그만이며 포장해 해변에서 간단히 먹기에도 좋다. 사이드 메뉴로 수프, 샐러드, 디저트로 먹을 수 있는 케이크나 쿠키류도 판매한다. 깨끗한 매장과 체계적인 서비스가 인상적이다.

Data Map 428C **Access** 파루 기차역에서 도보 7분
Add Rua de Conselheiro Bivar 42, 8000-255 Faro
Tel 289-057-312 **Open** 일~목 09:00~23:00, 금·토 09:00~02:00
Cost 햄버거 아 포르투게사(양배추+토마토+달걀프라이+양파+프로슈토)6.15유로 **Web** originalcaco.com

원스톱 쇼핑 센터
포룸 알가르브 Forum Algarve

버스를 타고 가는 수고가 아깝지 않을 곳이다. 라코스테Lacoste, 자라Zara, 풀&베어Pull&Bear, 버슈카Bershka, 마시모 두티Massimo Dutti, C&A와 같은 의류 브랜드는 물론이고 인테리어 소품, 스포츠용품, 화장품, 향수, 주얼리, 애완동물 용품까지 없는 것이 없다. 5개의 스크린이 있는 멀티플렉스 노스NOS와 푸드 코드도 있다. 크리스마스 시즌에는 아이스 링크가 설치된다.

Data Map 428A **Access** 파루 기차역에서 도보 18분
Add Estrada Nacional 125, km 103, 8000-126 Faro **Tel** 289-889-300
Open 09:00~23:00(7~8월 24:00까지)
Web www.forumalgarve.net

아무리 봐도 질리지 않는 바칼라우 기념품
사르디냐 나 칼사다 Sardinha na Calcada

포르투갈 사람들 모두 예술적인 감각이 뛰어나 어디를 가도 구매욕을 당기는 소품들을 만나게 된다. 특히 이곳은 포르투갈 인테리어 상점의 끝판왕이라 부르고 싶다. 그림, 쿠션, 화병, 그릇 등 예쁜 상품들만 엄선하여 판매한다. 바스켓류와 자수 제품들이 특히 많이 눈에 띄며, 아줄레주와 아줄레주를 좀 더 현대적으로 해석한 다양한 타일 소품들도 탐이 난다.

Data Map 428F
Access 파루 기차역에서 도보 12분
Add Rua Manuel Belmarço 23, 8000-269 Faro
Tel 968-337-896
Web www.facebook.com/sardinhacalcada

패션에 민감한 남자들까지 사로잡는
안토니우 마누엘 모다스 Antonio Manuel Modas

꽃으로 뒤덮인 이 매장에서는 여성복 못지않게 남성복을 많이 들여와 판매한다. 1957년부터 장사를 하던 오래된 상점이지만 세련된 인테리어로는 전혀 그 나이를 가늠할 수 없다. 주로 취급하는 브랜드로는 돌체&가바나Dolce&Gabbana, 에스카다Escada, 휴고 보스Hugo Boss, 카발리Cavalli, 아르마니Armani 등이 있다. 자체 할인 행사도 자주 하여 아울렛 못지않은 득템을 할 수 있다.

Data Map 428D **Access** 파루 기차역에서 도보 13분
Add Rua de Santo António 46, 8000 Faro **Tel** 289-822-474
Open 월~금 10:00~13:30, 15:00~19:00, 토 10:00~13:30, 15:00~18:30 **Web** www.antoniomanuel.pt

SLEEP

시원한 바다 콘셉트로 꾸며진
아쿠아 리아 부티크 호텔 Aqua Ria Boutique Hotel

규모가 크지는 않아도 푸짐하고 알차게 차리는 조식, 투숙객들에게 와인 1병을 서비스로 주는 저녁식사를 할 수 있는 자체 레스토랑, 항상 친절하게 응대하는 24시간 프런트 데스크 등 부티크 호텔의 장점을 최대로 누릴 수 있다. 태양열판을 이용하여 난방을 공급하는 친환경적인 호텔로 아늑하고 깨끗한 객실 역시 군더더기 없는 인테리어로 꾸며 놓았다. 지친 몸을 뉘이기에 최적인 푹신한 고급 침구가 특히 마음에 든다.
전 객실은 플랫 스크린 케이블 TV, 헤어드라이어와 어메니티가 있는 욕실, 작은 냉장고와 금고를 갖추고 있다. 체크인 14:00, 체크아웃 11:30.

Data Map 428D Access 파루 기차역에서 도보 11분
Add Rua da Marinha 12, 8000-306 Faro
Tel 289-810-150 Cost 싱글룸 85유로, 슈페리어 더블룸 100유로
Web 예약 사이트(부킹닷컴 등) 이용 www.aquariaboutiquehotel.pt

포근한 햇살로 아침을 맞이하는
선라이트 하우스 Sunlight House

이름처럼 밝고 기분 좋은 숙소 선라이트 하우스. 2명의 파루 토박이들이 합심하여 개점한 호텔이다. 트리플 침실 1개, 공용 욕실을 쓰는 더블룸 4개, 개별 욕실을 갖춘 더블룸 2개로 총 15명의 투숙객을 동시에 수용할 수 있는 소규모 하우스로 섬세한 서비스와 정겨운 환대를 받을 수 있다. 환상적인 테라스 자리에서는 해안가의 절경이 한눈에 들어와 대부분의 손님들은 이곳에서 조식을 먹으며 아침을 맞이한다.
밝은 색의 벽지, 침구, 아줄레주 문양의 서랍 등 트렌디하고 젊은 인테리어도 마음에 꼭 든다. 각각의 객실 인테리어가 조금씩 다르다. 체크인 15:00~23:00, 체크아웃 12:00.

Data Map 428F
Access 파루 기차역에서 도보 15분
Add Rua Drive Francisco Lázaro Cortes 11, 8000-142 Faro
Tel 289-095-078
Cost 더블룸 40~50유로, 스위트룸 60유로
Web www.sunlighthouse.pt

PORTUGAL COASTAL TOWNS&ISLAND

03

마데이라 푼샬
Madeira Funchal

포르투갈 본토와는 자연 환경도, 식문화도, 관광 명소도 사뭇 다른 점이 많은 마데이라는 여름에는 무척 바쁜 휴양지이며, 포르투갈 최고의 축구 스타 호날두의 고향이기도 하다. 한국에서는 비교적 알려진 정보가 적지만 유럽 사람들에게는 이미 잘 알려진 여행지이다. 친절한 마데이라 섬사람들의 순박함과 따스함을 겪고 나면 왜 마데이라 일정을 더 길게 잡지 않았나 후회하게 된다.

Madeira Funchal
PREVIEW

책에서는 마데이라의 수도 푼샬 여행을 안내한다. 마데이라에서 3박 4일 이상을 보낸다면 자동차를 렌트하여 2번째로 큰 타운인 카마라 데 로보스 *Câmara de Lobos* 또는 그 다음으로 큰 산타 크루즈 *Santa Cruz*를 돌아봐도 좋지만 구경거리가 많지 않다. 관광 명소는 푼샬에 집약되어 있고, 그 외 지역 주로 섬의 중심부에서 이루어지는 트레킹에 집중되어 있다. 난이도, 길이별로 다양한 루트를 마데이라 홈페이지(www.visitmadeira.pt/en-gb/what-to-do/walking-routes)에서 안내하니 참고하자.

SEE
마데이라에만 피고 지는 꽃과 나무가 많아 정원이 유독 많다. 천천히 걸어 항구와 시가지를 돌아보며 주요 명소들을 구경해보자. 놓쳐서는 안 될 명소로는 구시가지, 블랜디스 와인 로지, 토보간 라이드, 몬테궁 열대 정원이 있다. 푼샬은 마데이라의 다양한 재미와 볼거리의 핵심이 되는 곳이다.

EAT
마데이라도 포르투갈의 다른 도시들과 마찬가지로 바칼라우가 가장 흔한 메뉴다. 또한 마데이라만의 특산물 볼루 두 카쿠의 인기를 무시할 수 없다. 짭조름하고 담백한 빵으로 만드는 간단한 샌드위치 볼루 두 카쿠는 바쁜 일정 중 점심으로 먹기 딱 좋은 메뉴. 밤에는 마데이라의 달콤하고도 독한 리큐르 풍샤를 꼭 마셔볼 것.

BUY
마데이라 섬 최고의 기념품은 바로 마데이라 와인. 대외적으로는 포트와인보다 유명세가 덜하지만 포르투갈 사람들이 높게 평가하는 마데이라의 전통주. 역사 깊은 와이너리를 찾아 투어를 받거나 시음을 하고 구매할 수도 있다. 식당에서 먼저 반주로 마셔 보고 기념품으로 구입하는 것을 추천한다.

SLEEP
포르투갈 내륙과는 완전히 다른 분위기의 마데이라에서는 충분히 머물다 갈 것. 푼샬 시내에만 머물러도 바다와 시내, 낮의 푸름과 밤의 화려함을 모두 즐기려면 하루로는 어림도 없다.

INFO
마데이라 관광안내소
관광 명소 위치, 숙박, 맛집 정보, 각종 축제 안내 등 시내 지도를 비롯하여 전반적인 마데이라 관광 정보를 얻을 수 있다.
Data Map 443K
Access 푼샬 항구에서 도보 7분 **Add** Avenida Arriaga 18, 9004-519 Funchal **Tel** 291-211-902
Open 월~금 09:00~20:00, 토·일·공휴일 09:00~15:30(1/1, 부활절 일요일, 5/1, 12/25·26 휴무)
Web www.visitmadeira.pt, www.cm-funchal.pt, www.visitfunchal.pt

Madeira Funchal
GET AROUND

어떻게 갈까?
리스보아에서 저가항공을 타고 마데이라 공항으로 가는 것이 보편적. 포르투에서도 비행편이 있지만 리스보아에서 발착하는 것 보다 운항 간격이 길다. 리스보아에서 푼샬까지 1시간 45분 소요되며, 하루 약 9대의 비행기가 있다. 포르투에서는 약 2시간 소요, 하루 약 4대의 비행기가 있다.

마데이라 공항에서 푼샬 시내로 이동하기

버스
셔틀로 20분 소요. 편도 5유로, 왕복권 8유로, 6~11세 편도 2.50유로(유효기간 1년). 시간표는 홈페이지에서 확인 가능하다. **Web** www.aeroportomadeira.pt.

택시
도착층인 0층에서 탈 수 있으며, 미터기 기본요금은 평일에는 4유로. 평일 21:00부터 익일 06:00까지와 주말, 공휴일에는 20% 할증이 붙는다. 캐리어는 추가로 1.50유로를 더 지불해야 한다. 공항에서 시내까지는 약 30유로.

어떻게 다닐까?
푼샬 시내에서는 도보로 이동이 모두 가능하다. 푼샬의 대중교통은 시내외버스 노선들을 운영하는 오하리우스 두 푼샬Horários do Funchal이 총괄한다. 운행시간은 월~금 08:00~20:00, 토 08:00~14:00. 섬 중앙쯤 위치하는 보태니컬 정원, 포르모사 해변, 몬테 산 등을 시내 중심부와 이어준다. 표는 버스에서 기사에게 구매하면 된다. 1회권은 1.95유로, 2~9회권을 구입하면 1회당 1.35유로, 9회 이상 탑승권을 미리 구매하면 1회당 1.25유로를 지불하게 된다. 2회권 이상 충전하는 카드는 보증금 0.50유로를 지불하고 구입한다.

옐로우 버스
울창한 언덕을 올라가야 나타나는 몬테 언덕과 전망대를 보고 싶다면 옐로우 버스의 도움이 꼭 필요하다. 이동에 불필요한 수고를 들이지 않고 푼샬 여행에 집중할 수 있도록 돕는 최고의 여행 메이트! 혜택으로는 리스보아, 포르투, 코임브라, 브라가, 기마랑이스 옐로우 버스 투어 10% 할인. 마데이라 익스피리언스(15%), 보르달 마데이라(10%) 등 박물관, 식당 할인이 있다.

 Tip *48시간 동안 푼샬 투어 3개 섭렵하기*
홉 온 홉 오프 3 인 1 *Hop-On Hop-Off 3 in 1*

푼샬 시내, 카보 지라우 전망대, 푼샬 옆 동네 카마라 데 로부스Camara de Lobos를 모두 돌아볼 수 있는 1석 3조 투어 티켓. 유효 기간이 48시간이라 시간에 쫓기지 않고 세 코스를 모두 돌아볼 수 있다.
Data Map 443K **Access** 푼샬 항구에서 도보 1분 **Add** 출발지 Avenida do Mar, 9000 Funchal **Tel** 966-923-943 **Open** 11~3월 09:00~17:30, 4~9월 09:00~18:00(30분마다 출발, 유효 시간 내 아무 때나 모든 정류장에서 승하차 가능), 12/25 제외 연중무휴 **Cost** 성인 19유로(온라인 17.10유로), 4~10세 10유로(온라인 9유로) **Web** www.yellowbustours.com

마데이라 Madeira

10km

대서양 / Atlantic Ocean

- 산타 크루즈 / Santa Cruz
- 마데이라 공항 / Madeira Airport
- 마키두 / Machido
- 산타나 / Santana
- 상 조르쥬 / São Jorge
- 푼샬 / Funchal
- 카마라 데 로보스 / Câmara de Lobos
- 미라도루 카보 지랑 전망대 / Miradouro Cabo Girão
- 상 빈센테 / São Vincente
- 폰타 두 솔 / Ponta do Sol
- 포르투 모니즈 / Porto Moniz
- 칼에타 / Calheta

바다 전망이 훌륭한
산타 카타리나 공원 Parque de Santa Catarina

무니시팔 정원이 무성한 숲 같다면 산타 카타리나 공원은 여유로운 피크닉에 걸맞은 평원에 비유할 수 있겠다. 무려 36,000㎡의 넓이를 자랑한다. 시원하게 펼쳐진 이 공원에는 세계 각지의 꽃, 나무, 대형 새장, 작은 호수, 작은 스낵바가 있다. 정중앙에는 꽃밭이 있으며, 놀이터에서 공놀이를 하는 아이들도 보인다. 공원 내 있는 산타 카타리나 예배당은 아쉽게도 대중에게 개방되어 있지 않다. 마데이라 섬의 최초 발견자인 주앙 곤살베스 자르쿠 João Gonçalves Zarco의 아내가 청하여 지은 예배당으로 알려져 있다.

Data Map 443J
Access 푼샬 항구에서 도보 10분
Add 북쪽 입구 Avenida do Infante, 9000 Funchal, 남쪽 입구 Avenida Sá Carneiro, 9000 Funchal
Tel 291-231-502
Open 하절기 07:00~21:00, 동절기 08:00~19:00 **Cost** 무료
Web www.visitmadeira.pt/en-gb/explore/detalhe/santa-catarina-park

Writer's Pick!

마데이라 관광의 첫 걸음
마데이라 익스피리언스 Madeira Experience

푼샬 항구 근처에 마데이라 스토리 센터가 있어 마데이라 관광이 처음인 사람들의 좋은 길잡이가 되어주었으나 몇 년의 영업 후 문을 닫았다. 이를 안타까워하던 마데이라 시민 한 명이 마데이라의 역사와 문화를 관광객들에게 재미있고, 쉽게 알리기 위해 영화를 제작하여 이곳을 개관하였다.
600여 년의 마데이라 섬의 역사와 문화를 알차게 담은 30분의 다큐멘터리는 지루할 틈 없이 빠르고 재미있게 전개된다. 전쟁, 혁명, 기근 등 우여곡절이 많았던 마데이라 섬과 푼샬의 이야기를 보고 나면 각 명소에 대해 더 깊이 이해할 수 있을 것이다. 상영 시간에만 입장이 가능하다. 포르투갈어, 네덜란드어, 영어, 독일어, 프랑스어로 자동 동시 번역이 지원된다. 상영관 앞에는 간단한 기념품도 판매하고 있다.

Data Map 443K **Access** 푼샬 항구에서 도보 5분 **Add** Rua Conselheiro José Silvestre 1 **Tel** 291-222-748
Open 상영 시간 10:15, 11:00, 11:45, 12:30, 13:15, 14:00, 14:45, 15:30, 16:15, 17:00, 17:45(1/1, 12/25 휴관)
Cost 성인 5유로, 12세 이하 무료
Web www.madeirafilmexperience.com

색색의 꽃과 나무로 눈이 즐거운
무니시팔 정원 Jardim Municipal

꽃나무와 세계 각지에서 가져온 식물들이 공존하는 아름다운 정원. 1878년 시의회에서 더 이상 사용하지 않는 프란시스쿠파의 수도원 터 자리를 공원으로 가꾸었다. 8,300㎡이라는 엄청난 면적을 꽃과 나무로 빼곡하게 채웠다. 큰 나무들이 많아 더운 여름날에는 그늘이 되어주며, 작은 연못에는 오리와 백조가 헤엄친다.
카페와 야외 무대도 있어 섬의 행사가 있을 때는 더욱 붐빈다. 포르투갈의 마지막 여왕인 아멜리아의 이름을 따 도나 아멜리아Dona Amélia 정원으로 이름이 바뀌었지만 여전히 사람들은 무니시팔 정원(시정원)이라 부른다.

Data Map 443K
Access 푼샬 항구에서 도보 7분
Add 북쪽 입구 Avenida Arriaga, 9000 Funchal, 남쪽 입구 Rua Ivens, 9000-042 Funchal
Tel 291-241-495
Cost 무료
Web www.visitmadeira.pt/en-gb/explore/detalhe/funchal-municipal-garden

PORTUGAL COASTAL TOWNS&ISLAND 03
마데이라 푼샬

포르투갈의 살아 있는 축구 전설
크리스티아누 호날두 박물관 Museu Cristiano Ronaldo, CR7 Museum

세계적인 축구 스타 크리스티아누 호날두는 마데이라 섬의 빈민가에서 태어났다. 그의 성공을 자신의 일처럼 기뻐하는 고향 사람들을 위해 호날두는 본인이 이룬 업적과 팬들의 선물, 유니폼 등을 전시하기 위해 고향에 작은 박물관을 세웠다. 약 170개의 트로피와 3켤레의 골든 부츠, 세계 각지에서 온 팬레터와 선물들이 전시되어 있다. 삼성과 협업하여 홀로그램으로 나타나는 호날두, 발롱도르와 함께 사진을 찍어볼 수도 있다. 2015년 여름부터는 이동식 박물관을 계획하여 포르투갈 알가르브 해안가를 시작으로 마데이라 섬 밖에서도 전시품들을 대중들이 접할 수 있도록 하고 있다. 열쇠고리부터 와인까지 다양한 종류의 기념품도 판매한다.

Data **Map** 443J **Access** 푼샬 항구에서 도보 15분 **Add** Princesa Dona Amelia 10, 9000-019 Funchal
Tel 291-639-880 **Open** 월~토 10:00~18:00(일·공휴일은 문의 후 방문)
Cost 10세 이상부터 5유로 **Web** museucr7.com

Writer's Pick! 낮과 밤 모두 즐거운 푼샬의
구시가지 Zona Velha

맛집들과 나이트 라이프가 집약되어 있는 푼샬 타운 한가운데 위치한 구시가지. 어디서부터 구시가지가 시작되는지는 지도를 보지 않아도 알 수 있다. 바로 이 동네에 있는 집의 대문들 덕분. 예술성 남다른 푼샬 사람들은 구시가지 집집마다 멋지게 그림을 그려 놓았다. 하나하나가 작품 같아서 문이 모두 닫혀 있는 아침 일찍 구시가지를 걸으면 마치 야외 갤러리의 전시를 감상하는 기분이 든다. 가장 많은 작품들이 곳은 거리는 산타 마리아 거리 Rua de Santa Maria. 실제로 구시가지 자체를 시민들과 여행객들에게 더욱 매력적으로 보일 수 있도록 야외 갤러리처럼 만들자는 취지로 '아르테 데 포르타스 아베르타스 Arte de Portas Abertas' 프로젝트를 열어 총 200여 개가 넘는 문들이 치장되었다. 해가 지면 이 문들은 전부 활짝 열리고 다양한 식당과 바가 소리 높여 길을 걷는 사람들을 부른다.

Data **Map** 443I **Access** 푼샬 항구에서 도보 10분 **Add** 9000 Funchal

자랑스러운 마데이라 와인 생산지
Writer's Pick! 블랜디스 와인 로지 Blandy's Wine Lodge

영국의 블랜디Blandy 가문이 1840년 인수한 후 현재까지 마데이라 와인 생산자 1등 자리를 지키고 있는 와인 명가. 투어를 통해 마데이라 와인의 특징과 생산 과정, 역사를 알아볼 수 있다. 이곳의 와이너리 방들은 각기 온도와 습도가 달라 마데이라 와인 보관의 단계에 따라 어떤 식으로 저장을 하는지 살펴볼 수 있다. 블랜디 가문이 보물처럼 아끼는 빈티지 와인 컬렉션도 볼 수 있다.
마데이라 와인을 좋아했던 명사들의 감사 편지 등을 보관해놓은 전시실도 마련되어 있다. 투어 마지막 단계는 테이스팅룸! 여러 종류의 마데이라 와인들을 시음해볼 수 있다. 상점에서는 와인과 와인 관련한 각종 액세서리를 판매한다. 투어는 포르투갈어, 영어, 독일어, 프랑스어, 스페인어로 진행.

Data Map 443K Access 푼샬 항구에서 도보 7분 Add Avenida Arriaga 28, 9000-064 Funchal
Tel 291-228-978 Open 월~금 10:00~18:30, 토 10:00~13:00
Cost 프리미엄 투어 9.50유로, 빈티지 투어 19.80유로 Web www.blandyswinelodge.com

바닥이 유리로 되어 있는
카보 지라우 전망대 Miradouro Cabo Girão

마데이라 남부에 있는 이 전망대는 해발 589m 높이에 위치하여 푼샬 시내와 대서양의 숨 막히는 절경을 감상하기 최적의 위치다. 유럽에서 2번째로 높은 바닷가 절벽에 위치한다. 2012년에는 바닥을 투명하게 공사하여 전망대에 오르면 마치 하늘 위를 걷는 듯한 아찔한 느낌이 든다.
바로 앞 기념품숍에서는 지역 특산물 등을 판매한다. 근처의 작은 예배당은 1951년 지어진 파티마 성모 성당Capela de Nossa Senhora de Fátima으로 성지 순례지이다. 도전 정신 강한 이들은 이곳에서 베이스 점프를 하기도 하는데, 트레이닝 없이 아무나 뛸 수 있는 것이 아니니 전망만 감상하고 내려갈 것!

Data Map 441E Access 푼샬 시내 Avenida do Mar 거리에 위치한 정류장에서 1번 버스 타고 Ponta Laranjeira 정류장 하차. 또는 3번 버스 타고 Cimentos Madeira, S 정류장 하차하여 택시 타고 15분. 전망대까지 바로 데려다 주는 옐로우 버스를 이용하는 것도 방법.
Add Estrada do Cabo Girão, 9300-351 Câmara de Lobos Open 08:00~20:00
Cost 무료 Web www.visitmadeira.pt/en-gb/explore/detalhe/cabogirao

또 다른 마데이라 와인 명가
페레이라 올리베이라 Pereira D`oliveira

마데이라 섬을 최초 발견한 사람 중 한 명인 주앙 페레이라 올리베이라 João Pereira D'Oliveira의 후손들이 세운 가족 와이너리. 5대에 걸쳐 마데이라 와인 생산에만 힘을 쏟고 있다. 6개의 생산업체와 수출업체가 올리베이라 브랜드에 속해 있으며, 가장 오래된 것은 1820년부터 마데이라 와인을 만들어 오던 곳으로 역사가 깊다. 블랜디스 와인 로지와 마찬가지로 마데이라 섬의 다른 지역에 포도 농장을 가지고 있으며, 이곳 외에도 섬 곳곳에 보관소와 창고가 있다. 원하면 올리베이라에 대한 간단한 설명을 해주나 투어는 블랜디스 와인 로지가 더 알차고 내용이 좋다.
이곳에서는 테이스팅만 해도 좋다. 맛은 유사하나 개인의 취향에 따라 어떤 사람들은 올리베이라 와인만, 또 다른 사람들은 블랜디스 와인만 즐겨 마신다고. 이곳의 꿀 케이크는 마데이라 와인과의 궁합이 끝내준다.

Data Map 443H
Access 푼샬 항구에서 도보 12분
Add Rua Dos Ferreiros 107, 9000-082 Funchal
Tel 291-220-784
Open 월~금 09:00~18:00, 토 09:30~13:00
Cost 테이스팅 3년산 와인 3잔 9유로, 5년산 와인 3잔 11유로

> **Tip** 마데이라 와인 알아보기
>
> 섬에서 만들어진 와인을 배로 싣고 운반하는 도중 온도가 높은 적도를 거치며 와인 속 당이 캐러멜로 변해 독특한 맛을 냈다. 이것을 착안하여 마데이라에서는 계속 유사한 방식으로 달콤하고 진한 와인을 생산해왔다. 맛이 좋을 뿐 아니라 보존성도 훌륭하다. 현재는 적도로 운반하는 대신 가열실에서 인위적으로 고온 숙성을 시킨다. 단맛으로 인해 디저트 와인으로 주로 마시며 요리에도 종종 사용된다. 달콤한 정도에 따라 가장 드라이한 세시알Secial, 세미 드라이한 베르델류Verdelho, 디저트 와인으로 가장 인기가 좋은 부알Bual, 가장 달콤한 맘지Malmsey로 분류된다. 또 이들은 각각 3년산, 5년산, 10년산으로 숙성 정도에 따라 나뉘며, 사용하는 포도 종류에 따라서도 맛과 급이 달라진다.

돌고래와 함께하는 바다 위의 피크닉
돌핀 보트 Dolphin Boat

해안가에서 5km만 나가도 깊이가 3,000m나 되는 마데이라 앞 바다에는 다양한 해양 생물들이 살고 있다. 특히 고래가 많아 이들을 보려는 사람들을 위해 매일 보트가 출항한다. 푼샬 항구에 여러 보트 투어 업체가 있고, 가격은 동일하니 원하는 시간대에 맞추어 출발하는 업체를 선택하면 된다. 배에 타면 선장이 당일의 바람 세기와 파도, 배의 운행 일정을 안내해준다. 볼 수 있는 고래의 종류에 대해 자세한 설명을 적어 놓은 책도 배에 비치되어 있다. 간단한 음료, 스낵도 판매한다.
한 가지 알아 두어야할 것은 운이 좋아야 고래를 볼 수 있다는 것. 보트를 타고 바다에 나가 있는 내내 단 한 마리도 보지 못하는 수도 있다. 그러나 부드럽게 찰랑이는 파도에 몸을 맡기고 보트에서 보내는 오후의 여유로운 시간은 그 자체로도 무척 행복하다.

Data Map 443K **Access** 푼샬 항구
Add Marina do Funchal, 9000 Funchal **Cost** 성인 35유로, 아동 17.50유로

> **Tip 대표적인 돌핀 투어 에이전시**
> 항구에 에이전시들의 작은 간이 매표소들이 집결해있어 당일 아침에 나가 오후 투어표를 구매하면 된다. 그날의 날씨에 따라 파도나 바람이 심한 경우 투어가 취소될 수도 있으니 도착해서 표를 구입하는 것이 더 좋다.
>
> · **비아젠스 데 카타마라**
> Viagens de Catamarã
> **Web** vmtmadeira.com
>
> · **벤투라 두 마르** Ventura do Mar
> **Web** www.venturadomar.com
>
> · **호타 두스 세타세우스** Rota dos Cetáceos
> **Web** www.rota-dos-cetaceos.pt
>
> · **마데이라 아일랜드 투어스**
> Madeira Island Tours
> **Web** www.madeira-island-tours.com/Madeiraboattrips.html

PORTUGAL COASTAL TOWNS&ISLAND 03
마데이라 푼샬

Writer's Pick! 전시관, 저택, 세계 각지 동식물로 가득한
몬테궁 열대 정원 Jardim Tropical Monte Palace

푼샬 시내 중심에서 약 6km 떨어진 곳에는 지상낙원이라는 말이 정말 잘 어울리는 열대 정원이 자리한다. 1991년 대중에게 개방된 몬테궁 열대 정원은 주제 베르라두 José Berardo 개인 소유로, 세계 각지를 여행하며 모은 온갖 진귀한 물건들이 약 10만 종의 무성한 꽃과 나무 사이에 전시되어 있다. 특히 방대한 보석 컬렉션과 아프리카 공예품들은 따로 전시관이 마련되어 있다. 포르투갈에서 가장 중요한 타일 컬렉션도 정원 내에 전시되어 있다. 중국과 일본을 여행하고 가져온 물건들과 이에 영감을 받아 만든 오리엔탈풍 붉은 정자도 몬테궁 열대 정원에서 꼭 보고 가야할 곳 중 하나.
정원 내 있는 거대한 저택은 소유주 베르라두가 마데이라를 찾을 때 실제로 묵는 그의 집이라고 한다. 개인의 집이기에 들어가볼 수는 없지만 화려한 외관을 감상하는 것으로도 충분히 눈이 즐겁다. 규모가 상당하여 한 바퀴 돌아보는 데에 약 1시간 반 정도 걸린다. 전시까지 여유롭게 보려면 최소 2시간은 할애해야할 곳. 정원 내에는 기념품 숍과 작은 카페도 있다.

Data Map 442C **Access** 푼샬 항구에서 도보 3분이면 도착하는 케이블카를 타고 몬테 산에 도착하면 바로 보인다 **Add** Caminho do Monte 174, 9050-288 Funchal **Tel** 291-780-800 **Open** 정원 09:30~18:00, 전시관 10:00~16:30(12/25 휴관) **Cost** 12.50유로, 15세 이하는 성인 동반 시 무료 **Web** montepalace.com

Tip 마데이라 케이블카 Telefericos da Madeira
몬테궁 열대 정원까지 오르는 길이 힘들지 않고, 마데이라 섬의 풍경을 높은 곳에서 감상할 수 있는 케이블카. 15분간 약 3,000m를 이동하는 케이블카에서 내리면 바로 열대 정원이 보인다.

Data Map 442C **Access** 푼샬 항구에서 도보 3분
Add 상행 Jardim do Almirante Reis, 9000 Funchal
(길을 물을 때 주소 대신 알미란테 헤이스 정원 Jardim do Almirante Reis을 물으면 더 편하다).
하행 Caminho das Babosas 8, 9050-541 Funchal **Tel** 291-780-280 **Open** 09:00~17:45
Cost 성인 편도 11유로, 왕복 16유로 / 7~14세 편도 5.50유로, 왕복 8유로 / 몬테궁 열대 정원 입장료+케이블카 왕복권 성인 31.40유로, 7~12세 15.45유로, 13~14세 19.45유로 **Web** www.telefericodofunchal.com

해마다 수천 명의 성지 순례자가 찾아오는
몬테 성당 Igreja de Nossa Senhora do Monte

마데이라 섬의 대지주였던 곤살루 페레이라 아이레스의 아들 아담 곤살베스Adam Goncalves의 명으로 원래 있던 15세기의 성당을 허물고 지은 성당. 신도가 늘어나며 확장 공사를 하였다. 18세기에 지어졌으나 1748년의 지진으로 일부가 파손되고, 1818년 복원하여 18~19세기 건축 양식을 모두 가지고 있다. 몬테 성당을 대표하는 특징은 바다에서 육지를 알아볼 수 있도록 세운 큰 2개의 종탑. 성당 왼편에 위치한 작은 예배당에는 오스트리아의 마지막 황제, 합스부르크 카를의 묘가 안치되어 있다. 마데이라에 가족과 함께 유배를 당하던 중 세상을 떠나 이곳에 묻혔다. 마데이라 섬의 수호성인인 몬테 성모의 그림이 신랑(성당의 중앙 회중석)에 걸려 있고, 몬테 성모의 축일인 8월 15일 가장 많은 신도들이 모여 든다.

Data Map 442C
Access 푼샬 항구에서 도보 3분이면 도착하는 케이블카를 타고 몬테 산에 도착하면 바로 보인다
Add Rampa da Sacristia 1, 9050-285 Funchal
Tel 291-783-877
Cost 무료
Web www.visitmadeira.pt/en-gb/explore/detalhe/igreja-do-monte

Writer's Pick! 스릴 만점! 마데이라 섬의 오랜 전통
토보간 라이드 Toboggan Ride

몬테궁 열대 정원에 올라갈 때는 케이블카를 탔다면 내려올 때는 토보간을 타보자. 19세기 토보간이 처음 등장했을 때에는 귀족들의 대중교통으로 사용되었다. 현재는 푼샬의 인기 관광 명소로 사랑받고 있다. 마데이라 섬의 특산물 중 하나인 키버들(버드나무과의 낙엽활엽 관목) 제품 중 대표적인 것이 바로 토보간인데, 현지에서 나는 키버들 나무만을 이용한다. 나무의 껍질을 벗긴 후 끓여 튼튼하고 안전한 토보간을 만든다. 제복과 짚으로 만든 모자를 쓴 운전수들은 미끄럼과 스피드를 위해 특수 제작한 고무 재질의 신발을 신고 토보간을 앞뒤에서 밀고 당긴다. 몬테 성당 앞에서 출발하여 약 2km의 경사로를 따라 신나게 질주하는 토보간은 약 10분간의 운행 후 푼샬 시내에서 약 4km 정도 떨어진 리브라멘투Livramento에서 멈춘다. 19번 버스를 타면 푼샬 항구까지 간다.

Data Map 442C
Access 푼샬 항구에서 도보 3분이면 도착하는 케이블카를 타고 몬테산에 도착하면 바로 보인다
Add Rampa da Sacristia 1, 9050-285 Funchal
Open 월~토 09:00~18:00, 일 09:00~13:00(1/1, 8/14, 8/15, 12/25 휴무) **Cost** 1인 25유로, 2인 30유로, 3인 40유로

항구 앞에 위치한 정통 맥주집
비어하우스 Beerhouse

거의 20년 동안 항구 앞 최고 인기 식당의 자리를 지키고 있는 비어하우스. 이곳에서는 그 어떤 방부제나 인공 재료를 넣지 않고 맥주를 자체적으로 양조한다. 목 넘김이 좋은 비어하우스의 맥주는 이곳에서 판매하는 전통 포르투갈 요리와 무척 잘 어울린다. 아무래도 위치가 위치인 만큼 해산물이 주가 되지만 스테이크 샌드위치도 인기 메뉴. 항구가 잘 보이는 테라스 자리를 추천한다. 실내가 굉장히 넓어 예약을 할 필요가 없다. 푸짐하게 나오는 식사로 배를 빵빵하게 채우지 말 것. 마데이라 특산 과일 패션푸르츠로 만드는 푸딩은 반드시 먹어봐야 한다.

Data Map 443K
Access 푼샬 항구
Add Avenida Sa Carneiro Pontao Sao Lazaro, 9000-054 Funchal
Tel 291-229-011
Open 11:00~24:00
Cost 구운 바나나를 곁들인 황새치구이 11유로, 맥주 1L 5.80유로, 패션푸르츠 푸딩 4유로
Web www.beerhouse.pt

세계적인 음악가를 추억하는 낭만적인 식당
레스토란테 모차르트 Restaurante Mozart

푼샬 구시가지에 자리한 모차르트의 이름은 요절한 천재 음악가 모차르트를 추억하며 지은 것. 우아하고 고급스러운 인테리어, 테이블 장식과 플레이팅, 웨이터의 서비스도 흠잡을 것이 없다. 자리에 앉는 순간부터 식사를 마치고 나갈 때까지 기분 좋은 시간을 보낼 수 있는 곳이다. 요리는 육류, 생선, 파스타 등 다양한 종류로 마련되어 있다. 육류, 생선 메뉴명을 '슈베르트', '차이코프스키' 등 클래식 음악가들의 이름으로 붙여 놓은 것이 유쾌하다.

Data Map 443L
Access 푼샬 항구에서 도보 14분
Add Rua Dom Carlos I 50, 9060-051 Funchal
Tel 291-244-239
Cost 비발디 새우 연어 샐러드 15.95유로, 슈베르트 대구구이 14.90유로, 차이코프스키 오리 가슴살구이 17.90유로
Web en.mozart.restaurant

전통 마데이라 레스토랑
레스토란테 두스 콤바텐테스 Restaurante dos Combatentes

무시니팔 정원 바로 뒤에 위치한 분위기 좋은 식당. 2층까지 자리가 있어 규모가 크고, 언제나 손님이 많은데도 섬세하고 친절한 서비스가 일품이다. 대표 메뉴는 구운 바나나를 곁들인 갈치구이. 마데이라의 갈치구이는 담백하게 튀기듯 구워 달콤하고 부드러운 바나나와 정말 잘 어울린다. 이 메뉴는 마데이라에서 가장 보편적인 전통 요리다.

그 외 흑돼지구이, 문어 요리도 인기가 많다. 가정식처럼 인심 좋게, 푸짐하게 담아 주는 콤바텐테스의 식사는 군침을 돌게 한다. 직접 만드는 디저트와 마데이라 와인은 아무리 배가 불러도 꼭 먹어 보아야 한다.

Data **Map** 443K
Access 푼샬 항구에서 도보 9분 **Add** Rua de São Francisco 1, 9000-046 Funchal **Tel** 291-221-388
Open 월~토 12:00~15:30, 18:00~22:30
Cost 바나나를 곁들인 갈치구이 10.50유로, 흑돼지구이 11.40유로
Web www.facebook.com/restaurantedoscombatentes

Writer's Pick! 푼샬 최고의 퐁샤!
벤다 벨랴 Venda Velha

마데이라에서 전통주 퐁샤를 마셔 보려면 해가 저문 후 구시가지를 찾아야 한다. 수많은 구시가지의 바Bar 중에서도 다양한 종류의 퐁샤를 기똥차게 만드는 벤다 벨랴를 찾는 것은 그리 어렵지 않다. 가장 사람이 많고 가게 밖까지 퐁샤 잔을 들고 나와 왁자지껄 시끄럽기 때문! 20세기 마데이라의 분위기를 재현하고자 하는 벤다 벨랴의 콘셉트는 '타스카Tasca'. 마데이라에서 동네 사람들이 편하게 모이는 곳을 가리키는 말이다. 구아바, 파인애플, 귤, 패션푸르츠 등 마데이라 섬에서 나는 다양한 과일을 이용해 퐁샤를 만들어 판매한다. 오리지널이 가장 맛있다는 평이 많으니 먼저 마셔보고 다른 종류의 퐁샤를 마셔볼 것을 권한다. 낮에는 커피나 맥주도 판매하여 자체적으로 만드는 드라이 와인을 비롯한 다양한 마데이라산 식료품을 동네 사람들에게 소매로도 판매한다.

Data **Map** 443L
Access 푼샬 항구에서 도보 13분
Add Rua de Santa Maria 170, 9000-268 Funchal **Tel** 914-758-975
Open 12:00~02:00
Cost 오리지널 퐁샤 2.50유로, 기타 퐁샤 3유로
Web www.facebook.com/vendavelha

Tip 퐁샤란?
마데이라의 주요 재배물 중 하나인 사탕수수를 증류하여 만드는 흰 럼주를 주재료로 하는 리큐르. 꿀, 설탕, 레몬 껍질과 다양한 과즙을 섞어 만들며, 오리지널 퐁샤는 레몬즙을 사용한다. 딸기, 토마토 등 다양한 재료로 레몬을 대체하여 개발된 퐁샤의 여러 변형 버전이 있다. 재료를 한데 섞을 때는 퐁샤 막대기를 사용한다. 이 나무 막대기는 마데이라의 기념품 중 하나. 벤다 벨랴에서는 자체적으로 퐁샤 막대기를 만들어 사용하며 판매도 한다.

짭짤한 맛이 중독적인 마데이라 전통 샌드위치
카사 두 볼루 두 카쿠 Casa do Bolo do Caco

마데이라 전통 빵인 볼루 두 카쿠는 넙적한 원형의 빵으로 평평한 현무암에 구워 만든다. 담백하고 쫀득한 빵이 구워지면 마늘 버터를 발라 먹는다. 아무것도 곁들이지 않고 먹어도 든든하고 맛있지만 햄, 치즈 등 다양한 속 재료를 넣어 샌드위치처럼 만들어 간단한 식사대용으로 먹는 것이 일반적이다. 스테이크, 문어구이, 감자튀김 등 다양한 재료와 잘 어울려 취향에 따른 볼루 두 카쿠를 골라 먹어 볼 수 있다. 카사 두 볼루 두 카쿠는 60년 이상 전해져오는 전통 레시피를 사용하여 구워 낸다. 실내외 테이블이 모두 있으며 포장하여 가져가도 좋다. 하지만 따끈할 때 먹으면 훨씬 더 맛있으니 먹기 직전에 살 것을 권한다. 가격도 경제적이고 포장도 용이하여 여행자들에게도 인기 만점이다.

Data **Map** 443I **Access** 푼샬 항구에서 도보 12분
Add Rua Fernão de Ornelas 29, 9000-900 Funchal **Tel** 914-758-975
Open 월~금 09:00~20:00, 토 09:00~16:00 **Cost** 치즈 볼루 두 카쿠 2유로, 소시지 볼루 두 카쿠 2.50유로
Web www.facebook.com/casadobolodocaco

푼샬에서 가장 오래된 카페 중 하나
리츠 Ritz

무니시팔 정원을 마주하고 있는 대형 카페이다. 마데이라 섬의 과거를 그려 놓은 대형 아줄레주는 리츠의 상징과도 같으며 여행객들에게는 포토 스폿으로 사랑받는 장소이다. 리츠에서 직접 만드는 32종류의 젤라토는 방부제를 전혀 넣지 않고 상큼하게 만들어 여름에 특히 인기 만점. 추천하는 메뉴로는 마데이라 섬에서 나는 바나나로 만드는 바나나 젤라토이다. 여러 세대를 거쳐 전해 내려온 레시피로 만드는 마데이라 전통 케이크를 주문하여 야외 테이블에서 티타임을 즐겨도 좋고, 훌륭한 포르투갈 와인으로 반주와 함께 저녁식사를 하러 와도 좋다.

매일 점심과 저녁식사 시간에 리츠의 전용 밴드의 흥겨운 연주를 감상할 수 있고, 토요일 밤에는 라이브 카바레 쇼가 펼쳐진다. 리츠의 흥겨운 분위기와 샹들리에와 높은 천장이 돋보이는 화려한 인테리어에 매료된 사람들은 푼샬에 머무는 내내 매일 밤 이곳을 찾는다. 해 질 녘 리츠의 테라스에서 바라보는 노을은 놓쳐서는 안 될 절경이다.

Data **Map** 443K
Access 푼샬 항구에서 도보 5분
Add Avenida Arriaga 33, 9000 Funchal
Tel 291-281-405 **Open** 08:30~24:00,
(토요일 카바레 쇼 19:30~23:00)
Cost 치킨 샐러드 11.95유로, 클럽 샌드위치 12.95유로, 비프 버거 11.95유로, 상그리아 1잔 4.95유로, 칵테일 6.95유로, 아메리카노 2.75유로, 토요일 카바레 쇼(1인) 39유로
Web www.facebook.com/RitzCafeMadeira

눈과 입이 즐거운
라브라도레스 시장 Mercado dos Lavradores

1940년 처음 문을 연 '농부들의 시장'이라는 뜻의 라브라도레스 시장은 푼샬 시내 한가운데 위치하며, 푼샬에서 가장 규모가 큰 시장이다. 푼샬 사람들의 생활상을 보고 싶다면 가장 먼저 찾아가 보아야할 곳이 바로 이곳이다. 입구에는 큰 아줄레주 작품이 걸려 있고, 마데이라의 전통 의상을 입은 여성들이 꽃을 판매한다. 1층에는 마데이라의 이국적인 과일들로 가득하다. 그중 패션프루츠는 꼭 한 번 먹어보기를. 상큼한 과일 맛을 본 후에는 생선, 향신료, 버드나무 수공예품 등 시장의 다른 상품들도 돌아보자.

Data Map 443I
Access 푼샬 항구에서 도보 13분
Add Largo dos Lavradores, 9060-158 Funchal
Tel 291-214-080
Open 월~목 08:00~19:00, 금 07:00~20:00, 토 07:00~14:00
Web www.visitmadeira.pt/en-gb/what-to-do/shopping/search/mercado-dos-lavradores

마데이라 공예를 대표하는
보르달 마데이라 Bordal Madeira

자수는 1784년 마데이라 섬에 정착했던 영국인 펠프스Phelps 가문에 의해 처음 소개되었다. 지인들에게 판매하던 자수 제품 사업이 커져 마데이라 섬의 대표 산업 중 하나가 되었다. 보르달은 1962년부터 대를 이어 마데이라의 자수 산업의 명맥을 이어 오고 있는 대표적인 브랜드. 전통을 잃지 않으면서 현대에 발맞추고자 하는 것을 목표로 한다. 4만여 개의 다양한 디자인을 바탕으로 하여 손수건, 셔츠, 테이블보, 침구, 아기용품 등 다양한 상품을 만들어 낸다. 최고급 리넨, 실크, 면만 사용하여 품질이 매우 우수하다.
모든 디자인은 트레이싱 종이에 그린 후 펀칭, 특수 잉크 인쇄, 미세 구멍 드릴의 엄정한 공정을 거쳐 마데이라 시골에 살고 있는 보르델 자수가들에게 보내지며, 이들이 이 위에 그림 같은 수를 놓아 제품을 완성한다. 완성 후 다시 공장으로 보내져 세탁과 재단 단계를 거쳐 진열대에 놓이게 된다. 선물 또는 기념품으로 추천한다.

Data Map 443I **Access** 푼샬 항구에서 도보 12분
Add Rua Drive Fernao Ornelas 77, 9050-021 Funcha
Tel 291-222-965 **Cost** 손수건 약 10유로, 책갈피 약 7유로
Web www.bordal.pt

시내에 위치한 대형 쇼핑몰
라 비 푼샬 La Vie Funchal

푼샬에서 가장 최근에 오픈한 대형 쇼핑몰로 시내 중심에 위치하며, 규모도 커 인기가 많다. 망고 MANGO, 액세서라이즈Accessorize, 베네통Benetton, 마시모 두티Massimo Dutti 등 약 70여 개의 상점들이 입점되어 있으며, 푸드 코트에서는 패스트푸드부터 스시까지 다양한 음식을 맛볼 수 있다.
IT 기계를 판매하는 상점, 미용실, 서점, 약국, 화장품 가게, 헬스장과 대형 슈퍼마켓 핑구 도체Pingo Doce도 있다. 쇼핑몰 주변에 크고 작은 상점들이 많아 돌체 비타를 구경하기 전후로 주변 골목도 돌아보며 아이 쇼핑을 즐기면 좋다. 같은 건물에는 바인 호텔Vine Hotel이 있다. 페이스북 페이지를 통해 각종 행사나 할인 이벤트 안내를 종종 공지한다.

Data Map 443J **Access** 푼샬 항구에서 도보 8분
Add Rua Drive Brito Câmara 9, 9000-039 Funchal **Tel** 291-215-420
Open 09:00~22:00 **Web** funchal.lavieshopping.pt

고급스러운 수제 초콜릿
우아우 카카우 Uau Cacau

입에 넣자마자 녹는 달콤한 수제 초콜릿. 초콜릿을 공부하고 고향으로 돌아온 젊은 마데이라 청년 토니 페르난데스Tony Fernandes가 2015년 초 문을 연 우아우 카카우는 푼샬 최초의 초콜릿 상점 겸 카페이다. 이곳에서 만드는 모든 초콜릿의 재료는 100% 마데이라산이다. 멜론, 망고, 패션푸르츠 등 열대과일이 들어간 가나슈나 트러플이 대표적이며, 마데이라 전통 술 퐁샤를 넣어 만든 초콜릿도 있다. 핑크 페퍼를 넣은 화이트 초콜릿이나 다크, 밀크 초콜릿은 기념으로 가져가기 좋은 바 형태로 판매하기도 한다. 페르난데스의 패션푸르츠 초콜릿은 2014년 포르투갈 최고의 초콜릿으로 선정된 바 있다. 상점 안과 바깥에 테이블이 있어 커피와 함께 초콜릿을 먹고 가도 된다.

Data **Map** 443H **Access** 푼샬 항구에서 도보 9분 **Add** Rua da Queimada de Baixo, 9000 Funchal
Tel 291-674-827 **Open** 월~금 08:30~19:30, 토 09:00~15:00 **Cost** 10구 박스 5유로, 20구 박스 20유로
Web www.uaucacau.com

SLEEP

훌륭한 서비스를 갖춘
호텔 마데이라 Hotel Madeira

무니시팔 정원 뒤편에 위치하였으나 길 안쪽에 있어 시내의 소음으로부터 완벽하게 차단된다. 깔끔하고 널찍한 호텔 마데이라의 객실들은 에어컨, LCD 케이블, 위성 TV, 헤어드라이어와 어메니티가 구비된 욕실을 갖추고 있다. 주니어 스위트와 슈페리어 스위트룸에는 개별 거실과 발코니, 미니 냉장고와 금고도 마련되어 있다. 꼭대기 층에는 전망이 훌륭한 바Bar와 야외 수영장이 있다. 렌터카, 세탁 등 관광과 여행에 필요한 다양한 서비스는 요청 시 친절하게 안내해주며, 마데이라가 처음인 여행자들을 위해 여행 조언과 팁을 아끼지 않는다. 총 객실 52개, 무선 인터넷 제공. 체크인 14:00, 체크아웃 12:00.

Data **Map** 443K **Access** 푼샬 항구에서 도보 8분 **Add** Rua Ivens 21, 9000-046 Funchal **Tel** 291-230-071 **Cost** 더블룸 67유로 **Web** hotelmadeira.com

그림 속 별장 같은
퀸타 두 몬테 Quinta do Monte

몬테 산 위에 위치한 별 5개짜리 호텔 퀸타 두 몬테. '퀸타'는 포르투갈어로 시골의 대저택을 칭하는 말이다. 푼샬 항구에서 케이블카를 타고 올라와야 하는 수고를 겪어야 하지만 자연에 둘러싸여 여행을 즐기고 싶은 사람에게는 이보다 더 좋은 곳이 없다. 훌륭한 요리로 평이 좋은 레스토랑과 낮에는 티타임 메뉴를 제공하는 칵테일 바, 실내 수영장, 당구장, 헬스장, 자쿠지를 갖추고 있다. 넓은 정원 한편에는 작은 예배당도 있다.

우아하고 아늑한 인테리어의 객실은 미니바, 케이블 TV, 헤어드라이어와 어메니티를 갖추고 있다. 발코니도 있어 산 위에서 내려다보는 푼샬의 예쁜 모습을 아침저녁으로 감상할 수 있다. 24시간 프런트 데스크, 총 객실 수 42개. 체크인 14:00~00:00, 체크아웃 12:00.

Data **Map** 442C **Access** 푼샬 항구에서 도보 3분 이동하면 나오는 케이블카를 타고 몬테 산에 도착하면 바로 보인다 **Add** Caminho do Monte 192, 9050-288 Funchal **Tel** 291-780-100 **Cost** 더블룸 108유로 **Web** www.hotelquintadomonte.pt

여행 준비 컨설팅

여행은 여행을 떠나겠다고 마음먹는 순간 시작된다. 매일매일 여행가기
전날 밤 같은 마음으로 준비하다 보면 어느새 떠날 시간! 게다가 미리미리
준비할수록 여행 비용까지 절약할 수 있음은 만고불변의 진리.
미리 준비하면 여행지에서 우왕좌왕하는 일도 줄어든다.

D-90

MISSION 1 여행 계획을 세우자

1. 여행 시기를 정하자
날씨로 보나 항공, 호텔 비용으로 보나 가장 여행하기 좋은 계절은 봄과 가을. 보통 4~10월은 성수기, 11~3월은 비수기로 구분한다. 6~8월은 휴가철이 겹쳐 극성수기가 된다. 성수기라도 겁먹지 말자. 지피지기면 백전백승. 미리미리 계획을 세우고, 예약하면 성수기에도 즐겁게 여행할 수 있다.

봄(3~5월) 오렌지 꽃향기 만발한 이베리아 반도의 봄을 만날 수 있는 절호의 찬스. 4~5월은 화창한 봄날이 이어지며 성수기가 시작된다. 특히, 부활절이나 주말에는 여행자들이 몰려 호텔 경쟁이 치열하다.

여름(6~8월) 더워서 '핫'하고, 휴가 온 여행자들의 열기로 또 '핫'하다. 그만큼 호텔 값도 오르고 예약도 빨리 마감된다. 그래도 알가르브, 카스카이스, 나자레 등 해변으로 가기엔 여름이 제격.

가을(9~10월) 산책하기 좋은 날씨, 구름 한 점 없는 맑은 하늘, 다양한 축제가 이어지니 여행하기 딱 좋다. 단, 종종 국지성 호우가 찾아오기도 한다.

겨울(11~2월) 11월부터 비수기에 접어든다. 12월부터는 비가 잦고 거센 바람이 부는 겨울 날씨가 시작된다. 그만큼 해가 짧아지고 관광지 오픈 시간도 줄어든다.

2. 여행 일정 정하기
스페인 가는 김에 하루 이틀 들르는 여행지라는 편견은 포르투갈의 '포'자도 모르고 하는 소리다. 리스보아&근교, 포르투만 제대로 둘러보려고 해도 최소 1주일은 필요하다. 리스보아&포르투 일주라면 9일, 북부 포르투부터 리스보아를 거쳐 남부 알가르브까지 일주를 계획한다면 2주를 잡아도 부족하다.

3. 나만의 여행 테마 정하기
포르투갈의 수도 리스보아와 제2의 도시 포르투 사이에는 저마다 다른 매력으로 여행자들의 발길을 끄는 소도시들이 많다. 정해진 기간 안에 어디를 갈까 고민이라면? 와이너리 투어, 유네스코 세계문화유산 답사, 해변 즐기기 등 나만의 여행의 테마를 정해 코스를 짜보자.

MISSION 2 항공권을 확보하자

1. 언제, 어디서 살까?

항공권 비용만 아껴도 여행 경비가 확 줄어든다. 같은 항공사 티켓도 예매 시기와 사이트에 따라 가격이 달라진다. 미리 샅샅이 비교해볼 수록 득템의 행운이 따른다. 원하는 일정, 원하는 가격대의 티켓을 구하려면 최대한 빨리 예약해야 한다. 스카이 스캐너나 구글 플라이트 등 항공권 가격 비교 사이트를 통해 가격을 알아보고 항공사의 홈페이지에 들어가서 가격까지 더블 체크하면 더 싼 티켓을 차지할 확률이 올라간다. 뭐니 뭐니 해도 반짝하고 나타나는 프로모션 항공권이 최저가를 자랑한다. 이 경우 일정 변경 불가 등 조건이 붙는 경우가 많다. 특가 항공권의 주인공이 되려면 평소 항공사 SNS를 예의 주시하는 것도 방법.

2. 어떤 티켓을 살까?

포르투갈의 국제공항은 리스보아, 포르투, 파루 3곳. 단, 아직 한국에서 포르투갈까지는 직항이 없다. 리스보아와 포르투를 다 여행할 경우 리스보아 인, 포르투 아웃 티켓을 구입하면 가장 효율적이다. 스페인이나 유럽의 다른 도시를 함께 둘러보고 싶다면 마드리드, 파리, 런던 경유 등을 추천한다.

3. 이것만은 꼭 확인하자

❶ 항공권의 조건
수하물 무게 규정, 항공권 유효기간, 변경 및 취소 가능 여부, 변경 시 수수료 등을 꼼꼼히 따져보자. 저렴한 항공권일수록 변경 수수료가 비싸거나 취소가 불가한 경우가 많다.

❷ 경유지와 체류시간
직항이 없는 포르투갈의 경우 어느 도시에서 몇 시간 경유하느냐에 따라 여행의 피로도가 달라진다. 경유지 대기 시간이 길어질수록 몸이 고단해지는 것은 당연지사. 그렇다고 너무 짧으면 앞 비행기 연착 시 시간에 맞춰 뛰어야 하는 불상사가 생길 수 있다. 경유지 체류 시 2~3시간 정도면 갈아타기 충분하다. 경유지까지 여행하고 싶다면 미리 경유 시간이 넉넉한 티켓을 확보할 것.

❸ 영문 이름
항공권과 여권의 영문 이름이 같아야 출국할 수 있다. 한 글자라도 다르면 출국도 못할 수 있으니 확인 또 확인하자.

❹ 발권&좌석 확약
아무리 예약을 해도 발권 전에는 내 항공권이 아니다. 정해진 시간 내에 결제와 발권까지 마무리하도록 하자. 더불어 항공권 'Status'란에 확약(OK) 표시가 되어있는지도 확인할 것.

항공권 비교 사이트
스카이 스캐너 www.skyscanner.co.kr
땡처리 닷컴 www.072.com
해외 할인 항공권 구매 사이트
인터파크 www.air.interpark.com
와이페이모어 www.whypaymore.com
웹투어 www.webtour.com
온라인투어 www.onlinetour.co.kr

D-70

MISSION 3 여권을 준비하자

해외여행의 기본은 여권! 이미 가지고 있는 여권도 만료 일자가 다가오지는 않았는지 체크하자. 여권만료일이 3개월 이상 남아 있어야 무비자로 90일 이상 포르투갈을 여행할 수 있다. 아직 여권이 없다면 이 기회에 만들어두자.

1. 어디에서 만들까?
여권은 외교통상부에서 주관하는 업무이지만 서울에서는 외교통상부를 포함한 대부분의 구청에서, 광역시를 비롯한 지방에서는 도청이나 시구청의 여권과에서 발급받을 수 있다.

2. 어떻게 만들까?
전자여권은 타인이나 여행사의 발급 대행이 불가능하기 때문에 본인이 신분증을 지참하고 직접 신청해야 한다. 만 18세 미만의 미성년자(유아, 어린이 포함)의 경우 대리 신청이 가능하며, 여권을 신청할 때는 일반 제출 서류에 가족관계증명서를 추가 지참해야 한다.

여권 발급 순서
여권 종류에 따라 필요한 서류와 여권 사진 지참 → 거주지에서 가까운 관청의 여권에서 발급 신청서 작성 → 수입인지 부착 → 접수 후 접수증 수령 → 3~7일 후 신분증 들고 여권 수령

여권 발급 신청 준비물
- 여권 발급 신청서 • 여권용 사진 2매
- 주민등록등본 1통 • 신분증
- 발급 수수료(카드 결제 가능)

여권 발급 수수료는 기간과 면수 등에 따라 달라진다. 자세한 내용은 아래 표를 참조하자.

종류	유효기간		면수	수수료	대상
복수여권	10년 이내		48면	53,000원	만 18세 이상 (군 미필자 제외)
			24면	50,000원	
	5년	8세 이상	48면	45,000원	만 8세 이상~ 18세 미만
			24면	42,000원	
		8세 미만	48면	33,000원	만 8세 미만
			24면	30,000원	
	5년 미만		24면	15,000원	군 미필자, 국외여행허가자
단수여권	1년 이내		12면	20,000원	1회만 여행 가능
남은 유효 기간 부여			48면 · 24면	25,000원	기존 여권의 남은 기간 부여
유효 기간 연장			48면 · 24면	23,000원	기간 연장 재발급

3. 여권을 잃어버렸거나 기간이 만료됐다면?
재발급 절차는 여권 발급 때와 비슷하지만 재발급 사유를 적는 신청서가 추가된다. 분실했을 경우에는 분실 신고서를 구비해야 한다. 관련 여권 기간 연장은 2008년 6월 28일 이전에 발급된 여권 중 유효 기간 연장이 가능한 것에 한해서 할 수 있다.
연장 신청은 여권 유효 기간 만료일 전후 1년 이내에 할 수 있으며, 신규 발급 신청에 필요한 서류 일체와 구여권을 지참해야 한다.

> **Tip 포르투갈에서 여권을 분실했다면?**
> 현지 경찰서에서 분실 신고부터 하자. 분실 신고서를 받아 리스보아에 있는 한국대사관에 가서 여행증명서나 단수여권을 발급받아야 한다. 이 때 여권 사진 2매와 신분증이 필요하다. 만일의 경우를 대비해 여권 사본과 여분의 여권 사진은 꼭 챙겨가도록 하자.
>
> **포르투갈 주재 한국대사관**
> **Map** 096C
> **Add** Avenida Miguel Bombarda 36, 1051-802 Lisboa **Tel** 217-937-200

D-60

MISSION 4 숙소를 정하자

1. 포르투갈에는 어떤 숙소가 있나?

알고 보면 배낭여행 천국 포르투갈에는 호텔급 인테리어를 자랑하는 호스텔부터 게스트하우스, 중급 호텔, 글로벌 체인 호텔은 물론 옛 성이나 유적을 개조한 유서 깊은 숙소 포우자다까지 다양한 숙소가 있다. 서유럽 국가 중에서 숙박비가 저렴하다는 것도 장점. 비수기에는 1박에 50유로, 성수기에는 80유로 정도면 호스텔의 개인실은 물론 저렴한 호텔에도 묵을 수 있다.
도미토리에 묵는다면 20유로 이하에도 선택의 폭이 넓다. 단, 글로벌 체인 호텔에 묵으려면 150~200유로 이상 예산을 잡아야 한다.

2. 어떻게 예약할까?

우선, 호텔 예약 사이트부터 활용하자. 원하는 지역의 위치, 가격, 타입에 따라 검색할 수 있어 편리하다. 마음에 드는 숙소를 발견했다면 여행자들의 리뷰도 살펴볼 것. 그 다음은 호텔 사이트와 가격 비교. 간혹 호텔 자체 프로모션이 더 저렴한 경우도 있다. 또, 호스텔이나 게스트하우스는 예약 사이트보다 홈페이지나 이메일을 통해 예약해야 되는 경우도 있다.

호텔 예약 사이트
부킹닷컴 www.booking.com
호텔스닷컴 www.hotels.com
아고다 www.agoda.com
익스피디아 www.expedia.co.kr
트립어드바이저 www.tripadvisor.co.kr
호텔스컴바인 www.hotelscombine.co.kr
호스텔부커스 www.hostelbookers.com

3. 후회 없는 숙소 선택의 조건

❶ **위치** 위치부터 정한 후 원하는 가격대의 숙소를 찾자. 아무리 저렴한 호텔도 주요 관광지와 거리가 멀다면 돈과 시간을 허비하는 결과를 초래하게 된다. 리스보아나 포르투에 묵는다면 주요 관광지나 기차역과 멀지 않은 구시가지가 좋다. 구글맵을 이용해 지하철역과의 거리가 가까운지, 언덕길은 아닌지 등도 따져보고 선택할 것.

❷ **타입** 취향에 따라 달라진다. 저렴하게 묵으면서 세계 각국에서 여행 온 친구들을 만나고 싶다면 호스텔, 개인 객실에 묵으면서도 현지인들과 대화를 나누고 싶다면 게스트하우스, 밤에는 조용히 쉬고 싶다면 호텔이 답이다. 포르투갈만의 독특한 문화를 경험하고 싶다면 포우자다를 추천한다.

❸ **엘리베이터** 리스보아나 포르투의 오래된 건물에 있는 숙소의 경우 엘리베이터가 없는 경우가 종종 있다. 짐이 많은 여행자에겐 헉 소리 나는 큰 난관. 엘리베이터가 있는지 꼭 확인할 것.

❹ **객실 타입** 같은 호텔도 객실 타입에 따라 가격과 분위기가 달라진다. 리스보아나 포르투 같은 도시 외에도 카스카이스, 나자레, 알가르브 등 해변 지역일 경우 오션뷰인지 시티뷰인지, 발코니는 있는지 등 객실의 조건도 꼼꼼히 확인할 것.

❺ **조식** 호텔 예약 사이트에서 할인가로 예약할 경우 조식 불포함인 경우가 많다. 미리 확인할 것.

D-30

MISSION 5 알짜배기 정보를 모으자

1. 가이드북을 펴자
포르투갈 여행의 최신 정보를 담은 〈포르투갈 홀리데이〉로 여행의 밑그림을 그려볼 것.

2. 인터넷 서핑을 하자
블로그만 믿고 찾아갔다가 낭패를 본 경험이 있다고? 여행자들의 생생한 후기도 좋지만 주관적인 경험담과 객관적인 정보를 균형 있게 수집해야 실패 확률이 낮아진다. 포르투갈 관광청 공식 홈페이지에서 정확한 정보를 확인 후 트립어드바이저, 블로그 등 여행자들의 후기를 살펴보자. 또, 여행자들이 정보를 교환하는 온라인 커뮤니티를 활용하면 최신 정보를 얻을 수 있다.

포르투갈 관광청 공식 사이트
· 포르투갈 관광청
  www.visitportugal.com/en
· 리스보아 관광청 www.visitlisboa.com
· 포르투 관광청 visitportoandnorth.travel
· 포르투갈 중부 관광청
  www.centerofportugal.com

MISSION 6 여행 경비를 준비하자

현금 Cash
오르락내리락 하는 유로 환율. 미리미리 환율에 촉을 세우고 저렴해졌을 때 환전해두면 좋다. 유로는 어느 은행이나 보유하고 있어 주거래 은행에서 인터넷 또는 전화로 환전이 가능하다. 인터넷으로 미리 신청한 후 출국일에 인천국제공항 해당 은행 창구에서 찾으면 된다.

신용카드 Credit Card
포르투갈의 호텔, 숍, 레스토랑에서 신용카드 사용이 가능하다. 해외 사용 가능한 신용카드(VISA, MASTER)를 보유하고 있는지 확인할 것. 여행 중에 환율이 하락했을 때는 현금을 사용하는 것보다 신용카드를 쓰는 편이 이익이다.

현금 카드 Debit Card
해외에서 사용가능한 Plus나 Cirrus 등의 마크가 찍힌 현금카드를 가져가면 포르투갈 어디에서나 은행 ATM에서 현금 인출이 가능하다. 단, 약간의 수수료가 붙는다.

여행자 보험
낯선 여행지에서 아프거나 도난을 당했을 때 보상을 받기 위해 들어두면 든든하다.

❶ 가입방법
보험사 웹사이트에서 가입하는게 가장 저렴하다. 주로 많이 가입하는 보험은 '1억원 여행자 보험'. 사망 시에만 해당될 뿐 도난과 상해 보상 액수는 크지 않다. 실제로 여행자가 겪는 일은 도난이나 상해가 대부분이니 이 부분을 잘 살펴보고 가입하자.

❷ 보상금 청구 방법
귀국 후 보험회사에 연락해 보상금 신청 절차를 밟아야 한다. 이때 증빙 문서를 제대로 챙겨 보내야 보상을 받을 수 있다. 도난을 당하거나 사고로 다쳤을 경우 경찰서나 병원에서 받은 증명서와 영수증 등은 반드시 제출해야 한다. 도난을 당했을 경우 '분실Lost'이 아닌 '도난Stolen'으로 기재된 도난증명서를 제출해야 한다. 병원 치료를 받았을 경우 진단서와 병원비 및 약품 구입 영수증 등을 모두 첨부하자.

D-1
MISSION 7 완벽하게 짐 꾸리기

여권 출국의 필수품 1호. 분실을 대비해 여권 복사본과 여권용 사진도 챙기자. 휴대폰에 여권 사진을 저장해두면 요긴하다.
항공권 전자티켓이라도 예약확인서를 출력해두자. 공항으로 떠나기 전 여권과 함께 반드시 다시 확인 또 확인!
여행 경비 예산에 맞게 현금, 신용카드, 현금카드를 적절히 준비하자.
국제운전면허증 포르투갈에서 렌터카를 이용할 계획이라면 반드시 필요하다.
의류 여행 시기에 맞춰 적절한 두께의 옷을 챙기자. 봄, 가을에도 대서양의 바닷바람이 꽤 센 편이라 스카프, 바람막이 점퍼 등을 가져가면 요긴하다. 정수리에 뜨겁게 내리쬐는 태양도 피하고, 패션 센스를 업그레이드할 수 있는 모자도 하나 정도 챙겨 가면 좋다.
가방 가볍게 들고 다닐 수 있는 작은 가방을 별도로 준비하면 유용하다.
우산 가벼운 3단 우산을 준비하자.
세면도구 호텔에서 묵으면 샴푸, 샤워젤, 비누 등이 제공되지만 호스텔의 경우 없을 수도 있다. 본인이 묵는 숙소에 따라 챙겨가자.
실내용 슬리퍼 저렴한 호텔이나 호스텔의 경우 실내용 슬리퍼가 없는 경우가 많으니 일회용 슬리퍼나 조리를 챙겨가면 유용하다.
화장품 자외선이 강한 포르투갈에서 선크림은 필수! 그 밖의 화장품은 필요한 만큼 가져가자. 여행 기간이 짧다면 작은 사이즈나 샘플을 챙겨가도 좋다.
비상약품 두통약, 감기약, 소화제, 진통제, 지사제, 반창고, 등 기본적인 약 준비.
생리용품 평소 자신이 사용하던 것을 발견하기가 쉽지 않으니 필요하다면 챙겨가자.
전자기기 핸드폰 충전기, 카메라 충전기를 빠뜨리면 낭패다. 다시 한 번 확인!
가이드북 여행의 든든한 동반자가 되어줄 가이드북. 배낭에 넣어 비행기에서부터 열공 모드 시작!
수영복 날씨만 좋으면 5월부터 대서양 해변에서 수영을 즐길 수 있다. 알가르브, 카스카이스, 나자레 등을 여행할 계획이라면 필수.
물티슈 우리나라처럼 24시간 편의점이 없고 미니 슈퍼마켓이 전부인 포르투갈에서 은근 사기 힘든 아이템이다.
손톱깎이 장기 여행이라면 꼭 챙겨갈 것. 손톱이 약한 사람이라면 야외활동이 많은 여행지에서 손톱이 부러지는 확률도 올라간다.

D-day

MISSION 8 인천 국제공항에서 출국하기

인천 국제공항에서 출국하기

❶ 항공사 카운터 확인
출발 2시간 전까지 공항에 도착해 출국장인 3층으로 간다.

❷ 탑승 수속
자신이 타는 항공사의 카운터로 가서 여권과 항공권을 제출하고 탑승권Boarding Pass을 받는다. 카운터는 이코노미 클래스와 비즈니스 클래스, 퍼스트 클래스 등으로 구분된다. 원하는 좌석이 있다면 수속 시 요청한다.

❸ 짐 부치기
일반적인 이코노미 클래스의 항공수하물은 17~20kg까지 허용된다(항공사마다 다름). 칼, 송곳, 면도기, 발화물질, 100ml가 넘는 액체, 젤 등 기내에 들고 탈 수 없는 물건들은 미리 구분하여 항공수하물 안에 넣도록 한다.

❹ 보안 검색
보석이나 고가의 물건을 휴대하고 있다면 세관에 미리 신고하자. 들고 있던 짐은 엑스레이를, 여행자는 문형 탐지기를 통과한다.

> **Tip 자동 출입국 심사**
> 만 19세 이상 대한민국 여권 소지자라면 사전 등록 절차 없이 자동 출입국 심사 서비스를 이용할 수 있다. 그러나 만 19세 미만 또는 인적 사항이 변경되었거나 주민등록증을 발급받은 지 30년이 지난 사람은 사전 등록을 해야 한다.
> 사전 등록은 인천 국제공항 제1터미널 출국장 3층 F발권 카운터 앞 등록 센터 및 제2터미널 2층 중앙 정부 종합 행정 센터 쪽 등록 센터에서 할 수 있다. 운영 시간은 모두 07:00~19:00까지. 사전 등록 시 여권과 얼굴 사진 준비는 필수이다.

❺ 출국 수속
출국 심사대에서 여권과 탑승권을 보여 주면 심사 후 통과할 수 있다. 출국 심사를 받을 때는 모자와 선글라스 등을 벗어야 한다. 자동 출입국 심사 신청은 공항에서 할 수 있다. 인천 국제공항 출입국 시 심사대를 거치지 않고 여권과 지문만 심사 기계에 체크 후 통과할 수 있다.

❻ 탑승
탑승구에는 아무리 늦어도 출발 30분 전에는 도착해야 한다. 면세 쇼핑을 하거나 인터넷으로 구입한 면세 물품을 찾을 경우 이에 필요한 시간을 계산하여 더 일찍 출국 수속을 밟아야 한다. 성수기의 경우 면세품을 찾는 것만 30분이 걸리기도 한다. 외항사의 경우 모노레일을 타고 별도의 청사로 이동해야 하니 주의할 것. 모노레일은 5분 간격으로 운행되며 별도의 청사에도 면세점이 있다.

> **Tip 인천 국제공항 터미널을 확인하자!**
> 인천 국제공항의 터미널은 제1터미널과 제2터미널로 나뉘어 운영된다. 두 터미널의 거리가 꽤 떨어져 있는 데다가, 각각 취항 항공사가 달라서 출발 전 어느 터미널로 가야 하는지 꼭 확인해야 한다. 자칫 터미널을 잘못 찾을 경우 비행기를 놓칠 수도 있다.
> 대한항공, 델타항공, 에어프랑스, KLM네덜란드항공, 아에로멕시코, 알이탈리아, 중화항공, 가루다항공, 샤먼항공, 체코항공, 아에로플로트항공을 이용하는 경우에는 제2터미널로, 그 외 항공사를 이용하는 경우에는 제1터미널로 가야 한다. 터미널 간 이동은 무료 순환버스(5분 간격 운행)를 이용할 수 있다. 제1터미널 3층 중앙 8번 출구, 제2터미널 3층 중앙 4~5번 출구 사이에서 출발하며 15~20분 소요된다.

D-day

MISSION 9 포르투갈 입국하기

포르투갈 입국하기

❶ 입국 심사
서류도 필요 없다. 여권만 보여주면 된다. 여행의 목적, 일정 등을 물을 때는 머뭇거리지 말고 명확하게 대답하자. 포르투갈 도착 전 유럽의 도시를 경유했다면 그 도시에서 입국 심사를 받게 된다.

❷ 수하물 찾기
탑승했던 항공편이 표시된 레일로 이동해 짐을 찾는다. 다른 짐과 구분할 수 있는 네임택 등을 달아놓으면 찾기 쉽다. 수하물이 분실됐다면 해당 항공사에 분실신고를 해야 한다. 이때 인적 정보와 현지 주소, 연락처 등을 기입해야 하니 사전에 알아두자.

❸ 세관
세관 신고서 역시 필요 없다. 수하물을 찾은 후 별도의 신고할 물건이 없다면 입국만 하면 끝.

꼭 알아야 할 포르투갈 필수 정보

개요
서유럽 이베리아 반도 서쪽 끝에 남북으로 길게 뻗은 포르투갈. 너비는 92,090㎢.

언어
포르투갈어를 쓴다. 관광지, 호텔, 레스토랑에서는 영어가 통용된다. 특히 리스보아와 포르투는 영어가 매우 잘 통하는 편이다.

간략한 역사
1143년 포르투갈 왕국이 성립 이후 15~16세기에 해양왕국으로서 지위를 확립하면서 세계 최대의 영토를 소유했었다. 하지만 18세기 중반 나폴레옹의 침략과 브라질의 독립 이후 국력이 쇠퇴했다. 1910년 공화제가 성립된 이래 지금은 대통령과 의원내각제가 혼재돼 있다.

통화
화폐는 유로를 쓴다. 에스프레소 한 잔이 평균 1유로 이하로 서유럽에서도 물가가 저렴한 편.

기후
지중해성 기후로 사계절이 뚜렷하다. 연평균 기온은 13~38℃. 전체적으로 우리나라보다 따뜻한 편이고 여름에는 매우 덥다.

시차
한국보다 9시간 느리다. 3월 마지막 일요일부터 10월 마지막 일요일까지는 서머타임이 적용돼 우리나라보다 8시간 느리다.

전압
우리나라와 동일하게 220V를 쓴다.

종교
대부분이 가톨릭 신자다. 포르투갈에서 성당이나 수도원 방문 시 미사 중에는 예의를 갖추자. 미사 중인데 사진을 찍거나 플래시를 터트리는 행동은 비매너 중의 비매너임을 명심할 것.

레스토랑
대도시는 물론 소도시도 점심식사 후 브레이크 타임을 갖고, 저녁식사 시간에 재오픈을 한다. 평균 점심 시간은 12:00~15:00 사이, 저녁은 19:30~23:00 정도로 저녁식사를 늦게 시작하는 편이다.

INDEX

SEE

LX 팩토리	129
가르시아 데 오르타 정원	139
가이아 케이블카	229
갤러리아 데 파리 대로	209
고질라 서프스 쿨	244
과학 박물관	135
구 대성당	374
구시가지	446
국립 고대 미술관	099
국립 마사두 드 카스트루 미술관	375
국립 마차 박물관	128
국립 아주다 궁전	128
국립 판테온	077
굴벤키안 미술관	101
그라사 전망대	075
그라웅 바스쿠 미술관	386
그라함	232
기마랑이스 성	282
나수에스 공원	137
나수에스 선착장	136
나자레 푸니쿨라	318
나자레 해변	317
노사 세뇨라 성당	318
노사 센호라 다 루즈 요새	172
대성당	429
도나 아나 해변	415
도시 공원	243
돌핀 보트	449
동 루이스 1세 다리	228
두케사 해변	176
드라강 스타디움&FC 포르투 박물관	205
레이냐 해변	176
렐루 서점	203
로마 시대 성벽	387
로마 신전	362
루시아의 집	353
리베르다드 광장	204
리스보아 대성당	072
리스보아 동물원	105
리스보아 수도교	105
리스보아 수족관	136
마데이라 익스피리언스	445
마레칼 카르모나 공원	173
마리오네트 박물관	207
마상스 해변	164
마투지뉴스	244
망가 정원	375
메모리아 소성당	319
메이아 해변	414
몬산투 마을	398
몬산투 성터	399
몬세라트	163
몬테 성당	451
몬테궁 열대 정원	450
무니시팔 정원	445
무어 성	157
물의 정원	138
미구엘 봄바르다 대로	209
미제리코르디아 성당	297, 387
바스쿠 다 가마 타워&다리	134
바타타 해변	414
발견 기념비	126
베라두 컬렉션 미술관	127
베를린 장벽	353
벨렝탑	125
벨몬테	401
볼사 궁전	199
봉 제수스 두 몽테	267
브라가 대성당	263
브라가 시립 경기장	265
브라간사 공작 저택	284
브라질 헤푸블리카 광장	286
블랜디스 와인 로지	447
비스카이뉴스 박물관&정원	263
비제우 대성당	386
산타 루치아 전망대	074
산타 마르타 등대&박물관	174
산타 마리아 데 라구스 성당	411
산타 마리아 드 비토리아 수도원	332
산타 마리아 드 알쿠바사 수도원	330
산타 마리아 성당	311
산타 바바라 정원	265
산타 주스타 엘리베이터	088
산타 카타리나 공원	444
산타 카타리나 대로	208
산타 카타리나 전망대	107
산타 크루즈 수도원	373
산투 안토니우 성당	078, 412
산티시마 트린다데 바실리카	352
상 구알테르 성당	286
상 도밍고스 성당	090
상 미구엘 성당	283
상 벤투 기차역	195
상 빈센테 드 포라 수도원	076
상 조르제 성	073

상 주앙 바티스타 성당	342	
상 카를로스 국립극장	099	
상 페드로 알칸타라 전망대	106	
상 프란시스쿠 성당	200, 283, 431	
상 프란시스쿠 성당&뼈 예배당	362	
상 호케 성당&박물관	095	
샌드맨	231	
서핑 라이프 클루베	244	
성모 마리아 발현 예배당	355	
세뇨라 두 몽테 전망대	075	
세랄베스 현대미술 박물관&정원	241	
소아레스 도스 레이스 국립미술관	242	
수르텔랴	400	
수베르쿠 전망대	319	
스카이다이브 알가르브	413	
시계 박물관	364	
시아두 현대미술관	101	
신 대성당	378	
신 산타 클라라 수도원	378	
신트라 왕궁	160	
아 카펠라	379	
아르코 다 루아 아우구스타	087	
아르쿠 다 빌라	430	
아르쿠 다 포르타 노바	430	
아르쿠 데 헤파우수	430	
아마란테	236	
아베이루 대성당	297	
아베이루 옛 기차역	297	
아베이루 운하&몰리세이루	298	
아우구스타 거리	087	
아젱냐스 두 마르 해변	164	
아줄레주 국립박물관	080	
알마스 예배당	205	
알베르토 삼파이오 박물관	285	
알부페이라	433	
에드아르두 7세공원&폼발 광장	103	
에보라 대성당	361	
에보라 대학	363	
에보라 박물관	364	
에스타디오 다 루즈	104	
에스트렐라 공원	100	
에스트렐라 바실리카	100	
예술과 창작 플랫폼	287	
오리엔테 기차역	135	
오비두스 성	310	
올량	433	
올리베이라 광장&올리베이라 성모 성당	285	
월드 오브 디스커버리스: 인터렉티브 박물관/테마 파크	207	
이돌로 샘	266	
이미지 박물관	264	
일라뷰 해양 박물관	301	
제너레이션	264	
제로니무스 수도원	122	
조아나나 도서관	377	
지랄두 광장	363	
지방 박물관	311	
지옥의 입	175	
총독의 성	412	
카렘	233	
카르무 성당	202	
카르무 성당&뼈 예배당	431	
카르무 수도원과 건축 박물관	102	
카밀루 해변	415	
카보 다 호카	177	
카보 지라우 전망대	447	
카사 다 무지카	240	
카사 데 산타 마리아	174	
카사 도스 비쿠스	079	
카사 두 인판테	202	
카사 페르난두 페소아	103	
카스카이스 항구	172	
카스텔루 노부	401	
카스텔루 브랑쿠 성	397	
카약투어스	413	
카지노 리스보아	139	
컨템퍼러리 컬쳐 센터	397	
코메르시우 광장	086	
코스타 노바 줄무늬 마을	299	
코스타 노바 피시 마켓	300	
코스타 노바 해변	300	
코임브라 구 대학	376	
코임브라 대학 식물원	378	
콘데스 데 카스트로 기마랑이스 박물관	173	
콘세이사웅 해변	176	
쿠에베두 포트와인	233	
퀘브라 코스타스 계단	374	
크리스털 궁전 정원	243	
크리스투 수도원&투마르 성채	341	
크리스티아누 호날두 박물관	446	

INDEX

클레리구스 성당&탑	201	
타구스 크루즈	124	
테일러	230	
텔레캐빈	138	
토보간 라이드	451	
투랄 광장	284	
투마르 시나고그	343	
트로피컬 보타닉 정원	127	
파두 박물관	078	
파두 아우 센트루	379	
파루 박물관	429	
파루 해변	431	
파수 에피스코팔 정원	396	
파티마 대성당	350	
페고스 수도교	343	
페나 성&정원	158	
페나 성소	288	
페레이라 보르게스 거리	373	
페레이라 올리베이라	448	
페르골라 다 포즈	211	
페스카도레스 해변	176	
페이라 다 라드라	076	
포르타스 두 솔 전망대	074	
포르투 대성당	199	
포르투 크루즈	206, 229	
포르투갈 건국 도시 성벽	279	
포티마요	432	
폰타 다 반데이라 성채	411	
폰타 다 피에다드 등대	415	
프라사 두 임페리우 공원	127	
프라이아 다 루즈	211	
프란시스쿠와 자신타의 집	354	
프린시프 헤알 공원	104	
플로레스 대로	209	
피퀘이라 광장	090	
피냐우 해변	414	
핑야웅	237	
해양 박물관	124, 175	
헤갈레이라의 별장	162	
헤스타우라도레스 광장	089	
헤푸블리카 광장	266	
호시우	089, 387	
히베이라 광장	204	

EAT

M1882	303	
가르디	434	
갤러리아 데 파리	215	
곰바	418	
나타	216	
누바이 카페	111	
다 테라	245	
다윈스 카페	131	
데카단치	113	
델리딜럭스	083	
도이스 이르마오스	419	
디비나 굴라	289	
레스토란테 도스 아르티스타스	416	
레스토란테 두스 콤바텐테스	453	
레스토란테 모차르트	452	
레스토란테 바칼라우	140	
레스토란테 불랴	219	
레스토란테 피알료	366	
레스토란테 5 센티도스	178	
로기아	380	
로마리아 드 바코	165	
루이 폴라 DOP	213	
리츠	455	
마냐스	356	
마르티뇨 다 아르카다	093	
마리아 시카 레스토랑	388	
마제스틱 카페	212	
먼치	290	
메르카도 봄 수세소	246	
메르카두 다 사우다드	268	
물&진	179	
미마르	417	
바이샤카페	435	
바칼라우	218	
벤다 벨랴	453	
봉자르딩	091	
부페트 파즈	220	
비스트로 100 마네이라스	109	
비스트로 바라우	365	
비어하우스	452	
산타 크루즈 카페	380	
산투 안토니우 드 알파마	082	
살포엔테	302	
샤피토 아 메사	082	
세페 코르데이루	093	
셀레스테	322	
솔라르 두 아르쿠	290	
쇼콜라타리아 다스 플로레스	220	
쉐 라팡	214	
스카이 바	113	
스피리토 컵케이크&커피	269	
씨리얼 월드 포르투	213	
아 브라질레이라	110, 269	
아데가 상 니콜라우	216	

아로마스	418
아르 드 리우	235
아르누보 뮤지엄 티룸	303
아이리시&코	140
아젱냐스 두 마르 레스토랑	166
아프라지벨	112
아피아데이루	166
안토니우 파데이루	334
에스테오스테	130
에스투디오 22	270
에스파수 에스펠료 다구아	131
에스파수 포르투 크루즈	235
오 바이루	302
오 카밀루	417
오 페스카도르	178
우 발렌침	245
우마 마리스퀘이라	092
우스 루지아다쉬	245
차 클루베	247
카사 두 볼루 두 카쿠	454
카사 두 알렌테주	091
카사 두스 퀘이조스	388
카사 피레스 아 사르디냐	320
카사스 다스 라타스	344
카신냐 부티크 카페	247
카코	435
카페 갤러리아 하우스 오브 원더스	179
카페 니콜라	093
카페 레스토랑 트리나드	334
카페 오데옹	416
카페 파라이소	344
칸티뇨 두 아비에즈	108
코지냐 다 세	270
콘페이타리아 나시오날	092
크루제스 크레두	081
타베르나 다 루아 다스 플로레스	111
타베르나 두 8 오 80	321
타베르나 루시타나	402
타베르나 아피시온	321
타스키냐 두 올리베이라	365
타임 아웃	108
텔헤이로피자	356
토스카	322
트리카나 드 아베이루	303
파다리아 센트럴	418
파스테이스 드 벨렝	130
파스텔라리아 코엘료	434
파웅 파웅 퀘이조 케이조	130
페치스쿠스 에 그라니토스	402
포르타스 두 솔	083
포이스 카페	081
피리퀴타	165
피시 픽스	217
호타 도 차	215
히베이라 다스 나우스 퀴오스케	112

BUY

리베르다드 대로	114
나센티아	422
라 비 푼샬	457
라브라도레스 시장	456
로자 다스 마리아스	272
리베르다드 스트리트 패션	271
리스본 러버스	117
바이루 아르테	116
보르달 마데이라	456
볼량 시장	221
브라가 쇼핑	271
브리드	118
사르디냐 나 칼사다	436
사파토 베르데	180
센트루 바스쿠 다 가마	141
소아레스	421
스카 아이디 스토어	222
아 비다 포르투게사	224
안토니우 마누엘 모다스	436
알레 홉	422
알마다 13	225
에리세이라 서프 앤 스케이트	422
에스파수 베	119
엘 코르테 잉글레스	115
엠바이사다	115
오포르투 크래프트 마켓	222
우아우 카카우	457
자 샤카 서프숍	420
자네스	272
친쿠 드 아우투브루 거리	366
카스카이스 쇼핑	180
카스카이스빌라 쇼핑 센터	180
타이포그라피아	116
파세이우 도스 클레리구스	223
페이르알레그리아	119
포룸 알가르브	436
포르자 포르투갈	421

SLEEP

LX 부티크 호텔	142
1872 리버 하우스	248

INDEX

6 온리	251
HF 페닉스 뮤직	144
갤러리 호스텔	252
굿나잇 호스텔	149
그란데 호텔 두 포르투	249
라구스 태그호스텔	423
럭스 파티마 파크	357
리스본 라운지 호스텔	149
마르 브라보	323
메모 알파마	143
무브 호텔 에보라	367
문 힐 호스텔	167
미스 오포	255
바이샤 하우스	146
브라가 벨스 게스트하우스	274
블루 하우스	335
빌라 도리스	423
살레 폰테 노바	335
선라이트 하우스	437
세레나타 호스텔	381
아쿠아 리아 부티크 호텔	437
아티스트 포르투 호텔&비스트로	250
이비스 버짓 브라가 센트루	275
인디펜덴테 호스텔	148
인브라가 호스텔	275
인파티오 게스트하우스	255
임브레이스 에보라 호스텔	367
카르무 호텔	144
카사 두 미라도우루	403
카사 두 파티오	145
카사 폼발	381
칸티뇨 다 코쉬쟈	403
캣츠 호스텔	253
퀸타 두 몬테	458
트래블러스 하우스	147
티에트로 B&B	145
파롤 디자인 호텔	181
페르골라 게스트하우스 B&B	181
포르투센스	250
포우자다 드 비제우	389
플래터드 투 비 인 투마르	345
호스텔 가이아 포르투	251
호텔 다 올리베이라	291
호텔 도스 템플라리우스	345
호텔 마데이라	458
호텔 마레	323
호텔 머큐어 브라가 센트로	273
호텔 앙주 데 포르투갈	357
호텔 오슬로	381
호텔 인판트 사그레스	249
호텔 카사 다 세	389
호텔 티볼리 신트라	167
화이트 푼다도르	291
화이트 박스 하우스	254

내 생애 최고의 휴가
Holiday

"당신의 여행 컬러는?"

MEMO

PORTUGAL MAP BOOK

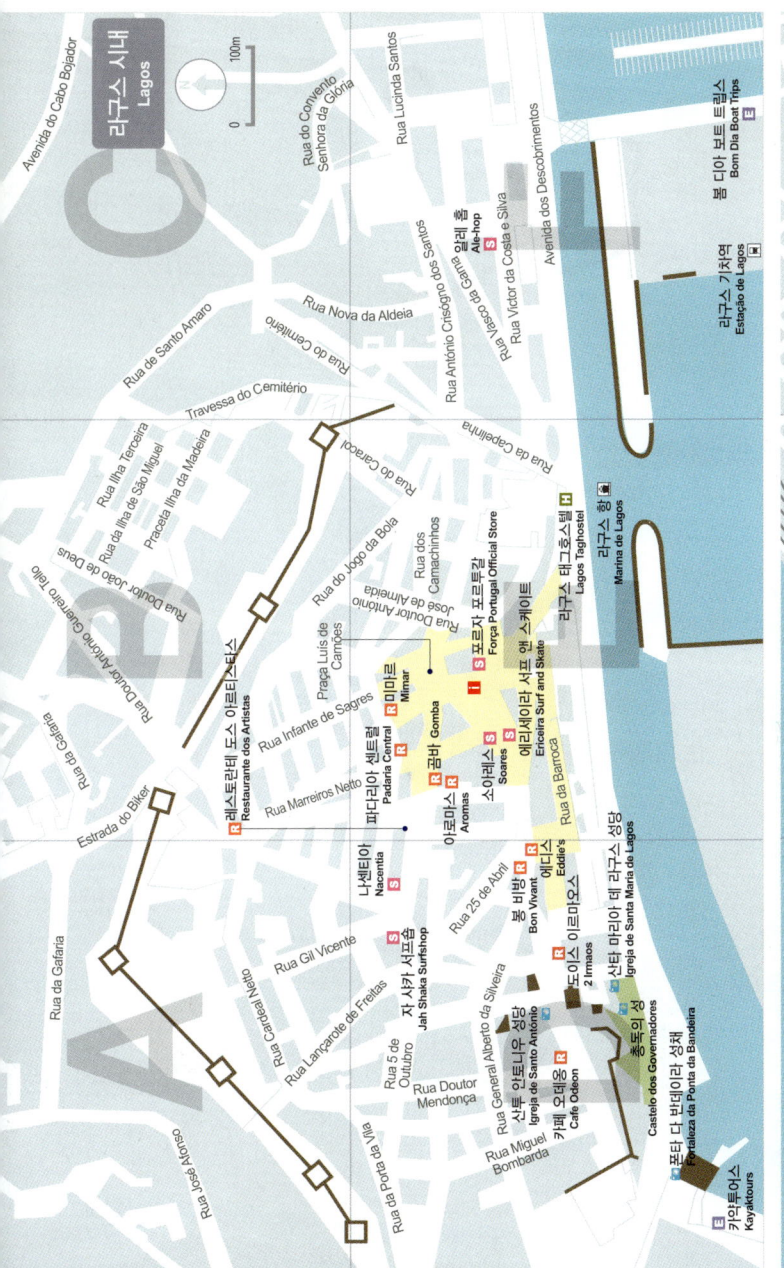

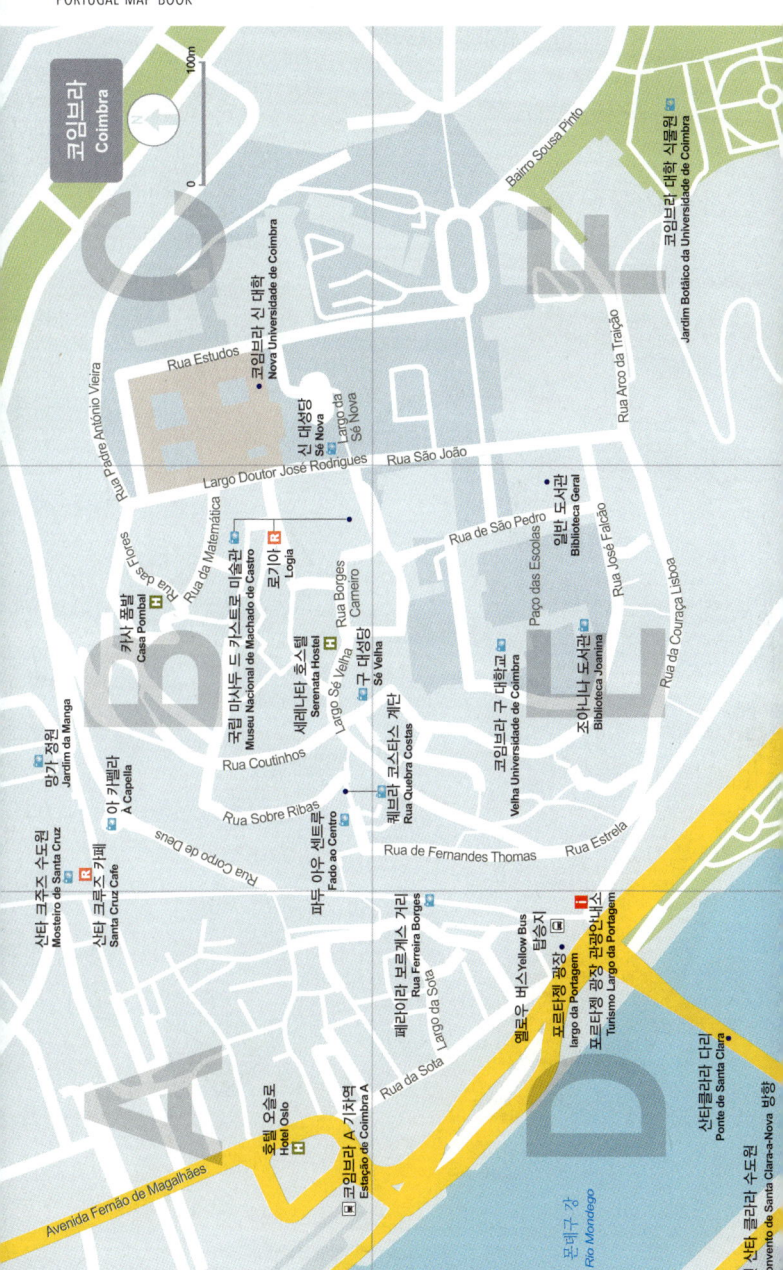

PORTUGAL MAP BOOK

PORTUGAL MAP BOOK

바탈랴
Batalha

0 — 100m

산타 마리아 다 비토리아 수도원
Mosteiro de Santa Maria da Vitória

레나 공원
Jardim do Lena

바탈랴 관광안내소
Turismo

콘데스타벨 공원
Jardim do Condestável

바탈랴 버스정류장

Rua Nossa Senhora do Caminho
Rua Dona Filipa de Lencastre
Rua do Infante Dom Fernando
Avenida dos Descobrimentos
Largo 14 de Agosto de 1385
Rua do Moinho da Vila
Largo da Misericórdia
Largo da Misericórdia
Estrada de Fátima
Avenida Dom Nuno Álvares Pereira

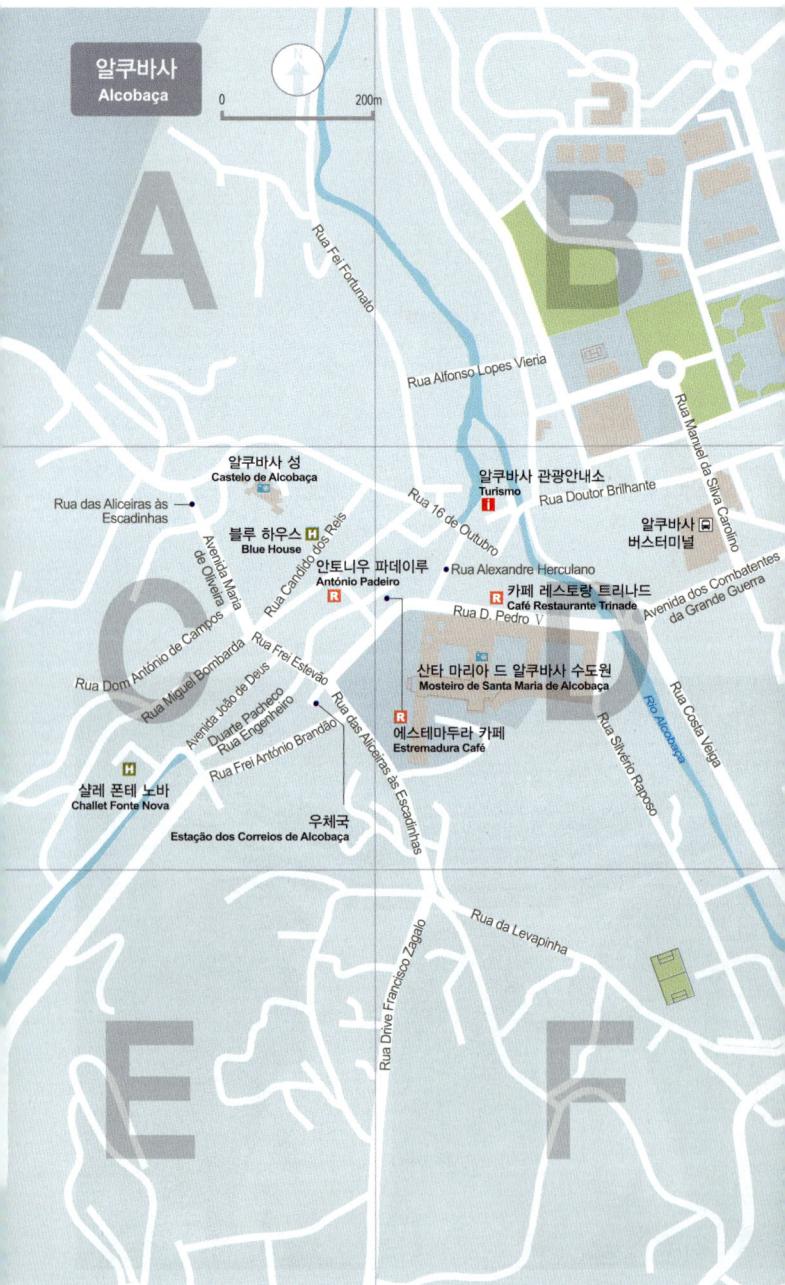

PORTUGAL MAP BOOK

- 타베르나 아피시온 / Taverna Afficion
- 니자레 푸니쿨라 / Ascensor da Nazaré
- 노사 세뇨라 성당 / Igreja de Nossa Senhora
- 수베르코 전망대 / Miradouro do Suberco
- 메모리아 소성당 / Ermida da Memoria
- 니자레 등대 / Faro de Nazaré
- 마르 브라보 / Mar Bravo
- 토스카 / TOSCA
- 호텔 마레 / Hotel Maré
- 니자레 버스정류장 / Rodoviária
- 셀레스티 / Celeste
- 니자레 관광안내소 / Turismo
- 니자레 해변 / Praia da Nazaré
- 타베르나 두 8 오 80 / Taverna do 8 o 80

Praça Sousa Oliveira
Avenida da República
Rua Antonio Carvalho Laranjo
Avenida Vieira Guimarães
Rua dos Caixins
Rua dos Galeões
Avenida Porto Santo
Rua Branco Martins
Avenida Manuel Remigio
Rua 25 de Abril
N8-5
N242

니자레 / Nazaré

200m

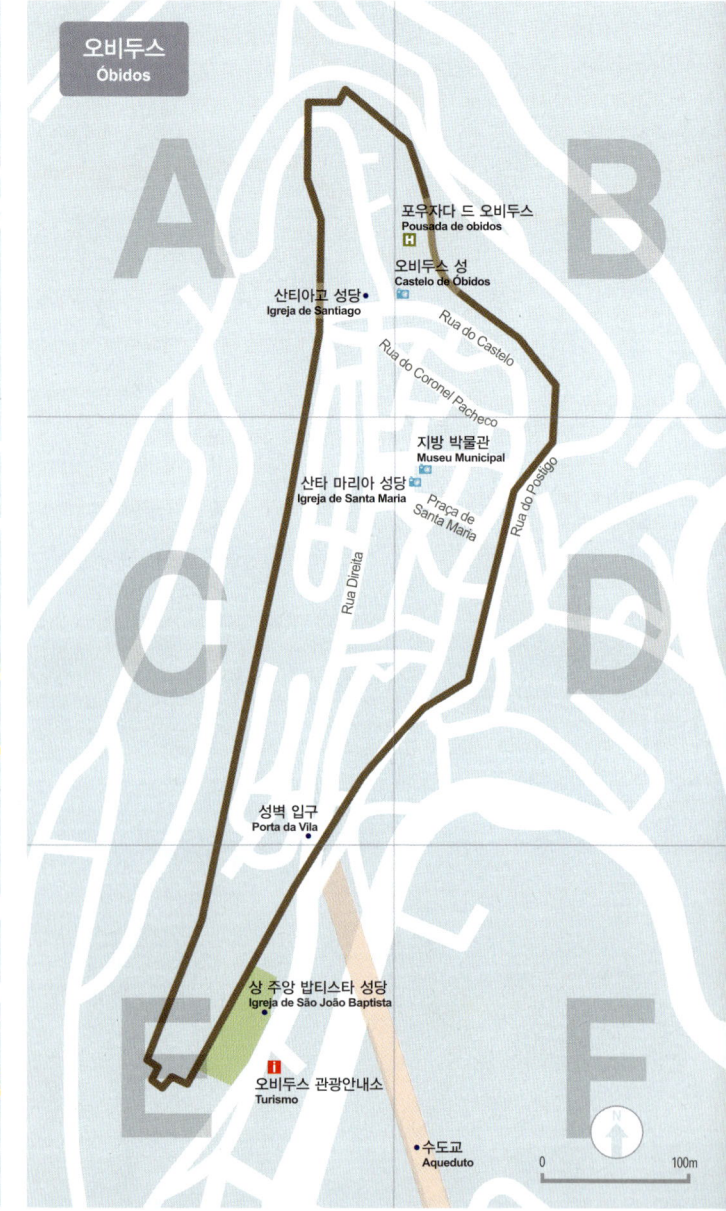

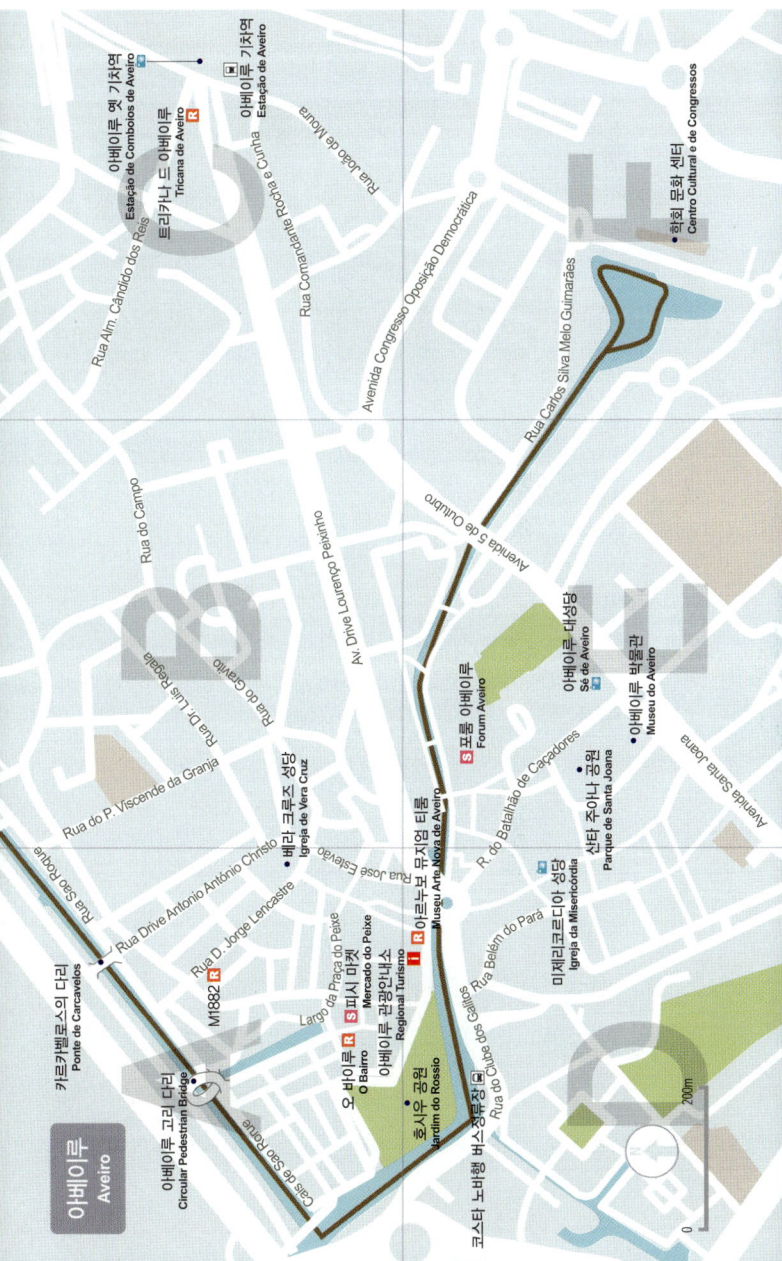

PORTUGAL MAP BOOK

빌라 노바 드 가이아
Vila Nova de Gaia

- 그라함 / Graham's
- 에스파소 포르투 크루즈 / Espaço Porto Cruz
- 포르투 크루즈 / Proto Cruz
- 도우루 강 / Rio Douro
- 가이아 케이블카 / Teleférico de Gaia
- 아르 드 리우 / Ar de Rio
- 동 루이스 1세 다리 / Ponte Dom Luís I
- 가이아 케이블카 / Teleférico de Gaia
- 카렘 / Cálem
- 샌드맨 / SANDEMAN
- 모루 공원 / Jardim do Morro
- 자르딩 두 모루역 / Jardim do Morro
- 페레이라 / Ferreira
- 아. 라모스 핀투 / A. Ramos Pinto
- 산타 마린냐 성당 / Igreja Paroquial de Santa Marinha
- 쿠에베두 포트와인 / Quevedo Port Wine
- 테일러 / Taylor's
- 이트맨 / Yeatman
- 호스텔 가이아 포르투 / Hostel Gaia Porto

Cais de Gaia · Rua Rei Ramiro · Rua Doutor António Granjo · Rua de Serpa Pinto · Avenida Ramos Pinto · Rua do Choupelo · Rua Cândido dos Reis · Rua do General Torres · Avenida Diogo Leite · Avenida da República

0 — 400m

PORTUGAL MAP BOOK

PORTUGAL MAP BOOK

바이루 알투&시아두 상셰두
Bairro Alto & Chiado

- Martim Moniz역 마르팀 모니즈역
- Ascensor da Glória 아센소르 다 글로리아 탑승장(상향)
- Ascensor da Glória 아센소르 다 글로리아 탑승장(하향)
- Elevador de Santa Justa 산타 주스타 엘리베이터
- Convento e Museu Arqueológico do Carmo 카르무 수도원과 건축 박물관
- Estação do Rossio 호시우 기차역 호시우
- Restauradores역 헤스타우라도레스역
- Typographia 티포그라피아
- Lisbon Lounge Hostel 리스본 라운지 호스텔
- Goodnight Hostel 굿나잇 호스텔
- Travelers House 트레블러스 하우스
- Aprazível 아프라지벨
- Breed 브리드
- Cantinho do Avillez 칸티뉴 두 아빌예즈
- MNAC, Museu Nacional de Arte Contemporânea do Chiado 시아두 현대미술관
- Carmo Hotel 카르무 호텔
- Igreja e Museu de São Roque 상 호케 성당과 성당박물관
- Bistro 100 Maneiras 비스트로 100 마네이라스
- Teatro B&B 테아트로 B&B
- A Brasileira 아 브라질레이라
- Belcanto 벨칸토
- Mini Bar 미니 바
- Baixa/Chiado역 바이샤/시아두역
- Teatro Nacional de São Carlos 상 카를로스 국립극장
- Decadente 데카단테
- Independente Hostel 인디펜덴테 호스텔
- Miradouro de São Pedro de Alcântara 상 페드로 드 알칸타라 전망대
- Taberna da Rua das Flores 타베르나 다 루아 다스 플로레스
- Bairro Arte 바이루 아르테
- Miradouro de Santa Catarina 산타 카타리나 전망대
- Noobai Café 누바이 카페
- Casa do Pátio 카사 두 파티오
- Ascensor da Bica 아센소르 다 비카
- LX Boutique Hotel LX 부티크 호텔
- Time Out 타임 아웃
- Ribeira das Naus-Quiosque 히베이라 다스 나우스 키오스케
- Estación de Cais do Sodré 카이스 두 소드레 기차역
- Terreiro do Paço역

Rua Marquês Ponte de Lima
Costa do Castelo
Rua Palma
Rua da Madalena
Rua dos Fanqueiros
Rua da Prata
Rua Augusta
Rua Áurea
Rua de São Julião
Rua do Comércio
Avenida Infante Dom Henrique
Rua Ivens
Rua Nova da Trindade
Rua da Misericórdia
Rua Vítor Cordon
Rua Alecrim
Rua das Flores
Rua Horta Seca
Rua Chagas
Rua de São Paulo
Rua da Boavista
Boqueirão Ferreiros
Rua Fernandes Tomás
Calçada do Combro
Rua Academia das Ciências
Rua São Marçal
Rua da Bela Vista à Lapa
Calçada da Estrela
Avenida Dom Carlos I
Avenida 24 de Julho
Rua de O Século
Rua da Rosa
Rua das Salgadeiras

200m
N

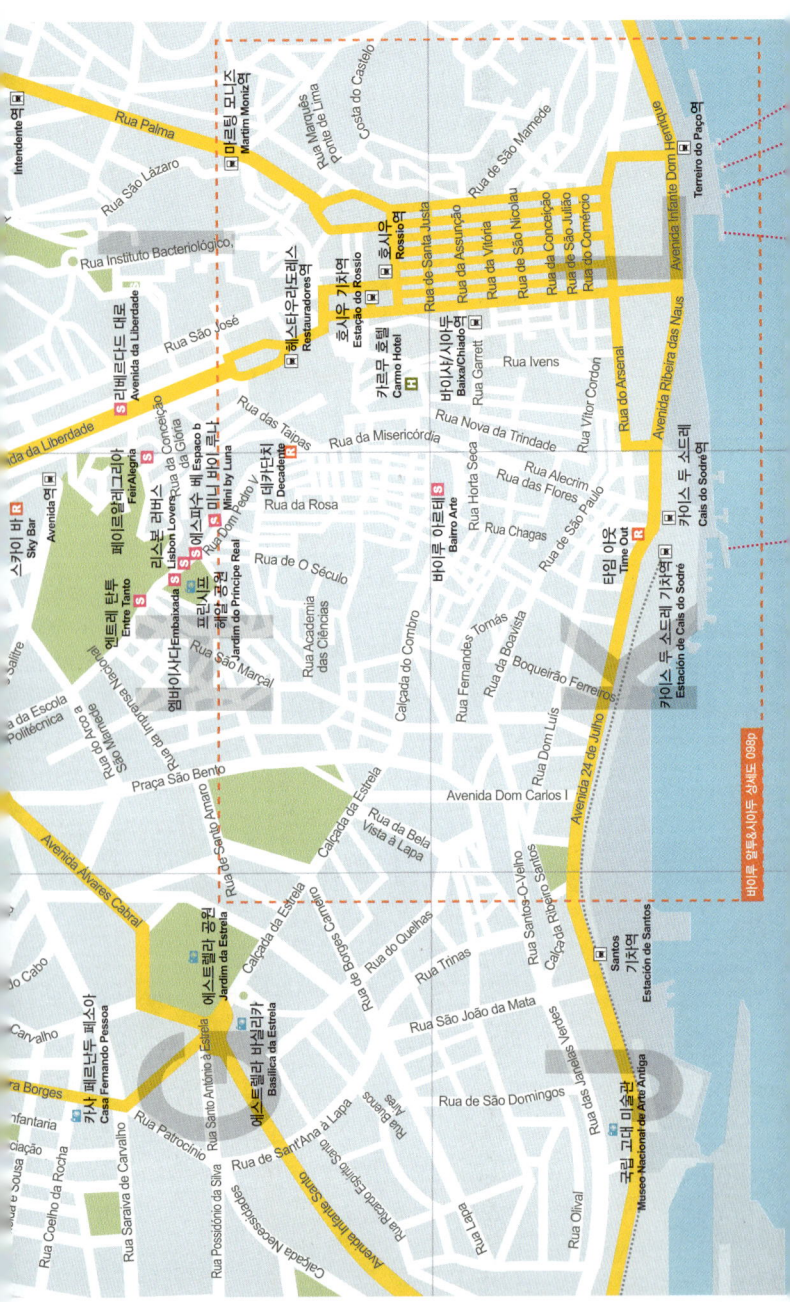

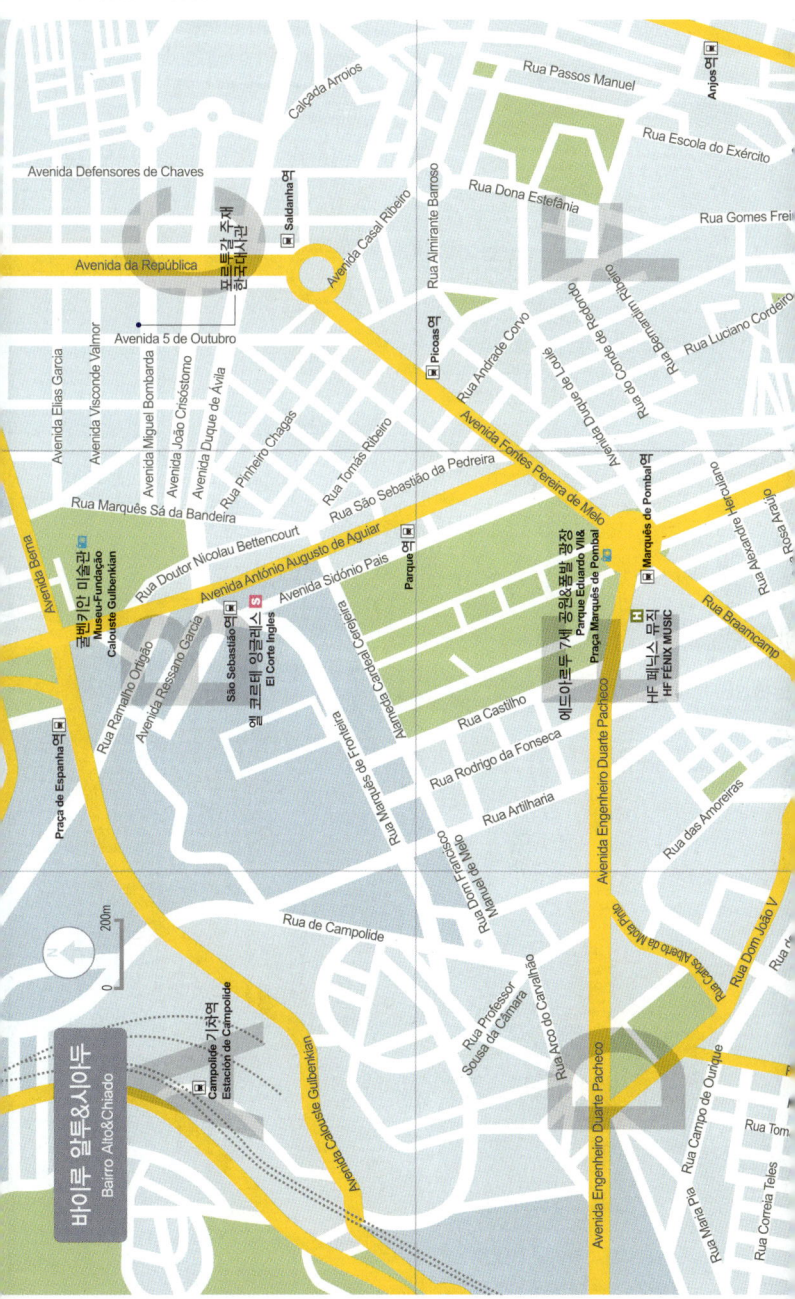

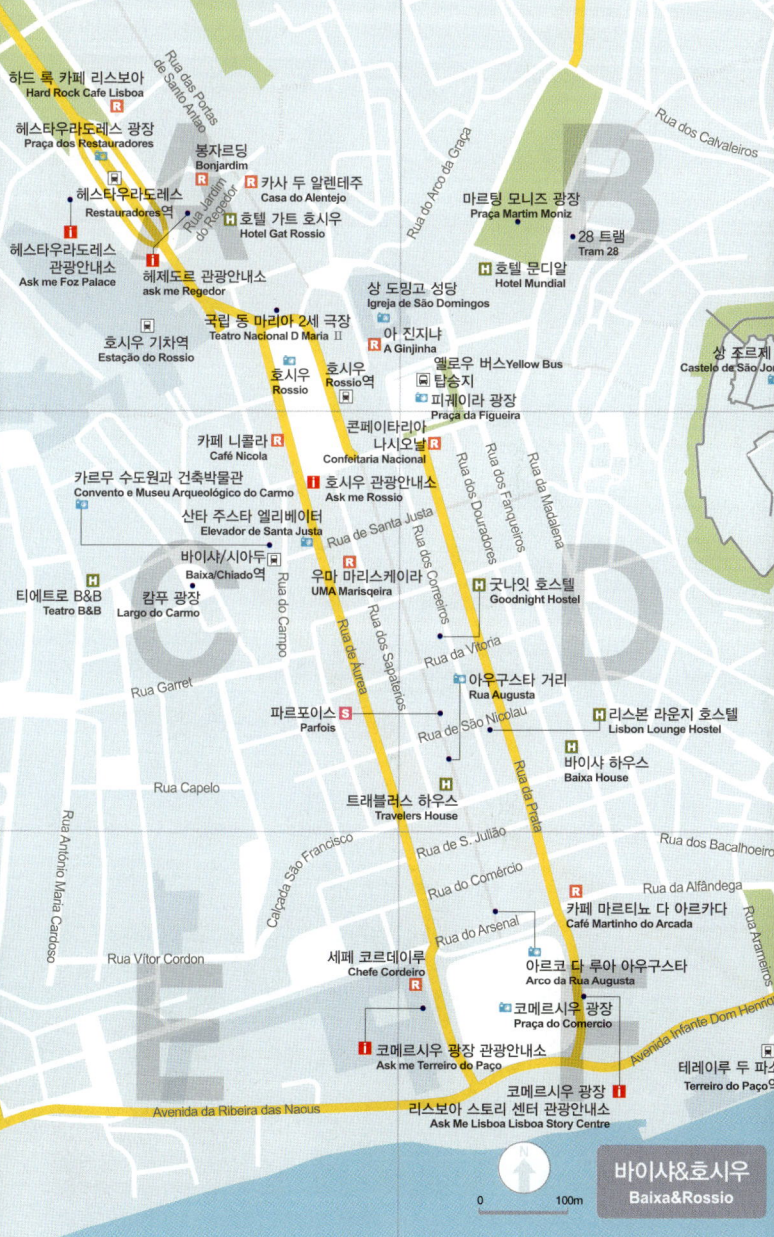

PORTUGAL MAP BOOK

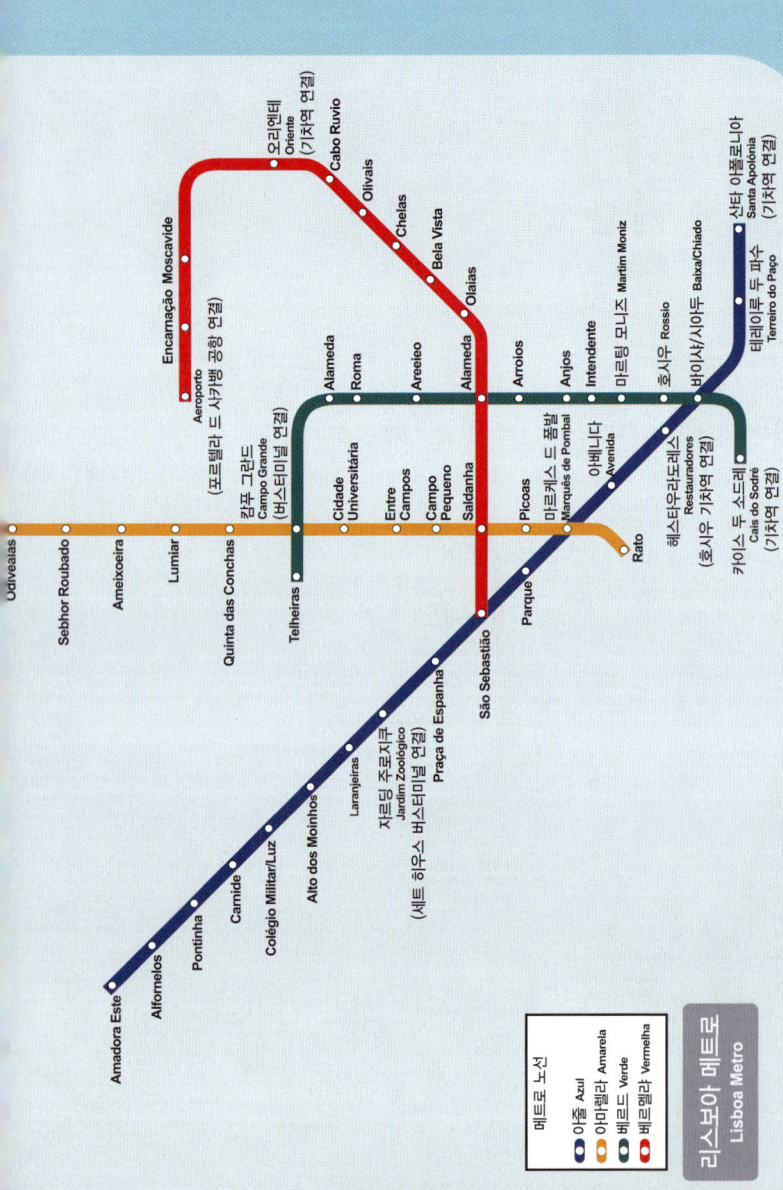

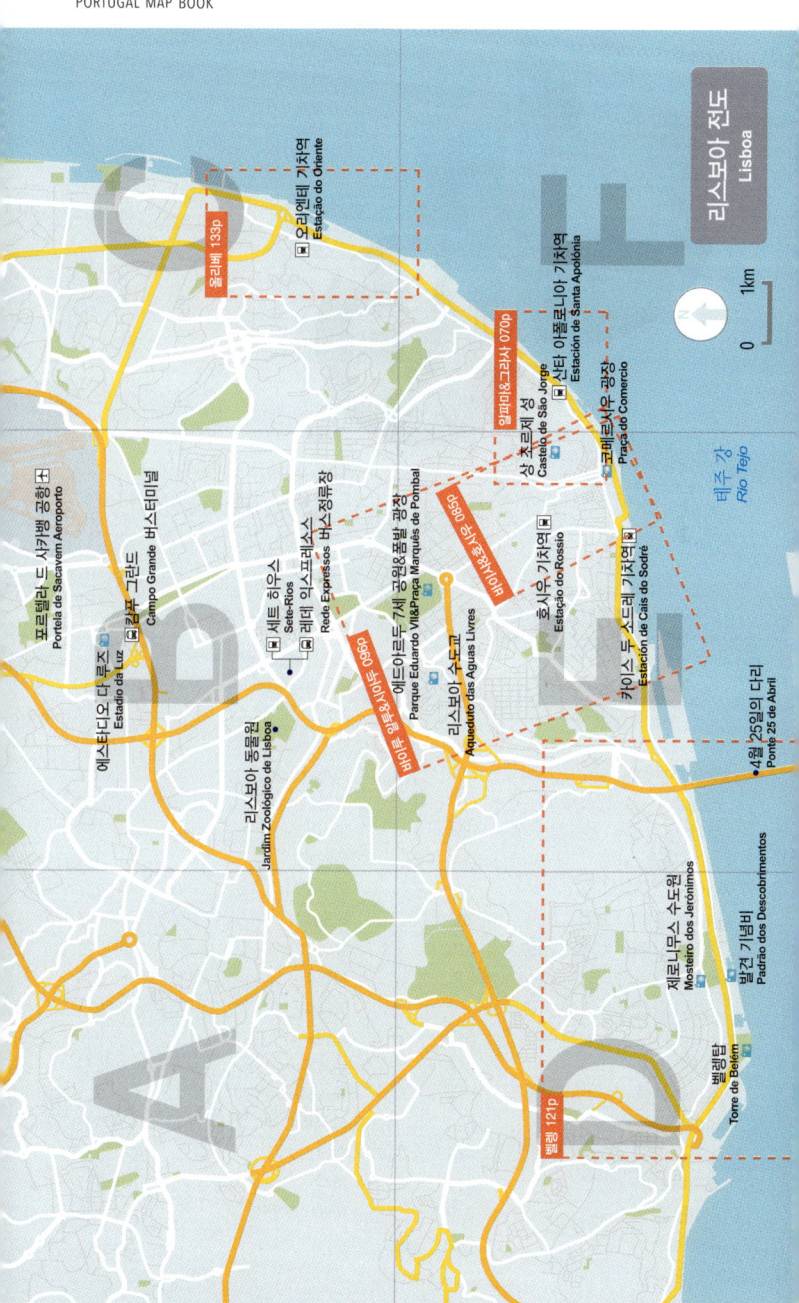

PORTUGAL MAP BOOK
CONTENTS

리스보아 전도	002	코스타 노바	023
리스보아 메트로	003	브라가	024
알파마&그라사	004	오비두스	025
바이샤&호시우	006	나자레	026
벨렝	007	알쿠바사	027
바이루 알투&시아두	008	바탈랴	028
바이루 알투&시아두 상세도	010	투마르	029
올리베	011	파티마	030
신트라 상세도	012	에보라	031
카스카이스	013	코임브라	032
포르투 전도	014	비제우	033
포르투 메트로	015	카스텔루 브랑쿠	034
바이샤&히베이라	016	몬산투	035
빌라 노바 드 가이아	018	라구스 시내	036
보아비스타	019	파루	037
기마랑이스	020	마데이라 푼샬	038
아베이루	022		